De todo un poco

Spanish in Review

María Canteli Dominicis
St. John's University, New York

William L. King
St. John's University, New York

MACMILLAN PUBLISHING CO., INC.
New York

COLLIER MACMILLAN PUBLISHERS
London

Copyright © 1978 Macmillan Publishing Co., Inc.
All rights reserved. No part of this book may be reproduced or transmitted in any form or by any means, electronic or mechanical, including photocopying, recording, or by any information storage and retrieval system without permission in writing from the Publisher.

Macmillan Publishing Co., Inc.
866 Third Avenue, New York, New York 10022

Collier Macmillan Canada, Ltd.

Library of Congress Catalog Card Number: 77-90164

ISBN 0-02-32995-0-9

Printing number

1 2 3 4 5 6 7 8 9 10

Printed in the United States of America

Book design by A Good Thing, Inc.
Cover design by Robin Battino
Illustrations by Jude E. Miller
Photo editor, Selma Pundyk
For photograph acknowledgments, see page v

Acknowledgments

The authors wish to thank the following publications for permission to reprint material appearing in this volume:

Bohemia for the article "Los problemas del transporte," taken from "Caracas futura"

Réplica for the articles "La guerra de los Tenorios" and "¡Las píldoras del talento!"

Temas for the article "Milagro y destino"

Vanidades Continental for the article "Las conquistas femeninas en Puerto Rico," by Rosario Guiscafré

Vea for the article "Dentro de este cartagenero hay una mina de oro"

Vista for the articles "La Ruana," "El Billetero," "El Cachaco," and "Fidelidad canina"

Photo Credits

ABC de las Américas: pp. 88, 94, 254
Alabama Space and Rocket Center: p. 34
American Museum of Natural History: pp. 31, 130 (top), 303 (bottom), 344
Black Star: Ed Blair, p. 286 (left); Kurt Severin, p. 287 (left); Robert J. Smith, p. 289 (bottom left)
Braniff International: p. 228
Columbia University, New York: Dr. H. S. Terrace, p. 48 (top and bottom)
Historical Society of Pennsylvania: p. 357 (middle)
Jane Latta: pp. 9, 130 (bottom), 144, 193 (top right), 248, 286 (right), 287 (right), 334
Ingeborg Lippman: p. 67
Jan Lukas: p. 346
Magnum Photos, Inc.: © Werner Bischoff/Magnum, p. 225 (top); © Cornell Capa/Magnum, pp. 110, 111, 114, 332, 333; © Henri Cartier-Bresson/Magnum, p. 66; © Elliott Erwitt/Magnum, p. 273 (top); © Paul Fusco/Magnum, pp. 46, 47; © Burt Glinn/Magnum, p. 225 (bottom); © J. K./Magnum, p. 74; © Sergio Larrain/Magnum, p. 224; © Erich Lessing/Magnum, p. 275; Ingeborg Lippman, p. 192 (top left); © Inge Morath/Magnum, p. 64 (top); © Marc Riboud/Magnum, pp. 55, 283; © George Rodger/Magnum, p. 289 (top); © Burk Uzzle/Magnum, p. 15
Mary Evans Picture Library: p. 160
Peter Menzel: pp. 243, 246
Monkmeyer Press Photo Service: Helena Kolda, p. 17; Herbert Lanks, p. 27; Bernard G. Silberstein, p. 14
The Museum of Modern Art/Film Still Archive: p. 317
NASA Photos: p. 35
© National Geographic Society: p. 37
© Marion Nelkins: p. 289 (bottom right)
New York Zoological Society: p. 303 (top)
Photo Researchers, Inc.: Carl Frank, p. 211; Richard Frieman, p. 178; © 1973 George W. Gardner, p. 157; © Dr. Georg Gerster, p. 15; © F. B. Grunzweig, p. 172; © Kit Robbins, p. 16
Pictorial Parade, Inc.: D.P.A., p. 261; pp. 274 (bottom), 356 (left); Daily Mail, p. 356 (middle); p. 357 (left)
St. Labre Indian School: Brother Kramer, pp. 338, 339, 340
Bradley Smith: p. 185

The Spanish National Tourist Office: pp. 64 (bottom), 65
Spanish Theatre Repertory Co.: pp. 309, 310
Sygma: Arthur Grace, p. 192 (top right); Tony Korody, p. 198
United Nations: p. 208 (left and right)
United Press International: pp. 192 (right), 193 (bottom right), 260, 262, 274 (top)
Volkswagen of America, Inc.: p. 219
Wide World Photos: pp. 193 (left), 208 (middle)
Jim Woodman: p. 131

Introduction

We have written **De todo un poco** because in our many years of teaching we have not found another intermediate text to meet our needs. What we have done is to combine a practical review of Spanish grammar with appealing contemporary readings, lively conversational material, and a variety of exercises which can be used for oral or written work. In addition, we have designed the text to be adaptable to the different degrees of preparedness of second-year students.

De todo un poco may be covered in one term or semester, or, when used with a supplementary reader, in a full year. There are 15 independent chapters, and, depending upon the needs of individual classes, they are for the most part flexible in the order in which they may be presented. A typical chapter contains the following elements:

- **Un poco de preparación**, which previews some of the main grammar points of the chapter. It is usually an exposition of structural forms, reinforced by a short series of exercises.

- Several readings with a common theme. Some are humorous; others, thought-provoking or informative. They cover multiple aspects of Hispanic civilization, as well as present-day subjects and issues of broad appeal that students feel comfortable discussing. The readings are followed by **Preguntas** (questions on content), **Más preguntas** (questions requiring a personal response), **Práctica de modismos** or **Práctica de vocabulario** (idiom or vocabulary practice), and **Temas** (themes for composition or conversation).

- Grammar review sections, which explain, illustrate, and practice Spanish structures. These sections alternate with the readings and take their examples from them. By the end of the book, all of the principal features of Spanish grammar have been treated.

- A **Suplemento**, designed to build vocabulary. It may be in the form of a game or puzzle, or an activity built around a subject from everyday life, such as clothing, trades and professions, business letters, the law, or a visit to the doctor.

- **Leyendo la prensa** (beginning with Chapter 7), an adaptation of an article from a Hispanic publication. It provides additional reading practice and conversation topics, usually related to the theme of the chapter.

The versatility of the above elements permits the instructor to choose for emphasis those skills which are most appropriate for a particular class. For those who wish it, a tape program is also available. It consists of one lab lesson corresponding to each chapter of the text and provides practice in pronunciation, grammar manipulation, and listening comprehension. It is accompanied by a laboratory workbook and an instructor's tape manual.

All of the material in **De todo un poco** was classroom tested, and only that which received a favorable response from students was retained.

We want to express our appreciation to all of our colleagues at St. John's University and to our other friends who made helpful suggestions. Also we wish to thank both Mr. John Young, Vice-President and Director of the Macmillan Foreign Language Department, and Ms. Nina Moss, Editor.

M. C. D.

W. L. K.

Contents

Capítulo 1 La España árabe — **1**
    Un poco de preparación — 2
    Un poco del pasado — 4
    I Gender and number of nouns — 8
    II Ordinal numerals — 9
    Los monumentos de Andalucía — 11
    III The definite article, "the" — 17
    IV The neuter article "Lo" — 20
    Y un poco del presente — 21
    V The indefinite article, "a," "an" — 24
    Suplemento, ¿A dónde va Ud. si quiere . . .? — 28

Capítulo 2 ¡Qué monos son los monos! — **31**
    Un poco de preparación — 32
    ¡Qué monos son los monos! — 33
    I The uses of the present — 39
    II Subject pronouns — 40
    III Direct and indirect object pronouns — 42
    Los monos que "hablan" — 45
    IV Pronouns after prepositions — 52
    Más monos — 53
    Fonética, Word stress — 55
    Suplemento, Los gestos — 56

Capítulo 3 Un poco de sicología — **59**
    Un poco de preparación — 60
    Si quiere sentirse bien, diviértase — 61
    Diversiones "a la española" — 63
    I The reflexives — 68
    La importancia del color — 72
    II Negatives and Indefinites — 75
    Díme cómo te llamas y te diré quién eres — 78
    Suplemento, Los nombres y las direcciones en español — 81

Capítulo 4 Marta y María — **85**
    Un poco de preparación — 86
    Marta y María, I — 88
    I The preterite and the imperfect — 90
    Marta y María, II — 94
    El náufrago que no quiso regresar — 97

II Interrogatives	98
III Exclamations	101
Naufragios de la vida real	102
Fonética, voice inflexion	105
Suplemento, Haciendo las maletas	105

Capítulo 5 La llanura nazca — 107

Un poco de preparación	108
La llanura nazca	109
I Passive voice	113
Explicando el misterio	119
II "Ser" and "Estar"	122
III The impersonal form of "haber"	126
IV Weather	126
V Obligation	128
Otros misterios	129
Suplemento, La América del Sur	133

Capítulo 6 Un poco de cocina — 135

Un poco de preparación	136
¡Qué rico!	137
Flan	141
I Commands	145
Accidente culinario	146
II The infinitive	150
Comidas raras del mundo hispánico	153
Fonética, la jota	154
Suplemento, La mesa	155

Capítulo 7 Un poco del futuro — 157

Un poco de preparación	158
¿Qué me traerá el mañana?	159
I The future	163
II The conditional	163
III The present perfect and the past perfect	165
IV The future perfect and the conditional perfect	166
La baraja	167
V "Hacer" in time clauses	171
VI "Llevar" in time clauses	173
VII "Ago"	174
La quiromancia	175
Suplemento, Los objetos caseros	180
Leyendo la prensa	182

Capítulo 8 La mujer — 183

Un poco de preparación	184
Un poco del pasado	184
The subjunctive mood	187

Y un poco del presente	192
¿Quién pagará la cuenta?	200
La mujer y los ciclones	203
Fonética, la r	204
Suplemento, Los oficios y profesiones	204
Leyendo la prensa	207

Capítulo 9 En movimiento 209

Un poco de preparación	210
La rueda	210
The subjunctive mood, cont'd	213
Al volante	216
De vacaciones	222
Suplemento, Las banderas	230
Leyendo la prensa	232

Capítulo 10 Un poco de la vida estudiantil 235

Un poco de preparación	236
Sobre los exámenes	237
Prepositions	239
La tuna	242
Entrevista	245
Fonética, la b y la v	253
Serenatas accidentadas	254
Suplemento, Crucigrama	255
Leyendo la prensa	256

Capítulo 11 Los deportes 257

Un poco de preparación	258
El origen de los deportes	259
I Conjunctions	263
El básquetbol	266
II Demonstrative adjectives	268
III Demonstrative pronouns	269
Los deportes en el mundo hispánico	272
Suplemento, ¿En quién estoy pensando?	280
Leyendo la prensa	281

Capítulo 12 Los animales 283

Un poco de preparación	284
¿Qué animal le gustaría ser?	286
I The verb "gustar"	292
II The verb "doler"	293
Nuestro enemigo el tiburón	295
III Augmentatives, diminutives, and depreciatives in Spanish	300
Animales raros del mundo hispánico	302
Fonética, la x	304
Suplemento, Revoltillo de palabras	305
Leyendo la prensa	306

Capítulo 13	**¿Qué sabe Ud. de Don Juan?**	**307**
	Un poco de preparación	308
	¿Qué sabe Ud. de Don Juan?	308
	I Adjectives	313
	Alfred Hitchcock, imitador de Don Juan	317
	El piropo	322
	II The past participle	324
	Suplemento, La ley	326
	Leyendo la prensa	328
Capítulo 14	**Creencias y costumbres**	**329**
	Un poco de preparación	330
	Fusiones de religiones	331
	I Adverbs	336
	La estrella matutina	337
	II Comparisons	341
	Las religiones africanas	345
	III Superlatives	348
	Recetas para dos baños	350
	Fonética, la t y la d	351
	Suplemento, Revoltillo de palabras	352
	Leyendo la prensa	353
Capítulo 15	**Los zurdos**	**355**
	Un poco de preparación	356
	Los zurdos	357
	I The relative pronouns	359
	El juego de los teléfonos	360
	II The possessive relative "cuyo"	365
	III "To become"	366
	La minoría siniestra	368
	Suplemento, La salud	371
	Verb Appendices	**375**
	Vocabulario	**387**
	Vocabulary	**413**
	Index	**433**

1
La España árabe

Un poco de preparación

I Cardinal numerals	0	cero	32	treinta y dos	**I Los números cardinales**
	1	un(o), –a	40	cuarenta	
	2	dos	50	cincuenta	
	3	tres	60	sesenta	
	4	cuatro	70	setenta	
	5	cinco	80	ochenta	
	6	seis	90	noventa	
	7	siete	100	cien(to)	
	8	ocho	101	ciento un(o), –a	
	9	nueve	102	ciento dos	
	10	diez	200	doscientos, –as	
	11	once	300	trescientos, –as	
	12	doce	400	cuatrocientos, –as	
	13	trece	500	quinientos, –as	
	14	catorce	600	seiscientos, –as	
	15	quince	700	setecientos, –as	
	16	diez y seis, dieciséis	800	ochocientos, –as	
	17	diez y siete, diecisiete	900	novecientos, –as	
	18	diez y ocho, dieciocho	1,000	mil*	
	19	diez y nueve, diecinueve	2,000	dos mil	
	20	veinte	1,000,000	un millón (de)	
	21	veinte y un(o), –a; veintiún(o), –a	2,000,000	dos millones (de)	
	22	veinte y dos, veintidós	1,000,000,000	mil millones (de)**	
	30	treinta	1,000,000,000,000	un billón (de)**	
	31	treinta y un(o), –a			

Ciento is shortened to **cien** before nouns, **mil**, and **millones**, and when it stands alone.

> **¿Cuántos quiere? Quiero cien.**
> How many do you want? I want one hundred.

---

* In Spain and in many Spanish American countries, decimals are written with a comma instead of a period (3,75%), and figures above one thousand are written with a period instead of a comma (12.524 pesetas). In other Spanish American countries, these figures are written as in the United States.

** One billion and one trillion respectively in the U.S.

La España árabe 3

But:

>**ciento cincuenta mujeres**
>one hundred and fifty women

Spanish does *not* use **y** after **ciento** and its multiples.

>**ciento una leyendas**   one hundred (and) one legends
>**trescientos tres reyes**   three hundred (and) three kings

In figures over one thousand Spanish, unlike English, never counts by hundreds.

>**el año mil quinientos veinticuatro (1524)**
>the year fifteen hundred (and) twenty-four
>**mil cien (1,100) soldados**
>eleven hundred soldiers

Ejercicio   Lea:

1 $640,000	5 40,480	9 1,525	13 38,811
2 13,777	6 $919,200	10 1,436,792	14 1,815
3 $3,000,000	7 3,424	11 175	15 703
4 51,935	8 $15	12 200,000	16 1,931

II Ordinal numerals

primer(o),–a   (1er., 1o., 1a.)
segundo, –a   (2o., 2a.)
tercer(o), –a   (3er., 3o., 3a.)
cuarto, –a   (4o., 4a.)
quinto, –a   (5o., 5a.)
sexto, –a   (6o., 6a.)
séptimo, –a   (7o., 7a.)
octavo, –a   (8o., 8a.)
noveno, –a   (9o., 9a.)
décimo, –a   (10o., 10a.)

II Los números ordinales

After **décimo**, cardinal numerals usually replace ordinals.

>**Juan XXIII (veintitrés)**   **Luis XIV (catorce)**
>John the Twenty-third   Louis the Fourteenth

III Measurements

centímetro   centimeter (0.39 inch)
metro   meter (39.37 inches)
kilómetro   kilometer (0.62 mile)

III Las medidas

pulgada	inch (2.54 centimeters)
pie	foot (30.48 centimeters)
yarda	yard (0.914 meter)
milla	mile (1.609 kilometers)
gramo	gram (0.0353 ounce)
hectogramo	hectogram (3.53 ounces)
kilogramo	kilogram (2.2 pounds)
onza	ounce (28 grams)
libra	pound (0.453 kilogram)
litro	liter (1.05 quarts)
galón	gallon (3.78 liters)
grado centígrado	degree centigrade (1.8 degrees Fahrenheit)

Un poco del pasado

Yo soy como las gentes que a mi tierra vinieron
—soy de la raza *mora*, vieja amiga del Sol—   Moorish
que todo lo ganaron y todo lo perdieron.
Tengo el alma de *nardo* del árabe español.   tuberose

Éste es el principio de una *poesía* de Manuel Machado, gran poeta — poem
español del siglo XX. Machado era *andaluz* y, como Ud. ve, estaba *orgulloso* — Andalusian; proud
del pasado árabe de la región donde nació.

En el año 711 llegaron los árabes o moros a España. Fue una *conquista* — conquest
fácil y en unos ocho años ya eran dueños de gran parte de la península. Los
árabes llamaron el nuevo territorio "al-Andalus" y de este nombre deriva el
de la Andalucía de hoy.

Esta conquista tan rápida, que contrasta con los doscientos años que
habían tardado antes *los romanos en colonizar* España, *ha originado* varias — it had taken the Romans; has given rise to
leyendas *en torno* a la figura del rey don Rodrigo, el último monarca *visigodo*. — around; Visigothic
Una de estas leyendas se refiere a la bella Florinda, hija del *conde* don — Count
Julián, de la cual se enamoró el rey Rodrigo cuando la vio *bañarse* en el río. — bathe
El rey llevó a Florinda a su palacio y *la deshonró*. Cuando el conde supo la — dishonored her
noticia de *lo que le había sucedido* a su hija, decidió *vengarse*, *pactó* con los — what had happened; to take revenge; made a pact
árabes de *Marruecos* y los ayudó a entrar en España. — Morocco

A través de los años hubo muchas invasiones de diferentes tribus
musulmanas en al-Andalus. En realidad, éste no era un *reino* unido, sino un — Moslem; kingdom
territorio *compuesto de* muchos pequeños reinos moros, que frecuente- — composed of
mente eran enemigos *unos de otros*. Y *sucedía* muchas veces que un rey — of each other; it so happened

La España árabe

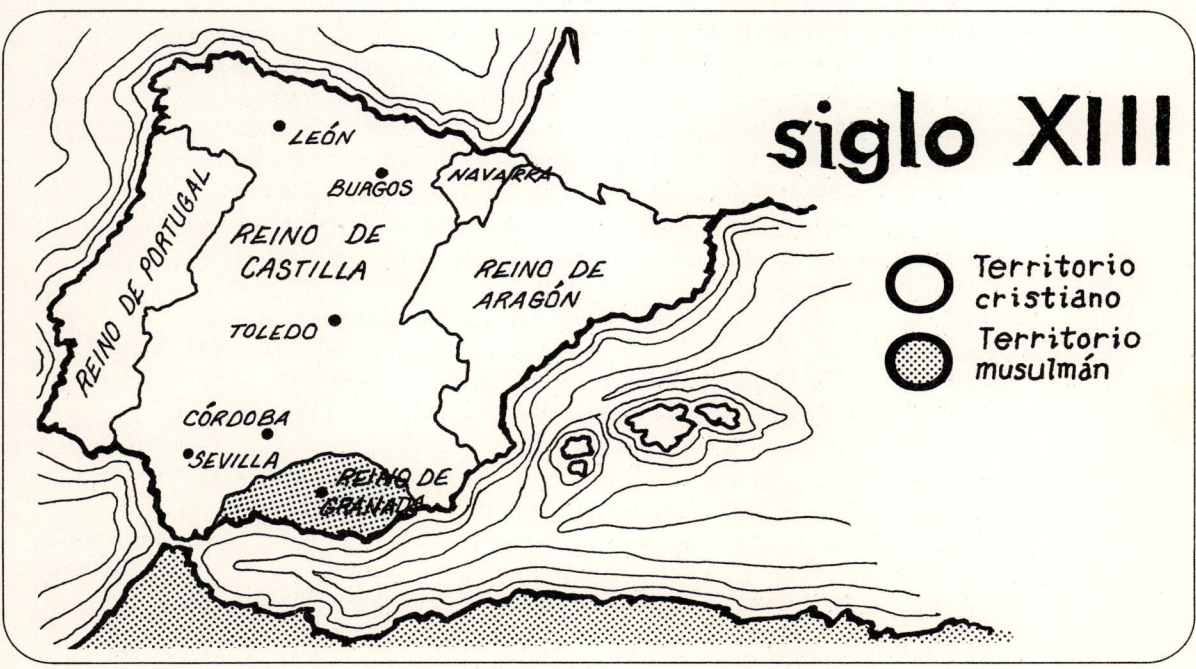

árabe pactaba *temporalmente* con los cristianos para *luchar* contra un rey árabe enemigo. *temporarily; fight*

Al-Andalus tuvo su *edad de oro* en el siglo X, cuando *se creó* el *califato* de Córdoba. Córdoba, la capital del califato, *se convirtió en* una de las ciudades más avanzadas de Europa. Pero después los moros perdieron muchos territorios y, a principios del siglo XIII, el único reino árabe de la Península Ibérica era el de Granada. Este reino cayó en 1492 en manos de Fernando e Isabel, los Reyes Católicos, y *su caída marcó* el momento de la unificación de España bajo el reino de Castilla. *golden age; was created; caliphate became* *its fall marked*

El último califa de Granada fue Boabdil "el Chico", que *se rindió* a los cristianos después de una guerra de diez años. La leyenda cuenta que Boabdil, desesperado porque había perdido su reino, subió con su caballo a una *colina cercana* a Granada y desde allí, mirando la ciudad y el palacio, lloró y *suspiró* mucho tiempo. Al verlo su madre, la sultana Aixa, le dijo duramente: "Haces bien en llorar como una mujer lo que no has sabido defender como un hombre". El lugar donde Boabdil lloró se llama hoy "Suspiro del moro". *surrendered* *hill near* *sighed*

A pesar de que los moros permanecieron en España ocho siglos, dejaron relativamente pocas *huellas* en la cultura española. *In spite of the fact that* *traces*

Hubo cierta influencia en la lengua, por ejemplo, las palabras españolas que comienzan con "al" son en su *mayoría* de origen árabe. Y la palabra "ojalá", que se combina en español con el subjuntivo para expresar un deseo, es una expresión árabe que significa: *"¡Qué Alá lo permita!"* *majority* *May Allah grant it*

En la literatura de la *Edad Media* encontramos un poema épico: *El Poema del Cid*. El Cid no es un héroe de ficción, sino un *caballero* cristiano que existió y que en el siglo XI hizo guerra a los moros y conquistó reinos para Castilla. La fama del Cid ha llegado hasta nuestro siglo. Ud. probablemente habrá visto la película de Charlton Heston y Sofía Loren. Pero, ¿sabe que en la ciudad de Nueva York hay una estatua del Cid? Está en la "Hispanic Society of America" y su autora es la *escultora* norteamericana Anna Hyatt Huntington. *Middle Ages* *knight* *sculptor*

Preguntas

1 ¿Quién fue Manuel Machado?
2 ¿Cuál es la actitud de Machado hacia el pasado árabe de su región?
3 ¿En qué siglo llegaron los musulmanes a España?
4 ¿Qué nombre dieron al nuevo territorio?
5 ¿Cómo se llamaba el último rey visigodo?
6 Cuente Ud. la historia de Florinda y Rodrigo.
7 ¿Cómo se vengó el conde don Julián del rey?
8 ¿Cómo eran las relaciones de los reinos moros entre sí? ¿Y con los cristianos?
9 ¿Qué ciudad fue muy importante en el siglo X?

10 ¿Qué territorio tenían los moros a principios del siglo XIII?
11 ¿En qué año cayó el reino de Granada?
12 ¿Cómo se llamaban los Reyes Católicos?
13 ¿Quién fue el último rey moro de Granada?
14 ¿Qué hizo el califa cuando perdió su reino?
15 ¿Qué le dijo al califa Aixa, su madre?
16 ¿Cómo se llama hoy el lugar donde lloró Boabdil?
17 ¿Qué influencias árabes se encuentran en la lengua española?
18 ¿Quién es el héroe del *Poema del Cid*?

Más preguntas

1 Además de la caída de Granada, ¿qué sucedió en 1492?
2 ¿Cuál es su héroe literario favorito?
3 ¿Qué siglo prefiere Ud.?
4 ¿Vio Ud. la película sobre el Cid?
5 Hable de algún poema épico que conoce.
6 ¿Ha querido Ud. vengarse alguna vez? Explique.
7 ¿De qué es Ud. dueño, –a?
8 ¿Ha llorado Ud. a veces? ¿Cuándo?
9 ¿Cuándo suspira Ud.?
10 ¿Se enamora Ud. frecuentemente?
11 ¿Qué leyendas conoce Ud.?
12 ¿Se bañó Ud. alguna vez en un río como Florinda?
13 ¿Es posible bañarse ahora en ese río?
14 ¿Qué noticia oyó Ud. recientemente?

Las siguientes palabras son de origen árabe. Escoja (choose) cinco y úselas en oraciones.

el arroz	rice	**el alcalde**	mayor
el aceite	oil	**el alcázar**	castle, palace
el albaricoque	apricot	**la alcoba**	bedroom
la espinaca	spinach	**el alcohol**	alcohol
la naranja	orange	**la aldea**	village
el algodón	cotton	**el álgebra** (f.)	algebra

Práctica de modismos   **Tardar** (conjugated) + period of time + **en** + infinitive
It takes (person or thing) + period of time + to do something.

Modelo   ¿Cuántos años tardaron los árabes en conquistar España? (ocho años)
Los árabes tardaron ocho años en conquistar España.

Conteste las preguntas siguientes:
1 ¿Cuánto tiempo tardó el conde en vengarse? (muy poco tiempo)
2 ¿Cuántos años tardó Castilla en ganar la guerra? (diez años)
3 ¿Cuántos siglos tardaron los romanos en conquistar España? (dos siglos)
4 ¿Cuánto tiempo tardaste en saber esa noticia? (un mes)
5 ¿Cuántas horas tardaréis vosotros en leer el *Poema del Cid*? (seis horas)
6 ¿Cuánto tiempo tarda Ud. en llegar a la escuela todos los días? (media hora)

I Gender and number of nouns

Género y número de los nombres

A Masculine nouns refer to male persons and animals and usually end in **–o**.

el moro, Moor; **el hijo**, son; **el caballo**, horse
Exception: **la mano**, hand

However, some masculine nouns (of Greek origin) end in **–ma**, **–pa**, or **–ta**.

el idioma, language; **el mapa**, map; **el planeta**, planet; **el problema**, problem; **el programa**, program

Days of the week and months are also masculine.

el lunes, Monday; **(el) enero**, January; **el domingo**, Sunday

B Feminine nouns refer to female persons and animals and usually end in **–a**.

la reina, queen; **la perra**, female dog; **la hija**, daughter
Exception: **el día**, day

Most nouns ending in **–d**, **–ie**, **–ión**, and **–umbre** are also feminine.

la bondad, kindness; **la serie**, series; **la unión**, union; **la costumbre**, custom

C The gender of nouns with other endings must be learned by observation.

D To form their plurals, nouns ending in a vowel add **–s**, and those ending in a consonant add **–es**.

leyenda, leyendas   legend(s)   **árabe, árabes**   Arab(s)
rey, reyes   king(s)   **alcázar, alcázares**   castle(s)

But: **rubí, rubíes**   ruby, rubies

Final **–z** changes to **–c** to form the plural.

el andaluz, los andaluces   Andalusian(s)
la vez, las veces   time(s)

Este muchacho trabaja en el patio de una casa en Granada. En toda la arquitectura se nota que la influencia musulmana es fuerte todavía.

Nouns ending in **–s**, if the last syllable is unstressed, have the same form in the plural as in the singular.

el viernes, los viernes   Friday(s)
la crisis, las crisis   crisis, crises

II   Ordinal numerals · Los números ordinales

A   The forms of ordinal numerals are listed in **Un poco de preparación**. Their formation of the feminine and the plural is regular.

el segundo reino   the second kingdom
la segunda guerra   the second war
los segundos dueños   the second owners

Capítulo uno

B **Primer(o)** and **tercer(o)** drop the **–o** before a masculine noun.

el primer rey, the first king   **el tercer caballero**, the third knight

C Either cardinal or ordinal numerals are used after nouns indicating chapters, paragraphs, and volumes.

Ayer leímos el capítulo tercero, hoy leeremos el capítulo cinco.
Yesterday we read Chapter Three; today we will read Chapter Five.

Necesito el volumen cuarto (cuatro) de esta enciclopedia.
I need volume four of this encyclopedia.

D Ordinal numerals are used after the names of rulers up to ten.

Mohammed V (Quinto) fue rey de Granada.*
Mohammed the Fifth was king of Granada.

Alfonso XIII (Trece) fue el abuelo de Juan Carlos Primero.
Alfonso the Thirteenth was the grandfather of Juan Carlos the First.

E Unlike English, Spanish does not use ordinals to designate centuries.

Los árabes invadieron España en el siglo VIII. (ocho)
The Arabs invaded Spain in the eighth century.

Granada cayó a finales del siglo XV. (quince)
Granada fell at the end of the fifteenth century.

Exception: **el siglo primero**, the first century

F Cardinals are used in Spanish instead of ordinals to tell the day of the month, with the exception of **primero**, (first).

el cuatro de junio, June fourth;   **el trece de marzo**, March thirteenth
But: **el primero de octubre**, October first

Ejercicios A Lea:

1 el siglo VI	9 533 mujeres	17 7,228 caballos
2 Alfonso XIII	10 Constantino VII	18 Fernando III
3 Capítulo II	11 la 5a. Avenida	19 el volumen V
4 el año 2000	12 el año 1776	20 15 tribus
5 Lección XXV	13 Lección I	21 30,000,000 años
6 1,200 columnas	14 400 torres	22 25 campanas
7 el siglo XVII	15 79 reyes	23 Felipe II
8 Juan XXIII	16 Carlos V	24 el siglo II

* The article is omitted in the title of a ruler (see "Exceptions," page 18).

B Traduzca:
1 the third man
2 Mohammed the Fifth
3 the seventh count
4 the twenty-fifth of May
5 the first capital
6 the second Andalusian
7 the first of June
8 Chapter eight
9 the sixth volume

Los monumentos de Andalucía

Las ciudades de Sevilla, Córdoba y Granada tienen todavía muchos espléndidos monumentos del pasado. Los tres más famosos son: la Giralda, la Mezquita y la Alhambra.

La Giralda

La Giralda está en Sevilla, la capital de Andalucía. Es una *torre* que los moros hicieron sobre una construcción romana en el año 1184.   tower

Sevilla fue reconquistada en el siglo XIII por el rey Fernando el Santo, pero por trescientos años más, la Giralda *siguió siendo* un minarete musulmán. Alrededor de 1565 *se le añadió* a la torre un *campanario* con veinticinco *campanas* y también una enorme estatua que representa la *Fe* y que sirve de *veleta*. El pueblo llamó a esta estatua "Giraldillo", que significa "algo que *gira*" y de ahí se derivó el nombre de "Giralda" para toda la torre.   continued being; was added; belfry; bells; Faith; weathervane; rotates

La catedral de Sevilla fue construida en el siglo XV al lado de la torre. Es la tercera catedral del mundo en *tamaño*. (La mayor es *San Pedro* en Roma y la segunda es *San Pablo* en Londres.) Se dice que cuando se formó la comisión *encargada* de construir la catedral, uno de sus miembros dijo: "Vamos a construir una *iglesia* tan grande que todos piensen que estamos locos". *Efectivamente*, esta hermosa iglesia gótica parece *obra* de locos, porque mide 130 metros de largo por 76 metros de ancho.   size; St. Peter's; St. Paul's; in charge; church; In fact; the work measures 383 ft. long; 251 ft. wide

La Mezquita   Mosque

La Mezquita de Córdoba fue comenzada por Abdel Rahman I en el siglo VIII y terminada *a finales* del siglo X por el visir Almanzor.   at the end

La impresión que se recibe al entrar en la Mezquita es que uno está en un *bosque* inmenso. Hay allí 850 columnas y sus arcos tienen como único ornamento *franjas* rojas y blancas. Las franjas no son pintadas: el efecto se produce porque ciertas secciones de los arcos fueron construidas con un material diferente, de color *rojizo*.   forest; stripes; reddish

Al fondo de la Mezquita está el *Mihrab,* donde *se realizaban* las ceremonias. Es un pequeño *local* abierto, que tiene *forma de concha.* Los mosaicos de su bello domo fueron un *regalo* del emperador bizantino Constantino VII.

Lo más sorprendente de este hermoso edificio es lo bien planeada que está su construcción. Sus 850 columnas están *colocadas de tal forma,* que ninguna de ellas obstruye la *vista* del Mihrab. No importa en qué lugar esté Ud., desde allí podrá ver perfectamente este punto central.

Mihrab (a niche); were performed area; the shape of a shell
gift
The most surprising thing about
placed in such a way
view

La Alhambra

La Alhambra y los demás monumentos de Granada son más recientes que los de las otras ciudades andaluzas y *muestran* el refinamiento y el amor al arte de los últimos califas, tan diferentes de los rudos *guerreros* que invadieron la península en el siglo VIII.

En 1238 Mohammed I, alarmado por el avance de los cristianos sobre territorio moro, empezó a construir la Alhambra en una colina como palacio y *fortaleza.* Hoy día la Alhambra se considera una de las *maravillas* del mundo.

Washington Irving leyó *de niño* un libro sobre las guerras de Granada y quedó tan impresionado, que decidió visitar esos lugares de leyenda algún día. *Su sueño se realizó* en 1829 cuando viajó a España. Durante un año vivió en una habitación de la Alhambra y en este tiempo escribió su famoso libro *The Alhambra.*

El "patio de los leones" es el centro del palacio. La religión mahometana, como prevención contra la idolatría, prohibe representar hombres y animales, por eso las decoraciones musulmanas se basan principalmente en motivos geométricos. A través de los años, sin embargo, la religión se corrompió en al-Andalus y los últimos califas *se hicieron retratar* por famosos artistas y *mandaron* construir esculturas como los leones de este patio. Estos leones son parte de una *fuente* y el agua que *echan por* la boca viene todavía de la Sierra Nevada usando el mismo sistema, basado en la *gravedad,* que inventaron los arquitectos moros.

they show
warriors
fortress; wonders
as a child
His dream was realized
had their portraits painted
ordered
fountain; flows from
gravity

Preguntas
1. ¿Qué es la Giralda?
2. ¿Quién reconquistó Sevilla?
3. ¿Cuántas campanas tiene el campanario de la Giralda?
4. ¿Qué representa la estatua que sirve de veleta?
5. ¿Cómo llamó el pueblo a esta estatua? ¿Por qué?
6. ¿Cuáles son las tres catedrales más grandes del mundo?
7. ¿Quién comenzó y quién terminó la Mezquita de Córdoba?
8. ¿Cuántos siglos tardaron en construirla?
9. ¿Por qué parece la Mezquita un bosque inmenso?

10 ¿Qué adorno tienen los arcos?
11 ¿Qué forma tiene el Mihrab?
12 ¿Quién regaló los mosaicos para el domo?
13 ¿Por qué es perfecta la posición de las columnas?
14 ¿Por qué son diferentes los monumentos de Granada?
15 ¿Quién empezó la construcción de la Alhambra?
16 ¿Qué leyó Washington Irving de niño?
17 Explique el sueño de Irving y cómo lo realizó.
18 ¿Por qué utilizan siempre los artistas musulmanes motivos geométricos?
19 ¿Cree Ud. que los últimos califas eran religiosos? ¿Por qué?
20 ¿De dónde viene el agua que echan los leones por la boca?

Ejercicio Termine con oraciones completas:

1 La catedral de Sevilla . . .
2 El campanario . . .
3 El nombre "Giralda" . . .
4 Un miembro de la comisión . . .
5 La Mezquita de Córdoba . . .
6 Los arcos . . .
7 El Mihrab . . .
8 La Alhambra . . .
9 Washington Irving . . .
10 Los leones del patio . . .

Práctica de vocabulario

1 El título de _____ es un título nobiliario.
2 Nos _____ cuando hacemos algo malo a una persona que nos hizo mal.
3 El territorio donde gobierna un rey es un _____ .
4 El período de la historia que termina en el siglo XIV se llama _____ .
5 Un hombre que lucha en una guerra es un _____ .
6 Una mujer que hace estatuas se llama _____ .
7 El campanario es el lugar donde están las _____ .
8 Una iglesia muy grande e importante es una _____ .
9 El _____ y el _____ de un objeto constituyen sus dimensiones.
10 Un lugar donde hay muchos árboles es un _____ .
11 Un monumento importante que todos admiran es una _____ .
12 Un edificio que se construye como defensa contra el enemigo es una _____ .

La Giralda, hoy torre de la catedral de Sevilla, fue un minarete musulmán. El campanario, de estilo muy diferente, es del siglo XVI.

Vista parcial de las ochocientas cincuenta columnas de la Mezquita de Córdoba. Las franjas oscuras (rojas) de los arcos no son pintadas; el efecto se obtuvo combinando materiales de diferente color.

Aquí se puede apreciar la belleza del domo que cubre el Mihrab, lugar de las ceremonias en la religión musulmana.

13 Una cosa que damos a otra persona gratis es un _____ .
14 En los parques y jardines las _____ se usan como decoración.
15 La _____ atrae a los objetos hacia el centro de la tierra.

Temas (subjects) para trabajo oral o escrito

1 Mire las fotografías de los monumentos andaluces que están en estas páginas y decida cuál de ellos le gustaría visitar. Compárelo con los otros monumentos y explique por qué lo prefiere.

2 Las palabras que la sultana Aixa le dijo a Boabdil. Dé su opinión del carácter de Aixa y del carácter de su hijo.

3 Busque el libro de Washington Irving sobre la Alhambra. Escoja uno de los cuentos que contiene y cuéntelo (en español, por supuesto).

El famoso Patio de los Leones de la Alhambra. En el fondo se ve la fuente con sus leones de mármol.

En este detalle de una pared de la Alhambra, se ven los complicados motivos geométricos que usaron los artistas musulmanes.

III The definite article, "the"

El artículo definido, "el", "la", "los", "las"

Contractions   a + el = al   de + el = del

A The definite article agrees in gender and number with the noun that it modifies.

Las leyendas y los romances cuentan que el rey se enamoró de la bella Florinda.
Legends and ballads tell that the king fell in love with beautiful Florinda.

El is used before a feminine noun when the noun begins with a stressed **a** or **ha**.

Manuel Machado tiene el alma del árabe español.
Manuel Machado has the soul of the Spanish Arab.

17

But: **Washington Irving vivió en la Alhambra durante un año.**
Washington Irving lived in the Alhambra for one year.

B   The definite article is used *more frequently* in Spanish than in English. It is usually repeated before each noun in a series when the first noun has a definite article.

Los monumentos muestran la cultura y el refinamiento de los califas.
The monuments show the culture and refinement of the caliphs.

It is required:

1 With abstract nouns or with nouns in a general sense.

En la Giralda hay una estatua que representa la Fe.
In the Giralda there is a statue which represents Faith.

Los gitanos son un grupo étnico importante en el sur de España.
Gipsies are an important ethnic group in the south of Spain.

However, if it is possible to insert "any," "some," or "a certain amount" before a noun, the definite article is *not* used.

Hay gitanos en el sur de España.
There are gipsies (some, many, x number) in the south of Spain.

Tengo discos de música flamenca.
I have records of flamenco music.

2 With titles or with adjectives preceding proper names.

El rey Rodrigo se enamoró de la bella Florinda.
King Rodrigo fell in love with beautiful Florinda.

Exceptions:

a **Don, Doña, San, Santo, Santa**

Don Julián era el padre de doña Florinda.
Don Julian was the father of Doña Florinda.

San Fernando fue rey de España en el siglo XIII.
St. Ferdinand was king of Spain in the thirteenth century.

b Any title in direct address

Sr. Guzmán, ¿puede decirme dónde está la Alhambra?
Mr. Guzman, can you tell me where the Alhambra is?

3 With days of the week (except after **ser**), and sometimes with dates and other expressions of time.

El viernes es el día de fiesta de los moros, pero hoy es jueves.
Friday is the holy day of the Moors, but today is Thursday.

Llegamos a Córdoba el cinco de abril a las tres de la tarde.
We arrived in Cordova April 5 at three in the afternoon.

4   With the names of languages, except after the prepositions **en** and **de** and after the verbs **hablar**, **leer**, and **escribir**.

No sé hablar árabe, pero sé que el árabe es difícil.
I can't speak Arabic, but I know that Arabic is difficult.

El español de mi profesor de español es excelente.
My Spanish professor's Spanish is excellent.

5   With the names of streets, squares, avenues, rivers, mountains, meals, and a few countries and cities.

La calle Cuba está en Sevilla.
Cuba Street is in Seville.

Siempre pido sangría para el desayuno.
I always order "sangría" for breakfast.

Vivo cerca de la Avenida de Portugal.
I live near Portugal Avenue.

If the name of the country or city is modified, the article is used.

La España árabe es la España del sur.
Arabic Spain is southern Spain.

La Córdoba del siglo X era una ciudad muy avanzada.
Tenth-century Cordova was a very advanced city.

Although usage of the article with the names of countries, regions, and cities is disappearing, the article is still customarily used with the following:

la Argentina	los Estados Unidos	el Japón
el Brasil	la Florida	el Paraguay
el Canadá	la Gran Bretaña	el Perú
la China	la Habana	el Salvador
el Ecuador	la India	el Uruguay

> **¡OJO!***
>
> The definite article is generally used with the names of parts of the body and articles of clothing (instead of the possessive adjective, as in English).
>
> **El andaluz se quitó el sombrero y se rascó la cabeza.**
> The Andalusian took off his hat and scratched his head.
>
> **El hombre se tapaba la boca con la mano.**
> The man covered his mouth with his hand.

C   The definite article is not used after the name of a ruler.

>   **Fernando III (Tercero) reconquistó Sevilla en el siglo XIII.**
>   Ferdinand the Third reconquered Seville in the thirteenth century.
>
>   **Carlos V (Quinto) mandó construir la catedral de Sevilla.**
>   Charles the Fifth ordered the cathedral of Seville built.

IV The neuter article "Lo" — El artículo neutro "lo"

A   The neuter article **lo** is used with masculine singular adjectives or with past participles to give them the quality of nouns.

>   **Lo sorprendente de la Mezquita son sus columnas.**
>   The surprising thing about the Mosque is its columns.

B   **Lo** + adjective + **que** is equivalent to: "How" + adjective in English.

>   **Aixa vio lo triste que estaba Boabdil.**
>   Aixa saw how sad Boabdil was.
>
>   **Él nos explicó lo hermosa que es la Alhambra.**
>   He explained to us how beautiful the Alhambra is.

---

* Este ojo simboliza la expresión española **¡Ojo!** (Watch Out!)

La España árabe

Ejercicio Complete con el artículo definido o el artículo neutro si es necesario:

1 _____ historia de _____ españoles es interesante.
2 Nunca he estado en _____ ala derecha de _____ Alhambra.
3 _____ moros venían de _____ Africa septentrional.
4 Me sorprende _____ exagerado que es este andaluz.
5 _____ Cid representa _____ valor de _____ caballeros medievales.
6 _____ califa Abdel Rahman _____ Primero comenzó a construir la Mezquita.
7 Admiro a _____ gitanos porque aman _____ libertad.
8 _____ turistas siempre van a _____ corridas de toros.
9 _____ San Rafael es _____ patrón de _____ Córdoba.
10 _____ Señor Fulton, ¿por qué vive Ud. en Sevilla?
11 Hay más _____ andaluces en _____ Alemania que en _____ Canadá.
12 _____ andaluces tienen _____ mala fama de no trabajar mucho.
13 En _____ carácter andaluz se unen _____ apasionado y _____ melancólico.
14 _____ campanas de _____ Giralda tocan a _____ tres de _____ mañana.
15 ¿Ha estado Ud. en _____ romántica Andalucía?
16 No, pero ayer vi un cartel de _____ Andalucía en _____ Quinta Avenida.
17 _____ español que se habla en _____ sur es muy pintoresco.
18 Nos explicaron _____ difícil que fue traer _____ agua de _____ Sierra Nevada.
19 _____ conde _____ don Julián pactó con _____ moros.
20 _____ penitentes siempre llevan _____ cara cubierta.
21 _____ martes habrá un programa en _____ español sobre _____ toros.
22 Fernando _____ Tercero reconquistó Sevilla.
23 _____ vida en _____ España árabe fue seguramente interesante.
24 En este capítulo aprendimos algo sobre _____ costumbres árabes.
25 Sin embargo, en _____ capítulo no se menciona _____ amor.

Y un poco del presente
Los toros

Aunque hay *corridas de toros* en toda España, en Andalucía están las enormes haciendas donde *se crían* los *toros de lidia* y los mejores *toreros* siempre han sido andaluces: Sánchez Mejías, Manolete, Joselito, Juan Belmonte . . .

bullfights
are raised; bullfight bulls; bullfighters

Pero, aunque parezca *increíble*, ahora hay un torero que vive en Sevilla ¡y es norteamericano! Se llama John Fulton y nació en Filadelfia. Según él, su vocación de torero comenzó de niño al ver la *película Sangre y Arena*. Cuando estaba en el servicio militar de su país, lo enviaron a Texas y desde allí iba a México todos los fines de semana para ver las corridas. En los pueblos de la *frontera* empezó a practicar, hasta que por fin aprendió bastante para *torear* en España.

Es difícil aun para los españoles hacer *carrera* como toreros si no han nacido en Andalucía. ¡Imagínense lo difícil que será convertirse en un torero famoso si uno se llama John Fulton!

unbelievable

film *Blood and Sand*

border
fight bulls
career

La Semana Santa

El apasionado temperamento del andaluz se refleja hasta en la religión: no hay un lugar donde las prácticas religiosas estén tan unidas a los *sentidos* como en Andalucía. Para convencerse, basta ver las procesiones de la Semana Santa en Sevilla: hay hombres *descalzos* como penitentes medievales, con la cara cubierta por un *capuchón*, y se oyen por todas partes esos *cantos de dolor* que se llaman "saetas". Viene entonces la estatua de la Virgen de la Macarena, patrona de Sevilla, cubierta de *joyas*, con un *manto bordado* en oro, y los hombres le dicen *piropos* cuando pasa como si fuera una mujer viva.

senses

barefoot
hood
songs of sorrow
jewels; cloak
embroidered;
compliments

Los gitanos

Gipsies

El barrio gitano de Granada se llama Sacro Monte y la mayoría de la gente vive allí en *cuevas*. Sin embargo, son cuevas modernizadas, con electricidad, refrigerador y televisor.

Los gitanos han vivido en Granada por varios siglos y son en su mayoría pobres, porque casi nunca tienen un *oficio* o trabajo *fijo*. Se dice que *engañan* a quienes *hacen negocios* con ellos y, en general, la gente no los estima. Pero todos *reconocen* su talento artístico, sobre todo para el baile y la música, que es evidente en los muchos *cantores*, guitarristas y *bailadores de flamenco* de origen gitano.

Nadie sabe exactamente de dónde vinieron los gitanos, pero ellos afirman que son descendientes de los *faraones* de Egipto y se sienten muy orgullosos de tener sangre *real*.

caves

trade; steady
they cheat; do business
acknowledge
singers; flamenco dancers

Pharaohs
royal

Ejercicio Decida si es cierto o falso. Si es falso, explique por qué.

1 La única región de España donde hay corridas de toros es Andalucía.
2 Los toros de lidia se crían en las haciendas andaluzas.
3 Cuando John Fulton era niño, vivió en la América del Sur.
4 Desde Texas, John Fulton iba a México todas las semanas.
5 Es bastante difícil para cualquier español ser un torero famoso.
6 Será difícil para John Fulton triunfar como torero.
7 Los penitentes van descalzos en la procesión.
8 Las saetas son cantos alegres y sentimentales.
9 La estatua de la Virgen está vestida pobremente.
10 La Macarena es la patrona de Córdoba.
11 Muchos gitanos viven en cuevas.
12 Los gitanos son excelentes en el baile y la música.
13 Los gitanos son originarios de Andalucía.
14 Todo el mundo en Granada quiere mucho a los gitanos.
15 Ellos afirman que descienden de los califas árabes de Granada.

Preguntas 1 ¿Tiene Ud. deseos de ver una corrida de toros?
2 ¿Le parecen interesantes, o crueles?
3 ¿Ha visto Ud. una película sobre ellas? ¿Leyó un libro?
4 ¿Conoce Ud. una obra de Hemingway sobre las corridas?
5 ¿Conoce otras ceremonias similares a las de la Semana Santa andaluza?
6 ¿Hay procesiones en su ciudad? ¿Cuándo?
7 ¿Camina Ud. descalzo a veces? ¿Cuándo?
8 ¿Cuál es la reputación de los gitanos en el lugar donde Ud. vive?
9 ¿Puede describir la ropa (clothes) de los gitanos?
10 ¿Qué piensa de su manera de vivir?

Temas para trabajo oral o escrito

1 Los gitanos. Busque información adicional sobre esta raza y especialmente sobre los gitanos de Granada.
2 La Semana Santa en Sevilla
3 Oiga *Las noches en los jardines de España* de Falla o un disco de música flamenca y prepare una composición sobre esta música.

V The indefinite article, "a," "an"

El artículo indefinido, "un", "una", "unos", "unas"

A The indefinite article also agrees in number and gender with the noun that it modifies.

Añadieron un campanario y una estatua a la torre.
They added a belfry and a statue to the tower.

1 The form **una** is shortened to **un** before a feminine noun beginning with stressed **a** or **ha**.

La sultana vivía en un ala de la Alhambra.
The sultana lived in a wing of the Alhambra.

2 The plural forms, **unos** and **unas**, mean "a few," "some," or "approximately."

En Granada vimos bailar a unos gitanos.
In Granada we saw some gipsies dancing.

Hay unas diez imágenes de la Virgen en la catedral.
There are about ten images of the Virgin in the cathedral.

B The indefinite article is used *less frequently* in Spanish than in English. It is usually not used:

1 After **ser** before an unmodified noun referring to a profession, nationality, religion, or political party.

La esposa era cristiana, pero el marido era moro.
The wife was a Christian, but the husband was a Moor.

Manolete fue torero.
Manolete was a bullfighter.

But: When the noun is modified, the indefinite article *is* used.

La esposa era una bella cristiana, pero el marido era un rudo moro.
The wife was a beautiful Christian, but the husband was a coarse Moor.

Manolete fue un torero famoso.
Manolete was a famous bullfighter.

2 After the preposition **sin**, in negative sentences with **tener**, and with personal effects (except when the numerical concept *one* is emphasized).

El califa murió y Córdoba quedó sin rey.
The caliph died and Cordova was left without a king.

No podía ir a la guerra porque no tenía caballo.
He could not go to war because he did not have a horse.

El penitente no debe llevar sombrero.
The penitent should not wear a hat.

But: **No tengo un sombrero, sino dos.**
I don't have one hat, but two.

The indefinite article is omitted in the following expressions:

cien	a hundred	**otro**	another
mil	a thousand	**¡Qué...!**	What a...!
cierto	a certain	**tal**	such a

Había mil personas y más de cien penitentes en la procesión.
There were a thousand people and more than a hundred penitents in the procession.

Cierto turista norteamericano visitaba Sevilla.
A certain American tourist was visiting Seville.

El guía me enseñó otra catedral ayer.
The guide showed me another cathedral yesterday.

¡Qué hermosa mezquita!
What a beautiful Mosque!

Nunca he visto tal mentiroso.
I have never seen such a liar.

Ejercicio Escriba el artículo indefinido que corresponda, si es necesario:

1. En el palacio vimos ____ mosaicos bizantinos.
2. El hombre confesó que era ____ musulmán.
3. Boabdil el Chico fue ____ rey cobarde.
4. Boabdil era ____ rey en el siglo XV.
5. A las sevillanas no les gusta ir a los toros sin ____ mantilla.
6. Cuando pasa la Virgen, los hombres exclaman: ¡Qué ____ hermosa chica!
7. Cuando el Giraldillo se rompa, instalarán ____ otra veleta.
8. Todos estos edificios se construyeron en ____ cien años aproximadamente.
9. Ésta debe de ser la Alhambra, porque veo ____ fuente con ____ leones.
10. Washington Irving era ____ escritor.
11. ____ cierto arquitecto cordobés construyó el campanario.
12. En siglos pasados había allí más de ____ mil columnas.

13 ¡Qué caos! Los granadinos nunca vieron _____ tal confusión.
14 ¿Cuál es su profesión? Soy _____ arquitecto.
15 ¿Y la suya? Yo soy _____ guía, pero soy _____ guía muy malo.
16 ¿Por qué corrías? Porque el califa tenía _____ hacha (ax) en la mano.
17 No pude hacer este ejercicio porque no tenía _____ lápiz.
18 Yo tampoco tengo _____ lápiz, pero puedo prestarle _____ pluma.

Un poco de humor

Los andaluces tienen *fama* de ser *ágiles de mente*, habladores, muy exage- reputation; witty
rados, *mentirosos* y *perezosos*. Esto no es necesariamente cierto, pero liars; lazy
produce *chistes* y cuentos. Aquí tiene Ud. dos chistes andaluces. jokes

Chiste Núm. 1

Cierto turista norteamericano visitaba Sevilla. Un *guía* local le enseñaba guide
los monumentos y le explicaba su historia. En la Torre del Oro, por ejemplo,
le explicó que se construyó para defender la ciudad por el río y que se
llamaba "del Oro" porque antes estaba cubierta de mosaicos de este metal.
El turista preguntó cuánto tiempo habían tardado en hacerla y, cuando el
guía contestó que más de veinte años, comentó con desdén: —¡Bah! En los
Estados Unidos tenemos construcciones mucho mejores y las hemos hecho
en unas pocas semanas.

Así siguieron su paseo y junto a cada monumento el norteamericano
preguntaba cuánto tiempo habían tardado en construirlo y, al oír que habían
tardado muchos años, comentaba que con las técnicas modernas en su
país se construía algo mejor en muy poco tiempo.

El andaluz estaba furioso. Cuando por fin llegaron a la enorme catedral,
el turista hizo la pregunta usual. El andaluz miró entonces la torre, se quitó el
sombrero, *se rascó* la cabeza, y contestó: —Pues míe Uhté (mire Ud.), no scratched
puedo decirle cuánto tiempo tardaron en hacerla, pero me acuerdo de que
ayer cuando pasé por aquí no había nada en este lugar.

Chiste Núm. 2

Empezó a llover y los dos hermanos andaluces que trabajaban en el
campo se fueron a casa a dormir una siesta. A las dos horas despertaron y
Juan dijo:

—Pedro, levántate y *asómate* a la ventana para ver si ya dejó de llover. look out
—Tengo una idea mejor— dijo Pedro mientras *se tapaba* la boca con la covered
mano para *disimular* un *bostezo*—vamos a esperar a que vuelva el perro que conceal; yawn
acaba de salir al patio y veremos si está seco o *mojado*. wet

La Torre del Oro fue construida para defender la entrada de la ciudad de Sevilla por el río Guadalquivir. Se llama "del oro" porque originalmente estaba cubierta de mosaicos de oro.

Temas para trabajo oral o escrito

1 Cuente un chiste o una historia
   a de una persona exagerada.
   b de una persona perezosa.

2 Dos estudiantes prepararán un diálogo basado en el chiste Núm. 1 y lo representarán en clase.

3 Otros dos estudiantes harán lo mismo con el chiste Núm. 2.

4 ¿Cree Ud. que el Chiste Núm. 1 es injusto con los turistas norteamericanos? ¿Merece or no merece "el típico turista yanqui" la mala fama que tiene en muchos lugares?

Refranes   Proverbs

Quien no ha visto Sevilla, no ha visto maravilla.
Quien no ha visto Granada, no ha visto nada.

Suplemento

¿A dónde va Ud. si quiere . . ?

Desayunar
To have breakfast

Echar una carta
To mail a letter

Mirar las flores
To look at the flowers

Comprar un pasaje para España
To buy a ticket to Spain

Denunciar que le han robado su coche
To report that they have stolen your car

Certificar una carta
To certify a letter

Avisar que ha habido un accidente
To report that there has been an accident

Sentarse a tomar el sol
To sit down to sunbathe

Tomar un refresco
To have a soft drink

Asegurarse la vida
To get life insurance

Pedir información sobre Andalucía
To ask for information about Andalusia

Cruzar la calle
To cross the street

Enviar un paquete
To send a package

Comer una hamburguesa
To eat a hamburger

Pasear su perrito
To walk your little dog

Coger el autobús
To take the bus

Entregar una billetera que encontró en la acera
To turn in a billfold that you found on the sidewalk

Asegurar su automóvil
To insure your car

Comprar sellos
To buy stamps

Denunciar un robo en su casa
To report a burglary in your home

a **la agencia de viajes**
  travel agency

b **el parque**
  the park

c **el buzón**
  mailbox

d **la parada de autobuses**
  the bus stop

e **la esquina del semáforo**
  the corner with the traffic light

f **el banco del parque**
  park bench

g **el correo**
  post office

h **la oficina de seguros de automóvil**
  car insurance office

i **la cafetería**
  the cafeteria

j **la oficina de seguros de vida**
  life insurance office

k **la estación de policía**
  police station

La España árabe

¿Cuántas cosas puede Ud. decir en español sobre este dibujo (drawing)? En la página a la izquierda encontrará expresiones y palabras que posiblemente no sabe.

Aprenda las palabras que no sabe y entonces mire el dibujo y practíquelas.

¿Puede Ud. encontrar alguna diferencia entre la parada de autobuses en este dibujo y la parada de autobuses de su ciudad?

2
¡Qué monos son los monos!

Un poco de preparación

The present indicative

I The present tense of regular verbs of all three conjugations is formed by adding the endings of the present tense to the stem (**llamar**, **llam–**; **beber**, **beb–**; **vivir**, **viv–**). The endings are:

El presente de indicativo

–ar –o, –as, –a, –amos, –áis, –an
–er –o, –es, –e, –emos, –éis, –en
–ir –o, –es, –e, –imos, –ís, –en

II A few verbs are irregular in the first person singular of the present. Their other persons are regular.

caber (to fit)	**quepo**	poner (to put)	**pongo**
caer (to fall)	**caigo**	saber (to know)	**sé**
conducir (to drive)	**conduzco**	salir (to go out)	**salgo**
conocer (to know)	**conozco**	traer (to bring)	**traigo**
dar (to give)	**doy**	valer (to be worth)	**valgo**
escoger (to choose)	**escojo**	ver (to see)	**veo**
hacer (to do, make)	**hago**		

III Listed below is the present tense of some common irregular verbs.

decir (to say)	**digo**, **dices**, **dice**, decimos, decís, **dicen**
estar (to be)	**estoy**, **estás**, **está**, estamos, estáis, **están**
haber (to have)	**he**, **has**, **ha**, **hemos**, habéis, **han**
ir (to go)	**voy**, **vas**, **va**, **vamos**, **vais**, **van**
oír (to hear)	**oigo**, **oyes**, **oye**, oímos, oís, **oyen**
ser (to be)	**soy**, **eres**, **es**, **somos**, **sois**, **son**
tener (to have)	**tengo**, **tienes**, **tiene**, tenemos, tenéis, **tienen**
venir (to come)	**vengo**, **vienes**, **viene**, venimos, venís, **vienen**

IV Radical- (Stem-) changing verbs

A Some verbs change **e** to **ie** in the first, second, and third persons singular and in the third person plural of the present tense.

cerrar (to close)	**cierro**, **cierras**, **cierra**, cerramos, cerráis, **cierran**
perder (to lose)	**pierdo**, **pierdes**, **pierde**, perdemos, perdéis, **pierden**
sentir (to feel)	**siento**, **sientes**, **siente**, sentimos, sentís, **sienten**

B Other verbs change **o** to **ue** in the same persons.

encontrar (to find) **encuentro**, **encuentras**, **encuentra**, encontramos, encontráis, **encuentran**

oler* (to smell) **huelo**, **hueles**, **huele**, olemos, oléis, **huelen**
volver (to return) **vuelvo**, **vuelves**, **vuelve**, volvemos, volvéis, **vuelven**
dormir (to sleep) **duermo**, **duermes**, **duerme**, dormimos, dormís, **duermen**

C Another group changes **e** to **i**.

pedir (to ask for) **pido**, **pides**, **pide**, pedimos, pedís, **piden**
repetir (to repeat) **repito**, **repites**, **repite**, repetimos, repetís, **repiten**

For the present indicative of spelling-changing verbs see **Un poco de preparación**, **Capítulos 11** and **14**.

Ejercicio Diga en español:

1 I fall.
2 You (**tú**) ask for . . .
3 Do I go out?
4 He has.
5 Do we know?
6 Do you (**Ud.**) hear?
7 He serves.
8 You (**vosotros**) go.
9 You move (4 ways).
10 We are.
11 She thinks.
12 We see.
13 I drive.
14 You (**tú**) sleep.
15 She repeats.
16 He closes.
17 Do you (**tú**) eat?
18 I am worth.
19 I choose.
20 I know.
21 I bring.
22 He finds.
23 You return (4 ways).
24 I come.
25 I sleep.

¡Qué monos son los monos!**

¿Se ha fijado Ud. en lo populares que son los monos? Si va Ud. al parque zoológico, verá que la mayor cantidad de gente está junto a las *jaulas* de los *simios*. Pero éste es un público especial, porque es un público feliz: todos *ríen*, llaman la atención de los *macacos*, observan *absortos* a los chimpancés, se retratan con los gorilas . . .

El hombre ve en los *gestos* de los monos una caricatura de los suyos y esto, además de interesarle desde el punto de vista científico, le parece muy cómico.

Hace unos años Hollywood presentó en la *pantalla* varias películas de ciencia-ficción basadas en una sociedad donde los *papeles* de los simios y

Have you noticed
cages
simians
laugh; macaque (type of monkey); engrossed
gestures

screen
roles

---

* **Oler** begins with an **h** when it has a radical change.
** La palabra "mono" en español significa "monkey" y también "ape." Además, quiere decir "cute."

Capítulo dos

de los humanos estaban invertidos. La serie *atrajo* a muchos niños, pero no a muchos adultos. Muchos criticaron a Hollywood por estas películas absurdas. Pero, ¿eran realmente absurdas? Quizás en el fondo todos *nos asustábamos* de la posibilidad de que todo esto sucediera algún día.

    Nos gustan los monos, pero la mayoría de nosotros queremos olvidar las teorías de la evolución y seguir mirándolos en *nivel* inferior, como criaturas que necesitan nuestra protección y ayuda, criaturas "*monísimas*" que apreciamos porque nos hacen reír.

    Hoy voy a hablarle de varios monos populares, *tales como* Baker, Copito de Nieve, Washoe, Nim . . . *¿Cómo?* ¿No los conoce? Pues ahora se los presentaré.

attracted
were afraid
level
extremely cute
such as
What's that?

Ésta es Baker, mononauta retirada, pionera de los vuelos espaciales. Baker nació en Iquitos, Perú. Pesa solamente 450 gramos (una libra).

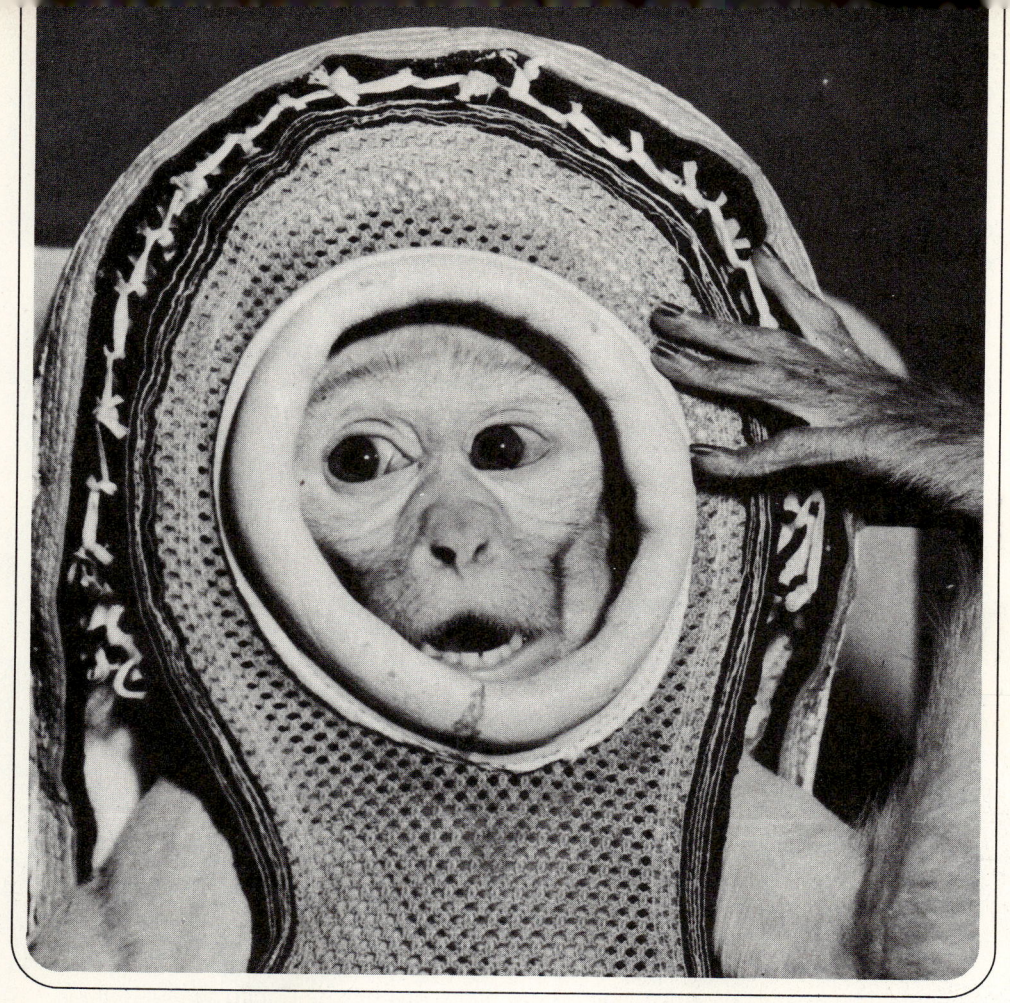

Un mononauta rhesus probándose (trying on) el traje que llevó en su viaje espacial del Proyecto Mercurio.

    Baker es una *"mononauta"* retirada. Es una monita *ardilla*, la única que *sobrevive* hoy de los mononautas. Vive *con todo lujo* en el Centro Espacial de Alabama. *"monkeynaut"*; squirrel survives; in great luxury

    El 28 de mayo de 1959 Baker y un compañero viajaron en un *cohete* Júpiter en un viaje de quince minutos en el espacio a una velocidad de *16,000 kilómetros* por hora. El otro mono murió poco después del viaje, pero Baker ha sobrevivido gracias a los cuidados especiales que recibe. rocket (10,000 miles)

    Baker nació en la *selva* del Perú hace diez y ocho años y es una *anciana* porque el *promedio* de vida de su especie no excede los catorce años. jungle; old woman average

    Escríbale a Baker si quiere. La carta la puede enviar al Centro Espacial de Alabama y hasta puede pedirle a ella su fotografía. Ella se la enviará a Ud., pero *la firmará* con la *huella* de una de sus *patas* porque no sabe leer ni escribir. she will sign it; print; paw

Copito de Nieve es interesante por otro *motivo*: es el único gorila albino que conoce el mundo civilizado. Desde su captura, hace casi diez años, Copito de Nieve vive en el zoológico de Barcelona. Copito era un bebé cuando lo encontraron junto al *cadáver* de su madre negra en la región africana de Río Muni, que fue una colonia española. Su presencia atrae a los científicos del mundo entero al zoo barcelonés. — Little Snowflake; reason

Pocos animales han recibido tantos cuidados y *afecto* como Copito de Nieve. Sus primeros meses *de cautiverio* los pasó en casa del Dr. Luera, veterinario encargado del zoológico, como si fuera un miembro de la familia. Lo bañaban como a un niño y le cogían la mano al caminar. Con mucha frecuencia los veterinarios lo examinan ahora para *asegurarse de* que su *salud* es perfecta. El Dr. Riopelle, director del Centro de Investigaciones de Primates de la Universidad de Tulane, da viajes periódicos a España para hacer *pruebas* y experimentos con este raro *ejemplar* albino. — affection; in captivity; to make sure; health; tests; specimen

Como le dan tan buen cuidado, *se espera* que Copito viva por lo menos veinticinco años más. *A diferencia de* los gorilas de la selva, que sufren de parásitos y también de deficiencias de proteínas por su dieta vegetariana, el gorila albino *goza de* una salud excelente y de un apetito enorme. A la una de la tarde le sirven la comida principal, que consiste en: *un kilogramo* (kilo) de bananas, un kilogramo de *manzanas* o *peras*, un cuarto de kilogramo de *jalea de membrillo*, un cuarto de kilogramo de *jamón* o de *pollo asado* y varios pedazos de pan. Él lo devora todo y lo complementa con tres comidas más ligeras al día que incluyen carne, yogurt, *huevos duros*, arroz y *galleticas*. — it is to be hoped; In contrast with; enjoys; (2.2 lbs.); apples; pears; quince jelly; ham; roasted chicken; hard boiled eggs; cookies

Copito es hoy un respetable señor casado y vive con su "esposa" y compatriota Ndengue. Ella le ha dado ya dos hijos negros: uno murió y el otro, llamado King, ha sobrevivido y está con sus padres en Barcelona.

Los científicos esperan *ansiosamente* nuevos descendientes, porque sólo puede haber otro ejemplar albino si un hijo y una hija de Copito *se cruzan entre sí* o sí él se cruza con una de sus hijas. Pero es una posibilidad remota, porque la existencia de un gorila blanco es un *milagro* y la naturaleza no repite sus milagros todos los días. — eagerly; mate between themselves; miracle

Preguntas
1. ¿Cómo es el público que está junto a la jaula de los monos?
2. ¿Por qué al hombre le parecen cómicos los gestos de los monos?
3. ¿Qué presentó Hollywood hace unos años?
4. ¿Fue muy popular esta serie?
5. ¿Cómo prefiere la mayoría de la gente ver a los monos?
6. ¿Quién es Baker?
7. ¿Dónde nació ella?
8. ¿Qué hizo Baker en 1959?
9. ¿Por qué es Baker una anciana?

Copito de Nieve en su jaula del parque zoológico de Barcelona, España.

10 ¿Por qué es interesante Copito de Nieve?
11 ¿Dónde nació él? *africa*
12 ¿Dónde vivió en sus primeros meses de cautiverio? *Dr Luera*
13 Explique los cuidados y afectos que ha recibido Copito.
14 ¿Qué hace el Dr. Riopelle?
15 ¿Cuántos años más puede vivir Copito? *25*
16 ¿Cómo son su salud y su apetito? *excelente*

Capítulo dos

17 ¿Puede Ud. decirnos el menú de su comida principal?
18 ¿Qué come él en las tres comidas ligeras?
19 ¿Quién es la "esposa" de Copito de Nieve?
20 ¿Han tenido ellos hijos?

Más preguntas

1 ¿Ha tomado Ud. fotografías de los monos?
2 ¿Visita el parque zoológico frecuentemente?
3 ¿Querría Ud. tener un mono en casa? ¿Por qué?
4 ¿Puede Ud. nombrar alguna selva?
5 ¿Cree Ud. que es cruel tener a los monos y a otros animales en jaulas?
6 ¿Acepta la teoría de la evolución? Explique.
7 ¿Vio Ud. las películas de la serie *El planeta de los simios*?
8 ¿Quiere hacer un comentario sobre ellas?
9 ¿Conoce otro caso de un animal albino?
10 ¿Qué platos del menú de Copito de Nieve come Ud. a veces?
11 ¿Vio Ud. la última película sobre King Kong?
12 ¿Cree Ud. que esta última versión es mejor que la original? Explique.

Práctica de vocabulario

1 Un _____ es un vehículo espacial.
2 Una mujer muy vieja es una _____ .
3 Cuando Ud. pone su nombre en un papel, se dice que lo _____ .
4 El lugar donde hay animales en las ciudades se llama _____ .
5 Los animales viven allí en _____ .
6 El hombre ve una caricatura de sí mismo en los _____ de los monos.
7 El lugar donde se proyecta una película se llama _____ .
8 El trabajo de un artista en una película se llama _____ .
9 En español decimos que una cosa simpática y graciosa es _____ .
10 Un animal que no vive en libertad vive en _____ .
11 Si Ud. no está enfermo se dice que goza de _____ .
12 Un experimento y un examen son _____ .
13 La unidad de peso (weight) más usada en los países hispánicos es _____ .
14 Las _____ y las _____ son frutas.
15 El _____ y el _____ son comidas que tienen muchas proteínas.
16 Una forma de preparar los huevos se llama _____ .
17 Cuando una persona espera una cosa con mucho interés, se dice que la espera _____ .
18 Un suceso sobrenatural es un _____ .

I The uses of the present

El uso del presente

A   The present tense in Spanish usually describes an action that takes place in the present, and it may be translated three different ways into English.

Llamo a los monos.
I call the monkeys.
I do call the monkeys. (emphatic)
I am calling the monkeys. (progressive)

B   The present tense is sometimes used to describe an action that began in the past and continues in the present.

Nim estudia español desde el año pasado.
Nim has been studying Spanish since last year.

C   In spoken Spanish, the present tense sometimes refers to an action that will take place in the near future.

Mañana te llevo al zoológico.
Tomorrow I will take you to the zoo.

Ejercicio   Dé el presente de los infinitivos entre paréntesis:

1. Ella siempre (repetir)_____ mi nombre cuando (querer)_____ llamarme la atención.
2. Nosotros (fijarse)_____ en los monos.
3. Vosotros (criticar)_____ demasiado a los directores de la película.
4. Los veterinarios los (examinar)_____ con frecuencia.
5. Los monos siempre (oler)_____ la comida antes de comerla.
6. La tía de Baker (vivir)_____ en la selva desde hace muchos años.
7. ¿Dónde (entrenar)_____ a aquellos animales?
8. Copito de Nieve me (pedir)_____ pollo asado.
9. Ellos nos (servir)_____ la comida a la una.
10. Yo (conocer)_____ a María y ella (conocer)_____ a Elena.
11. Su mamá le (coger)_____ la mano al salir.
12. Muchos animales de la selva (sufrir)_____ de parásitos.
13. Ellos (mover)_____ la cola (tail) porque (tener)_____ hambre.
14. Hoy yo no (querer)_____ decir lo que yo (pensar)_____ .
15. Tú (ver)_____ el programa de televisión, yo (preferir)_____ los anuncios.
16. Vosotros habéis aprendido mucho desde que (vivir)_____ con ellos.
17. ¿No (ir)_____ Uds. a visitar el Centro Espacial?
18. ¿Qué (hacer)_____ yo los domingos? No (venir)_____ a la escuela, por cierto.
19. Mis amigos (observar)_____ a los gorilas y los (retratar)_____ .

20 Ese chimpancé (dormir) _____ en mi cuarto.
21 Tú nunca (oír) _____ lo que yo (decir) _____ .
22 Ella (traer) _____ un kilo de bananas para Copito.

The personal pronouns
Los pronombres personales

Subject		Direct object		Indirect object		Object of preposition	
Sujeto		Complemento directo		Complemento indirecto		Complemento circunstancial	
yo	I	**me**	me	**me**	(to, for) me	**mí***	me
tú	you	**te**	you	**te**	(to, for) you	**ti***	you
él	he	**lo**	him, it (*m.*), you (*m.*)	**le (se)**	(to, for) him, her, you, it	**él**	him, it (*m.*)
ella	she	**le**	him, you (*m.*)			**ella**	her, it (*f.*)
ello (rare)	it	**la**	her, it (*f.*) you (*f.*)			**ello**	it (neuter)
usted (Ud., Vd.)	you					**usted** (Ud., Vd.)	you
nosotros	we (*m.*)	**nos**	us	**nos**	(to, for) us	**nosotros**	us (*m.*)
nosotras	we (*f.*)	**os**	you	**os**	(to, for) you	**nosotras**	us (*f.*)
vosotros	you (*m.*)	**los**	them (*m.*), you (*m.*)	**les (se)**	(to, for) you, them	**vosotros**	you (*m.*)
vosotras	you (*f.*)					**vosotras**	you (*f.*)
ellos	they (*m.*)	**las**	them (*f.*) you (*f.*)			**ellos**	them (*m.*)
ellas	they (*f.*)					**ellas**	them (*f.*)
ustedes (Uds., Vds.)	you					**ustedes** (Uds., Vds.)	you

II Subject pronouns

Los pronombres de sujeto

A   Subject pronouns (**yo, tú, él, ella, Ud., nosotros, vosotros, ellos, ellas, Uds.****) are not always used in Spanish, as verb endings indicate the subject of the verb. **Usted** and **ustedes** are used somewhat more than the other pronouns, but should not be used excessively.

* **conmigo, contigo** after the preposition **con**.

** **Tú** and **vosotros** are used among members of the family, close friends, students, children, and animals. In Spanish America the **ustedes** form is used instead of the **vosotros** form. In situations where you are not sure whether to use the polite or the familiar forms, it is always safer to use the polite **usted, ustedes**.

B Subject pronouns are used:

1 For clarification or emphasis

Él murió después del viaje, ella ha sobrevivido.
He died after the trip; she has survived.

2 After **ser**

¿Quién es Washoe? Soy yo.
Who is Washoe? It is I (I am).

3 Alone

¿Quién encontró a Copito de Nieve? Él.
Who found Little Snowflake? He (did).

Personal "a"

La "a" personal
One of the peculiarities of Spanish is that it requires the preposition **a** before a direct object referring to:

1 A definite person

Llevo a mi hijo al zoológico todos los domingos.
I take my child to the zoo every Sunday.

2 A personified thing

Muchos criticaron a Hollywood por esas películas.
Many criticized Hollywood for those films.

3 Intelligent animals

Observan absortos a los chimpancés.
They watch the chimpanzees engrossed.

A is also used before **alguien**, **alguno**, **–a**, **–os**, **–as** (someone); **nadie**, **ninguno**, **–a**, **–os**, **–as** (nobody, none); **otro**, **–a**, **–os**, **–as** (another); and **uno**, **–a** (one), when they refer to persons or personalized animals and are used as direct objects.

Hay varios veterinarios aquí, pero no conozco a ninguno.
There are several veterinarians here, but I don't know any.

The personal **a** is not generally used after the verb **tener**.

Ahora Copito de Nieve tiene un hijo.
Now Little Snowflake has a son.

Capítulo dos

Ejercicios A Conteste usando diferentes pronombres de sujeto:
1 ¿Quién es el dueño de Copito de Nieve?
2 ¿Es esta monita la famosa Baker?
3 ¿Quién se estaba retratando junto a los chimpancés?
4 ¿Eran los monos o eran Uds. quienes se reían?
5 ¿Quién vio la película *El planeta de los simios*?
6 ¿Quién viajó en el primer cohete espacial?
7 ¿Quién come menos, Copito de Nieve o tú?
8 ¿Fuimos nosotros o fueron Uds. quienes retrataron a Copito?
9 ¿Quién le escribió a Baker, tú o yo?
10 ¿Quién abrió la puerta de la jaula?

B Use la **a** personal si es necesario:
1 Retratan _____ los chimpancés y también _____ las jaulas.
2 Hollywood presentó _____ varias películas de monos.
3 La serie atrajo _____ muchas personas.
4 En 1959 los Estados Unidos lanzaron _____ un cohete al espacio.
5 En el Centro Espacial cuidan mucho _____ Baker.
6 Ella no firma _____ las cartas porque no sabe escribir.
7 En el zoo bañan _____ Copito de Nieve con frecuencia.
8 Él come _____ un kilogramo de bananas al día.
9 No conozco _____ Juan Pérez, pero quiero escribirle _____ una carta.
10 Encontraron _____ ese veterinario en su oficina del zoológico.

III Direct and indirect object pronouns (Columns 2 and 3, p. 40)

Los pronombres de complemento directo e indirecto

A Uses of **le** and **lo** as direct object
The direct object pronoun has two masculine forms in Spanish, **lo** and **le**. In Spanish America, **lo** is extensively used to refer to both people and things, but Spaniards prefer to use **le** for people and **lo** for things.

¿Has visto al Dr. Luera? Sí, lo (le) vi hace un rato.
Have you seen Dr. Luera? Yes, I saw him a while ago.

¿Has visto el cohete? Sí, lo vi.
Have you seen the rocket? Yes, I saw it.

B Position
1 Both direct and indirect object pronouns normally precede the verb.

¿No los conoce?
Don't you know them?

Ahora le sirven su comida principal.
They are serving him his main meal now.

2 If there is more than one object pronoun, the order is as follows:

> reflexive   indirect   direct

Le pusieron un sombrero a Copito, pero él se lo quitó.
They put a hat on Little Snowflake, but he took it off.

¿Conoces al director del zoológico? Te lo presentaré.
Do you know the director of the zoo? I will introduce him to you.

No es necesario. Ya él se me presentó.
It is not necessary. He already introduced himself to me.

Object pronouns follow and are attached to the verb in the following cases:

1 Infinitives

Hoy vamos a hablarle de varios monos populares.
Today we are going to talk to you about several popular monkeys.

2 Present participles

Los científicos están esperándolos.
Scientists are waiting for them.

3 Positive commands

Escríbale a Baker si quiere.
Write to Baker if you want to.

If the infinitive and the present participle follow a conjugated verb as in 1 and 2 above, you have a choice: The pronoun object may be attached to the infinitive or present participle, as above, or may precede the conjugated verb.

Hoy le vamos a hablar de varios monos populares.
Los científicos los están esperando.

In the case of positive commands (3) the pronoun *must* follow and be attached.

C The form **se** as an indirect object

When both the direct and the indirect object pronouns are in the third person, the indirect object (**le**, **les**) becomes **se**. (A stressed pronoun with the preposition **a** is often used to clarify the indirect object. See p. 52.)

> **Se los presentaremos a Ud. (a él, a ella, a Uds., a ellos, a ellas).**
> We will introduce them to you (to him, to her, to you [*pl.*], to them [*m.*], to them [*f.*]).

D Redundant use of pronouns

Direct and indirect object pronouns are used redundantly in their unstressed form in the following cases:

1 When the noun direct object precedes the verb.

> **La carta la puede enviar al Centro Espacial de Alabama.**
> You can send the letter to the Space Center in Alabama.

2 With a noun indirect object.

> **Ella les envía fotos a sus admiradores.**
> She sends photos to her fans.

3 When **todo** is the direct object of the verb.

> **Copito de Nieve lo devora todo.**
> Little Snowflake devours it all.

Ejercicios

A Escriba otra vez estas oraciones sin las palabras subrayadas, reemplazándolas con los pronombres necesarios:

1 Conozco <u>al director del parque zoológico</u>.
2 Escribí <u>una carta</u> <u>a la mona</u>.
3 <u>Copito de Nieve</u> come <u>carne y pollo</u>.
4 <u>Juan y yo</u> fuimos a ver <u>los monitos</u>.
5 Un gorila retrató <u>a José y a María</u>.
6 Queremos <u>a los monos</u>.
7 Dieron <u>al profesor y a mí</u> un papel en la película.
8 El chimpancé miraba riendo <u>a Pedro y a ti</u>.
9 Esas películas atrajeron <u>a los niños</u>.
10 Baker envió <u>la foto</u> <u>a Susana</u>, no a Guillermo.
11 A la una dan <u>la comida</u> <u>a Copito de Nieve</u>.
12 En el Centro Espacial cuidan mucho <u>a la mononauta</u>.

B Traduzca. En las oraciones del 6 al 12, coloque los pronombres en dos posiciones diferentes:

1 Write a letter to her.
2 After writing the letter, sign it.

3 If the monkeys are here, let's see (**vamos a**) them.
4 Eat all of it (*m.*).
5 When he sees me, he talks to me.
6 You can follow her if you want.
7 We are going to see them (*m.*).
8 I am giving cookies to him.
9 I am going to introduce them (*f.*) to you.
10 They are serving it (*f.*) to him.
11 We want to sell you some monkeys.
12 Do you want to buy them?

C Substituya **los** en la oración **Juan los retrató**, por los otros pronombres de complemento directo.

D Substituya **me** en la oración **Ella me envió su foto**, por los otros pronombres de complemento indirecto.

Los monos que "hablan"

Los científicos saben desde hace muchos años que los chimpancés son muy inteligentes. Es verdad que lo son, pero los *esfuerzos* por enseñarles a hablar han *fracasado* siempre. El mono que tuvo más *éxito* en esta clase de estudios fue Viki, una chimpancé que en 1950 podía pronunciar cuatro palabras. — efforts; failed; success

Pero hablar no es solamente producir *sonidos* y Beatriz y Allen Gardner, de la Universidad de Nevada, *probaron* un sistema nuevo. En 1966 ellos comenzaron a *entrenar* a Washoe, una chimpancé, en la comunicación *por medio de señas*. Usaron la lengua americana de señas (a.s.l.), que utilizan muchos *sordomudos*, porque es muy simple, *ya que* asocia cada seña con su significado: por ejemplo, "arriba" se expresa con *las manos levantadas* y el *dedo índice* también hacia arriba y "beber" se expresa con el *dedo pulgar* extendido hacia la boca y el resto de la mano cerrada. — sounds; tried; train; by means of signs; deaf-mutes; since; hands raised; index finger; thumb

Los educadores de Washoe nunca le hablaban inglés ni tampoco hablaban inglés entre ellos cuando la chimpancé estaba presente. Toda la comunicación se hacía por medio de mímica.

Los resultados obtenidos con Washoe fueron muy satisfactorios. En menos de un año era capaz de escoger entre los signos que había aprendido los necesarios para formar frases que tenían significado. En 1970, cuando Washoe tenía un vocabulario de más de 160 señas, los Gardner se la dieron a uno de sus estudiantes, Roger Fouts. Hoy vive en el Instituto para Estudios de Primates en Oklahoma, entre otros animales, en su mayoría monos.

El propósito del segundo experimento con Washoe es ver si hace el papel de maestra y les enseña a los otros monos las señas que ella sabe. Washoe no parece muy interesada en ser maestra, pero ahora además hay

¿Comprende Ud. lo que dice Washoe? Arriba da la seña para "cepillo de dientes", y en la página 47, indica "reloj" a su entrenador.

en ese centro otros monos que también saben la lengua americana de señas y se espera que en un futuro próximo decidan conversar entre ellos.

Hay en estos momentos muchos experimentos con monos en diferentes lugares de los Estados Unidos. Por ejemplo, en Atlanta, una chimpancé llamada Lana ha aprendido a comunicarse *apretando* los *botones* de una computadora. Si comete un error, en seguida lo *borra* y comienza otra vez. Y en la Universidad de California, otra chimpancé llamada Sarah utiliza para comunicarse piezas de plástico de diferentes *formas* y colores, cada una de las cuales representa una palabra. *pressing; buttons* *erases* *shapes*

Un experimento interesante es el del Dr. Terrace de Columbia University. Su chimpancé, Nim, tiene seis años y vive con la familia de una estudiante graduada de la Universidad, entre siete niños y un perro *pastor alemán*. Este experimento es diferente porque, además del *entrenamiento* en la lengua americana de señas, *somete* al chimpancé a una intensa vida familiar. *German Shepherd* *training* *it exposes*

El Dr. Terrace siente mucho optimismo con respecto al futuro de Nim como lingüista: espera que su vocabulario llegue a 500 palabras y que pueda utilizarlo para expresar sus emociones personales y hasta sus pensamientos.

Todas estas pruebas han tenido, sin embargo, muchos críticos. Éstos comparan lo que hacen los chimpancés con un perro que coge su plato vacío en la boca y se lo lleva a su amo para pedirle comida. Según estos críticos, los chimpancés usan cierta forma de comunicación, más complicada que la del perro con su plato, pero no una verdadera lengua . . . Porque una lengua, aunque sea rudimentaria, es la expresión espontánea de un individuo y es más que una memorización y combinación de símbolos.

En realidad, la principal dificultad en la *enseñanza* de los monos es la falta de interés que ellos tienen en aprender a hablar. Como decía una amiga mía: "No es que los monos no sean capaces de hablar, es que no quieren hacerlo, porque no tienen *nada que decirnos*."

Preguntas
1 Explique quién fue Viki y por qué es importante.
2 ¿Cómo se llaman los profesores de Washoe?
3 ¿Qué lengua le enseñaron ellos?
4 ¿Qué personas utilizan esa lengua?

Arriba, Nim da la seña para "sucio", que significa que tiene que ir al baño (la foto que aparece en la revista muestra un niño en el baño). A la derecha, Nim señala "cuchara".

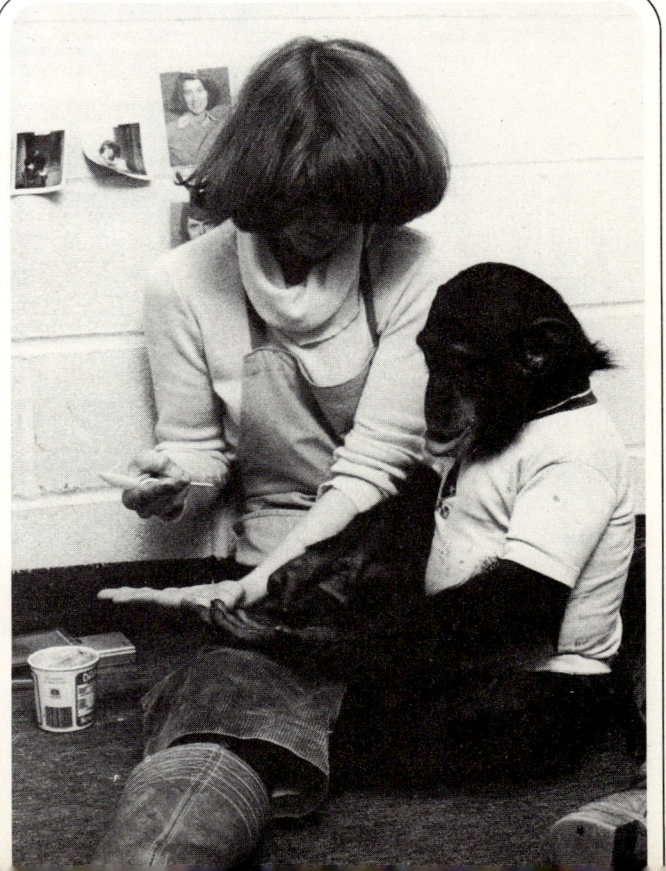

¡Qué monos son los monos!   **49**

  5 Explique cómo se dice "arriba" y "beber" en la lengua americana de señas.
  6 ¿Qué podía hacer Washoe después de un año?
  7 ¿Cómo era el vocabulario de Washoe en 1970?
  8 ¿Dónde vive hoy Washoe?
  9 ¿Cuál es el propósito del segundo experimento con Washoe?
10 ¿Quién es Lana y qué hace ella?
11 ¿Cómo se comunica Sarah?
12 ¿Dónde vive Nim? ¿Dónde estudia?
13 ¿Qué proyectos tiene el Dr. Terrace para el futuro de Nim?
14 ¿Con qué comparan los críticos la "lengua" de estos chimpancés?
15 ¿Por qué, según la amiga de la persona que escribe, no hablan los monos?

Más preguntas

1 ¿En qué proyecto ha tenido Ud. éxito?
2 ¿Enseñó algo a un animal? ¿Qué fue?
3 ¿Conoce Ud. a alguien que haya enseñado algo extraordinario a un animal?
4 ¿Comprende Ud. algunos sonidos o gestos de los animales?
5 ¿Puede Ud. comunicarse con algún animal?
6 Si tiene Ud. un animal, ¿es obediente?
7 ¿Qué palabras comprende su animal?
8 ¿Comprende su animal alguna palabra española?
9 ¿Habla Ud. por señas algunas veces? Explique.
10 ¿Sabe Ud. utilizar una computadora?

Práctica de modismos

Por medio de   by means of
Tener éxito   to succeed

Repita las oraciones, substituyendo las palabras subrayadas por las que siguen:

Aprende a comunicarse por medio de <u>señas</u>.
1 el teléfono   4 una computadora
2 una carta   5 palabras
3 un intérprete

Tuvo mucho éxito en <u>sus estudios</u>.
1 su visita al zoológico   4 el experimento
2 el examen   5 su clase de español
3 el entrenamiento

Ejercicio Escriba otra vez las oraciones, substituyendo las palabras subrayadas por pronombres:

1 Enseñé a Nim esa palabra.
2 Washoe no quiere hablar a los otros monos.
3 Ella levanta el dedo.
4 Dieron el mono a un estudiante.
5 Lana aprieta un botón.
6 El Dr. Terrace explica su experimento a sus alumnos.
7 Somete al chimpancé a la vida familiar.
8 Coge su plato vacío.
9 Lleva el plato a su amo.
10 Dan cigarrillos a los monos.
11 Enseñan a los animales.
12 Dieron a Sarah piezas de plástico.

E Special use of lo

The pronoun **lo** is used before the verbs **ser** and **estrar** to recapitulate an idea previously expressed.

> **¿Son mandriles esos monos? Sí, lo son.**
> Are those monkeys baboons? Yes, they are (it).

It also accompanies some verbs—**saber**, **hacer**, **creer**, **decir**, **preguntar**—for the sake of completeness.

> **Un gorila adulto puede pesar quinientas libras. Lo sé.**
> An adult gorilla can weigh five hundred pounds. I know (it).
>
> **Washoe quiere ser maestra, pero no lo hace bien.**
> Washoe wants to be a teacher, but she doesn't do (it) well.
>
> **Tiene que ser verdad si tú lo dices.**
> It has to be true if you say so.

In these cases, **lo** often corresponds to "it" or "so" in English.

F Special use of indirect object pronouns

In English the indirect object tells *to* or *for* whom the action is performed (The monkey gave *her* the apple). In Spanish, the indirect object is used in the same way, but it has an important additional usage: It is used to show to whose benefit or disadvantage something is done. The pronouns may express possession, separation, or interest, in which case they frequently convey the idea of the English "from" or "away."

> **Se ponen de mal humor si les quitan los cigarrillos.**
> They get in a bad mood if they take the cigarettes away from them.
>
> **Le contestan las cartas que recibe de sus admiradores.**
> They answer (for her) the letters she receives from her fans.

> 👁 **"Pedir" and "Preguntar"**
>
> **Pedir** and **preguntar** are both transitive verbs. **Pedir** means "to request," "to ask for something," and its direct object is what you ask for. **Preguntar** means "to ask a question" and its direct object is the question asked. The person from whom you request (in the case of **pedir**) and the person whom you ask (in the case of **preguntar**) are indirect objects.
>
> **Ud. puede pedirle a Baker su fotografía. Puede pedírsela.**
> You may ask Baker for her photograph. You may ask her for it.
>
> **Ud. puede preguntarle a Washoe cómo se llama. Puede preguntárselo.**
> You may ask Washoe what her name is. You may ask her (it).

Ejercicios A Conteste usando **lo** en su respuesta:

1 ¿Sabes que Copito de Nieve nació en el Africa Ecuatorial?
2 ¿Es peruana la monita Baker?
3 ¿Crees que Copito tendrá otro hijo pronto?
4 ¿Le preguntarás eso al profesor?
5 ¿Dijiste que irías al parque zoológico hoy?
6 ¿Son inteligentes los chimpancés?
7 ¿Sabíais vosotros que existía un mono albino?
8 ¿Dijeron ellos que Washoe era una buena maestra?
9 ¿Cree el Dr. Terrace que Nim hablará pronto?
10 ¿Estás listo para el examen médico?
11 ¿Son difíciles estos pronombres?
12 ¿Hizo él su trabajo bien o mal?

B Conteste incluyendo **pedir** o **preguntar** en su respuesta:

1 ¿Cree Ud. que los Gardner compraron a Washoe, o que se la pidieron a un amigo?
2 ¿Le han preguntado a Ud. algo alguna vez usando mímica?
3 ¿Puede un perro pedirle agua a su amo cuando tiene sed?
4 Cuando un perro quiere comida, ¿qué puede hacer para pedírsela a su amo?
5 Si Ud. supiera que un mono puede hablar, ¿qué le preguntaría?
6 ¿Quiere que le pregunte algo más, o va a pedirme que no le haga más preguntas?

IV Pronouns after prepositions (Column 4, p. 40)

Los pronombres después de preposiciones

A The pronouns which are usually used after prepositions are also called "stressed pronouns." In all persons except the first and second persons singular, they have the same forms as the subject pronouns.

1 After the preposition **con**, the first and second person singular pronouns have a special form: **conmigo** (with me), **contigo** (with you).

¿Quieres ir conmigo al zoo? No, no quiero ir contigo, iré con él.
Do you want to go to the zoo with me? No, I don't want to go with you; I will go with him.

2 Stressed pronouns are used after the preposition **a**, in addition to the direct and indirect object pronouns, for emphasis or clarity.

Enseñas a hablar a ese mono pero no me enseñas a mí.
You teach that monkey to speak but you don't teach *me*.

Antes Copito quería a Muni, ahora la prefiere a ella.
Before Little Snowflake loved Muni; now he prefers *her*.

3 Stressed pronouns are also used after the preposition **a** with verbs of motion.

Cuando la mononauta llegó, todos corrieron a ella.
When the monkeynaut arrived, everyone ran to her.

Todo el mundo viene a mí con sus problemas.
Everybody comes to me with their problems.

B **Ello** is a neuter pronoun that refers to a previous idea, and in most cases it is used after a preposition.

Mi mono habla por señas, ¿no te habías fijado en ello?
My monkey speaks with signs. Hadn't you noticed it?

Él aprende rápidamente y su amo se siente optimista por ello.
He learns rapidly, and his master feels optimistic because of it.

Ejercicios A Añada pronombres para completar o dar énfasis a las siguientes oraciones:

1 La idea asustó a mi amigo, pero me asustó más _____ .
2 Estas bananas se (*m. pl.*) las serviré _____ .
3 No se los presentaré a Juan, te los presentaré _____ .
4 Había mucha gente, pero sólo nos retrataron _____ .
5 El perro les (*f.*) llevó su plato vacío _____ .

6 Señor Nim, queremos hablarle _____ .
7 Los veterinarios le (f.) contestan sus cartas _____ .
8 Aquí nadie fuma, pero os permitiremos fumar _____ .
9 La fotografía, Baker se (**Uds.**) la enviará _____ .
10 No te hablaba a ti, le (m.) hablaba _____ .

B Conteste la pregunta: **¿Con quién conversa Nim?** como en el modelo, usando las personas que se indican:

Modelo **Nim conversa con ella.**

1 Uds.   6 Ud.
2 tú   7 vosotras
3 él   8 nosotros
4 yo   9 ellas
5 Juan y tú

(Más monos)

Los monos que fuman

En Texas, en un instituto que estudia las enfermedades del corazón y de los *pulmones*, están entrenando a algunos monos *mandriles*. El entrenamiento consiste en enseñarles a fumar. Hasta el presente *se ha comprobado* que los monos—un grupo de veinticinco—se ponen de muy mal humor cuando les quitan los *cigarrillos* o cuando su ración diaria de cigarrillos tarda en llegar, y *sacuden* sus jaulas con furia.
　　Los científicos esperan que dentro de dos años el experimento habrá *demostrado* los efectos del tabaco en la salud general del individuo y su influencia en la arterioesclerosis y en los *ataques al corazón*.

lungs; baboons

it has been proven

cigarettes
they shake

shown

heart attacks

Los monos y la televisión

　　Los animales que viven en los zoológicos *se aburren* mucho viviendo de manera tan sedentaria. Un zoo trató de resolver este problema instalando *aparatos* de televisión en las jaulas.
　　Los monos, sobre todo, parecían muy contentos con el experimento, y pasaban horas *acostados en el suelo* mirando los programas. Sin embargo, uno de los chimpancés adquirió un hábito peculiar: cuando aparecía en la pantalla un *anuncio comercial*, iba hasta donde estaba acostado su compañero y *le golpeaba* la cabeza. Después que terminaba el anuncio volvía a

get bored

sets

lying on the floor

commercial
hit him

acostarse para mirar el programa hasta que éste era interrumpido por otro anuncio. Entonces iba otra vez a su compañero y lo golpeaba.

¿Puede Ud. explicar este *comportamiento* extraño y hacer un comentario sobre él?   behavior

Preguntas

1. ¿Fuma Ud.? Por qué?
2. ¿Conoce Ud. a muchas personas que fuman?
3. ¿Se ponen ellas de mal humor cuando no tienen cigarrillos?
4. ¿Cree Ud. que el tabaco es malo para la salud?
5. ¿Conoce un caso de una persona que tenga mala salud porque fume mucho?
6. Explique por qué se aburren los animales en los zoológicos.
7. ¿Mira Ud. la televisión acostado, (–a) en el suelo?
8. ¿Cuál es su posición favorita para mirar la televisión?
9. ¿Qué hace Ud. cuando aparece un anuncio comercial en la pantalla?
10. ¿Le gusta algún anuncio? Explique cómo es.

Ejercicio

Haga oraciones completas que tengan relación con el texto, usando las siguientes expresiones:

1. El Instituto de Texas . . .
2. Los veinticinco monos . . .
3. El experimento . . .
4. El tabaco . . .
5. Los animales de los zoológicos . . .
6. El parque zoológico . . .
7. Los monos . . .
8. Uno de los chimpancés . . .

Temas para trabajo oral o escrito

1. Copito de Nieve. ¿Es un mono "monísimo", o no le gusta? ¿Por qué piensa Ud. que es (o no es) importante para la ciencia? ¿Cree Ud. que ha recibido excesivos cuidados? Explique la posibilidad de que en el futuro haya otro gorila albino.
2. Las películas de la serie *El planeta de los simios*
3. Es posible enseñar a hablar a los monos. Defienda o ataque esta idea.
4. Está bien utilizar animales para cualquier experimento científico si éste mejora (improves) la salud de la humanidad. Defienda o ataque.

¡Qué monos son los monos! 55

*Word stress

If the word has a written accent the stress falls on that syllable. Unaccented words ending in a vowel, *n*, or *s*, stress the next to the last syllable.

Unaccented words ending in consonants, except *n* and *s*, stress the last syllable.

Lea:

ciudad	reloj	verdad
cordillera	estrellas	conducir
cohete	original	espacial
aislado	azul	gorila
mono	quitar	honor
nivel	tejidos	comunican
plato	piedras	conducen
superficie	enseñanza	libertad

* Esta oreja simboliza "¡Escuche!" (Listen!)

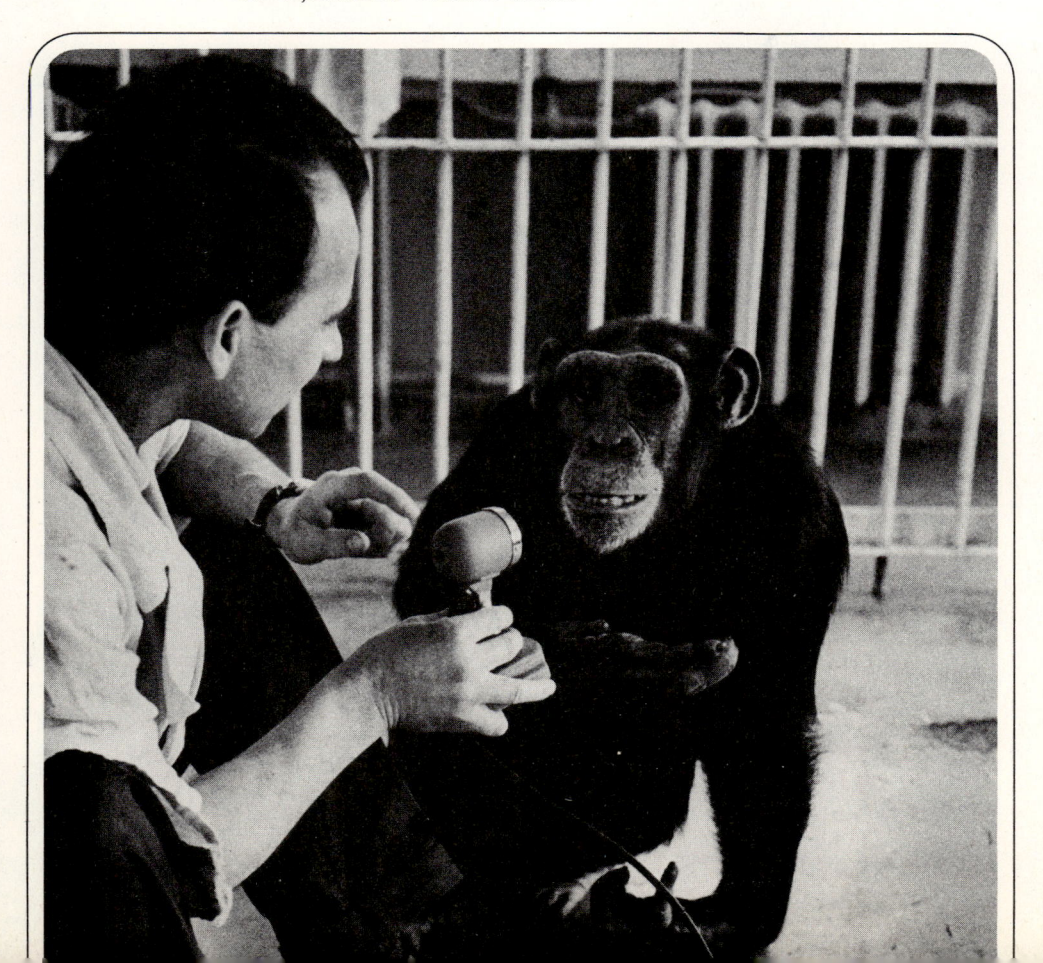

Suplemento

Los gestos   Gestures

Estudie el significado de estas palabras antes de seguir adelante:

tacaño	stingy	**la forma**	shape
doblar	to bend	**el codo**	elbow
los golpecitos	taps	**la frente**	forehead
la izquierda	left	**el estómago**	stomach
la cruz	cross	**hacia**	toward

Aunque pocos de nosotros sabemos hablar por señas, todos hacemos gestos a veces. Algunos de estos gestos son universales, otros son característicos de determinada cultura. Hay cuatro gestos muy típicos que se usan en el mundo hispánico para indicar: a) tacaño, b) dinero, c) estaba lleno (generalmente de gente), d) pensando. Lea Ud. las explicaciones siguientes y después practique estos gestos.

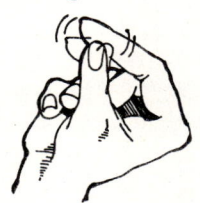

a	tacaño	Doble el brazo izquierdo hacia arriba. Con la mano derecha semi-abierta, dé unos golpecitos en la parte inferior del codo izquierdo doblado.
b	dinero	Con la mano derecha semi-cerrada toque el dedo índice con el dedo pulgar y mueva éste.
c	estaba lleno	Ponga la mano hacia arriba en forma cónica uniendo todos los dedos.
d	pensando	El dedo índice se lleva a la frente y toca el centro de ésta.

Otros gestos los utiliza Ud. también. Identifique el significado de cada gesto en la columna A con su descripción en la columna B.

A		B
a	está loco	El dedo índice se coloca formando una cruz con la línea de la boca.
b	venga acá	Se mueve la cabeza de izquierda a derecha dos veces o más.

c	tengo hambre	La mano extendida con la palma hacia afuera se mueve hacia adelante y hacia atrás dos o tres veces.
d	sí	El dedo índice se mueve en forma circular cerca de la frente.
e	no	El policía extiende el brazo con la palma de la mano hacia arriba y mueve la mano hacia sí mismo (himself).
f	silencio	La mano toca el lugar donde está el estómago.
g	estoy preocupado	Con la mano hacia arriba la persona mueve el dedo índice hacia sí misma.
h	espere	Se mueve la cabeza dos o tres veces de arriba a abajo.
i	siga	La persona se rasca la cabeza con la mano.

Juego (Game) Cada estudiante hará un gesto y los demás tratarán de adivinar (to guess) lo que significa.

3

Un poco de sicología

Un poco de preparación

Reflexive verbs I Some verbs and expressions are always reflexive in Spanish. **Verbos reflexivos**

acordarse(ue) de	to remember
arrepentirse(ie, i) (de)	to regret, repent, be sorry
atreverse (a)	to dare to
burlarse (de)	to make fun of
darse cuenta (de)	to realize
fijarse (en)	to notice
quejarse (de)	to complain

II Some verbs change their meanings when they are used as reflexives.

dormir(ue, u)	to sleep	**dormirse**	to fall asleep
ir	to go (somewhere)	**irse**	to go away
llevar	to take, wear	**llevarse**	to take away
probar(ue)	to try, taste	**probarse**	to try on
quitar	to take away from someone	**quitarse**	to take off (one's clothing, etc.)
reír(i, i)	to laugh	**reírse (de)**	to laugh at
poner	to put	**ponerse**	to put on

III Often the Spanish reflexive is the equivalent of "to get" in English.

vestir(i, i)	to dress somebody	**vestirse**	to get dressed
lavar	to wash something	**lavarse**	to get washed, wash oneself
casar	to marry (off)	**casarse (con)**	to get married
enfadar	to anger (someone)	**enfadarse**	to get angry

Ejercicios Cambie según se indica:

1 Juan se viste.
   (preocuparse, divertirse, lavarse, enfadarse)
2 No me siento bien.
   (las mujeres, el estudiante, nosotros, tú)
3 Nos divertimos mucho ayer.
   (mi hermana, yo, vosotros, Ud., el sicólogo)
4 ¿Te has fijado?
   (burlarse, atreverse, quejarse, arrepentirse)
5 Ellos se ayudan unos a otros.
   (nosotros, Juanita y Ana, las chicas, las mujeres, Pedro y Juan)

6 Emilio, diviértase en la romería.
  (tú, Profesor, Ud., Uds., Dr. Díaz)
7 Yo estoy enfadándome con ella.
  (Ana, Uds., Sr. Durán, tú)
8 Por eso no quiero casarme.
  (vestirse, lavarse, dormirse, irse)

Si quiere sentirse bien, diviértase

have fun

¿Se le ha ocurrido a Ud. pensar alguna vez que no se divertía bastante? Si es así, trate de divertirse más, porque el *entretenimiento* es la mejor medicina para la salud mental.

entertainment

Un conocido *sicólogo* tenía muchos pacientes que habían *perdido* su entusiasmo por la vida a pesar de que no *mostraban* ninguna *dolencia* física. Analizando todos los casos, *se dio cuenta de que* todos tenían en común una falta de proporción entre los cuatro factores básicos de la existencia humana: *diversión*, trabajo, religión y amor.—*Me enfado* por cosas insignificantes y a veces *me pongo* furioso conmigo mismo; trabajo excesivamente; *me preocupo* por todo y no tengo muchos amigos—*declararon* los pacientes. El factor más *descuidado* en su vida era la diversión.

psychologist
ailment
he realized

amusement; I get angry
I get
I worry; stated
neglected

Es un hecho comprobado que los estudiantes que tienen cierta recreación están mejor ajustados que los que no tienen ninguna. *Salen mejor* en los exámenes y su *cociente de inteligencia* es más alto. *El juego* mismo nos permite usar nuestras *fuerzas creadoras* y las *competencias* y *concursos* sirven para *canalizar* los impulsos agresivos.

They do better
I.Q.; games
creative forces;
competitions;
contests
channel

¿Cómo nos divertimos más? En estudios *realizados* por varias universidades norteamericanas, las cosas que más entretienen a la mayoría aparecen en este orden: a) visitas sociales, salir con miembros del otro sexo, conocer personas; b) juegos, deportes, bailes y actividad física en general; c) conversación, *charla* poco profunda con *intercambio* de *chismes*; d) *vestirse* elegantemente, mejorar la apariencia personal, comprarse ropa nueva.

carried out

chat; exchange;
gossip; to dress

¿Quiénes se divierten más? No los *dormilones*. Se sabe que los que duermen más de ocho horas consideran la vida más desagradable y *aburrida* que aquellas personas que duermen menos. Los *viudos* y los divorciados no tienen mucha diversión según los sicólogos, pero los casados no se divierten tampoco, *agobiados* como están por las responsabilidades. Parece que los que *disfrutan* más de la vida son los jóvenes *solteros* como Uds. mismos. ¿Para qué casarse entonces?

sleepyheads
boring
widows and widowers
burdened
enjoy; single

Para *pasarlo bien* no es esencial el dinero, aunque éste ayuda. Es un buen sistema hacer un inventario de las cosas agradables que se han hecho en el pasado reciente y decidirse a hacer esas mismas cosas *más a menudo*. Ayúdese a sí mismo siguiendo la mejor *receta* para mejorar la salud mental:

To have a good time

more often
prescription

trate de diversificar sus intereses y *oblíguese* a reírse de sus preocupaciones   force yourself
y a pasar *un buen rato* por lo menos una vez a la semana.   a good time

Preguntas
1 ¿Qué les pasaba a los pacientes del sicólogo?
2 ¿De qué se dio cuenta él?
3 ¿Qué declararon ellos?
4 ¿Cuál era el factor más descuidado en su vida?
5 ¿Qué estudiantes están mejor ajustados?
6 ¿Para qué sirve el juego?
7 ¿Y las competencias y concursos?
8 ¿Qué divierte más a la gente?
9 ¿Cómo es la vida para los dormilones?
10 ¿Quiénes se divierten más?
11 ¿Es esencial el dinero para pasarlo bien?
12 ¿Cuál es la mejor receta para mejorar la salud mental?

Más preguntas
1 ¿Participa Ud. en juegos y concursos? Explique.
2 ¿Qué cosa le divierte más?
3 ¿Le divierten a Ud. los chismes?
4 ¿Quiere contarnos un chisme interesante?
5 ¿Cree Ud. que las chicas dan más importancia a la ropa nueva que los chicos? Explique.
6 ¿Es Ud. dormilón(a)?
7 ¿Cuántas horas duerme Ud.?
8 ¿Cuánto dinero gasta en divertirse cada semana?
9 ¿Se ríe Ud. siempre de sus preocupaciones? ¿A veces? ¿Nunca?
10 ¿Con cuánta frecuencia pasa Ud. buenos ratos?

Práctica de modismos

Pasarlo bien   to have a good time
A menudo   often

Cambie las oraciones usando las palabras entre paréntesis:

1 Yo lo *paso* bien en esta universidad.
(Margarita, ese viudo, los estudiantes, tú, nosotros)

2 Debes *comprarte ropa nueva* más a menudo.
(salir con tus amigos, intercambiar chismes, bailar, vestirte elegantemente, divertirte, ver al sicólogo)

Diversiones "a la española"

En las fotos siguientes están representadas tres maneras de pasar un buen rato "a la española": *las romerías, el encierro* de toros y los cafés al aire libre. pilgrimages; confinement

Las romerías

Son fiestas típicamente españolas de origen muy antiguo. Se celebran siempre el día de la fiesta de algún santo, pero no hay muchos elementos religiosos en ellas. Son algo así como fiestas *campestres*, en las que la gente se viste con trajes regionales, baila danzas tradicionales, come y bebe mucho. Es famosa la "Romería del Rocío" (foto No. 1) celebrada en el mes de mayo en Sevilla, a la que va gente de toda Andalucía en *pintorescas carretas* tiradas por *bueyes* y hermosamente decoradas. country / picturesque wagons; oxen

Como España es un país de costumbres muy variadas, las romerías del norte son diferentes, sobre todo en la música, que es de *gaitas* y *tambores*. En la foto No. 2 se ve una típica danza *asturiana*; en la foto No. 3, un músico *gallego* toca la gaita. bagpipes; drums / from Asturias / from Galicia

El encierro de toros

Aunque se llama así porque el propósito es *encerrar* los toros que van a usarse en las próximas corridas, lo divertido de esta fiesta consiste en que los toros andan *sueltos* por las calles del pueblo y todos deben huir si no quieren ser *atropellados*. El encierro más famoso es el de San Fermín, que se celebra en Pamplona el siete de julio (foto No. 4). También es famoso el de Ampuero, un pueblo de la provincia de Santander. Los niños españoles cantan para recordar el día de San Fermín: Uno de enero,/ dos de febrero,/ tres de marzo,/ cuatro de abril,/ cinco de mayo,/ seis de junio,/ ¡siete de julio, San Fermín! to lock up / loose / trampled

El encierro de toros es una diversión excelente para los que buscan emociones fuertes, pero puede resultar *peligroso* y ha causado muchas veces serios accidentes. dangerous

Los cafés al aire libre

Éste es un pasatiempo para las personas tranquilas, que aman la paz. En todas las ciudades españolas se encuentran innumerables cafés de este tipo (foto No. 5). Ud. pide un *refresco* o cualquier otra cosa y puede pasar varias horas sentado allí, charlando con los amigos, escuchando chismes, o simplemente, mirando a los que pasan por la calle. En España la vida es soft drink

Foto número 1

Foto número 2

Los toros se encierran antes de las corridas.
The bulls are locked up before the bullfights.

Se sabe que los dormilones son gente aburrida.
It is known that sleepyheads are bored people.

D   The reflexive pronoun **se** is used with a singular verb when no specific person or thing is the subject of the Spanish sentence. In this case, **se** may be translated into English as "one," "you," "they," "people."

Después del trabajo se conversa y se pasa un buen rato.
After work they talk and have a good time.

No se puede bailar aquí.
One can't dance here.

However, when the verb used is reflexive, **uno**, **–a** is used in Spanish.

Se divierte uno mucho en esas romerías.
One has a good time at those "romerías."

Una se pregunta si vale la pena preocuparse.
One (the speaker is a woman) wonders if it is worthwhile worrying.

E   Spanish often uses the reflexive **se** combined with an indirect object pronoun to stress accidental or unexpected events.

Lo siento, pero se me olvidó su nombre.
I am sorry, but I forgot your name (it slipped my mind).

¿Se le había ocurrido a Ud. pensar en eso?
Had it occurred to you to think about that?

Al gaitero se le rompió la gaita.
The bagpiper's bagpipe broke (on him).

F   The plural forms of reflexive pronouns—**nos**, **os**, **se**—can be used also as reciprocal pronouns.

Vosotros os ayudáis mucho.
You help each other a great deal.

Ellos no se hablan.
They don't talk to each other.

(El) uno a(l) otro and **(los) unos a (los) otros** may be added for clarification or emphasis. When all parties are women, use **(la) una a (la) otra** and **(las) unas a (las) otras**.

Los bailarines se saludaron el uno al otro después de la romería.
The dancers greeted each other after the "romería."

Mis amigas se miraban una a otra.
My girl friends were looking at each other.

G   Like indirect object pronouns (see **Capítulo 2**), reflexive pronouns may indicate interest, separation, or possession, and frequently enliven the meaning of the verb.

>**Me leí todo el libro en una hora.**
>I read the whole book in an hour.
>
>**Quítese esas preocupaciones de la cabeza.**
>Put those worries out of your head.
>
>**Mi amiga siempre quiere comprarse ropa nueva.**
>My girl friend always wants to buy herself new clothes.
>
>**Se compró un refresco y se lo bebió todo.**
>He bought a soft drink and drank it all up.

> Note that like the direct and the indirect object pronouns, the reflexive pronouns are attached to: 1) infinitives, 2) present participles, 3) affirmative commands.
>
> 1 **Los españoles parecen divertirse mucho.**
>   Spaniards seem to have a lot of fun.
> 2 **Creo que estoy divirtiéndome bastante.**
>   I think that I am having enough fun.
> 3 **Si quiere sentirse bien, diviértase.**
>   If you want to feel well, have fun.

Ejercicios   A   Conteste:

1 ¿A qué hora te acuestas por la noche?
2 ¿Vas a quitarte los zapatos ahora?
3 ¿Qué se hace por la tarde en el café?
4 ¿Se ríen Uds. de sus problemas, o se preocupan?
5 ¿Creéis vosotros que reír es mejor que enfadarse?
6 ¿Se ayudan Uds. los unos a los otros?
7 ¿Se irán tus hermanas ahora a la romería?
8 ¿Puedo ponerme sombrero con este traje regional?
9 ¿Creen Uds. que yo me divierto más que mis estudiantes?
10 ¿A qué edad quieres casarte?
11 ¿Os bañáis todos los días?
12 ¿Qué hace tu madre cuando se despierta?
13 ¿Se arrepiente Ud. de estar en esta clase?
14 ¿Quieres sentarte en un café al aire libre?
15 ¿Se fijaron Uds. en las decoraciones de las carretas?

16 ¿Se puede bailar en esta clase?
17 ¿Tenemos siempre razón cuando nos quejamos?

B Haga una oración con cada uno de los siguientes verbos:
atreverse (a), burlarse (de), ponerse, casarse (con), enfadarse, darse cuenta (de)

C Conteste, usando en su respuesta el verbo reflexivo que se da:

1 ¿Qué hacen muchas personas para divertirse? (comprarse)
2 ¿Dónde se sientan los españoles por la tarde? (sentarse)
3 ¿Qué le pasó a tu perro? (morirse)
4 ¿En qué región se celebra la Romería del Rocío? (celebrarse)
5 ¿Por qué no tiene Ud. dinero? (perderse)
6 ¿Qué debo hacer con esta receta? (leerse)
7 ¿Cómo se llama tu amiga? (olvidarse)
8 ¿Qué se dice de los solteros? (decirse)
9 ¿Qué instrumentos se tocan en las fiestas del norte? (tocarse)
10 ¿Por qué no me llamaste? (no acordarse)
11 ¿Cómo se aprenden bien los reflexivos? (practicarse)

Mismo, misma, mismos, mismas

The English suffix "self" can be both a reflexive and an intensifying pronoun. Spanish expresses both with **mismo, –a, –os, –as**.

   Conócete a ti mismo.
   Know yourself.
   A veces me pongo furiosa conmigo misma.
   At times I get furious at myself.
   El juego mismo es una forma de escape.
   Games themselves are a form of escape.
   Los jóvenes solteros como Uds. mismos se divierten mucho.
   Single young people like yourselves have much fun.

Mismo, –a, –os, –as is placed immediately after the word that it stresses. If placed before, it would be an adjective meaning "the same."

   Debe decidirse a hacer las mismas cosas más a menudo.
   You should decide to do the same things more often.
   Me aburro de oír siempre los mismos chismes.
   I get bored with always hearing the same gossip.

As an adverb, **mismo** is used in the following combinations:

   aquí mismo   right here   **hoy mismo**   this very day
   ahora mismo right now   **mañana mismo**   tomorrow at the latest (for sure)

D   Conteste usando una forma de **mismo**:

1 ¿Tenían todos los pacientes el mismo problema?
2 ¿Está aquí o allí el sicólogo?
3 ¿Lo harás ahora o más tarde?
4 ¿Tiene Ud. nuevos amigos, o son los mismos?
5 ¿Le dijo eso la paciente?
6 ¿Te conoces a ti mismo?
7 ¿Dijeron Uds. eso?
8 ¿Empezarás a divertirte mañana, o esperarás varios días?
9 Después de usar esta receta, ¿has mejorado, o te sientes lo mismo?
10 ¿De quién te reías?
11 ¿Quién lo obligará a divertirse?
12 ¿Con quién hablas cuando estás solo?
13 ¿Ese vestido es nuevo, o es el mismo de ayer?
14 ¿Tienen todos Uds. clases a las mismas horas?
15 ¿Contestó el profesor este ejercicio, o lo contestaron Uds. mismos?

La importancia del color

¿Sabe Ud. algo sobre la influencia de los colores en la gente? Aquí tiene algunas *afirmaciones* que mostrarán si Ud. sabe mucho, un poco, o si no sabe nada sobre este tema. Decida si son ciertas o falsas antes de leer la segunda parte de este artículo. — statements

1 Los colores pueden hacerle sentir frío o calor.
2 El color *amarillo* puede producir náusea o *mareo*. — yellow; seasickness
3 Los objetos de color oscuro parecen *más pesados* que los objetos de color claro. — heavier
4 El color de los *alimentos* influye en el apetito de las personas. — foods
5 Los alimentos *congelados* se venden más si están en paquetes de colores *cálidos* como rojo y naranja. — frozen; warm
6 Ud. tiene más apetito si come en un *comedor* cuyas paredes estén pintadas de color *melocotón*. — dining room; peach
7 Los colores verde claro y azul claro pueden reducir la *presión* de la sangre. — pressure
8 El color rojo es estimulante.

¡Todas estas afirmaciones son ciertas! Ahora le explicaré algo sobre ellas.

1 Es verdad. En una habitación de un edificio público donde predominaban los colores verde claro y azul claro, algunos se quejaban de frío en el invierno, mientras que en otra habitación del mismo edificio pintada de un naranja *vivo*, nadie se quejaba: todos se sentían satisfechos de la temperatura, a pesar de que ambas temperaturas eran iguales según el termostato. — bright

2 ¿Ha visto Ud. jamás el interior de un avión decorado en amarillo? Las líneas aéreas no usan amarillo en la decoración, porque hay tonos de amarillo que pueden producir o aumentar el mareo de los *pasajeros*. El amarillo es, sin embargo, un color excelente para estudiar. Hay indicaciones de que los niños que estudian en cuartos pintados de amarillo, reciben mejores *notas* en la escuela. — passengers; grades

3 Es verdad. En un *almacén* los *obreros* protestaban porque tenían que levantar unas *pesadas* cajas negras. El ingenioso *capataz* resolvió el problema pintando las mismas cajas de un color claro. Todos comentaron que las "nuevas" cajas pesaban mucho menos. — warehouse; workers; heavy; foreman

4 Cierto. Un *ingeniero* eléctrico invitó a varias personas a comer y, cuando la comida estaba servida, encendió unas luces de efectos especiales sobre la mesa, que hacían que el bistec pareciera *gris*, la ensalada azul y el café amarillo. ¿Cree Ud. que alguno disfrutó de la comida? Pues no, ni el ingeniero ni sus invitados pudieron seguir comiendo. — engineer; gray

5 Los *gerentes* de los supermercados saben que esto es verdad. La razón parece ser que estos colores producen la idea de calor y el *ama de casa* siente más entusiasmo pensando cómo esos fríos alimentos *se verán* servidos *calientes* en la mesa. — managers; housewife; will look hot

6 Esto no se ha comprobado completamente, pero hay muchas indicaciones de que el color melocotón despierta el apetito, sobre todo si se combina con otros colores de frutas y vegetales, como rojo *manzana* o verde *lechuga*. — apple; lettuce

7 Verdad. Tal vez Ud. no haya oído esto nunca, pero el color verde, y aún más el azul, son *sedantes* y el descanso es la mejor medicina para la presión alta. Por eso los hospitales pintan muchas veces sus paredes de azul. En un cuarto iluminado con luz verde, los sujetos de un experimento mostraron reacciones mucho más *lentas* de lo normal. — soothing; slow

8 También es cierto. Los mismos sujetos del *párrafo* anterior tuvieron reacciones más rápidas de lo normal en un cuarto iluminado con luz roja. — paragraph

Ya lo sabe. ¡No *subestime* jamás los colores, porque ellos influyen en su vida más de lo que Ud. cree! — underestimate

Ejercicio Identifique cada color (columna A) con los efectos que produce (columna B). Hay más de una posibilidad.

A	B
a verde	náusea o mareo h
b azul	sensación de calor
c melocotón	reacciones lentas b
d rojo	bistec poco apetitoso (appetizing)
e gris	la idea de que una cosa es pesada
f cualquier color claro	mejores notas en la escuela h
g naranja	sensación de frío
h amarillo	aumento en las ventas de productos congelados
i negro	reducción de la presión de la sangre a, b
j colores cálidos	reacciones rápidas
	aumento del apetito
	la idea de que una cosa pesa poco

¿Le parece que este chico sabe algo de negativos?

II Negatives and Indefinites

Los negativos e indefinidos

Negatives
Los negativos

no	no, not
nada	nothing
nadie	nobody, no one
ningún, ninguno, –a	none, no one (of a group)
nunca	never
jamás	never
ni . . . ni	neither . . . nor
tampoco	neither, not . . . either

Indefinites
Los indefinidos

algo	something, anything
alguien	someone, somebody, anyone
algún, alguno, –a	some, any (of a group)
algunos, –as	some, several (of a group)
alguna vez	ever
jamás	ever (negative answer implied)
siempre	always
(o) . . . o	(either) . . . or
también	also

A To make a sentence negative, Spanish places **no** before the entire verb form. If there are pronoun objects in the sentence, **no** precedes the pronoun objects.

No había estudiado antes en un cuarto amarillo.
I had not studied in a yellow room before.

Pidió un café, pero no se lo trajeron.
He asked for a coffee, but they didn't bring it to him.

B Unlike English, Spanish often uses two or more negatives in a sentence.
No he conocido nunca a nadie tan divertido como él.
I have never known anyone as amusing as he.

C When **nada**, **nadie**, **ninguno**, **–a**, and **ni . . . ni** precede the verb, **no** is omitted.

Nada sé de colores.
I don't know anything about colors.

Nadie se quejaba del frío en la habitación naranja.
Nobody complained about the cold in the orange room.

Ninguno pudo seguir comiendo.
No one could continue eating.

Ni el gris ni el rosado me gustan.
I do not like gray nor pink.

However, it is more common to have them follow the verb. Such word order always calls for the negative **no** before the verb.

No sé nada de colores.
No se quejaba nadie del frío en la habitación naranja.
No pudo seguir comiendo ninguno.
No me gustan ni el gris ni el rosado.

D **Nunca** and **jamás** both mean "never," but the latter is more emphatic. When asking a question, "ever" is usually expressed by **alguna vez**. If a negative answer is expected, **alguna vez** may be replaced by **jamás**.

¿Ha pensado Ud. alguna vez que no se divertía bastante?
Have you ever thought that you weren't having enough fun?

No, nunca lo había pensado.
No, I had never thought of it.

¿Ha visto Ud. jamás un avión decorado en amarillo? No, nunca.
Have you ever seen a plane decorated in yellow? No, never.

It is also possible to use a combination of **no** and **nunca** when asking a question.

¿No habéis ido nunca a una romería?
Haven't you ever gone on a "romería?"

E **Alguien** and **nadie** are pronouns that refer to persons not previously mentioned.

¿Conoces a alguien que pueda divertirse sin dinero?*
Do you know anyone who can have fun without money?

No, no conozco a nadie que pueda hacer eso.*
No, I don't know anyone who can do that.

Pero sí conozco a alguien que gasta poco en diversiones.*
But I do know someone who spends little on entertainment.

F **Alguno, –a** and **ninguno, –a**, which are both adjectives and pronouns, refer to people and things. **Alguno, –a** have plural forms: **algunos, –as**;

---

* Note the personal **a** when **alguien** and **nadie** are objects of a verb.

Un poco de sicología 77

ninguno, **–a** are used only in the singular. **Alguno** and **ninguno** become **algún** and **ningún** before a masculine singular noun.

¿Cree Ud. que alguno disfrutó de la comida?
Do you think that any (of them) enjoyed his dinner?
Ninguno sabía que el azul es un color sedante.
No one knew that blue is a soothing color.

Aquí tiene Ud. algunas afirmaciones.
Here are some statements.

Algunos se quejaban del frío.
Some (of them) complained about the cold.
¿Tiene Ud. algún amigo que sea ingeniero eléctrico?
Do you have any friend who is an electrical engineer?

No, no tengo ningún amigo que sea ingeniero.
No, I don't have any friend who is an engineer.

"Anyone" and "any" are **cualquiera** (**cualquier** before a noun). It conveys the idea of "any at all," "just any."

¿Prefieres los deportes, el baile, o los chismes?
Cualquiera de los tres.
Do you prefer sports, dancing, or gossiping?
(Just) any of the three.
Cualquier persona puede pasarlo bien en un café.
Any person (at all) can have a good time in a cafe.

Ejercicio   Conteste de manera negativa, usando más de un negativo si es posible:

1 ¿Sabe Ud. algo sobre los colores?
2 ¿Necesitamos ayuda de alguien que sepa sicología?
3 ¿Cree Ud. que alguno disfrutó de la comida?
4 ¿Piensas tú que cualquiera puede pintar esa habitación?
5 ¿Tenemos aquí algunas afirmaciones ciertas?
6 ¿Se quejaban algunos del calor?
7 ¿Se viste tu amiga de cualquier color?
8 ¿Había pensado Ud. antes en aprender a bailar?
9 ¿Ha visto Ud. jamás una ensalada azul?
10 ¿Creéis que cualquiera comería un bistec gris?
11 ¿Estudias siempre en un cuarto amarillo?

12 ¿Combinas los colores de tu ropa?
13 ¿Debo pintar el comedor de verde, o de melocotón?
14 ¿Duerme Ud. también en un cuarto rojo?
15 ¿Habéis visto alguna vez un cuarto pintado de negro?
16 ¿Pudiste comer el bistec o la ensalada?
17 ¿Te dijo alguien que esa caja era pesada?
18 ¿Protestan mucho los obreros?
19 ¿Ha comprado ella algún alimento congelado?
20 ¿Se viste siempre tu hermana de color verde?
21 ¿Sentían frío algunos en la habitación naranja?
22 No pude beber el café amarillo, ¿lo bebiste tú?
23 ¿Han visto Uds. jamás un hospital de paredes rojas?
24 ¿Había alguno en el avión que se quejara de mareo?

Dime cómo te llamas y te diré quién eres

Según muchos sicólogos, cuando una persona dice o escribe su nombre, está revelando mucho de su personalidad. Hay seis maneras de formar un nombre completo en los Estados Unidos y la manera en que Ud. forma el suyo dice cómo es Ud.

Por ejemplo, *supongamos* que Ud. firma George Albert Williams. Ud. es una persona a quien le gusta ser *tomada en cuenta*, no es tímido ni *humilde*, sino decidido y seguro de sí. Si firma en cambio G. Albert Williams, es persona inclinada a la afectación, tiene muy alta opinión de sí mismo y es un poco *vanidoso*.

Los que firman George A. Williams son personas intermedias, lógicas y moderadas, que poseen las características de los otros grupos en proporción bien balanceada. Los que escogen solamente George Williams son poco formales. Son simples, directos y francos y desean que todos los quieran. Si además tienen un *apodo*, son populares y bien equilibrados socialmente.

Si Ud. usa sólo G. A. Williams es un individuo muy difícil de conocer, que *reprime* su personalidad lo mismo que sus nombres. Es conservador, introvertido y rara vez *da rienda suelta* a sus impulsos. La firma G. Williams indica un control todavía más extremo y tal vez ideas secretas de importancia y *grandeza*.

Claro está que la clasificación anterior se refiere al sistema de nombres que se utiliza en los Estados Unidos y, en el caso de un hispano, habría que cambiar un poco el análisis. Como Ud. seguramente sabe, en los países españoles todo el mundo lleva dos *apellidos*: el del padre y el de la madre, generalmente unidos por "y". Lo más común es tener dos *nombres de pila*,

let's suppose
taken into consideration; humble

vain

nickname

represses
gives free rein

grandeur

last names
Christian names

aunque es frecuente encontrar quienes tienen tres, cuatro, y muchos nombres más. Para el pasaporte y cualquier otro documento oficial—incluyendo un *título* universitario—hay que usar los dos apellidos. En las situaciones sociales la persona tiene más libertad: así, si su primer apellido es muy largo y *suena* bien, en el uso diario probablemente omitirá el apellido de su madre; si en cambio su padre tiene un apellido muy común o corto, posiblemente lo usará siempre combinado con el apellido materno.

Si Ud. tiene como primer nombre "José" y como segundo nombre "Antonio" y el apellido de su padre es uno común como "García" y el de su madre "Bustamante", es casi seguro que no firmará José García *a secas*, sino José A. García Bustamante o—si quiere impresionar—José Antonio García Bustamante. Benito Pérez Galdós, el famoso novelista español del siglo XIX, siempre usó sus dos apellidos combinados, porque "Pérez" es un apellido muy común en España. Y lo mismo hizo Federico García Lorca. Por otra parte, Juan Ramón Jiménez, el gran poeta, nunca utilizó el apellido de su madre, que era muy prosaico.

¿Está Ud. contento con su apellido? Muchos no lo están porque es difícil para *los demás* pronunciarlo, porque todos cometen errores al escribirlo, o también porque *se presta a chistes* y a *juegos de palabras*.

Hay además muchos que no están contentos con el nombre que les *pusieron* sus padres. Un estudio reciente de una universidad norteamericana mostró que, entre los nombres más comunes, los que menos les gustan a las jóvenes son: Rose, Grace, Lucille, Evelyn y Alice. Otros nombres también *odiados* son Mildred, Hazel, Ethel, Mabel, Gertrude, Myrtle y Pearl. ¿Sabe cómo prefieren llamarse las chicas? Pues "Mary" quedó en primer lugar, seguido de Elizabeth, Helen, Susan, Margaret, Ruth, Anne, Carol, Barbara y Linda.

En cuanto a los muchachos, los nombres comunes que menos les gustan son: Albert, Harry, Frank y Henry. El nombre de "John" fue el número uno de los favoritos por una inmensa mayoría y le seguían William, Robert, James, David, Charles, Michael, Richard, George y Joseph.

El nombre que Ud. lleva lo acompaña desde que nació y, aunque no lo crea, *ejerce* influencia en su vida. Muchos hombres y mujeres grandes tal vez no hubieran llegado a ser lo que fueron si se hubieran llamado de manera diferente.

Preguntas
1. ¿Qué revela una persona cuando firma su nombre completo?
2. ¿Cómo es la persona que firma con un primer nombre, un nombre en el medio y un apellido?
3. ¿Cómo es la que firma con una inicial, un nombre en el medio y un apellido?
4. ¿Cómo son las personas que usan una inicial entre su nombre y su apellido?

5 ¿Y las que usan solamente un nombre y un apellido?
6 ¿Cómo es la persona que utiliza dos iniciales y su apellido?
7 ¿Y la que usa sólo una inicial y su apellido?
8 Explique el sistema de apellidos en los países hispánicos.
9 Cuál es la razón para que un hispano omita el apellido materno?
10 ¿Cuál es la razón para que lo use siempre?
11 ¿Por qué no quiere nadie llamarse "José García" a secas? [alone]
12 ¿Cómo se apellidaba la madre de Benito Pérez Galdós?
13 ¿Y la de Federico García Lorca?
14 ¿Por qué no están contentos muchos con su apellido?
15 ¿Son importantes el nombre y el apellido que una persona lleva?

Más preguntas

1 ¿Tiene Ud. un apodo? ¿Cuál es?
2 ¿Se queja Ud. de su apellido? ¿Por qué?
3 ¿Lleva Ud. uno de los nombres que no son populares?
4 ¿Le gusta a Ud. el nombre de pila que le pusieron?
5 ¿Sabe Ud. por qué sus padres le pusieron ese nombre?
6 ¿Cómo preferiría llamarse?
7 ¿Puede Ud. traducir al español los nombres de los estudiantes de su clase?
8 ¿No le gustan a Ud. tampoco los nombres de Albert, Harry, Frank y Henry?
9 Diga tres nombres de hombre y de mujer que prefiere.
10 Si Ud. tiene algún día hijos, ¿qué nombres piensa ponerles?

Muchos apellidos españoles parecen muy cómicos traducidos al inglés. Por ejemplo, Calvo (Bald), Delgado (Thin), Bueno (Good), Monje (Monk), Caro (Expensive), Rojo (Red), Rubio (Blond), Bello (Beautiful), Redondo (Round), Cuadrado (Square), Cabeza (Head), Naranjo (Orange Tree), Piña (Pineapple), Mesa (Table), Casas (Houses), León (Lion), Iglesias (Churches), Cordero (Lamb), Seco (Dry), Cuervo (Crow).

También parecen cómicos muchos nombres de pila: Pura (Pure), Dulce (Sweet), Blanca (White), Clara (Clear), Luz (Light), Consuelo (Consolation), Bárbara (Barbaric), Justo (Just), Modesto (Modest), Severo (Severe), Cándido (Naive), Bienvenido (Welcome).

Muchas mujeres hispanas llevan nombres de advocaciones de la Virgen: Dolores es nombre que *honra* a Nuestra Señora de los Dolores (Our Lady of Sorrows), Mercedes, a Nuestra Señora de las Mercedes (Our Lady of Mercy). Otras llevan nombres de virtudes: Fe (Faith), Esperanza (Hope) y Caridad (Charity). [honors]

Un poco de sicología　　81

Un poco de humor

Es domingo y en la iglesia hay varios *bebitos* que esperan para ser *bautizados*. Le llega el turno a uno de ellos y el *sacerdote* pregunta al *padrino*: 　babies
—¿Qué nombre le van a poner al niño? 　baptized; priest; godfather
—Juan José Enrique Pablo Carlos Miguel del Corazón de Jesús...—comienza a decir orgullosamente el padrino.
—Un momento—exclama el *cura*—voy a buscar más *agua bendita*.　priest; holy water

Temas para trabajo oral o escrito

1. Forme combinaciones cómicas con los nombres y apellidos de origen español que se dan en la página 80.

2. Analice su carácter por la manera en que firma su nombre completo.

3. Hoy muchas feministas en los Estados Unidos quieren mantener su apellido de soltera. ¿Cuál es su opinión sobre esto?

4. Los colores en la decoración de su casa

Suplemento

Los nombres y las direcciones en español

Names and addresses in Spanish

```
Rufino R. Seco
Paseo de la Reforma 160
Apto. 3
México, D. F. México
```

```
Ing. Cándido S. Cordero
Ave. de los Mártires 193
Camaguey
Cuba
```

Dolores Fuertes de Cabeza
Princesa #25, 2º
Madrid 1

```
Juan Cuervo Rubio y Cía.
Corrientes 358, 2º piso
Buenos Aires
República Argentina
```

Srta. Teresita Zantigua
Ramblas #155, 1º derecha
Barcelona 2

```
Rvdo. P. Justo Monje Bueno
Calle Hidalgo 222
Guadalajara, Jalisco,
México
```

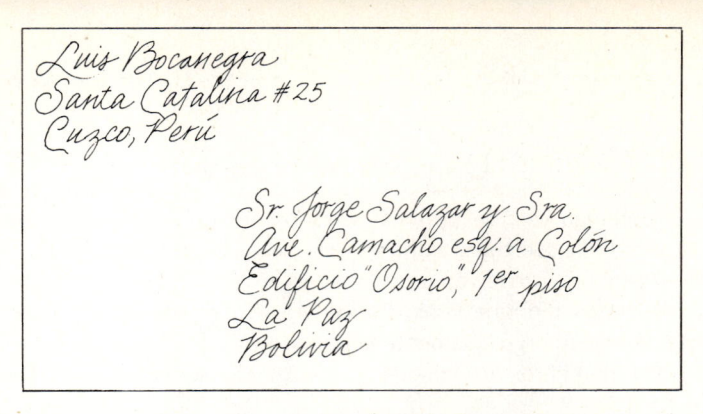

```
Luis Bocanegra
Santa Catalina #25
Cuzco, Perú


                    Sr. Jorge Salazar y Sra.
                    Ave. Camacho esq. a Colón
                    Edificio "Osorio," 1er piso
                    La Paz
                    Bolivia
```

1 Éstas son las abreviaturas que aparecen en los sobres (envelopes):

Sr.	Señor	Avda., Ave.	Avenida
Sra.	Señora	esq.	esquina (corner)
Srta.	Señorita	Apto.	apartamento
D.	Don	3o	tercero (piso) (floor)
Da.	Doña	4o	cuarto (piso)
Ing.	Ingeniero	1o derecha	primero (piso) right
Rev. P.	Reverendo Padre	S.A.	Sociedad Anónima (Inc.)
Vda.	Viuda	Cía.	Compañía (Co.)

Fíjese en que algunas personas, más formales, usan más de un título. Las mujeres casadas usan frecuentemente un apellido, la palabra "de" y el apellido de su marido: Dolores Fuertes de Cabeza. En algunos países de la América del Sur se oye también "Dolores de Cabeza".

2 En español el número de la casa se escribe después del nombre de la calle, no antes, como en inglés.

3 Algunas fórmulas de saludo que se usan en una carta son:

Muy Sr.(es) mío(s)	Dear Sir(s)
Estimado, –a Sr. (Sra., Srta.)	Dear Sir (Mrs. . . . Miss . . .)
Querido, –a Fulano, –a	Dear So-and-So
Amor mío	My love
Mi vida	My darling
Adorado Cándido	Beloved "Naive"
Adorada Margarita	Beloved "Daisy"

4 Algunas fórmulas de despedida en una carta son:

De Ud. atte. S. S.	Very truly yours
(De Ud. atentamente su seguro servidor)	
Sinceramente	Sincerely yours
Con un abrazo	With a hug
Con abrazos y besos	With hugs and kisses
Recibe el eterno amor de . . .	Receive the eternal love of . . .
Tu novio, –a que te adora	Your sweetheart who adores you

Un poco de sicología 83

5 Escoja ahora uno de los sobres. Imagínese que Ud. es el remitente (sender) y escriba una carta al destinatario (addressee) del sobre. Puede ser una carta de negocios, familiar, de amistad o de amor.

Dos cartas comerciales de un país bilingüe
¿Qué influencias del inglés se ven en los membretes (letterheads)?

OLIVER & LOPEZ COUTO, INC.

Tels. 726-6060
726-6255

PUCO SUPERMARKET NO. 1
Calle Tapia No. 300
Santurce, Puerto Rico

Departamento de Ventas
Ventura Pérez y Hermanos
Calle Comercio 52
San Juan, P. R. 00932

Santurce, 20 de diciembre de 1977

Muy Sres. míos:

La presente tiene por objeto enviarles nuestro <u>pedido</u> de los siguientes productos:

    25 <u>cajas</u> de <u>atún</u> en <u>aceite</u> de <u>maní</u> Castañeda
    10 cajas de mayonesa de limón Kraft
     4 cajas de detergente Ajax <u>gigante</u>
     8 cajas de detergente Ajax mediano
    12 cajas de <u>queso</u> crema Filadelfia
     3 cajas de <u>mostaza</u> French

Esperamos que los precios sean los de su <u>cotización</u> del 2 de diciembre. Deseamos recordarles que nuestro último pedido sufrió <u>averías</u> en tránsito. Su <u>vendedor</u> tiene toda la información sobre esto. El nos prometió que recibiríamos pronto noticias de Uds. al respecto.

Muy atentamente,

Alfredo López Couto

Alfredo López Couto,
<u>Gerente</u>

order

boxes; tuna; oil;
peanut; (brand)
giant
cheese
mustard
quotation
damage; salesman

manager

L. C. Real Estate, Inc.

Suite 226 Housing Investment Bldg., 416 Ponce de León Ave., Hato Rey P. R. 00918 — Tel. 759-8172

Hato Rey, 16 de noviembre, 1977

Sr. Luis Colón
Apartado # 52,
Hato Rey, P. R. 00919

RE: Residencial "Altamira"
     Casa # 24

Estimado Sr. Colón:

Queremos por medio de la presente informarle, que el préstamo hipotecario que Ud. solicitó para la compra de la casa de referencia, ha sido aprobado. A tal efecto, lo citamos para que, acompañado de su esposa, acuda el próximo martes 22 de noviembre, a las 2 p.m. al Bufete del Lcdo. García, a fin de firmar las escrituras de compraventa de dicha casa.

Deberá llevar un cheque certificado por la cantidad de $5,000.00, que es la diferencia entre el precio de venta estipulado y la hipoteca aprobada.

De Ud. atentamente,

Lupe Canteli de Fernández

Lupe Canteli de Fernández,
Presidenta

P.O. Box

"carta" is understood
mortgage loan;
requested; purchase
referred to; give you
an appointment
you go
attorney's office;
"Licenciado" (LL.B.)
documents;
transaction
said
amount
sale
mortgage

4

Marta y María

Un poco de preparación

I The preterite   A   The preterite of regular verbs is formed by adding the following endings to the stem of the infinitive: **I El pretérito**

     –**ar** verbs   –é, –aste, –ó, –amos, –asteis, –aron
     –**er** and –**ir** verbs   –í, –iste, –ió, –imos, –isteis, –ieron

B   Some –**ir** radical-changing verbs replace **e** with **i** and **o** with **u** in the third persons, singular and plural, of the preterite.

     sentir   sentí, sentiste, **sintió**, sentimos, sentisteis, **sintieron**
     dormir   dormí, dormiste, **durmió**, dormimos, dormisteis, **durmieron**

C   **Ser** and **ir** are identical in the preterite. The conjugation of **dar** is similar to them, except in the third person singular.

     ser, ir   fui, fuiste, fue, fuimos, fuisteis, fueron
     dar   di, diste, dio, dimos, disteis, dieron

D   Other irregular preterites have an unstressed **e** in the first person and an unstressed **o** in the third person of the singular.

     1   andar (to walk)   **anduve**, anduviste, **anduvo**, anduvimos, anduvisteis, anduvieron
         caber (to fit)   **cupe**, cupiste, **cupo**, cupimos, cupisteis, cupieron
         estar   **estuve**, . . .   poner   **puse**, . . .
         haber   **hube**, . . .   saber   **supe**, . . .
         poder   **pude**, . . .   tener   **tuve**, . . .

     2   hacer   **hice**, hiciste, **hizo**, hicimos, hicisteis, hicieron
         querer   **quise**, quisiste, **quiso**, quisimos, quisisteis, quisieron

     3   decir   **dije**, dijiste, **dijo**, dijimos, dijisteis, dijeron
         traer   **traje**, trajiste, **trajo**, trajimos, trajisteis, trajeron

     4   conducir (to drive)   **conduje**, condujiste, **condujo**, condujimos, condujisteis, condujeron

For the preterite forms of spelling-changing verbs see **Capítulos 11** and **14**.

Ejercicio   Dé el pretérito en las personas que se indican:

     1   Juan y yo (andar, ir, ser, conducir, querer, dormir).
     2   Ud. (saber, traer, decir, poder, poner, dar, llamar).
     3   Ellos (dormir, beber, sentir, tener, hacer, andar).

4 Isabelita (querer, tener, conducir, caber, sentir, estar).
5 Vosotros (dar, ser, tener, querer, dormir, conducir).
6 Yo (decir, traer, poder, hacer, ir, sentir).

II The imperfect A The imperfect of regular verbs is formed by adding the following endings to the stem of the infinitive: **II El pretérito imperfecto**

- -ar verbs   **-aba, -abas, -aba, -ábamos, -abais, -aban**
- -er and -ir verbs   **-ía, -ías, -ía, -íamos, -íais, -ían**

B There are three verbs which are irregular in the imperfect:

- ser   **era, eras, era, éramos, erais, eran**
- ir   **iba, ibas, iba, íbamos, ibais, iban**
- ver   **veía, veías, veía, veíamos, veíais, veían**

Ejercicios A Dé el imperfecto en las personas que se indican.

1 Marta (saber, querer, vivir, hablar, ir, ver).
2 Ellas (conducir, andar, ser, dormir, estar, sentir).
3 Carlos y yo (dar, ver, ir, beber, ser, traer).
4 Tú (viajar, dormir, ir, beber, tener, dar, poder).

B Traduzca al español dos veces, usando la primera vez el pretérito y la segunda vez el imperfecto:

1 We produced. *produjimos, producíamos*
2 They lived. *vivieron, vivían*
3 We slept. *dormimos, dormíamos*
4 They went. *fueron, iban*
5 She brought.
6 They slept. *durmieron, dormían*
7 We made. *hicimos, hacíamos*
8 She died. *murió, moría*
9 I spoke. *hablé, hablaba*
10 You called (4 ways).
11 You (**tú**) were. *fuiste, eras*
12 You (**tú**) walked. *caminaste, caminabas*
13 You (**Ud.**) were. *fui, estabas*
14 She wanted. *quiso, quería*
15 He put. *puso, ponía*
16 They ate. *comieron, comían*
17 She drank. *bebió, bebía*
18 He felt.
19 I gave. *di, daba*
20 We fitted.
21 We said. *hablamos, hablábamos*
22 I was able. *pude, podía*
23 You had (4 ways).
24 We wanted. *quisimos, queríamos*

MARTA Y MARÍA

Marta y María, I

Marta y María son dos chicas cuyas aventuras aparecen periódicamente en una tira cómica de la publicación española *ABC*. Marta, la chica morena, es seria y trabajadora, pero María, la rubia, es más frívola. En este episodio Marta y María han naufragado (they are shipwrecked). Aprenda Ud. las palabras del siguiente vocabulario:

viajar	to travel
el mar	sea (often, the ocean)
el barco	ship
naufragar	to be shipwrecked
náufrago, –a	shipwrecked person
nadar	to swim
el bote	small boat
la ropa	clothes
mojado, –a	wet
el cajón de madera	big wooden box
tener frío	to be cold
temblar(ie)	to shake
la isla	island
flotar	to float
el témpano de hielo	iceberg
el fósforo	match
la tabla	board
encender(ie) un fuego	to light a fire
estar contento, –a	to be happy
la llama	flame
el humo	smoke
calentarse(ie)	to warm up
secar, secarse	to dry, to get dry
derretirse(i, i)	to melt
caer	to fall
estar enojado, –a	to be angry

Marta y María

Preguntas
1. ¿Cómo se llama la chica morena? ¿Y la rubia?
2. ¿Qué les pasó a las muchachas?
3. ¿Dónde estaban ellas en la primera escena?
4. ¿Cómo cree Ud. que ellas llegaron al témpano de hielo?
5. ¿Dónde estaba sentada Marta?
6. ¿Por qué tenían frío las chicas?
7. ¿Quién tuvo una idea brillante?
8. ¿Dónde consiguieron ellas las tablas para encender el fuego?
9. ¿Qué hicieron cuando el fuego se encendió?
10. ¿Qué le pasó al hielo?
11. ¿Dónde estaban Marta y María en la última escena?
12. ¿Quién estaba más enojada de las dos? ¿Por qué?

Más preguntas
1. ¿Es Ud. rubio,–a o moreno,–a? ¿Rubio,–a natural?
2. ¿Hay personas con otro color de pelo en su clase?
3. ¿Ha viajado Ud. en barco?
4. ¿Puede Ud. nombrar algunas ventajas (advantages) y desventajas de viajar en barco?
5. ¿Ha visto Ud. un témpano de hielo?
6. ¿Se ha sentado Ud. alguna vez en un cajón?
7. ¿Ha tenido muchas ideas brillantes? ¿Una?
8. ¿Sabe Ud. encender un fuego? ¿Cómo lo enciende?
9. ¿Qué hace Ud. si tiene frío?
10. ¿Cuándo tiembla Ud.?
11. ¿Sabe Ud. nadar?
12. ¿Puede explicarnos cómo aprendió a nadar?

Práctica de vocabulario
1. Una persona que tiene el pelo oscuro se llama _____.
2. Para ir desde los Estados Unidos a Europa hay que cruzar _____.
3. Cuando se viaja en barco, es posible _____.
4. Una persona que ha naufragado se llama _____.
5. Después que Ud. cayó al agua, tiene la ropa _____.
6. Es conveniente saber _____ cuando uno cae al agua accidentalmente.
7. _____ cuando tenemos frío o miedo.
8. _____ flotan en el mar cerca del Ártico.
9. Cuando hay fuego, hay llamas y _____.
10. El hielo se _____ cuando hay un fuego cerca.
11. Los cajones son generalmente de _____.
12. Una persona se acerca al fuego para _____ cuando tiene frío.

* **Temas para trabajo oral o escrito**

1 Cuente la historia de Marta y María en tiempo pasado, como si Ud. fuera una de las muchachas.

2 Prepare un diálogo para cada una de las escenas.

3 Dé su reacción personal ante la forma en que están presentadas Marta y María.

I The preterite and the imperfect

El pretérito y el imperfecto

The preterite and the imperfect both refer to past actions. Most verbs can be used in either tense, but these tenses are not interchangeable. The preterite records the events, and the imperfect serves as a background, somewhat as a stage (the imperfect) serves as the background against which the players' actions (preterite) take place. The duration of the action in the imperfect is relatively longer than that of the preterite.

The following sentences demonstrate how the same verb can be used in either the imperfect or the preterite, depending on the duration of the action.

The ship was sailing through the North Atlantic when it sank.

The ship was sinking when the passengers boarded the lifeboats.

The passengers were boarding the lifeboats when another ship appeared on the horizon.

In Spanish, the first verb in each sentence would be in the imperfect and the second one in the preterite.

A The preterite is used to report or narrate something that happened in the past. It refers to completed, finished actions. Some verbs, because of their very essence, are most commonly used in the preterite. For instance, **decir**, **ver**, **sentarse**, **levantarse**, **llegar**.

Speaking of Marta and María, one would say:

Las muchachas naufragaron. The girls were shipwrecked.
Ellas nadaron. They swam.
María encendió un fuego. María lit a fire.
Las dos chicas cayeron al agua. The two girls fell into the water.

The preterite is used to refer to: 1) the beginning of an action; 2) the ending or interruption of an action; 3) any limit in an action (how long, how many times); 4) the summary of what was done or happened during a certain period of time, i.e. completed past actions.

1 **El hielo empezó a derretirse.**
The ice began to melt.
2 **Cuando se acercaron al fuego, dejaron de temblar.**
When they approached the fire, they stopped trembling.
3 **Estuvieron una hora en el témpano de hielo.**
They were on the iceberg for an hour.
4 **En el tiempo que pasaron en la isla, las chicas encendieron un fuego, conversaron y se secaron la ropa.**
During the time they spent on the island, the girls lit a fire, talked, and dried their clothes.

B   The imperfect is used
1 For descriptions.

Marta era morena y María era rubia.
Marta was a brunette and María was a blonde.
Hacía mucho frío en la isla.
It was very cold on the island.

2 For actions that were customary in the past.

Marta viajaba frecuentemente con María.
Marta traveled frequently (used to travel) with María.
Yo las acompañaba a veces.
I accompanied them sometimes.

> A repeated past action may be expressed in English by "would." In this case Spanish uses the imperfect tense.
>
> **Los témpanos de hielo se derretían todos los veranos.**
> The icebergs would melt every summer.

3 As the equivalent of the progressive tense in English.

Marta y María viajaban en un barco.
Marta and María were traveling on a ship.

Las muchachas temblaban.
The girls were shaking.

El témpano de hielo flotaba en el mar.
The iceberg was floating in the ocean.

4 To express mental attitudes, moods, feelings, or states of mind.

María creía que necesitaban un buen fuego.
María believed that they needed a good fire.

Las muchachas estaban contentas.
The girls were happy.

Marta estaba muy enojada.
Marta was very angry.

5 To express time or dates in the past with **era,–n**.

¿Qué hora era cuando ellas cayeron al agua? Eran las tres.
What time was it when they fell into the water? It was three o'clock.

Era invierno y hacía frío.
It was winter and it was cold.

A few verbs have different meanings in the imperfect and the preterite.

Sabía que ella viajaba mucho.
I knew that she traveled a great deal.

Supe ayer que ella viajaba mucho.
I found out yesterday that she traveled a great deal.

Ya conocía a los otros pasajeros antes de tomar el barco.
I already knew the other passengers before catching the ship.

Anoche conocí a los otros pasajeros del barco.
Last night I met the other passengers on the ship.

Ellas podían hacer un fuego.
They were able to light a fire.

Ellas pudieron hacer un fuego.
They succeeded in lighting a fire.

El náufrago quería pedir ayuda.
The shipwrecked man wanted to ask for help.

El náufrago quiso pedir ayuda.
The shipwrecked man tried to ask for help.

Ejercicio Decida entre el imperfecto y el pretérito y complete:

1. Ayer (conocer) _____ a dos hermanas. Una (ser) _____ rubia y la otra morena.
2. Cuando (ser) _____ un niño pequeño, mis padres (querer) _____ que yo conociera el mundo, y por eso nosotros (viajar) _____ en barco todos los años.
3. Recuerdo una vez que nosotros (hacer) *hicimos* un viaje al norte.
4. Cuando nosotros (llegar) *llegamos* a Alaska, (ver) *vimos* témpanos de hielo.
5. (Ser) *Era* verano y por eso los témpanos (derretirse) *se derritían*.
6. ¿Cómo (encender) _____ Ud. el fuego? (Usar) _____ fósforos.
7. Yo (estar contento) *estuve* ayer porque (hacer) _____ frío y me gusta el invierno.
8. Mi hermana (caer) *cayó* al agua, pero (saber) *sabía* nadar y (nadar) _____ hasta la playa.
9. Ella (tener la ropa mojada) *tenía* y por eso (temblar) _____.
10. Por suerte los marineros de un barco (ver) *vieron* el humo.
11. Muchas tablas (flotar) *flotaban* en el mar después del naufragio.
12. Para calentarse (hacer) *hizo* un fuego con el cajón que (tener) *tenía*.
13. Yo no (poder) *pude* encender el fuego porque mis fósforos (estar) *estaba* mojados.   *(description →)*
14. El verano pasado nosotros (ir) _____ al Polo Norte.

Soler(ue) is a Spanish verb that in the present translates "to be accustomed to," and in the past, "used to." **Soler** is always combined with an infinitive, and is used only in the present and the imperfect tenses.

Suelo viajar en barco.
I usually travel by boat. (I am accustomed to traveling by boat.)
Antes solíamos ir a Cuba en el invierno.
Before we used to go to Cuba in the winter.
María solía nadar todos los días.
Maria used to swim every day.

Ejercicio A Haga una lista de cinco cosas que Ud. suele hacer.

B Haga una lista de cinco cosas que solía hacer.

Marta y María, II

Ahora es verano y estamos con Marta y María en una isla tropical. Aprenda Ud. las palabras del vocabulario.

la barba	beard
barbudo	bearded
llevar	to wear
los harapos	rags
roto,–a	broken, torn
los pantalones	pants
el coco	coconut
el cocotero	coconut tree
perseguir(i)	to chase
besar	to kiss
el tronco	tree trunk
trepar (por)	to climb up
la balsa	raft
sonreír(i, i)	to smile
tirar	to throw
celoso,–a	jealous
coger(le) las manos	to take someone's hands
ver las estrellas	to see stars (in pain)

Marta y María   **95**

Ejercicio 1 Para los muchachos: Cuente la historia en tiempo pasado y en primera persona desde el punto de vista del hombre.

2 Para las chicas: Cuente Ud. la historia desde el punto de vista de Marta, en pasado y en primera persona. Haga lo mismo desde el punto de vista de María.

Práctica de vocabulario

1 Cuando un barco naufraga, los pasajeros tratan de conseguir un _bote_, y si no pueden, improvisan una _balsa_.
2 Frecuentemente los náufragos llevan la ropa _mojada_.
3 Cuando la ropa está muy rota, la llamamos _harapos_.
4 El árbol que produce cocos se llama _cocotero_.
5 A los muchachos les gusta _besar_ a las chicas bonitas.
6 _Tiramos_ proyectiles a una persona que nos persigue.
7 No es fácil _subir_ por el tronco de un cocotero.
8 Hay cocoteros en una _isla_ tropical.
9 Cuando María llegó a la playa, _sonrió_ al hombre barbudo.
10 El hombre barbudo le _cogió_ las manos a María.
11 Cuando su novio besa a otra chica, una muchacha está _celosa_.
12 Cuando nos tiran un coco a la cabeza, vemos _las estrellas_.

Ejercicio Traduzca al español, explicando por qué usó el imperfecto o el pretérito:

1 Marta was (**estar**) on the little island with a man.
2 It was (**ser**) a bearded man. _Era_
3 The man was wearing torn pants.
4 Marta ran and the man chased her. _la perseguía_
5 The man wanted to kiss Marta.
6 It was (**ser**) a tropical island and there was a coconut tree there.
7 Marta climbed up the coconut tree.
8 María arrived on a raft.
9 María was wearing rags also.
10 The man took María's hands.
11 Marta was furious and jealous.
12 Marta took a coconut.
13 Marta threw the coconut at the man's head (use **le**).
14 The man saw stars.

Temas para trabajo oral o escrito

1. Por qué prefiere naufragar en una isla tropical a naufragar en un témpano de hielo
2. La historia de Robinson Crusoe
3. El programa de televisión "Guilligan's Island"
4. Otra historia de naufragios que conoce
5. La actitud de Marta en la segunda aventura, ¿es típicamente femenina?

Ejercicio Decida entre el imperfecto y el pretérito y complete:

Marta y María (hacer) _____ dos viajes en barco y en los dos (naufragar) _____. La primera vez, el barco (pasar) _____ cerca del Ártico, donde (haber) _____ muchos témpanos de hielo que (flotar) _____ en el mar. Marta y María (conseguir) _____ un bote y con él (llegar) _____ a una pequeña isla de hielo. No había nada en la isla, sólo un cajón que ellas (traer) _____ en el bote. El cajón (ser) _____ de madera y Marta (sentarse) _____ en él. Las chicas (temblar) _____ de frío, aunque todavía no (ser) _____ invierno en el Ártico. María (tener) _____ una idea: Ella (romper) _____ el cajón donde Marta (estar) _____ sentada y con unos fósforos que (tener) _____, (encender) _____ un buen fuego con las tablas del cajón. El fuego (tener) _____ una llama caliente y agradable y un poco de humo. Las ropas mojadas (secarse) _____ pronto al calor del fuego. ¡Qué contentas (estar) _____ las muchachas! Pero de pronto ¡qué problema! Con el calor del fuego el hielo (empezar) _____ a derretirse y pronto la pequeña isla (desaparecer) _____ completamente y Marta y María (caer) _____ al mar. (Estar) _____ furiosas y (tener) _____ más frío que antes. Pero ¡por lo menos (saber) _____ nadar!

Parece que estas chicas (tener) _____ mala suerte, porque en su segundo viaje, el barco también (naufragar) _____. Esta vez (tratarse) _____ de una isla tropical muy pequeña. Marta (llegar) _____ primero. La isla (estar) _____ habitada: un hombre (vivir) _____ en ella. (Ser) _____ un hombre moreno, (tener) _____ el pelo largo y (llevar) _____ barba. No (tener) _____ camisa, sólo pantalones que (estar) _____ rotos. El hombre (ver) _____ a Marta y (ponerse) _____ contento. ¡Una muchacha bonita! El hombre (querer) _____ besar a Marta y (perseguirla) _____ por la islita. Asustada, Marta (correr) _____ en círculos alrededor del cocotero y el hombre (perseguirla) _____. (Trepar) _____ por el tronco hasta que (estar) _____ bien arriba. En ese momento (llegar) _____ María, la rubia. (Venir) _____ en una balsa que (ser) _____ sólo un pedazo de madera. El vestido que María (llevar) _____ también (estar) _____ roto, puede decirse que (ir) _____ vestida de harapos. El hombre (ver) _____ a María y (ponerse) _____ más contento todavía: ¡Dos muchachas bonitas! (Cogerle) _____ las manos y (ayudarla) _____ a bajar de la balsa. María le (sonreír) _____ al hombre. En lo alto del árbol, Marta (contemplar) _____ la escena. (Estar) _____ celosa y, por supuesto, enojada. No (poder) _____ permitir que María le quitara su enamorado. (Arrancar) _____ un coco y con fuerza (tirarlo) _____ a la cabeza del hombre.

Marta y María

El náufrago que no quiso regresar

Se llamaba Gonzalo Guerrero, y Bernal Díaz del Castillo nos habla de él en su *Historia verdadera de la conquista de la Nueva España*. Ésta es la historia, contada en el tiempo presente.

  Un barco español va en el siglo XVII desde Darién hasta la isla de Santo Domingo, pero se desvía y llega a la *bahía* de Campeche, donde *se hunde*.   bay; sinks
Los que viajan en el barco toman un bote y llegan a la costa. Los mayas que viven en aquella región los cogen prisioneros. Ponen a los hombres en jaulas y les dan muy buena comida, pero a las mujeres las hacen trabajar tanto, que todas mueren al no poder *soportar* labores tan fuertes. Sin embargo, la   endure
suerte de los hombres no es tampoco muy buena, porque los indios los sacrifican a sus ídolos uno por uno. Gonzalo Guerrero y Jerónimo de Aguilar consiguen escapar a un lugar donde viven tribus más pacíficas.

  Ocho años después, Cortés y sus hombres llegan a esa región y *rescatan*   rescue
a Jerónimo de Aguilar, pero Gonzalo Guerrero no quiere ser rescatado. Se ha casado con una india y tiene tres hijos con ella. Ya no habla español, tiene la cara pintada y las orejas y el labio inferior perforados. Es como un *cacique*   Indian chief
para aquella gente. La mujer india de Guerrero insulta a Aguilar cuando sabe que quiere llevarse a su marido. Aguilar regresa con Cortés y Guerrero queda en Yucatán, contento con su vida, tal vez pensando en el *refrán* que dice: proverb
"Más vale ser cabeza de ratón que cola de león". (It is better to be the head of a mouse than the tail of a lion.)

Ejercicio   Cambie esta narración al tiempo pasado.

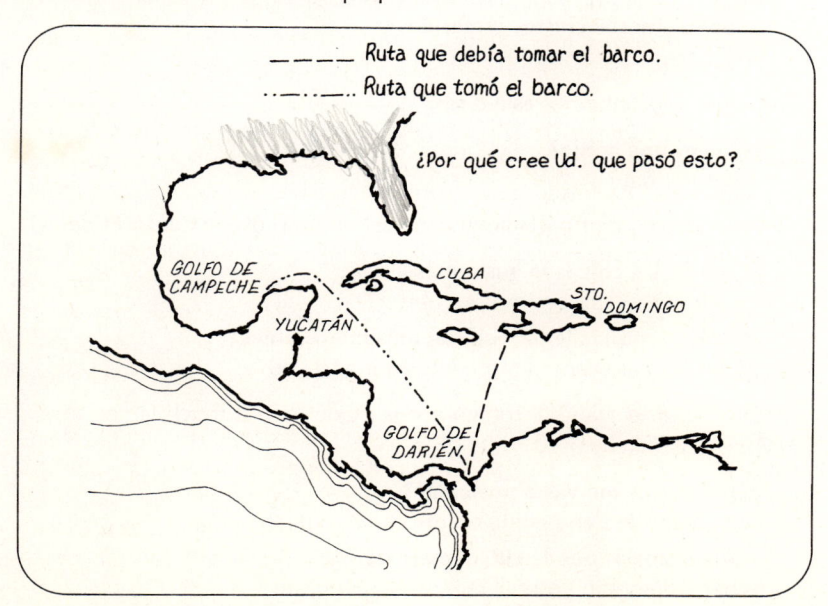

———— Ruta que debía tomar el barco.
·······— Ruta que tomó el barco.

¿Por qué cree Ud. que pasó esto?

GOLFO DE CAMPECHE   CUBA   STO. DOMINGO
YUCATÁN
GOLFO DE DARIÉN

Capítulo cuatro

II Interrogatives   Los interrogativos

Spanish word order is quite flexible, but when asking questions, the verb usually precedes the subject; this is especially so after such interrogative words as ¿cómo?, ¿qué?, etc.

Interrogatives always have a written accent, even in indirect questions.

María preguntó adónde iba el barco.
María asked where the ship was going.

A ¿**Qué?** means "What?" and asks for an explanation or definition.

¿Qué hizo Marta con el cajón?
What did Marta do with the box?

¿Qué es un témpano de hielo?
What is an iceberg?

B ¿**Cuál? ¿Cuáles?** mean "Which (one)?" or "What?" and refer to both persons and things.

1 When "What?" is followed by "to be" and no definition is involved, Spanish uses ¿**Cuál?, ¿Cuáles?**

¿Cuál era el país de Hernán Cortés?
What was Hernán Cortez' country?

¿Cuáles son sus chistes preferidos?
What are your favorite jokes?

But when a definition is asked for:

¿Qué es una bahía?
What is a bay?

2 When choosing from a limited group, Spanish uses ¿**Cuál?, ¿Cuáles?**.

¿Cuál de las chicas te gusta más?
Which of the girls do you like better?

¿Cuáles historias le parecieron más interesantes?
Which stories seemed more interesting to you?

3 On the other hand, if the choice is made from a much larger group, ¿**Qué?** is generally used.

¿Qué chicas me vas a presentar?
Which girls are you going to introduce to me?

¿Qué historias puede Ud. contarme?
What stories can you tell me?

C **¿Quién? ¿Quiénes?** both mean either "Who?" or "Whom?" and are used only for people.

   ¿Quién vivía en la isla cuando ellas llegaron?
   Who was living on the island when they arrived?

   ¿Quiénes rescataron a Serrano y a su amigo?
   Who rescued Serrano and his friend?

   1 When used as a direct object, **¿Quién?**, **¿Quiénes?** is always preceded by the personal **a**.

   ¿A quién (A quiénes) vieron ellas en la isla?
   Whom did they see on the island?

   2 **¿De quién?**, **¿De quiénes?** mean "Whose?" and are used to ask who the possessor of something is.

   ¿De quién son estos fósforos?
   Whose matches are these?

D **¿Cuánto, –a, –os, –as?** mean "How much?" and "How many?"

   ¿Cuánto hielo había en el mar?
   How much ice was there in the sea?

   ¿Cuánta agua llevabas en el bote?
   How much water did you carry on the boat?

   ¿Cuántos hijos tenía Guerrero?
   How many children did Guerrero have?

   ¿Cuántas jaulas construyeron los indios?
   How many cages did the Indians build?

E **¿Cómo?** means "How?" or "In what way?" and asks about the way in which a thing is done. It also means "What is it like?"

   ¿Cómo se hundió el barco?
   How did the ship sink?

   ¿Cómo era la vida entre los indios?
   What was life among the Indians like?

F **¿Dónde?** asks the location of the subject. It may also be combined with prepositions like **a** to give an idea of direction.

   ¿Dónde vio Cortés a Aguilar?
   Where did Cortez see Aguilar?

   ¿Adónde iba el barco cuando naufragó?
   Where was the ship going when it was shipwrecked?

G   Tag questions are added to a sentence to request confirmation of its contents. In Spanish they are simpler than in English because they are invariable words that don't have to agree with the sentence. Some of them are: ¿verdad?, ¿eh?, ¿no?, ¿no le parece?

Los hombres de Cortés rescataron a Aguilar, ¿verdad?
Cortez' men rescued Aguilar, didn't they?

Guerrero era como un cacique indio, ¿no?
Guerrero was like an Indian chief, wasn't he?

Él hizo bien en quedarse allí, ¿no le parece?
He did well to stay there, don't you think so?

Expresiones interrogativas

1 ¿Cuánto tiempo?   How long . . . ?
2 ¿Qué le parece?, ¿Qué tal?   How do you like . . . ?
3 ¿Qué clase de . . . ?   What kind of . . . ?
4 ¿A cómo se vende?
   ¿A cómo es (son)?   What is the price of . . . ?
   ¿Cuánto vale?
5 ¿A cuántos estamos?   What is the date . . . ?
6 ¿Cómo?   What (did you say)?

1 ¿Cuánto tiempo estuvieron las chicas en la isla?
   How long were the girls on the island?

2 ¿Qué le pareció la historia de Gonzalo Guerrero?
   How did you like the story of Gonzalo Guerrero?

3 ¿Qué clase de hombre era Cortés?
   What kind of man was Cortez?

4 ¿A cómo son los cocos?
   How much are the coconuts?

5 ¿A cuántos estamos hoy? Estamos a veinticinco.
   What is the date today? Today is the twenty-fifth.

6 Me gustaría vivir en un témpano de hielo. ¿Cómo?
   I would like to live on an iceberg. What did you say?

III Exclamations

Las exclamaciones

Exclamations, like interrogatives, always have a written accent.

A Interrogative expressions may be used as exclamations if the meaning of the sentence permits it.

> ¿Cuánto hielo había en el mar?
> **¡Cuánto hielo había en el mar!**
> How much ice there was in the sea!
>
> ¿Cómo se hundió el barco?
> **¡Cómo se hundió el barco!**
> How the ship sank!

B "What a...!," "What an...!" are usually expressed in Spanish as **Qué** + noun + **más** (or **tan**) + adjective.

> **¡Qué historia más interesante!**
> What an interesting story!
>
> **¡Qué chiste tan cómico!**
> What a funny joke!

C "How!" before an adjective or an adverb is **¡Qué!**

> **¡Qué contentas estaban las chicas!**
> How happy the girls were!
>
> **¡Qué rápidamente se derritió el hielo!**
> How rapidly the ice melted!

Ejercicios A Haga cinco preguntas usando las expresiones **¿Qué le parece?** o **¿Qué tal?**

B Traduzca:
1 What an interesting trip!
2 What a bad joke!
3 What a primitive ship!
4 What a sad shipwreck!
5 What a civilized tribe!
6 What a long beard he had!
7 What a large fire!
8 How fast she swam!
9 How happy the man was!
10 How angry Marta was!

Naufragios de la vida real

El tema de los naufragios aparece hoy frecuentemente en forma de chistes que hacen sonreír a los *lectores*, pero ¡qué terrible experiencia es un naufragio! En los siglos pasados, los naufragios solían ser cosa de todos los días, porque la gente viajaba en barcos primitivos, sin motor, sin mucha estabilidad, que se hundían fácilmente en una *tempestad*.

¿Ha oído hablar Ud. de Cabeza de Vaca? Fue un conquistador español. Iba a la Florida en viaje de exploración, pero su barco naufragó y sólo unos pocos hombres *se salvaron*. Los compañeros sobrevivientes de Cabeza de Vaca murieron uno tras otro, y al final quedó él sólo y pasó diez años —desde 1525 a 1535— prisionero de los indios de la América del Norte. Como sabía un poco de medicina, *curaba* a los enfermos y, gracias a esto, los indios no lo mataron. Muchas veces escapó para volver a caer prisionero de otras tribus nómadas. Atravesó desde el Golfo de México hasta el de California y llegó por fin al territorio de los indios "pueblo", de cultura más avanzada, que vivían en casas de adobe y llevaban ropa. Cuando regresó a España, Cabeza de Vaca contó sus *sufrimientos* en un libro llamado *Naufragios*.

A principios del siglo XVII el Inca Garcilaso de la Vega escribió la famosa obra sobre los incas: *Comentarios reales.* Allí cuenta las aventuras de un español contemporáneo suyo, Pedro Serrano, que naufragó en un viaje de Colombia a Cuba y llegó nadando hasta una isla desierta que no tenía nombre todavía y que más tarde se llamó Serrana en su honor.

En la isla no había vegetación ni agua, sólo *arena*, y al principio Serrano comía *mariscos crudos* porque no tenía medios de hacer un fuego. Finalmente consiguió encender uno, *frotando* su *cuchillo* contra algunas piedras que había sacado del fondo del mar y utilizando como combustible residuos de naufragios que el mar llevaba a la playa. Su mayor preocupación después que encendió el fuego fue mantenerlo encendido día y noche, no sólo porque sería muy difícil hacer otro si éste *se apagara*, sino porque su única esperanza era que un barco viese el humo.

Para no morir de sed, Serrano mató al principio varias *tortugas* y bebió su sangre *en vez de* agua. Por suerte en aquella región llovía mucho y el hombre pudo usar más tarde las conchas de las tortugas que había matado para recoger en ellas agua de lluvia. Su ropa pronto se volvió harapos y *a los dos meses* se había roto y él iba *desnudo*. Dice Garcilaso que a causa de estar expuesto a la *intemperie*, sin ropa ni *abrigo* tanto tiempo, el cuerpo del pobre hombre se cubrió de pelo igual que el de un *jabalí*.

Tres años después llegó otro español a la isla, flotando en una tabla. Él tuvo miedo al principio, al ver a Serrano con su *cabello* y barba larguísimos y todo el *cuerpo* cubierto de pelo como un animal. Serrano también tuvo miedo, porque los tres años de *soledad* casi *lo habían vuelto loco* y pensó que el otro era una ilusión que el *demonio* le había puesto allí como tentación.

Para probarse uno a otro que ambos eran hombres y cristianos, empezaron a *rezar* en voz alta. — pray

El segundo náufrago vivió con Serrano en la isla cuatro años. Al fin, los marineros de un barco que pasó cerca vieron el humo del fuego que ellos mantenían permanentemente encendido y los recogieron.

El segundo náufrago murió en el mar, antes que el barco llegara a España, pero Pedro Serrano sobrevivió y consiguió ver al emperador Carlos V,* que estaba entonces en Alemania. Todos *se sorprendían* del aspecto del náufrago, con tanto pelo y se sorprendían aun más al oír que había vivido siete años en una isla sin agua ni vegetación. El emperador dio a Serrano una generosa pensión, pero él no pudo disfrutarla, porque murió poco tiempo después. — were surprised

Preguntas Esta vez le daremos las respuestas y Ud. hará las preguntas.

Modelo El tema de los naufragios se usa hoy en forma de chistes.
¿Cómo se usa hoy el tema de los naufragios?

1. Los barcos de los siglos pasados eran primitivos.
2. Cabeza de Vaca fue un conquistador español.
3. Cabeza de Vaca vivió diez años prisionero de los indios.
4. Los indios no lo mataron porque curaba a los enfermos.
5. El libro de Cabeza de Vaca se llama *Naufragios*.
6. Los indios "pueblo" vivían en casas de adobe.
7. El Inca Garcilaso de la Vega escribió *Comentarios reales*.
8. El Inca Garcilaso vivió en el siglo XVII.
9. Pedro Serrano naufragó entre Colombia y Cuba.
10. La isla no tenía nombre entonces.
11. Serrano comía mariscos crudos y tortugas.
12. Al principio bebía sangre de tortuga.
13. Encendió un fuego frotando su cuchillo contra unas piedras.
14. La ropa de Serrano se volvió harapos y se rompió.
15. Su cuerpo estaba cubierto de pelo.
16. Otro náufrago llegó a la isla tres años después.
17. El otro náufrago tuvo miedo porque Serrano parecía un animal.
18. Serrano pensó que el otro hombre era una ilusión del demonio.
19. El otro hombre vivió en la isla cuatro años.
20. Los del barco supieron que había náufragos porque vieron humo.
21. El segundo hombre murió en el mar, antes de llegar a España.

* Carlos I, rey de España 1517–1556, era también Carlos V, Emperador de Alemania.

Capítulo cuatro

22 Carlos V era rey de España en aquel tiempo.
23 Serrano vio a Carlos V en Alemania.
24 Serrano murió poco tiempo después.

Más preguntas
1 Diga algunas diferencias entre los barcos de siglos pasados y los barcos modernos.
2 ¿Ha estado alguna vez en una isla toda de arena?
3 ¿Come Ud. a veces mariscos? ¿Los ha comido crudos?
4 ¿Ha comido alguna vez tortuga?
5 ¿Conoce a alguien que tenga barba y pelo larguísimos? ¿Quién es?
6 ¿Ha bebido Ud. agua de lluvia?
7 ¿Lleva Ud. a veces harapos?
8 ¿Puede describirnos un jabalí? ¿Dónde vio Ud. uno?
9 ¿Cómo se pueden hacer señales de humo?
10 Diga algo de Carlos V.
11 ¿Recibe Ud. ahora una "pensión" generosa de sus padres?
12 ¿Cuánto dinero le daban ellos cuando era niño?

Práctica de modismos

Más vale it is better
En vez de instead of

Conteste usando estos modismos:
1 ¿Es mejor una isla donde hay tribus pacíficas, o una donde hay caníbales?
2 ¿Qué puedo beber si no hay agua aquí?
3 ¿Qué es mejor, dar o recibir?
4 ¿Prefieres estar en casa, o en tu clase de español?
5 ¿Cómo podremos escaparnos de esta isla si no tenemos bote?

Temas para trabajo oral o escrito

1 ¿Es completamente verdadera esta historia? Si hay datos que le parecen exagerados, discútalos.

2 Ud. es periodista (journalist) y está con Carlos V en Alemania cuando llega Pedro Serrano. El emperador le manda a Ud. que lo entreviste (to interview him). Prepare diez preguntas interesantes que Ud. le haría, tratando de usar las palabras interrogativas que aprendió en esta lección.

3 Ud. es Pedro Serrano. Conteste las preguntas de un compañero. (Use la forma **tú** en las preguntas y en las respuestas.)

> Spanish speakers raise the pitch of their voices on the last word of a question which can be answered "yes" or "no." Since in Spanish the word order of questions is quite flexible and no auxiliary word is used, this rise of the voice is necessary to establish the interrogative character of an utterance.
>
> ¿Eran primitivos los barcos?
> ¿Serrano vio a Carlos V en Alemania?
> ¿Tenía miedo el náufrago?
>
> In "informative questions," that is, questions that begin with an interrogative word or words, the voice attains its highest level in the first stressed syllable of the utterance and descends at the end.
>
> ¿Cómo eran los barcos entonces?
> ¿Dónde vio Serrano a Carlos V?
> ¿Por qué tenía miedo el náufrago?

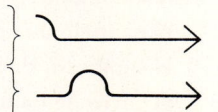

Suplemento

Haciendo las maletas

Packing the suitcases

Es el mes de julio y Laura y Pepe quieren irse de vacaciones por dos semanas. Escoja para ellos uno de los siguientes lugares: Madrid, Mallorca, Acapulco, la ciudad de México, Buenos Aires, Santiago de Chile, Lima. Escoja también un medio de transporte (avión, barco, automóvil).

Busque información sobre el lugar que escogió (clima, vida nocturna, actividades, excursiones locales que es posible hacer, etc.). Entonces decida qué artículos de los que se dan abajo llevará cada uno en la maleta y qué cantidad de cada artículo. Con las palabras que tienen asterisco use *par, –es de* (pair, –s of). Explique su decisión.

Pepe

el traje de calle	business suit	**el pañuelo**	handkerchief
el traje de etiqueta (el smoking)	formal suit (tuxedo)	**el cinturón**	belt
		los calcetines*	socks
la camisa	shirt	**los zapatos negros***	black shoes
la corbata	necktie	**la camisa deportiva**	sports shirt
la corbata de lazo	bow tie	**la chaqueta deportiva**	sports jacket, blazer
los gemelos*	cuff links		

Laura

el vestido de calle	street dress
el traje de noche	evening gown
los guantes de vestir*	dress gloves
las pantimedias*	panty hose
los zapatos de tacón alto*	high-heeled shoes
la bolsa de noche	evening bag
la bolsa, la cartera	pocketbook
el traje de pantalones	pants suit
la falda	skirt
la blusa	blouse
la chalina (de seda)	(silk) scarf
el pañuelo de cabeza	head scarf
el sombrero de playa	beach hat
el gorro de baño	swimming cap
la peluca	wig
la bata de casa	robe
el ropón, camisón	nightgown

Artículos para ambos

el piyama	pajamas
la ropa interior (juegos)	underwear (sets)
los pantalones*	pants
el suéter	sweater
el pulóver	pull-over
el impermeable	raincoat
el abrigo ligero	light overcoat
el abrigo de invierno	winter overcoat
el chaquetón	car coat
los zapatos deportivos*	sports shoes
la bufanda (de lana)	(wool) scarf
los guantes de piel*	leather gloves
el sombrero	hat
la gorra	cap
las gafas de sol*	sun glasses
el traje de baño	bathing suit
la bata de playa	beach coat
la loción bronceadora	sun tan lotion

5

La llanura nazca

Un poco de preparación

I The past participle   A The regular past participle in English ends in −*ed*. It can be associated with the Spanish past participle, which also has a **d** in all regular verbs: llamar, **llamado**; beber, **bebido**; vivir, **vivido**.

I El participio pasado

After strong vowels (**a**, **e**, **o**) in the stem, the **i** in −**ido** requires a written accent.

    caer   **caído**   oír   **oído**
    leer   **leído**   traer   **traído**

B The following verbs have irregular past participles:

abrir	**abierto**	morir	**muerto**
cubrir	**cubierto**	poner	**puesto**
decir	**dicho**	romper	**roto**
escribir	**escrito**	suponer	**supuesto**
freír	**frito**	ver	**visto**
hacer	**hecho**	volver	**vuelto**

II "Ser" and "Estar"   In this lesson you will use several important tenses of **ser** and **estar**. The tenses are:

II "Ser" y "Estar"

    Present (see p. 32)

    Preterite (see p. 86)

    Imperfect (see p. 87)

    Future   seré, serás, será, seremos, seréis, serán

                  estaré, estarás, estará, estaremos, estaréis, estarán

    Present Perfect   he sido, has sido, ha sido, hemos sido, habéis sido, han sido

                      he estado, has estado, ha estado, hemos estado, habéis estado, han estado

    Pluperfect   había sido, habías sido, había sido, habíamos sido, habíais sido, habían sido

                      había estado, habías estado, había estado, habíamos estado, habíais estado, habían estado

III The present participle   A The present participle of regular −**ar** verbs is formed by adding −**ando** to the stem; −**er** and −**ir** verbs add −**iendo**: **llamando, bebiendo, viviendo**.

III El gerundio

B The following commonly used verbs have irregular present participles:

caer	**cayendo**	huir	**huyendo**
creer	**creyendo**	oír	**oyendo**
decir	**diciendo**	poder	**pudiendo**

C The present participle of radical-changing **–ir** verbs undergoes a stem change:

dormir d**u**rmiendo
sentir s**i**ntiendo
repetir rep**i**tiendo

Ejercicio Cambie las palabras subrayadas según se indica:

1 El sobre estaba <u>perdido</u>. (romper, escribir, abrir, cubrir, dibujar)
2 Nadie había <u>visto</u> esto. (decir, traer, suponer, hacer, descubrir)
3 Nosotras lo estábamos <u>pensando</u>. (decir, creer, oír, sentir, repetir)

La llanura nazca

plain

A lo largo de las costas del Perú y de Chile se extiende un *desierto estrecho* de más de *3,200 kilómetros* de longitud, que está limitado de un lado por el Océano Pacífico y del otro, por la inmensa *cordillera* de los Andes.

Along; narrow desert (2,000 miles) mountain range

La temperatura de la región es muy variable. Hace mucho calor la mayor parte del año, pero de junio a octubre, las corrientes del Pacífico son muy frías y producen una *neblina* que cubre el desierto. Sin embargo, esta neblina no trae *lluvia:* en ese lugar no llueve casi nunca.

fog
rain

Hace dos mil años ya la región estaba *habitada*. Los ríos que vienen de los Andes *a desembocar en* el mar, forman pequeños *valles* que, con métodos especiales de irrigación, es posible cultivar. Los pueblos que habitaban esos valles, aunque eran de un origen común, estaban *aislados* unos de otros por vastas áreas de desierto y tenían civilizaciones diferentes. En los valles del norte vivían los "mochicas", que eran expertos *alfareros;* en el centro los "paracas", notables por sus *tejidos* y *telas* bordadas; en el sur los "ica-nazca*", que también eran alfareros y *tejedores,* pero que hoy son conocidos por el mundo civilizado a causa de las líneas y los dibujos que dejaron en el suelo del desierto.

inhabited
to empty into; valleys
isolated

potters
weavings; fabrics
weavers

Algunos dibujos son geométricos: triángulos, rectángulos, *cuadrados,* líneas *rectas.* Otros representan figuras de criaturas *extrañas* o de animales conocidos: un *pájaro,* una *araña,* un *lagarto,* una *ballena.*

squares
straight; strange
bird; spider; lizard; whale

Por muchos años los dibujos habían sido vistos por los que visitaban la región, pero como sus proporciones son gigantescas, las figuras no pueden *distinguirse en conjunto* cuando son observadas *de cerca.* Los españoles que, dirigidos por Francisco Pizarro, conquistaron el *imperio* inca en 1533, no se interesaron en ellos. Esto se sabe porque los dibujos no fueron mencionados por ningún escritor de la época. Fue necesario que los aviones empezaran

be made out as a whole; at close range
empire

---

* La palabra "ica-nazca" se usa siempre en singular.

a *atravesar* la llanura nazca, para que el mundo se fijara en estas enormes obras de arte. *cross*

    La *superficie* del desierto es de color más oscuro que las *capas* interiores, porque se compone de *piedrecitas* que contienen *hierro* y *se oxidan* al contacto con el aire. Para formar los dibujos, los artistas *quitaron* esas piedras dejando ver la capa interior, que era de color más claro. Desde el aire se ven líneas claras en contraste con el resto del terreno, que es más oscuro. El *peligro* que *amenaza* a los dibujos es la *oxidación*. Es un proceso muy lento, pero con los años las líneas claras se oxidan y toman el color del *surface; layers* *pebbles; iron; get rusty* *removed* *danger; threatens; oxidation*

En esta foto se ve bien cómo en los estrechos valles de los Andes los ica-nazca dejaron sus misteriosos dibujos. Vemos las líneas, y también un pájaro que podría ser un colibrí (hummingbird).

La araña es uno de los dibujos mejor preservados.

resto del terreno. Así *llegará un día* en que no podrán distinguirse los dibujos. — the day will come

No fue fácil realizar tal obra. Las figuras fueron *dibujadas a escala* por los artistas antes de ser trazadas en el suelo y la construcción quitando piedras debió de requerir infinitas horas de trabajo con un calor intenso. Además, los obreros que se empleaban en el proyecto se necesitaban para las labores agrícolas, así que es evidente que los dibujos tuvieron gran importancia para los ica-nazca. No son caminos, porque no *conducen* a ninguna parte. ¿Por qué los hicieron entonces? ¿Por simple amor al arte? No se distinguen desde el suelo. ¿Qué placer puede encontrar un artista en hacer — drawn to scale — lead

111

una obra que él mismo no podrá ver bien? Tenemos aquí un gran misterio
para cuya explicación *se han ideado* teorías interesantes y a veces *des-*   have been con-
cabelladas.   ceived; far-fetched

Preguntas
1. ¿Cuántos kilómetros tiene el desierto? ¿Cuántas millas?
2. ¿Cuáles son sus límites?
3. ¿Cómo es la temperatura de la región?
4. Hable sobre los valles.
5. ¿Cómo se llamaban los pueblos que habitaban los valles?
6. ¿Por qué eran diferentes sus civilizaciones?
7. ¿Cuál era el oficio principal de los mochicas?
8. ¿Por qué eran famosos los paracas?
9. ¿Por qué son conocidos hoy los ica-nazca?
10. ¿Qué animales se ven en los dibujos?
11. ¿Cómo sabemos que los españoles no se interesaron en los dibujos?
12. ¿Por qué se fijó el mundo en los dibujos en el siglo XX?
13. ¿Cómo es la superficie del desierto?
14. ¿Cómo hicieron los artistas los dibujos?
15. ¿Qué se ve desde el aire?
16. ¿Por qué fue difícil la construcción de las figuras?
17. Explique por qué la oxidación es un peligro para las figuras.

Más preguntas
1. ¿Conoce Ud. un desierto?
2. Hable de un desierto.
3. ¿Va Ud. a alguna cordillera en sus vacaciones, o al mar?
4. ¿Vive Ud. en una región aislada, o muy habitada?
5. ¿Hay muchos jóvenes hoy que hacen trabajos manuales?
6. ¿Conoce Ud. alguna persona que sea alfarero, –a o tejedor, –a?
7. ¿Piensa Ud. que en las sociedades primitivas son más creadores los hombres, o las mujeres?
8. ¿Y en nuestra sociedad? ¿Por qué piensa Ud. así?
9. ¿Hay muchas jóvenes que bordan hoy, o son las viejas las que bordan?
10. ¿Sabe Ud. dibujar? ¿Y dibujar a escala?
11. ¿Conoce Ud. un dibujo extraño?
12. ¿Puede hablarnos de un artista que conozca?

La llanura nazca

Práctica de vocabulario Escoja diez de estas palabras y úselas en oraciones:

1 la llanura	11 las piedrecitas
2 el río	12 el obrero
3 las corrientes	13 el rectángulo
4 la cordillera	14 el triángulo
5 la neblina	15 la línea recta
6 el desierto	16 oxidarse
7 la lluvia	17 dibujar a escala
8 la costa	18 quitar
9 el mar	19 atravesar
10 el valle	20 conducir

I   Passive voice

La voz pasiva

A   In the active voice the subject of the verb performs the action. In the passive voice, the subject of the verb is acted upon. The passive voice in Spanish is restricted to actions with an agent, either expressed or understood. It is used much less than in English.

B   The passive voice is formed in Spanish by conjugating the verb **ser**, following it with the past participle of the main verb, and preceding the agent with the preposition **por***.

Subject	Conjugated form of **ser**	Past participle of main verb	**por**	Agent

C   Remember that the past participle works like an adjective in the passive voice and must, therefore, agree in both gender and number with the subject of the sentence.

El pueblo fue construid**o**
La ciudad fue construid**a**
Los pueblos fueron construid**os** } por los paracas.
Las ciudades fueron construid**as**

* Of course, if the agent is understood but not expressed, **por** is not used.
   Ese templo fue construido hace dos mil años.
   That temple was built two thousand years ago.

D The passive voice may be used in any tense—present, preterite, present perfect, pluperfect, etc. It may also be used in any mood. Note that in the compound tenses, **sido** (past part. of **ser**) does not change its ending, but the past participle of the main verb does change.

Los ica-nazca son conocidos hoy por el mundo civilizado.
The Ica-nazca are known today by the civilized world.

Los dibujos no fueron mencionados por ningún escritor.
The drawings were not mentioned by any writer.

Esta cultura ha sido estudiada por los historiadores.
This culture has been studied by historians.

Las figuras habían sido dibujadas a escala por los artistas.
The figures had been drawn to scale by the artists.

Vaso nazca que representa un animal extraño. Parece una combinación de pez y otro animal feroz. Observe que las cabezas pintadas en el cuerpo del animal tienen expresiones muy distintas. Los nazca usaban siete colores en sus pinturas, pero nunca azul y verde.

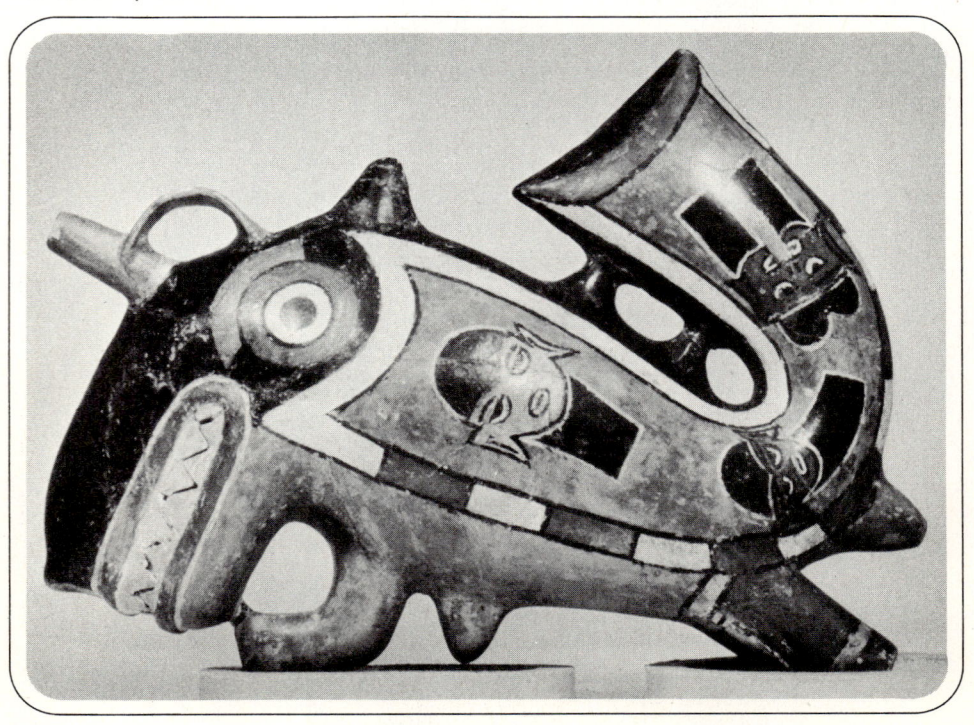

E   With verbs of emotion like **temer, odiar, admirar, amar,** the preposition **de** is sometimes used before the agent instead of the preposition **por.**

> **El jefe era amado de todos.**
> The chief was loved by all.

Ejercicio   Cambie las oraciones a la voz pasiva como en el modelo:

Modelo   El mundo civilizado conoce esos pueblos.
Esos pueblos son conocidos por el mundo civilizado.

1. Ningún escritor menciona el pueblo nazca.
2. Los paracas bordaban las telas.
3. El artista dibujó la araña y el lagarto.
4. El artista también dibujó el mono.
5. Los ríos de los Andes formaron los valles.
6. Los aviones peruanos atravesaban a diario la llanura.
7. Francisco Pizarro conquistó el Perú.
8. Muchos visitantes ven el dibujo.
9. Esos escritores inventan nuevas teorías.
10. Los mochicas construyeron esas casas.
11. El aire oxida el hierro de las piedrecitas.
12. Los obreros quitaron las piedras.

F   The reflexive construction

1 When the agent of the action is not expressed and the subject is a thing, Spanish prefers to use the reflexive construction as a substitute for the passive. The reflexive verb agrees with the subject and normally precedes it.

> **Desde el aire se ven líneas claras.**
> From the air light-colored lines are seen.
>
> **Se ha ideado una teoría interesante.**
> An interesting theory has been conceived.
>
> **De cerca no se pueden distinguir los dibujos.**
> At close range the drawings cannot be made out.

2 When the agent is not expressed and the subject is a person, Spanish sometimes uses a special reflexive construction which is always in the third person singular. There is a strong preference, however, to use the active voice (impersonal third person plural) whenever the subject is a person.

> **A los trabajadores se les pagaba muy poco.**
> The workers were paid very little.
>
> **A los trabajadores les pagaban muy poco.**
> They paid the workers very little.

3 Please note that in English a person who is the indirect object of the active voice sometimes becomes the subject of the passive voice:

"They told me that it was too late" ⟶ "I was told that it was too late."
"They paid the workers their salaries" ⟶ "The workers were paid their salaries".

In Spanish, however, it is wrong to do this. The idea must be rendered either by the reflexive third person singular construction or by the impersonal third person plural.

Se me dijo que era muy tarde.
Me dijeron que era muy tarde.
They told me that it was too late.
Se les pagó a los trabajadores su salario.
Les pagaron a los trabajadores su salario.
They paid the workers their salaries.

Ejercicio A Haga oraciones en pasivo reflexivo, combinando la columna A y la columna B. (Hay más de una posibilidad.)

Modelo **Se ha visto un animal enorme.**

A	B
Se descubrió	esos caminos
Se construyen	los ica-nazca
Se han formado	muchos obreros
Se conquistaron	una línea oscura
Se conocen	los valles
Se habían observado	nuevas teorías
Se ha visto	esos pueblos
No se admiraban	aquellas obras de arte
Se idearán	los dibujos
Se necesitaban	un animal enorme

B Cambie las oraciones a la tercera persona del plural en la voz activa como en el modelo. (No olvide la **a** personal delante del complemento directo.)

Modelo Un nuevo escritor fue descubierto.
Descubrieron a un nuevo escritor.

1 Los obreros eran necesitados para otras labores.
2 Ese artista es conocido en nuestro país.
3 Los españoles fueron dirigidos a ese lugar.

La llanura nazca

4 Los sacerdotes eran respetados.
5 Muchos indios fueron conquistados.
6 Un alfarero ica-nazca fue mencionado en ese libro.
7 Los visitantes son vistos frecuentemente allí.
8 La tejedora es observada bordando sus telas.
9 Los turistas fueron conducidos al desierto.
10 Los artistas son admirados.

> ### The so-called "False passive"
> El llamado "falso pasivo"
>
> In order to have a real passive voice in Spanish, the subject must undergo a change as a result of an action performed by the verb at that moment.
>
> **Su libro fue traducido al español por nosotros el año pasado.**
> His book was translated into Spanish by us last year.
> (Last year we did something to the book: we translated it.)
>
> Sometimes, however, what looks like a passive voice in English is really the statement of a condition or state of the subject resulting from a *previous* action. In such cases, Spanish uses **estar** instead of **ser** (think of **estado**, state).
>
> **Su libro está traducido ahora al español.**
> His book is now translated into Spanish.
> (Nobody is doing anything to the book now.)
>
> Often this "false passive" uses the preposition **de** instead of **por**. Notice the difference between the "real" and the "false" passive in the following sentences:
>
> **El desierto fue rodeado por los soldados.**
> The desert was surrounded by the soldiers.
> (Action: The soldiers maneuvered to surround the desert.)
>
> **El desierto está rodeado de montañas.**
> The desert is surrounded by mountains.
> (Description: There are mountains around the desert.)
>
> **Los valles fueron cultivados por sus primitivos habitantes.**
> The valleys were cultivated by their primitive inhabitants.
> (Action: The inhabitants farmed the valleys.)
>
> **Los valles están cultivados.**
> The valleys are cultivated.
> (Description: They are cultivated valleys.)

Capítulo cinco

Ejercicios A Decida entre el verdadero y el falso pasivo:

1. La región (was) _____ colonizada por los españoles.
2. Las piedras (are) _____ cubiertas de óxido.
3. Esa provincia (is) _____ limitada por el Pacífico y por los Andes.
4. Los dibujos (were) _____ descubiertos por un explorador.
5. La llanura (is) _____ atravesada todos los días por muchos aviones.
6. Las líneas (were) _____ formadas quitando las piedras.
7. El misterio no (is) _____ explicado todavía.
8. Ese valle (is) _____ rodeado de ríos.
9. Las figuras (were) _____ dibujadas a escala por el artista.
10. Ese lugar (is not) _____ habitado hoy.
11. La teoría (is) _____ explicada por su autor.
12. Ese templo ya (was) _____ terminado cuando llegó el capitán.
13. El imperio inca (was) _____ conquistado en 1533.
14. El desierto (is) _____ siempre cubierto de neblina.
15. La leyenda (is) _____ transmitida oralmente.

B Escriba tres oraciones originales en la voz pasiva y tres oraciones en el falso pasivo.

Months of the year
Los meses del año*

enero	January	**mayo**	May	**se(p)tiembre**	September
febrero	February	**junio**	June	**octubre**	October
marzo	March	**julio**	July	**noviembre**	November
abril	April	**agosto**	August	**diciembre**	December

Aprenda este versito:

Treinta días trae noviembre,
con abril, junio y septiembre,
los demás traen treinta y uno;
de veintiocho sólo hay uno.
Si el año bisiesto (leap) fuere,**
febrero trae veintinueve.

Seasons
Las estaciones

primavera	Spring	**otoño**	Fall
verano	Summer	**invierno**	Winter

* Note that the months are not capitalized in Spanish.
** Future subjunctive of **ser**. This tense is rarely used.

Explicando el misterio

Una hipótesis interesante sobre la llanura nazca es la del Dr. Paul Kosok, que fue profesor de la Universidad de Long Island. El Dr. Kosok estaba en el desierto peruano un día en el año 1941. Era el 22 de junio, que en el sur es el día más corto del año porque corresponde al solsticio de invierno. *Al atardecer*, cuando el sol *se estaba poniendo*, el Dr. Kosok observó que lo hacía exactamente al final de una de las líneas dibujadas en el suelo. Entonces *concibió* la idea de que todo era parte de un gigantesco sistema astronómico y de que en el pasado los sacerdotes de la tribu podían decir la fecha por la posición en que estaba el sol con relación a esas líneas.

    La teoría de Kosok, continuada más tarde por otros investigadores como María Reiche, *se refuerza* con la idea de que las civilizaciones precolombinas eran *teocráticas* y sus sacerdotes daban gran importancia religiosa a los movimientos del sol, la luna las *estrellas* y estaban dedicados casi exclusivamente a estos estudios. Tal vez los ica-nazca trazaron en el desierto un enorme calendario. Esta teoría, sin embargo, explica el *propósito* de los dibujos geométricos, pero no el de las figuras de animales que, lógicamente, no tenían un valor astronómico.

At sunset
was setting

conceived

is reinforced
ruled by religion
stars

purpose

Dibujo por Kovarsky, © 1960, The New Yorker Magazine, Inc.

"¡No, no, no! *Treinta* días trae septiembre!"

Capítulo cinco

Hay otra hipótesis interesante, aunque bastante descabellada, cuyo principal *defensor* es Erich von Däniken. Él quiere probar que los comienzos de la civilización en la Tierra son el resultado de visitas extra-terrestres, y ha publicado algunos libros como *¿Carros de los dioses?* y *Dioses del espacio*. — defender; *Chariots of the Gods?*; *Gods from Outer Space*

Su explicación del misterio nazca es que en el pasado visitantes de otro planeta, en viajes de exploración, *aterrizaron* en la llanura peruana e hicieron algunas líneas para marcar un *campo de aterrizaje* provisional para sus *naves espaciales*. Como eran de otro planeta, regresaron más tarde a él. Pero las tribus pre-incaicas, al ver que pasaba el tiempo y no volvían "los dioses", imitaron lo que les habían visto hacer, continuando el trabajo que los astronautas habían comenzado en el suelo del desierto. Creían que los visitantes, *complacidos* al ver su trabajo continuado, regresarían. Muchas de las líneas las trazaron siguiendo la posición de las estrellas, porque sabían que de ellas habían venido "los dioses". — landed; landing strip; spaceships; pleased

Pasaron muchos años—continúa explicando von Däniken—y varias generaciones nacieron y murieron. La historia de los visitantes que no querían volver se transmitió oralmente y se convirtió en una tradición *sagrada* que obligó al pueblo a dibujar constantemente nuevas líneas y, más tarde, animales. — sacred

Es evidente que las figuras de la llanura nazca no fueron trazadas para ser vistas por los hombres que las hicieron, porque no hay *montañas* cerca *desde las cuales* las hubieran podido ver. Sólo nosotros en el siglo XX podemos apreciarlas bien gracias a los aviones. Parece, pues, lógico pensar que los dibujos eran para dioses que vivían en el cielo y podían verlos *desde lo alto*. Pero no es necesario aceptar que esos dioses fueron astronautas, porque es común en las religiones la idea de que los dioses viven en el cielo. Si los incas *se creían* hijos del sol y lo *adoraban*, quizás lo adoraban también los ica-nazca y trazaron los dibujos en su honor. — mountains; from which; from above; thought that they were; worshipped

Esperemos que *un día de estos* los arqueólogos, aplicando sistemas de investigación más modernos, puedan resolver el misterio. — Let's hope; one of these days

Preguntas
1 ¿De dónde era el Dr. Kosok?
2 ¿Qué fecha era cuando él visitó el desierto?
3 ¿Qué vio él allí?
4 ¿Qué idea tuvo él entonces?
5 ¿Qué otra persona continuó más tarde la teoría de Kosok?
6 ¿Era importante la religión en las sociedades precolombinas?
7 Explique el trabajo de los sacerdotes.
8 ¿Quiénes aterrizaron en la llanura nazca, según von Däniken?
9 ¿Por qué hicieron ellos líneas en el suelo del desierto?
10 ¿Por qué continuó la tribu nazca dibujando líneas más tarde?
11 ¿Por qué seguían muchas líneas la posición de las estrellas?

Un poco de humor

> EN LA LLANURA NAZCA:
>
> SOY EL INGENIERO X·25 Y HE VENIDO A DIRIGIR EL TRAZADO DE LA ARAÑA.

12 ¿Qué le pasó a la historia de los dioses después de muchos años?
13 ¿Por qué las figuras no podían ser vistas por los artistas?
14 ¿Para quién eran posiblemente los dibujos?
15 ¿Qué relación existe entre los incas y el sol?

Más preguntas

1 ¿Le gusta a Ud. mirar el sol cuando se está poniendo?
2 ¿Puede describir ese momento?
3 ¿Sabe Ud. utilizar las estrellas para orientarse?
4 ¿Sabe decir la hora por la posición del sol?
5 ¿Ha visto un reloj de sol? ¿Dónde?
6 ¿Cómo sabe qué fecha es hoy?
7 ¿Cuántos calendarios hay en su casa?
8 ¿Leyó Ud. algunos de los libros de von Däniken?
9 ¿Sabía Ud. algo de la llanura nazca antes de leer esta lección?
10 ¿Le gustaría visitar ese lugar? ¿Por qué?

Capítulo cinco

11 ¿Puede contarnos una tradición sagrada de algún pueblo?
12 ¿Conoce alguna superstición relacionada con la luna?
13 ¿Hay un campo de aterrizaje cerca de su casa? ¿Y cerca de su pueblo?
14 ¿Ha visto alguna vez una nave espacial?
15 ¿Era una nave terrestre, o era de otro planeta?

Práctica de modismos

A Conteste las preguntas usando estas expresiones: **desde lo alto, de cerca, a lo largo, al atardecer, un día de éstos**

1 ¿Desde dónde ves las cosas cuando vas en un avión?
2 ¿Es más difícil apreciar las figuras de lejos, o de cerca?
3 ¿Dónde está ese desierto estrecho?
4 ¿Vas a salir de viaje por la mañana, o cuando se esté poniendo el sol?
5 ¿Cuándo piensas visitar la llanura nazca?

B Haga una oración original con cada expresión.

Temas para trabajo oral o escrito

1 Los incas y su religión
2 Su opinión sobre la vida en otros planetas
3 Su propia teoría sobre los dibujos de la llanura nazca
4 Otros misterios del universo que le interesan
5 La tierra ha sido visitada por seres extra-terrestres (defienda o ataque).

II "Ser" and "Estar"

"Ser" y "Estar"

A **Ser** is used in Spanish in the following cases:

1 With adjectives, to indicate an essential, inherent characteristic of the subject.

La llanura nazca es muy seca.
The Nazca plain is very dry.
Las sociedades precolombinas eran teocráticas.
Pre-Columbian societies were theocratic.

Ser is also used with the adjectives **rico**, **pobre**, **joven**, and **viejo**.

Los sacerdotes eran viejos y los guerreros eran jóvenes.
The priests were old and the warriors were young.
Los artistas nazca eran pobres.
The Nazca artists were poor.

2 When a form of "to be" is followed by a noun, a pronoun, or an infinitive.

   El defensor de la teoría era historiador.
   The defender of the theory was a historian.

   Fue él quien descubrió las ruinas.
   It was he who discovered the ruins.

   Lo que me interesa es visitar Machu-Picchu.
   What interests me is to visit Machu-Picchu.

3 With the preposition **de** to indicate origin, material, or ownership.

   Los visitantes eran de otro planeta.
   The visitors were from another planet.

   Los templos son de piedra.
   The temples are (made) of stone.

   La primera teoría es del Dr. Kosok.
   The first theory is Dr. Kosok's.

4 With the preposition **para** to indicate destination.

   ¿Para quién eran esos dibujos?
   For whom were those drawings?

   Eran para los dioses que vivían en el cielo.
   They were (meant) for the gods who lived in the sky.

5 To tell the time, the date, the season, etc.*

   Era el día 22 de junio.
   It was June the 22nd.

   Era invierno en el Perú cuando el Dr. Kosok fue al desierto.
   It was winter in Peru when Dr. Kosok went to the desert.

6 With impersonal expressions.

   Es posible cultivar los valles.
   It is possible to cultivate the valleys.

   Era evidente que tenían un propósito religioso.
   It was evident that they had a religious purpose.

7 To form the passive voice.

   Esta teoría fue continuada por otros más tarde.
   This theory was continued by others later.

---

* Except: **¿A cuántos (cómo) estamos hoy?** What date is today?
   Hoy estamos a 22. Today is the 22nd.

B **Estar** is used in the following cases:

1 With adjectives and past participles to describe a condition or state of the subject.

La tierra está muy seca porque no ha llovido.
The soil is very dry because it hasn't rained.

Hoy la hipótesis está probada.
Today the hypothesis is proven.

Los sacerdotes estaban dedicados a esos estudios.
The priests were devoted to those studies.

2 With adjectives to convey the idea of "look" or "seem." It is also used to stress that a quality of the subject is viewed subjectively by the speaker.

Los libros de ella están nuevos porque raramente los abre.
Her books look new because she rarely opens them.

—¿Qué te parece la teoría de los visitantes espaciales?
—Está interesante.
What do you think of the theory of space visitors?
It is interesting. (The speaker's opinion. He finds it interesting.)

Este último dibujo está mejor que el primero.
This last drawing is better than the first one. (The speaker's opinion of the drawing)

3 To indicate location.

¿Dónde está esa llanura? Está cerca de los Andes.
Where is that plain? It is near the Andes.

El Dr. Kosok estaba en el Perú en junio de 1941.
Dr. Kosok was in Peru in June, 1941.

4 With the present participle to form progressive tenses.

El sol se estaba poniendo.
The sun was setting.

Von Däniken está investigando el misterio.
Von Däniken is investigating the mystery.

Ejercicios A Conteste, fijándose en el uso de **ser** y **estar**:

1 ¿De qué planeta eres?
2 ¿De qué país son tus padres?
3 ¿Son tus padres jóvenes, viejos, o de mediana edad?

La llanura nazca **125**

4 ¿Eres estudiante, o tienes otra profesión?
5 ¿De quién es este libro?
6 ¿Dónde estás ahora?
7 ¿Están cerca o lejos las montañas?
8 ¿Es teocrática nuestra sociedad?
9 ¿Son caminos los dibujos nazca?
10 ¿Qué personas eran muy importantes en la sociedad nazca?
11 ¿Está probada esta teoría, o es una hipótesis descabellada?
12 En tu opinión, ¿está aburrido este capítulo?

B Traduzca las palabras que están entre paréntesis:

La llanura nazca (is) en la costa del Perú. Hace años los habitantes (were) en los valles, que (were formed) por los ríos que bajan de los Andes. Los habitantes de los valles (were) todos del mismo origen, pero (were) aislados por grandes extensiones de desierto y por eso sus culturas (were) diferentes. Los dibujos de los ica-nazca (are) un misterio para nosotros porque no sabemos por qué (were) hechos. Los dibujos (weren't) famosos en el siglo pasado porque (it is) necesario ir en un avión para poder verlos. Los dibujos (were) trazados primero a escala. El suelo del desierto (is) lleno de pequeñas piedras oscuras. Al quitarlas, los artistas dejaron ver el subsuelo, que (is) más claro. Pero las líneas (are) oscureciéndose a causa de la oxidación y en el futuro (it will not be) posible verlas. Las líneas (are not) caminos, pero algunos piensan que (they were) parte de un gigantesco calendario que (was) ideado por los sacerdotes. Las figuras (are) muy grandes y (they are) bastante cerca unas de otras. (It is) bueno que en el desierto no llueva, porque esto ha preservado los dibujos. Hace tiempo que los científicos (are) investigando el misterio. El Dr. Kosok (was) el primero que pensó que todo (was) parte de un gigantesco sistema astronómico. Él (was) observando la llanura un día de junio. (It was) el solsticio de invierno, que (is) el día más corto del año. No debemos olvidar que ese lugar (is) en el hemisferio sur y allí (it is) invierno en junio. El Dr. Kosok (is) muerto ahora, pero otros han continuado su trabajo. Von Däniken afirma que la llanura (was) visitada hace muchos siglos por visitantes espaciales. (It is) necesario tener imaginación para aceptar su teoría. Él cree que las primeras líneas (were) dibujadas para marcar un campo de aterrizaje. Las otras (were) hechas para que los visitantes que (were) en el cielo supieran que los nazca (were) esperándolos. La historia (was) transmitida oralmente y pronto se convirtió en tradición. Ninguna de estas teorías (has been) probada. ¿Cree Ud. que von Däniken (is) un hombre de inteligencia superior, o piensa que él (is) un poco loco? Antes de contestar, recuerde que hombres como Galileo y Cristóbal Colón (were) considerados locos por sus contemporáneos.

> Often an English expression using the verb "to be" with an adjective is said in Spanish in an idiomatic way using **tener**. The most important idioms with **tener** are:
>
> | | |
> |---|---|
> | tener . . . de alto | to be . . . tall |
> | tener . . . de ancho | to be . . . wide |
> | tener . . . años de edad | to be . . . old |
> | tener calor | to be warm |
> | tener éxito | to be successful |
> | tener frío | to be (feel) cold |
> | tener hambre | to be hungry |
> | tener . . . de largo | to be . . . long |
> | tener miedo | to be afraid |
> | tener prisa | to be in a hurry |
> | tener razón | to be right |
> | tener sed | to be thirsty |
> | tener sueño | to be sleepy |
> | tener suerte | to be lucky |

III   The impersonal form of "haber"   La forma impersonal de "haber"

"There is" and "there are" are expressed in Spanish by **hay**. "There was" and "there were" are **hubo** (pret.) or **había** (imp.). "There will be" is **habrá**, and so on. Note that this impersonal form of **haber** is always in the third person singular; it is never in the plural.

En la costa del Perú hay un desierto.
On the coast of Peru there is a desert.

Había tres tribus diferentes en los valles.
There were three different tribes in the valleys.

Habrá muchas teorías para explicar el misterio.
There will be many theories to explain the mystery.

IV   Weather   El tiempo

"To be" in expressions related to the weather is expressed in Spanish with **haber** for phenomena you can see, and with **hacer** for phenomena you can feel. If they can be both seen and felt, you have the choice.

Anoche no había luna.
The moon was not out last night.

Hacía frío y viento ayer.
It was cold and windy yesterday.

But:

En invierno no hay sol en el desierto.
En invierno no hace sol en el desierto.
In winter it is not sunny in the desert.

Ejercicios   A   Conteste usando una expresión con **tener**:

1 ¿Tienes calor, o tienes frío en el verano?
2 ¿Cuántos años tienes?
3 ¿Tendrías miedo de una nave espacial de otro planeta?
4 ¿Cuántos kilómetros de largo tiene el desierto?
5 ¿Tiene Ud. siempre sueño en esta clase?
6 ¿Tenéis éxito en todos los exámenes?
7 ¿Qué les pasa a Uds. cuando no comen durante muchas horas?
8 ¿Crees que los peruanos tienen frío en diciembre?
9 ¿Tenían prisa aquellos obreros?
10 ¿Tienen sed los que caminan por el desierto? ¿Mucha sed?
11 ¿Tiene siempre razón su profesor de español?
12 ¿Contestaste estas preguntas porque estudiaste, o porque tuviste suerte?

B   Traduzca usando el verbo **haber**:

1 There is fog in the desert.
2 There were (imperfect) many tribes in that region.
3 There are several figures of animals.
4 I didn't think there were (imperfect) more theories.
5 There were (imperfect) many writers at that time.
6 There are planes that cross the Nazca plain.
7 There will be visitors from another planet.
8 There is a landing strip in that region.
9 There will be another archaeologist who (**que**) will resolve the mystery.
10 There were (imperfect) no mountains near by.

C   Usando la forma correcta de **haber** o **hacer** describa:

1 El tiempo hoy.
2 El cielo anoche.
3 El clima de su estado en invierno.
4 El clima de su estado en verano.
5 El clima de la llanura nazca.
6 El clima de un país tropical.
7 El clima de Alaska.
8 El clima ideal.

V Obligation   Obligación

Obligation can be expressed:

A Personally

   1 **Tener que** + infinitive (to have to) suggests strong obligation.

   El astronauta tuvo que aterrizar en el desierto.
   The astronaut had to land in the desert.

   Tendremos que comprar un nuevo calendario.
   We will have to buy a new calendar.

   Tengo que explicarles estas teorías a mis amigos.
   I have to explain these theories to my friends.

   2 **Deber** + infinitive (must) conveys the idea of duty or moral obligation. The translation of this verb in English may vary.

   Debo ir a Costa Rica en junio.
   I ought to go to Costa Rica in June.

   Debíamos haber visitado el desierto.
   We should (ought to) have visited the desert.

   Ud. debería (debiera) regresar al atardecer.
   You should return at sunset.

   (For **debiera** used in softened statements, see **Capítulo 9**.)

   3 **Haber de** + infinitive means "to be supposed to."

   Los dioses habían de regresar, pero no lo hicieron.
   The gods were supposed to return but they didn't.

   Hemos de estar allí al atardecer.
   We are (supposed) to be there at sunset.

B Impersonally

Haber que + infinitive (to be necessary) is used only in the third person singular.

   Habrá que verlas desde lo alto.
   It will be necessary to see them from above.

   Hay que cultivar la tierra de los valles.
   It is necessary to cultivate the land in the valleys.

   Había que construir ese camino.
   It was necessary to build that road.

La llanura nazca

Ejercicio A   Cambie las expresiones impersonales de obligación por las expresiones **tener que** y **deber** en las personas que se indican.

Modelo Había que estudiar los movimientos de la luna. (Nosotros)
Teníamos que estudiar los movimientos de la luna.
Debíamos estudiar los movimientos de la luna.

1 Hubo que aterrizar en el valle. (El piloto)
2 Había que mirar el sol cuando se estaba poniendo. (Yo)
3 Hay que dibujarlos a escala. (Ellos)
4 Había que estudiar la cultura nazca. (Ud.)
5 Hubo que quitar las piedras. (Tú)
6 Hay que marcar un campo de aterrizaje. (Nosotros)

B   Cambie las palabras subrayadas según se indica:

1 He de visitar el Perú este verano.
 (mi tío, Ud., los historiadores, nosotros, tú)
2 Habéis de resolver ese misterio.
 (el investigador, yo, tú, nosotros, los visitantes)

C   Traduzca:

1 I have to return to my planet now.
2 You must cross that road.
3 It is necessary to look at the drawing.
4 He has to imitate what (**lo que**) he saw.
5 He must spend (**pasar**) hours in the desert.
6 They have to leave before June.

Otros misterios

Los dibujos de la llanura nazca no son el único misterio que nos ha dejado el pasado. En Costa Rica, por ejemplo, se han encontrado cientos de *esferas* de piedra en medio de la selva, en altas montañas y en los deltas de los ríos. Su diámetro varía entre unos centímetros y tres metros, y la más grande que se ha excavado pesa ocho toneladas.   spheres

    Es imposible saber el número total de esferas que hay en Costa Rica, porque muchas están *dispersas* y se han usado como decoración en *jardines* privados, en parques y en edificios públicos.   scattered; gardens

    Las esferas son geométricamente perfectas, su superficie es *lisa* y es casi imposible que pudieran hacerse sin instrumentos especializados. Las culturas costarricenses precolombinas no eran bastante avanzadas para *llevar a cabo*   smooth

accomplish

Éstas son algunas de las muchas estatuas misteriosas de la isla de Pascua. Aquí se ven medio enterradas (buried), como estuvieron durante siglos.

Dos de las esferas de Costa Rica. Compare su tamaño con el del hombre.

Esta estatua, a diferencia de las de la página opuesta, tiene "sombrero". Como las otras, fue desenterrada y puesta de pie, tal como piensan algunos científicos que estuvieron originalmente estas figuras.

obras de este tipo. Por otra parte, no hay *canteras* cerca de los lugares donde se hallaron las esferas y nadie ha podido explicar satisfactoriamente cómo los nativos, con sus métodos primitivos, pudieron transportar esas grandes masas a través de tantos obstáculos naturales hasta los lugares casi inaccesibles donde las han encontrado. quarries

Otro caso interesante son las estatuas de la isla de Pascua, una isla polinesia del Pacífico que pertenece a Chile y que está en línea recta al oeste de la ciudad de Santiago.

En la islita *habrá* unas mil estatuas de diferentes tamaños y todas fueron *talladas* en piedra volcánica muy dura. Muchas de ellas tienen más de cinco metros de alto y pesan más de *15,000 kilogramos*. there must be
cut
(about 33,000 lbs.)

Hay además un detalle interesante: estas estatuas no muestran *facciones* polinesias, sino *narices* finas y largas, *labios* delgados y *frentes* estrechas. Antes llevaban en la cabeza un sombrero rojo hecho de un tipo especial de piedra volcánica, pero hoy solamente una de ellas tiene sombrero. features
noses; lips;
foreheads

No sabemos quiénes hicieron tantas estatuas y por qué. La isla nunca ha estado muy *poblada* y no hay en ella suficiente comida para mucha gente. *Hicieron falta* muchos cientos de hombres y años de trabajo para tallar tantas estatuas. Además, ¿cómo se puede cortar una roca volcánica durísima con implementos de la edad de piedra? populated
There were needed

Las esferas de Costa Rica y las estatuas de la isla de Pascua son otros dos misterios de la historia que la ciencia tendrá que explicar.

Ejercicio Basándose en el texto, diga algo sobre:

1 Los lugares donde aparecieron las esferas.
2 Su tamaño.
3 Cómo se han usado.
4 Su aspecto.
5 Las culturas costarricenses precolombinas.
6 La situación geográfica de la isla de Pascua.
7 El número y dimensiones de las estatuas.
8 El material con que se construyeron.
9 Las facciones de las estatuas.
10 El sombrero.
11 La población de la isla de Pascua.
12 Los instrumentos que tenían ambas culturas.

Práctica de modismos **Hacer falta**   to be necessary

Conteste usando la clave como en el modelo:

Modelo ¿Qué hacía falta? (jardines)
Hacían falta jardines.

1 ¿Qué hace falta? (canteras)
2 ¿Qué hizo falta? (una esfera)
3 ¿Qué hacía falta? (instrumentos especiales)
4 ¿Qué hace falta? (una piedra lisa)
5 ¿Qué hizo falta? (transportar las esferas)

Comentario ¿Quiere darnos su impresión de estos dos misterios?
¿Puede formular alguna teoría para explicarlos?

Suplemento
La América del Sur

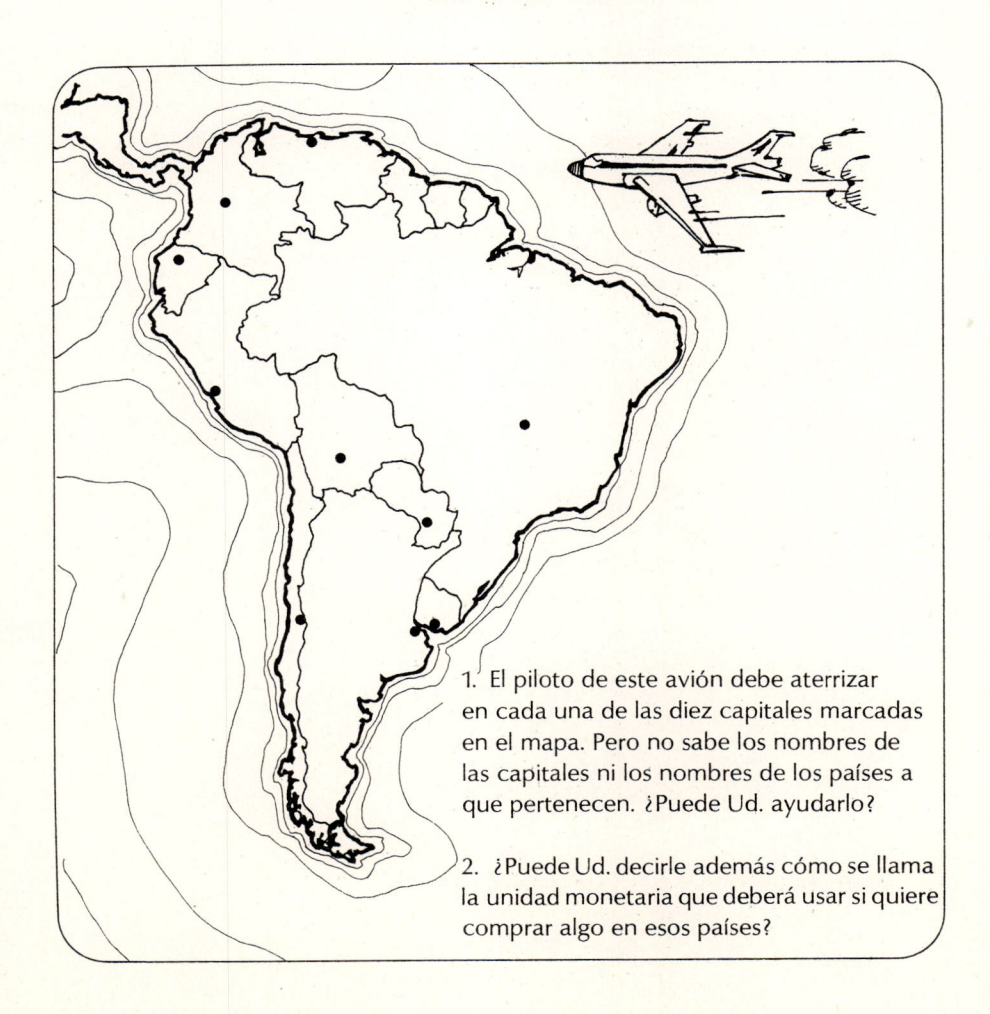

1. El piloto de este avión debe aterrizar en cada una de las diez capitales marcadas en el mapa. Pero no sabe los nombres de las capitales ni los nombres de los países a que pertenecen. ¿Puede Ud. ayudarlo?

2. ¿Puede Ud. decirle además cómo se llama la unidad monetaria que deberá usar si quiere comprar algo en esos países?

6

Un poco de cocina

Un poco de preparación

I The present subjunctive   **I El presente de subjuntivo**

A In the present subjunctive **–ar** verbs have the same endings as **–er** verbs in the present indicative. The present subjunctive of **–er** and **–ir** verbs have the present indicative endings of **–ar** verbs.

    llamar   llam**e**, llam**es**, llam**e**, llam**emos**, llam**éis**, llam**en**
    beber   beb**a**, beb**as**, beb**a**, beb**amos**, beb**áis**, beb**an**
    vivir   viv**a**, viv**as**, viv**a**, viv**amos**, viv**áis**, viv**an**

B The present subjunctive of many irregular verbs is formed by dropping the **–o** of the first person singular of the present indicative and adding the subjunctive ending of the corresponding conjugation to the stem.

    decir   **digø**   **diga, digas, diga, digamos, digáis, digan**
    hacer   **hagø**   **haga,** . . .
    oír   **oigø**   **oiga,** . . .
    poner   **pongø**   **ponga,** . . .
    salir   **salgø**   **salga,** . . .
    tener   **tengø**   **tenga,** . . .
    traer   **traigø**   **traiga,** . . .
    venir   **vengø**   **venga,** . . .
    ver   **veø**   **vea,** . . .

C There are a few verbs that do not get their stems from the first person singular of the present indicative.

    estar   esté, estés, esté, estemos, estéis, estén
    haber   haya, hayas, haya, hayamos, hayáis, hayan
    ir   vaya, vayas, vaya, vayamos, vayáis, vayan
    saber   sepa, sepas, sepa, sepamos, sepáis, sepan
    ser   sea, seas, sea, seamos, seáis, sean

D The changes in the present subjunctive of radical-changing **–ar** and **–er** verbs are the same as in the indicative.

    cerrar   **cierre, cierres, cierre**, cerremos, cerréis, **cierren**
    encontrar   **encuentre, encuentres, encuentre**, encontremos, encontréis, **encuentren**
    perder   **pierda, pierdas, pierda**, perdamos, perdáis, **pierdan**
    volver   **vuelva, vuelvas, vuelva**, volvamos, volváis, **vuelvan**

Moreover, **–ir** radical-changing verbs make an additional change: The unstressed **o** of their stem becomes **u**, and the unstressed **e** becomes **i** in the first and second persons plural.

    dormir   d**ue**rma, d**ue**rmas, d**ue**rma, d**u**rmamos, d**u**rmáis, d**ue**rman
    repetir   rep**i**ta, rep**i**tas, rep**i**ta, rep**i**tamos, rep**i**táis, rep**i**tan
    sentir   s**ie**nta, s**ie**ntas, s**ie**nta, s**i**ntamos, s**i**ntáis, s**ie**ntan

For the present subjunctive of spelling-changing verbs, see **Capítulos 11 and 14**.

Un poco de cocina

Ejercicio Dé el presente de subjuntivo de los infinitivos en las personas que se indican:
1 (Use **Ud.**) María, (beber, oír, venir, ver, ir, llamar).
2 (Use **Uds.**) Amigos, (pensar, perder, repetir, dormir, decir, saber).
3 Que yo (hablar, dormir, ir, ser, encontrar, volver).
4 Que nosotros (poner, repetir, sentir, cerrar, tener, traer).

II Familiar command forms / II Formas familiares de mandato

A The familiar command form in the singular has the same ending as the third person singular present indicative.

–**ar** verbs		–**er** and –**ir** verbs	
Él habla	**Habla tú**	Él come	**Come tú**
		Él vive	**Vive tú**

The following forms are irregular:

hacer	**haz**	ir	**ve**
ser	**sé**	salir	**sal**
poner	**pon**	venir	**ven**
tener	**ten**	decir	**di**

B The familiar command form in the plural (**vosotros**) is formed by replacing the –**ir** of the infinitive with –**d**.

hablad   **bebed**   **vivid**

In the case of reflexive and reciprocal verbs, the –**d** is dropped.

Hablaos.   Speak to each other.
Volveos.   Turn around.
Vestíos.   Dress yourselves. (Note the written accent on the weak vowel.)

Exception: **Idos.**   Go away.

¡Qué rico!   How delicious!

La cultura hispánica es hoy muy importante en varias regiones de los Estados Unidos. La influencia mexicana se nota en Nuevo México, Texas y California; se encuentra *ambiente* cubano en el sur de la Florida; en Nueva York hay *barrios* enormes donde viven puertorriqueños y otros grupos hispanos. La abundancia de niños que hablan español es tal, que en algunas regiones el Departamento de Educación ha tenido que organizar programas bilingües de inglés-español en las escuelas públicas.

En la ciudad de Nueva York lo hispánico se encuentra *dondequiera*: en las tiendas, en los *avisos* del *metro* escritos en castellano, en la música que se oye por la calle, en los restaurantes y cafeterías. ¿*Tiene Ud. ganas de* coci-

atmosphere
neighborhoods

everywhere
signs; subway
Do you feel like

Capítulo seis

nar un *plato* español en casa? Pues vaya a un *supermercado* y encontrará un   dish; supermarket
pasillo completo dedicado a productos hispánicos. Y seguramente hallará   aisle
en la sección de vegetales *plátanos* verdes, parecidos a las bananas que Ud.   plantains
come, pero más grandes y de color verde intenso. En los países del Caribe,
estos plátanos se cortan en *tajadas* muy finas, *se fríen* en aceite muy caliente   slices; are fried
y se comen con *sal*. Este plato, que se llama "chicharritas" y también   salt
"mariquitas", es delicioso.

    En un supermercado de Nueva York he adquirido los dos productos de
que voy a hablarle hoy: una *mezcla* para hacer "sorullitos de *maíz* con   mix; corn

doraditos™

sorullitos de maíz con queso o arepitas de queso

(cornmeal fritter mix)

Mezcla para freír, sólo hay que añadir agua / Frying mix, just add water

SERVING SUGGESTION

NET WT. 6.75 OZS.

queso", plato típicamente puertorriqueño, y una mezcla para preparar *flan*, también llamado "*tocino del cielo*", *postre* que se come *tanto* en España *como* en Hispanoamérica y que tiene ese nombre porque *sabe a gloria*. Aunque Ud. no sea una de esas personas que siempre tienen ganas de comer, sin duda el leer sobre la preparación de estos platos va a *abrirle el apetito*.

cheese; (type of custard)
lit., heaven's bacon; dessert
as well as; tastes wonderful
whet your appetite

Aquí tiene Ud. las instrucciones para preparar "sorullitos", tal como vienen en el paquete.

doraditos™

INSTRUCCIONES / INSTRUCTIONS

1. Vacíe el contenido del paquete en un recipiente.
1. Empty contents into a bowl.

2. Añada poco a poco 1¼ taza de medir (10 onzas líquidas) de agua tibia y revuélvala hasta que se forme una masa uniforme y consistente.
2. Add slowly, 1¼ cup of warm water until thoroughly mixed.

3. Con esta masa prepare los sorullitos en forma de cigarritos de unas tres pulgadas de largo.
3. Prepare the fritters in little-cigar shapes about three inches long.

4. Fríalos en aceite o manteca caliente (375°-390°F.) de 4 a 5 minutos, hasta que queden bien doraditos.
4. Fry in oil or lard at high temperature (375°-390°F.) about 4 to 5 minutes until golden brown.

Puede agregar a la mezcla cualquier otro ingrediente que usted acostumbra utilizar cuando prepara sorullitos.

Pero si no tiene Ud. la suerte de vivir en un lugar donde venden productos hispánicos, *no se ponga triste*, porque es muy fácil hacer sorullitos de — don't be sad
maíz y queso en casa. Los ingredientes básicos se venden en cualquier tienda de comestibles. Ud. necesita:

    2 tazas de agua
    1 taza de queso *rallado* — grated
    1½ taza de *harina de maíz* — corn meal
    1¼ *cucharadita* de sal — teaspoonful

Sólo tiene que cambiar los *pasos* 1 y 2 del paquete de la manera siguiente: — steps

1. Ponga a *hervir* el agua en un *cazo* grande. Cuando esté hirviendo, quítela del fuego y añada la sal y la harina de maíz, *mezclándolo* todo rápidamente. Ponga la mezcla al fuego y *cocínela* más o menos cinco minutos a fuego moderado, *revolviéndola* constantemente. — to boil; pan; mixing it; cook it; stirring it

2. Cuando la mezcla *se despegue* completamente de los lados y el fondo del cazo, quítelo del fuego. Añada el queso rallado y mézclelo todo bien. — separates

Siga ahora con los pasos No. 3 y No. 4 del paquete.

Preguntas

1. ¿En qué regiones de los EE. UU. hay más influencia hispánica?
2. ¿Por qué existe el programa bilingüe en las escuelas?
3. ¿Dónde se encuentran elementos hispánicos en la ciudad de Nueva York?
4. ¿Qué ve Ud. si va a un gran almacén de comestibles?
5. ¿Qué tienen posiblemente en la sección de vegetales?
6. ¿Cuál es la diferencia entre éstos y las bananas que Ud. come?
7. Explique cómo se preparan las chicharritas.
8. ¿Qué ingredientes contiene la mezcla para hacer sorullitos?
9. ¿Qué otro nombre tiene el flan?
10. ¿Por qué cree Ud. que tiene ese otro nombre?
11. ¿Por qué es fácil hacer los sorullitos en casa?
12. ¿Cuál es la diferencia entre los pasos 1 y 2 del paquete y los que se hacen en casa?

Según las instrucciones del paquete,

13. ¿Qué parecen los sorullitos?
14. Explique cómo se fríen.
15. ¿Cómo quedan los sorullitos después que se fríen cuatro o cinco minutos?

Un poco de cocina 141

Flan

Éste es el paquete del flan, con las instrucciones para prepararlo.

FLAN

GOYA

FLAN

DIRECCIONES:

1. Viértase el contenido de este paquete en una cazuelita y agréguese dos tazas de leche. Póngase al fuego hasta que hierva con vigor revolviendo continuamente para evitar que se pegue a la olla.
2. Sáquese del fuego y viértase en un molde grande o en varios pequeños a su conveniencia procurando bañarlos primeramente con caramelo.
3. El flan quedará cuajado al enfriarse la mezcla. Si le gusta más dulce, debe de añadirle más azúcar antes de cocinarlo y si lo prefiere más duro debe de reducir la leche.

Hágase el baño de caramelo siguiendo las instrucciones indicadas en la parte superior.

No. 3185
NET WT. 2 OZ.
(60 GRS.)

GOYA

DIRECTIONS:

1. Empty contents of package into a saucepan. Add 2 cups milk. Bring to a full boil over a low flame, stirring constantly to prevent sticking.
2. Remove from heat and pour into one large or several small molds. *This mixture will set as it cools. GOYA Flan requires no refrigeration.
3. Serve when cool. If a sweeter dessert is desired add sugar before cooking. To prepare a stiffer dessert use less milk.

*For preparation of caramelized sugar topping see instructions on top of package.

Pero Ud. puede hacer este *sabroso* flan sin *la ayuda* del paquete. Aquí tiene la *receta*: delicious; the help
recipe

Ingredientes:

  2 tazas de *azúcar*   sugar
  6 tazas de *leche*   milk
  ¼ de cucharadita de sal
  la *cáscara* de un *limón*   peel; lemon
  7 huevos   eggs

1 Mezcle la leche, una taza de azúcar, la sal y el limón y cocine la mezcla a fuego alto hasta que hierva. *Baje* entonces el fuego y cocínela a fuego moderado por 15 minutos. Quítela del fuego y déjala *enfriar*.   lower
cool

2 Ponga en una *cazuela* una taza de azúcar y una taza de agua y hiérvalos a fuego alto sin revolver por ocho minutos. Quítelo del fuego y *viértalo* en la parte superior de un *baño de María*. Tiene que hacer esto rápidamente y cubrir el fondo y los lados antes de que el caramelo se *ponga duro*.   pot
pour it; double boiler
hardens

3 Ponga *a calentar* agua en la parte inferior del baño de María y encienda el *horno* a 200°C.   to heat
oven; (about 400°F)

4 Cuando la leche que cocinó esté fría, combínela con los huevos. *Échelo* todo en la parte de arriba del baño de María que acaba de *acaramelar*. Coloque la parte superior del baño de María sobre la parte inferior y póngalo en el horno por una hora.   Pour it; caramelized

5 *Sáquelo*. Déjelo enfriar. *Vuélquelo* sobre una *fuente* antes de servirlo.   Take it out; Turn it over; serving plate

Capítulo seis

Preguntas
1. ¿Qué ingredientes se necesitan para hacer el flan?
2. ¿Qué se debe mezclar primero?
3. ¿Qué hay que hacer cuando la mezcla hierva?
4. ¿Cómo se prepara el caramelo?
5. ¿Dónde se pone el caramelo después de ocho minutos?
6. ¿Qué hay que poner en la parte inferior del baño de María?
7. ¿A qué temperatura se calienta el horno para hacer el flan?
8. ¿Qué se hace cuando la leche cocinada está fría?
9. ¿Cuánto tiempo hay que tener el flan en el horno?
10. ¿Qué se hace con el flan antes de servirlo?

Más preguntas
1. ¿Sabe Ud. preparar otro plato usando harina de maíz?
2. ¿Son los platos de harina de maíz típicos de España o de Hispanoamérica? ¿Por qué?
3. ¿Ha comido Ud. flan alguna vez?
4. ¿Y un postre parecido al flan? Descríbalo.
5. ¿Come Ud. postre todos los días? ¿Nunca?
6. ¿Ha cocinado alguna vez?
7. ¿Qué platos sabe preparar?
8. ¿Qué comida es mejor, la suya o la de su madre?
9. ¿Sabe mejor la comida cuando se cocina en casa o en el campo?
10. ¿Tiene Ud. una barbacoa (barbecue)?
11. ¿Cuál es su comida favorita?
12. ¿Qué platos hispánicos ha comido Ud.?

Práctica de vocabulario
1. Cuando hay mucho de una cosa se dice que hay _____.
2. Una persona que habla dos lenguas es _____.
3. Un tren subterráneo se llama en español _____.
4. Muchos _____ del tren subterráneo están escritos en español.
5. Se compra la comida en un _____.
6. Una persona de Puerto Rico se llama _____.
7. Para hacer chicharritas se necesitan _____.
8. La mezcla para hacer sorullitos viene en un _____.
9. Si Ud. no sabe preparar un plato, debe seguir una _____.
10. Para hacer café hay que _____ el agua.
11. Un recipiente doble en cuya parte inferior se pone agua se llama _____.
12. El ingrediente básico del caramelo es el _____.
13. La comida se sirve en una _____.
14. Lo contrario de "poner en el horno" es "_____ del horno".
15. Cuando a un hispano le gusta mucho una comida, él exclama: _____.

Un poco de cocina

Utensilios de cocina

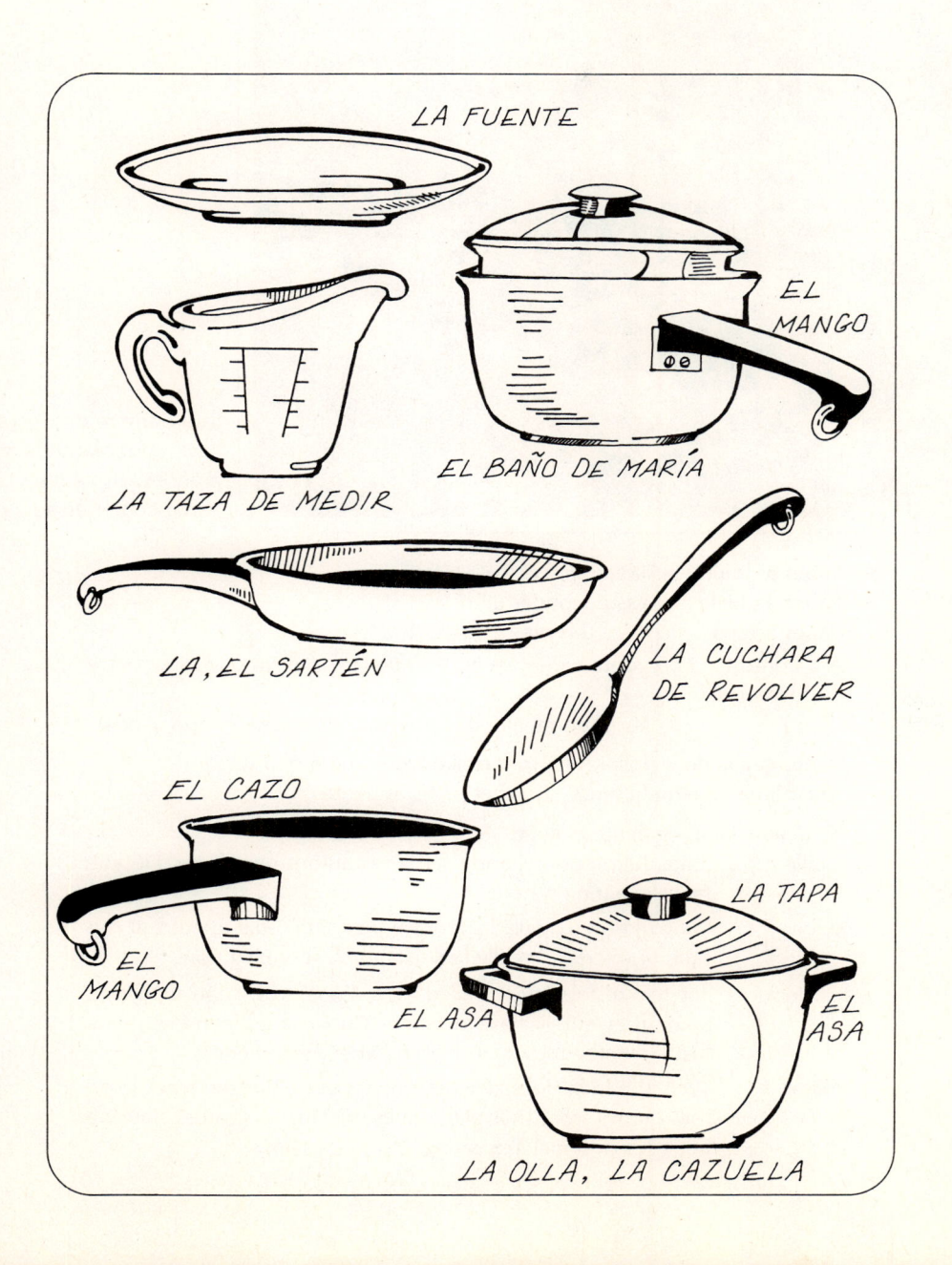

LA FUENTE

EL MANGO

LA TAZA DE MEDIR

EL BAÑO DE MARÍA

LA, EL SARTÉN

LA CUCHARA DE REVOLVER

EL CAZO

EL MANGO

LA TAPA

EL ASA

EL ASA

LA OLLA, LA CAZUELA

Este hombre de Costa Rica lleva unos plátanos muy grandes. ¿Qué cree Ud. que van a comer en su casa?

Práctica de modismos

Saber a   to taste like
Saber a gloria   to taste wonderful
Saber a rayos   to taste terrible

A   Conteste la pregunta varias veces, usando las palabras que están entre paréntesis.

¿A qué sabe este plato? (tierra, algodón, rayos, chocolate, cerveza, gloria)

Tener ganas de + infinitive   to feel like (be in the mood to)
Abrir(le) el apetito (a uno)   to whet one's appetite

B   Traduzca el siguiente diálogo:

Guillermo: Julita, I am hungry, and I see a restaurant over there. Do you feel like eating now?

Julita: I don't know, usually I am not hungry (no tener apetito) at this time of the day. I really feel like going shopping now.

Guillermo: But the restaurant is called "Los Cubanitos," and with that name they surely have delicious Cuban food (comida) there. Just (Sólo) the idea is enough to whet my appetite.

Julita: Well, the idea doesn't whet my appetite, but the smell (olor) that comes from that place does (sí). How delicious! Now we both (los dos) feel like eating!

Un poco de cocina

I Commands

A Formal commands

Los mandatos

Formal commands are used for persons with whom the speaker uses **Ud.** or **Uds.** Formal commands, both affirmative and negative, use the third person (singular or plural) forms of the subjunctive.

–ar verbs, a ⟶ e

Ud. cocina ⟶ Cocine Ud.
Uds. cocinan ⟶ Cocinen Uds.

–er, –ir verbs, e ⟶ a

Ud. bebe ⟶ Beba Ud. Ud. añade ⟶ Añada Ud.
Uds. beben ⟶ Beban Uds. Uds. añaden ⟶ Añadan Uds.

When negative, commands are preceded by **no**: **No cocine. No beba.** The personal subject pronouns **Ud.** and **Uds.** are very often used with commands, although their use is not a must.

Hierva Ud. la leche. Hierva la leche. Boil the milk.
Añadan Uds. los huevos. Añadan los huevos. Add the eggs.

👁 Object and reflexive pronouns are attached to affirmative commands. They always precede negative commands just as they precede any conjugated verb.

Mezcle los ingredientes. **Mézclelos.** No los mezcle.
Mix the ingredients. Mix them. Do not mix them.

Derrita el azúcar. **Derrítalo.** No lo derrita.
Melt the sugar. Melt it. Do not melt it.

Fíjese. No se fije.
Notice. Do not notice.

The following formal commands are found in the first part of this lesson:

añada (añadir)	eche (echar)	quite (quitar)
baje (bajar)	encienda (encender)	revuelva (revolver)
cocine (cocinar)	fría (freír)	saque (sacar)
coloque (colocar)	hierva (hervir)	vacíe (vaciar)
combine (combinar)	mezcle (mezclar)	vierta (verter)
deje (dejar)	prepare (preparar)	vuelque (volcar)
derrita (derretir)	ponga (poner)	

Ejercicios A Haga oraciones con diez de los mandatos de esta lista.

B Cambie al plural las oraciones que hizo.

C Reemplace los nombres en sus oraciones por pronombres; entonces hágalas negativas.

Accidente culinario

Estos dos novios estaban tan entusiasmados con su conversación telefónica, que se olvidaron de la cocina.

1 Cuente lo que pasa en los dibujos e incluya en su cuento el diálogo entre el chico y su novia.

2 En la última escena, los dos jóvenes están en un restaurante. Busque el significado de las palabras que no sabe y entonces describa el lugar, incluyendo los objetos que hay sobre la mesa.

3 Pida al camarero (waiter) la comida, tratando de usar mandatos. Puede basarse si quiere en el menú del Rincón de España.

Cena En El Rincón

ENTREMESES VARIADOS
Hors d'Oeuvres

ENTREMESES VARIADOS	$3.75
Hors d'Oeuvres	
JAMON CON MELON	3.75
Spanish Mountain Ham with Melon	
SHRIMP COCKTAIL	2.00
JABAS A LA PLANCHA	3.75
KING CRAB COCKTAIL	3.50
MEJILLONES A LA CARLOS	3.50
Mussels Specialty of the Chef	

SOPAS
Soup

GAZPACHO ANDALUZ	1.35
Cold Soup with Spices	
CALDO GALLEGO	1.35
Hot Broth, Gallician Style	
SOPA de LENTEJAS	1.35
Lentil Soup	

MARISCOS
Seafood

CANGREJO CON SALSA BLANCA	7.50
Crab with White Sauce	
CAMARONES CON SALSA de VINO	5.75
Shrimp with Wine Sauce	
CAMARONES AL DIABLO	6.00
Shrimp in Hot Sauce	
MEJILLONES DIABLO	4.75
Mussels in Hot Sauce	
CAMARONES A LA CARLOS	6.00
Shrimp - Specialty of the Chef	
ZARZUELA de MARISCADA CON SALSA de HUEVO	7.25
Stewed Seafood with Egg Sauce	
MARISCADA CON SALSA VERDE	7.25
Stewed Seafood with Green Sauce	
LANGOSTA CON SALSA VERDE	7.50
Lobster with Green Sauce	
LANGOSTA CON SALSA BLANCA	7.50
Lobster with White Sauce	
CANGREJO CON SALSA VERDE	7.50
Crab with Green Sauce	
ALMEJAS AL RINCÓN	5.75
Clams in Hot Sauce	
GAMBAS AL AJILLO	6.00
Shrimp in Garlic Sauce	
MARISCADA AL AJILLO	7.25
Seafood in Garlic Sauce	
PULPO A LA CARLOS	5.75
Octopus - Specialty of the Chef	

PESCADO
Fish

BACALAO A LA GALLEGA	5.50
Cod Fish Gallego Style	
LUBINA A LA PARRILLA	5.50
Striped Bass Broiled	
LENGUADO A LA PARRILLA	5.50
Filet of Sole Broiled	
LENGUADO EN SALSA de LIMÓN	5.50
Filet of Sole in Lemon Sauce	

TODAS LAS ORDENES ANTERIORES SE SIRVEN CON ARROZ O PATATAS Y ENSALADA

ESPECIALIDADES
Specialties of the House

PAELLA VALENCIANA CON LANGOSTA	7.50
Seafood Rice Casserole with Lobster & Chicken	
PAELLA MARINERA	6.00
Seafood Rice Casserole	
PAELLA VALENCIANA	6.00
Chicken and Seafood Rice Casserole	
ARROZ CON POLLO	5.75
Chicken and Rice	
ARROZ CON CAMARONES	6.50
Shrimp and Rice	

CARNES
Meats

TERNERA
Veal

COSTILLAS de TERNERA A LA PARRILLA	7.00
Veal Chops Broiled	
MEDALLONES de TERNERA CON SALSA de LIMON	6.00
Veal Strips with Lemon Sauce	
SCALOPINE de TERNERA CON SETAS	5.75
Veal Scalopine with Mushrooms	
TERNERA A LA ESTREMEÑA	6.00
Veal with Spanish Sausage	
TERNERA CON SALSA de ALMENDRAS	6.00
Veal with Almond Sauce	
TERNERA JARDINERA	6.00
Chunks of Veal in Sherry and Vegetables	
TERNERA A LA PARRILLA	6.50
Filet of Grilled Veal, Natural Gravy	
COSTILLAS DE CORDERO A LA PARRILLA	7.25
Grilled Lamb Chops in Natural Gravy	

VACA
Beef

TOURNEDOS AL RINCÓN	8.50
Grilled Filet of Beef	
CARNE SALTEADA	7.50
Beef Sauterne	
ENTRE COTE	8.00
Sirloin Steak	

CERDO
Pork

FILETE de CERDO BARBACOA CON SALSA de ALMENDRA	6.50
Barbecued Filet of Pork with Almond Sauce	

POLLO
Chicken

POLLO EN CAZUELA	5.75
Stewed Chicken	
MEDIO POLLO ASADO	5.25
Broiled Half of Chicken	
PECHO de POLLO ALMENDRADO	7.50
Breast of Chicken with Almonds	

LEGUMBRES
Vegetables

JUDIAS RIOJANAS	3.50
String Beans with Pieces of Ham	

POSTRES
Dessert

NATILLA	1.00
Vanilla Custard	
FLAN	1.00
Caramel Custard	
GUAYABA CON QUESO	1.25
Guava Jelly with Cream Cheese	
HELADO	1.00
Ice Cream	

ALL OF THE ABOVE ORDERS ARE SERVED WITH SPANISH RICE OR POTATOES AND SALAD

CAFE (Coffee) .45   **TE** (Tea) .45   **LECHE** (Milk) .45   **SODA** (Soda) .60

1 Main Dish Served for Two — $1.50 Extra

B Familiar commands

Familiar singular commands are used with persons whom the speaker addresses as **tú**. Remember that most familiar commands in the affirmative take the same form as the third person singular present indicative. When familiar commands are negative, they use the subjunctive form.

Juanita, hierve la leche. **Juanita, no hiervas la leche.**
Juanita, boil the milk. Juanita, don't boil the milk.
Revuelve la mezcla. **No revuelvas la mezcla.**
Stir the mix. Do not stir the mix.

Verbs that are irregular in the affirmative singular form take the *subjunctive in the negative*, as all other verbs.

Infinitive	Affirmative Command	Negative Command
hacer	haz	**no hagas**
ser	sé	**no seas**
poner	pon	**no pongas**
tener	ten	**no tengas**
ir	ve	**no vayas**
salir	sal	**no salgas**
venir	ven	**no vengas**
decir	di	**no digas**

The list of formal commands given on page 145 has its equivalent familiar forms as follows:

añade	hierve
baja	mezcla
cocina	prepara
coloca	pon
combina	quita
deja	revuelve
derrite	saca
echa	vacía
enciende	vierte
fríe	vuelca

Familiar commands in the plural (**vosotros**) are used mostly in Spain. In Spanish America, all plural commands use the **ustedes** form.

Un poco de cocina

Ejercicios

A Cambie a la forma familiar las instrucciones para hacer sorullitos que se dan en la pág. 139.

B Cambie esas mismas instrucciones al plural (vosotros).

C Traduzca las siguientes oraciones usando: a) mandatos familiares, b) mandatos formales en singular, c) mandatos formales en plural.

1. Get out of the kitchen.
2. Be patient. (Use **tener paciencia**)
3. Stir the mix.
4. Combine the eggs and the sugar.
5. Be good.
6. Make them.
7. Do not light the fire.
8. Put the "flan" in the oven.
9. Do not boil the water.
10. Tell her that.
11. Come to help me.
12. Put salt on the "chicharritas."
13. Do not prepare the caramel.
14. Cook it (*fem.*).
15. Do not add cheese.
16. Mix the milk and the sugar.
17. Put the pan here.
18. Lower the heat.
19. Take it out.
20. Do not turn it over.
21. Read the instructions.
22. Do not fry the eggs.
23. Empty the package.
24. Follow the recipe.

D Quiero hacer un arroz con pollo. Tengo una lista de los ingredientes básicos, pero no sé las medidas. Tampoco sé qué hacer. ¿Puede Ud. decirme qué cantidad necesitaré de cada ingrediente? ¿Puede indicarme qué utensilios de cocina debo usar? ¿Puede Ud. darme instrucciones para prepararlo todo? Aquí tiene los ingredientes:

pollo
arroz
agua
sal
cebolla (onion)
ajo (garlic)
tocineta, **tocino** (bacon)
aceite de oliva (olive oil)
salsa de tomate (tomato sauce)
aceitunas (olives)
guisantes (sweet peas)
pimientos (sweet peppers)
azafrán (saffron)

II The infinitive — El infinitivo

A The Spanish infinitive is used as 1) a subject, 2) a direct object, or 3) an object of a preposition. In all these cases English prefers a present participle.

  1 **Es muy importante leer las instrucciones.**
     Reading the directions is very important.
  2 **Detesto cocinar.**
     I hate cooking.
  3 **Antes de calentar el agua, encienda el horno.**
     Before heating the water, turn the oven on.

B The infinitive may be used as a brief, impersonal command, usually seen as directions in public. In this case again, English prefers a present participle.

   No comer ni beber en la biblioteca.
   No eating or drinking in the library.
   No cocinar en esta parte del bosque.
   No cooking in this area of the forest.
   Salir por la puerta de la derecha.
   Exit through the door to the right.

C After verbs of perception (**oír**, **sentir**, **ver**) Spanish generally uses an infinitive instead of the present participle used in English.

   Marta fue a la sala cuando oyó sonar el teléfono.
   Martha went into the living room when she heard the telephone ringing.
   Cuando veas salir humo del horno, apágalo.
   When you see smoke coming out of the oven, turn it off.

III The Spanish present participle — El gerundio español

A The Spanish present participle is called **gerundio**. As was explained in the previous chapter, it is used with the verb **estar** to form progressive tenses. The present participle is also combined with certain other verbs like **venir**, **ir**, **continuar**, and **seguir** to indicate gradual or continuing action.

   Ella venía corriendo porque había visto el humo.
   She came running because she had seen the smoke.
   Ve cortando los plátanos mientras yo caliento el aceite.
   Go on slicing the plantains while I heat the oil.
   Siga Ud. batiendo los huevos.
   Continue beating the eggs.

Un poco de humor

—Tráigame lo mismo que a él.

Dibujo por José Luis Martín Mena

B The Spanish present participle without any preposition is the equivalent of the English construction "By + . . . ing" (see **Capítulo 10**).

Cocinando se aprende a cocinar.
By cooking, one learns to cook.

C The English present participle used as an adjective is often expressed in Spanish by a relative clause with **que** or by an adjectival phrase with **de**.

Me gustan los cocineros que cantan.
I like singing cooks.

Es caro invitar a comer a una chica que tiene mucha hambre.
It is expensive to invite a starving girl to eat.

Tenemos muchos niños que hablan español en este estado.
We have many Spanish-speaking children in this state.

Necesito una taza de medir y aceite de cocinar.
I need a measuring cup and cooking oil.

Ejercicios A Usando el infinitivo, haga impersonales los mandatos según el modelo:

Modelo Encienda el horno a 150 grados.
Encender el horno a 150 grados.
1 *Vacíe* el contenido del paquete.
2 *Añada* una taza de agua caliente.
3 *Revuelva* la mezcla.
4 *Prepare* los sorullitos en forma de cigarritos.
5 *Fríalos* en aceite caliente.
6 *Sáquelos* cuando estén dorados.

B   Traduzca:
1 Prepare the caramel by melting the sugar.
2 A good way of melting sugar is mixing it with water and boiling it.
3 This is a wonderful tasting dish.
4 I need a frying pan, a (stirring) spoon, a serving dish, and a measuring cup.
5 Continue pouring the milk.
6 They saw María coming out of the kitchen.
7 Don't eat plantains without cooking them first.
8 Stirring constantly (**constantemente**) is very important in this recipe.
9 There are many English-speaking Puerto Ricans.
10 People living in this neighborhood buy in supermarkets specializing (**especializarse**) in Hispanic products.
11 I heard the cook singing.
12 Don't go on reading.

Un poco de cocina

Comidas raras del mundo hispánico

La congelación de alimentos no es un sistema moderno, porque desde hace muchos siglos se utiliza en el Perú. Todos los años, se lleva gran parte de la *cosecha* de *papas* a una altura de más de *4,000 metros*, donde el sol calienta mucho por el día y hay un frío intenso por la noche. Las papas quedan allí varias semanas hasta que se vuelven tan duras como madera y tan ligeras como *corcho*. Este material, que es seco y congelado al mismo tiempo, se llama "chuño". — harvest; potatoes; (13,000 feet) / cork

En Cuba los campesinos comen jutía, un *roedor* que parece una rata grande. — rodent

En México es muy apreciada la *sopa* de iguana y en el Perú, el *jamón de oso*. — soup; bear ham

A los habitantes de la selva de Colombia y Venezuela les gustan las *hormigas* fritas. — ants

Los indios de la selva al este de los Andes comen mono *guisado* y bistec de cocodrilo. — stewed

El emperador azteca Moctezuma bebía grandes cantidades de chocolate todos los días, preparado de diversas maneras. Fray Bernardino de Sahagún, un *fraile* español durante la Conquista, afirma que Moctezuma bebía chocolate verde, rojo, color naranja, *rosado*, negro y blanco. — friar / pink

En muchos países de Hispanoamérica se come "ceviche", plato hecho a base de *pescado* crudo. El pescado se corta en pedazos de media pulgada y se deja por unas cinco horas cubierto con sal, jugo de lima y de limón, *pimienta*, ajo, cebollas y *ají*. — fish / pepper; chili

México produce *una planta maravillosa*: el maguey, que *florece* cada quince años. Su *raíz* es un vegetal *comestible*; sus hojas tienen una *piel* que puede usarse como papel para escribir y una fibra que se utiliza para fabricar *sogas* y *sacos*. De la *savia* del maguey se hace el licor llamado "pulque". Finalmente, cuando la planta se está muriendo, se llena de *gusanos*, llamados "gusanos de maguey". Estos gusanos fritos ocupaban lugar de honor en la mesa de los emperadores aztecas y hoy todavía son un plato muy apreciado. Hay que lavarlos con cuidado para que no *se ahoguen* y echarlos vivos en una sartén de aceite hirviendo. *Se sazonan* con sal y se sirven con una salsa verde de gusanos crudos *aplastados*. ¡Delicioso! — a wonder plant; flowers / root; edible; peel / ropes; sacks; sap / worms / drown / They are seasoned / crushed

Ejercicio Termine con oraciones completas:

1 Las papas . . .
2 La sopa de iguana . . .
3 Moctezuma . . .
4 Fray Bernardino de Sahagún . . .
5 El ceviche . . .
6 El maguey . . .
7 El pulque . . .
8 Los gusanos . . .

Preguntas

1. ¿Utilizan en su casa papas congeladas o secas? Explique.
2. ¿Prefiere Ud. las papas fritas, en ensalada, o en puré?
3. ¿Ha comido Ud. hormigas?
4. ¿Conoce Ud. otra manera de preparar hormigas?
5. ¿Comería Ud. jutía, u otro roedor?
6. ¿Toma Ud. sopa de iguana?
7. ¿Y otra sopa? ¿Qué clase prefiere?
8. ¿Cuál será el motivo de que en la selva de Colombia y Venezuela se coman hormigas, cocodrilos y monos?
9. ¿De qué color es el chocolate que Ud. bebe?
10. ¿Puede explicarnos cómo prepara Ud. el chocolate?
11. ¿Come Ud. pescado a veces, o prefiere la carne?
12. ¿Le gustaría comer ceviche?
13. ¿Ha comido algún plato frío compuesto de pescado?
14. ¿Le gustan a Ud. las comidas que contienen ají?
15. ¿Puede hablar de alguna planta que tarde muchos años en florecer?
16. ¿Ha bebido Ud. pulque? ¿Y otro licor mexicano?
17. ¿Ha oído hablar Ud. de otros lugares donde se comen gusanos?
18. ¿Cuál de estos platos pediría Ud. en un restaurante? ¿Por qué?
19. ¿Es Ud. exigente (demanding) para la comida?
20. ¿Por qué cree Ud. que es o no es exigente? Explique.

Temas para trabajo oral o escrito

1. Los platos que Ud. pediría en un restaurante norteamericano
2. Los platos que pediría en un restaurante español
3. Prepare una receta cómica que seguramente sabrá a rayos: patas de cocodrilo, sopa de cola de mono, fricasé de orejas de oso.
4. Dé su receta favorita que sepa a gloria.

Práctica de fonética

Remember that **g** before **e** or **i** as well as **j** are pronounced in Spanish approximately as a strongly aspirated English **h** (Harry, honey).

Trabalenguas (Tongue twister)
Déjele a Gisela el ajo y los vegetales majados para el potaje de frijoles.
Georgina generalmente escoge tajadas de jamón con jalea y jugo de toronja.

Un poco de cocina   155

Suplemento

La mesa

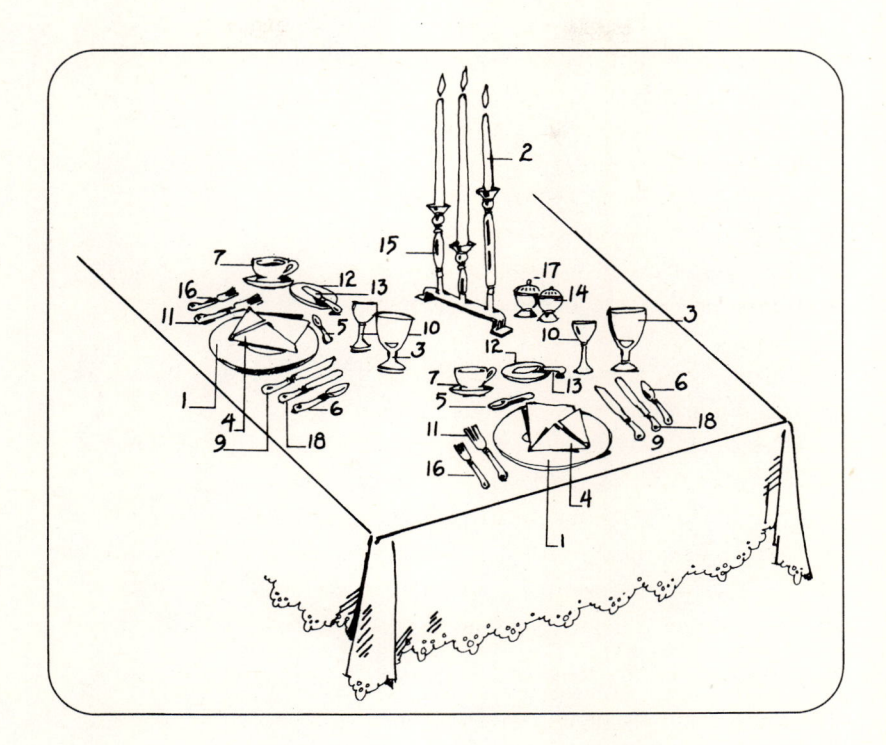

A Aquí tiene Ud. una mesa con los objetos que se utilizan en una comida. ¿Puede Ud. identificar estos objetos poniendo sus números junto a la siguiente lista de nombres?

    la cuchara   los candelabros de plata
    el cuchillo de carne   la copa para vino
    el cuchillito de mantequilla   el mantel
    el tenedor de carne   la taza
    el plato   el pimentero
    las velas   la cucharita
    el tenedor de pescado   la copa para agua
    la servilleta   el salero
    el cuchillo de pescado   el platillo

B Cubra ahora la lista y trate de nombrar los objetos mirando el dibujo.

C Haga cinco oraciones usando palabras de la lista.

7

Un poco del futuro

Capítulo siete

Un poco de preparación

I The future indicative A The future tense of regular verbs in all three conjugations is formed by adding the endings **–é, –ás, –á, –emos, –éis, –án** to the complete infinitive. (Note the similarity of these endings to the present tense of **haber**.)

I El futuro de indicativo

llamar **llamaré, llamarás, llamará, llamaremos, llamaréis, llamarán**
beber   **beberé, beberás, . . .**
vivir   **viviré, vivirás, . . .**

B The only irregularities to be found in the future tense occur in the stems, and may be grouped as follows:

1 The infinitive loses its final vowel.

haber   **habré, habrás, habrá, habremos, habréis, habrán**
poder   **podré, . . .**
querer **querré, . . .**
saber   **sabré, . . .**

2 The final vowel is replaced by a **d**.

poner   **pondré, . . .**   tener   **tendré, . . .**
salir   **saldré, . . .**   venir   **vendré, . . .**

3 The stem is contracted.

decir   **diré, . . .**   hacer   **haré, . . .**

II The conditional The conditional tense of all verbs is formed by adding the imperfect endings of **–er** and **–ir** verbs (**–ía, –ías, –ía, –íamos, –íais, –ían**) to the future stem.

II El potencial

llamar **llamaría, . . .**   haber   **habría, . . .**
beber   **bebería, . . .**   poner   **pondría, . . .**
vivir   **viviría, . . .**   decir   **diría, . . .**

III The perfect tenses Spanish perfect tenses in the indicative mood are formed as follows:

III Los tiempos perfectos

Present perfect El perfecto	Present of **haber**: he, has, ha, hemos, habéis, han
Pluperfect Pretérito pluscuam-perfecto	Imperfect of **haber**: había, habías, había, habíamos, habíais, habían
Preterite perfect* Pretérito anterior	Preterite of **haber**: hube, hubiste, hubo, hubimos, hubisteis, hubieron
Future perfect Futuro perfecto	Future of **haber**: habré, habrás, habrá, habremos, habréis, habrán
Conditional perfect Potencial compuesto	Conditional of **haber**: habría, habrías, habría, habríamos, habríais, habrían

} Plus past participle of main verb**

* The preterite perfect is usually used only in literature. In everyday Spanish it is often replaced by the simple preterite.

** For a list of some irregular past participles, see **Un poco de preparación, Capítulo 5**.

Un poco del futuro

Ejercicios A Diga en español:

1. I will want.
2. You (**Ud.**) will put.
3. They would call.
4. You (4 ways) will come.
5. I will speak.
6. She would go out.
7. He would do.
8. They would want.
9. They will know.
10. You (**vosotros**) would leave.
11. We will be able.
12. They (*fem*.) will have.
13. They will do.
14. We will say.
15. You would know (4 ways).

B Diga en español:

1. I have opened.
2. She had died.
3. We have done.
4. She has put.
5. You (**vosotros**) have broken.
6. I have made.
7. They have walked.
8. Have you (4 ways) believed?
9. They (*fem*.) will have returned.
10. He will have fried.
11. They will have discovered.
12. You (4 ways) have returned.
13. You (**tú**) have seen.
14. We have written.
15. They would have said.
16. We have been able.
17. He had read.
18. I would have opened.
19. She had supposed.
20. You (4 ways) had broken.

¿Qué me traerá el mañana?

¿Qué me traerá el mañana? Todo el mundo se ha preguntado alguna vez esto. El ser humano lleva muchos siglos tratando de encontrar una *respuesta* a esta pregunta. Para explorar el futuro estudió la posición de las estrellas y *trazó* tablas y horóscopos; miró el *vuelo* de las *aves*, pensando que éste podría darle claves sobre el *porvenir*; buscó signos en cada cosa y en cada suceso de la naturaleza.

Y todavía hoy, en este siglo tan científico, todos nos interesamos por cualquier método que prometa decirnos algo del futuro. Es muy raro encontrar un periódico o publicación que no tenga una sección de horóscopos. Casi todos leemos el nuestro. ¿No lo hace Ud.? Y los más escépticos dicen sonriendo:—Yo no creo en estas cosas, pero me divierten.

Pues para divertirlo, en el caso de que no crea, le hablaré aquí de algunas formas de *predecir* el futuro.

Comenzaré por la Ouija, que muchos consideran un *juguete*, pero que otros *toman muy en serio*. Ud. habrá usado una, porque es un entreteni-

answer

drew up; flight; birds future

predict

toy take very seriously

Las primeras Ouijas tenían en la punta de la planchita un lápiz que escribía en un papel las respuestas a las preguntas.

miento muy popular. Pero, ¿sabe su origen? Voy a decírselo: la Ouija es un *invento* norteamericano y parece haberse derivado de la práctica de "*inclinar la mesa*" que alcanzó enorme popularidad en los Estados Unidos en la segunda mitad del siglo XIX. Con este método varias personas ponen los dedos sobre una mesa. Se hace una pregunta y, como las mesas nunca tienen las *patas* exactamente iguales, después de un rato la mesa se inclinará un poco hacia un lado, haciendo un pequeño ruido *al golpear* el suelo con una de sus patas. Si hay un solo *golpe* quiere decir "Sí", dos golpes significan "No".

Pero el método de inclinar la mesa era complicado y *lento* y en 1892 Isaac Fould, un *ebanista* de Baltimore, inventó un artefacto que permitía

invention
table-tilting

legs
on hitting
tap

slow
cabinet-maker

Un poco del futuro **161**

obtener las respuestas más rápidamente. Su invento, que después cambió un poco y se convirtió en la Ouija que hoy se conoce, consistía en una *planchita* en forma de corazón con un lápiz en la *punta*. El *tablero* no tenía el alfabeto como el tablero moderno, sino un papel grande en el cual el lápiz escribía *a medida que* la planchita se movía. Fould formó el nombre "Ouija" con la palabra francesa "Oui" y la palabra alemana "Ja". thin board; point; board

as

Ahora, si Ud. promete que solamente hará preguntas en español a su Ouija y que la obligará a contestarle en español, le enseñaré cómo hacer una Ouija *casera*. ¿Lo ha prometido? Muy bien. homemade

Escriba en pedacitos de papel todas las letras del alfabeto y las palabras "Sí" y "No". (Recuerde que su Ouija será española y que en español la "ch", la "ll" y la "rr" se consideran letras y no combinaciones.) *Pegue* todos los papelitos en un círculo sobre una mesa de superficie muy *lisa*. Tome un vaso que no tenga imperfecciones en el *borde* y *colóquelo boca abajo* sobre la mesa. Haga una marca en el vaso, cerca del borde, que será el equivalente de la punta del corazón en la planchita. Si dos o más personas ponen los dedos ligeramente sobre el fondo del vaso, éste se moverá de una letra a la otra, lo mismo que la planchita de una Ouija. Paste
smooth
rim; place it upside down

Haga la prueba y pregúntele a su Ouija casera: ¿Qué nota sacaré en español este semestre? Le *aconsejo hacer una pequeña trampa* y *empujar* el vaso si ve que éste se acerca peligrosamente a la letra *F*. ¡Buena suerte! Try it
advise; to cheat a little; push

Preguntas
1 ¿Qué se ha preguntado todo el mundo alguna vez?
2 ¿Cuáles son algunas de las cosas que ha ideado el ser humano para saber su futuro?
3 Explique cómo era la práctica de "inclinar la mesa".
4 ¿Quién inventó la Ouija?
5 ¿En qué año la inventó?
6 ¿Cómo era la Ouija primitiva?
7 ¿Qué ha prometido Ud. sobre las preguntas que hará a su Ouija?
8 ¿Qué materiales se necesitan para hacer una Ouija casera?
9 ¿Qué combinaciones de letras se consideran letras y no combinaciones en español?
10 ¿Qué número mínimo de personas se necesitan para jugar con una Ouija?

Más preguntas
1 ¿Qué cosas le gustaría a Ud. saber sobre su futuro?
2 En general, ¿es Ud. escéptico, o creyente?
3 ¿Cree Ud. en los horóscopos?
4 ¿Los lee Ud. frecuentemente? ¿Por qué?
5 ¿De qué signo es Ud.?

Capítulo siete

6 ¿Cómo son las personas de su signo?
7 ¿Ha usado Ud. una Ouija alguna vez?
8 ¿Puede contarnos alguna experiencia con la Ouija?
9 ¿Ha participado Ud. en alguna sesión espiritista?
10 ¿Puede contarnos alguna anécdota de fantasmas (ghosts)?

Práctica de vocabulario

1 Otra palabra para pájaro es _____ .
2 El futuro se llama también el _____ en español.
3 Un hombre que hace muebles se llama _____ .
4 Hace muchos años que el ser humano interpreta el _____ de los pájaros.
5 Lo que oímos cuando alguien golpea un objeto es un _____ .
6 Cuando consideramos algo seriamente decimos que lo _____ .
7 La parte superior de un vaso se llama _____ .
8 El lugar donde están colocadas las letras en un juego de Ouija se llama _____ .
9 Una plancha pequeña es una _____ .
10 Una cosa que hacemos en casa es _____ .
11 Si una superficie no tiene imperfecciones se dice que es _____ .
12 Cuando un vaso no está con el borde hacia arriba está _____ .

Práctica de modismos

A medida que (as), is used with two verbs that are in progress at the same time. A sentence in the past tense must have both verbs in the imperfect.

A Translate the following three sentences.
1 I place the papers on the table as I write the letters.
2 As time passes, the Ouija board is more popular.
3 As the birds fly, they give us the answer.

B Change your Spanish sentences to the past.

Hacer la prueba to try
Hacer trampa to cheat

Complete con el modismo correcto:

1 Aunque no sé la respuesta a esta pregunta, no voy a . . .
2 Creemos que es difícil hacer una Ouija casera, pero . . .
3 Este vaso no es bueno porque no es liso, pero de todas maneras . . .
4 Él siempre gana en todos los juegos porque . . .
5 Fould no sabía si su invento tendría éxito, pero . . .
6 Algunas personas . . . cuando usan la Ouija.

Un poco del futuro

I   The future — El futuro

A   The Spanish future is in general used like the English future.

> **No sé qué nota sacaré en español este semestre.**
> I don't know what grade I will receive in Spanish this semester.

B   The Spanish future is also used to express probability or supposition. This use of the future is equivalent to the English "I wonder," "It must be," etc. It is called the "future of probability."

> **¿En cuál de estos papelitos estará la respuesta?**
> On which of these pieces of paper can the answer be?
>
> **¿Será importante la posición de las estrellas?**[*]
> I wonder if the position of the stars is important.

C   The Spanish future is not used to translate "will" in the sense of "to want to." **Querer** is the equivalent of "will" in this case.

> **¿Quiere Ud. consultar la Ouija conmigo?**
> Do you want to (will you) consult the Ouija board with me?

II   The conditional — El modo potencial

A   Generally speaking, the Spanish conditional is used like the English conditional—that is, a future in the past.

> **Pensó que el vuelo de las aves podría darle claves.**
> He thought that the flight of the birds would give him clues.

B   The Spanish conditional is also used to express probability or supposition in the past. This use is called "the conditional of probability."

> **No sabía en cuál de esos papelitos estaría la respuesta.**
> I didn't know on which of those pieces of paper the answer could be.
>
> **¿Sería importante la posición de las estrellas?**
> I wondered if the position of the stars was important.

C   In the following three cases, "would" in English is *not* expressed by the conditional in Spanish:

1   When "would" refers to a repeated past action. In this case, Spanish uses the imperfect, not the conditional (see **Capítulo 4**).

> **Consultaba la Ouija todos los días.**
> He would consult the Ouija board every day.

---

[*] The verb **preguntarse** (**me pregunto, te preguntas**, . . .) is often used to introduce this type of sentence: **Me pregunto si será importante la posición de las estrellas.**

2 When "would" is used as a polite way of asking someone to do something. In this case, Spanish generally uses the subjunctive **quisiera**.*

¿Quisiera Ud. jugar a las cartas?
Would you like to play cards?

3 When in negative statements "would not" means "not to want to" or "refused to."

Le pregunté a la Ouija, pero no quiso contestarme.
I asked the Ouija board, but it wouldn't answer me.

Mis amigos no quisieron leer su horóscopo.
My friends wouldn't read their horoscopes.

D The conditional is used with the imperfect subjunctive in contrary-to-fact sentences (see **Capítulo 9**).

Si te dieras prisa, llegaríamos a tiempo.
If you hurried, we would arrive on time.

Ejercicios A Complete estas oraciones:

1 Te prometo que mañana (I will make) _____ una Ouija siguiendo las instrucciones de este capítulo.
2 (I will get) (**conseguir**) _____ un papel grande, (I will cut it) _____ en muchos pedacitos y (I will write) _____ en ellos las letras del alfabeto.
3 (I will remember) _____ que hay tres combinaciones que se consideran letras en español.
4 (I will place) _____ los papelitos en una mesa lisa.
5 Entonces (I will take) _____ un vaso y (I will put it) _____ boca abajo en la mesa.
6 (I will ask) _____ una pregunta a mi Ouija casera y ella (will answer me) _____ .

B Repita ahora las oraciones del ejercicio A., cambiándolas al condicional:

1 Te prometí que mañana (I would make) _____ una Ouija, etc.

C Cambie las palabras subrayadas al futuro primero y después al condicional para expresar probabilidad:

1 ¿Por qué no <u>llega</u> la respuesta?
2 Ud. probablemente la <u>considera</u> un juguete.

---

* The conditional **querría** is also heard sometimes as an alternate for the subjunctive: **¿Querría Ud. jugar a las cartas?**

3 ¿En qué posición ponen ellos los dedos?
4 Ese invento es muy complicado.
5 Nos preguntamos si el lápiz está escribiendo algo.
6 ¿Dónde usan ese método?
7 El inventor tiene mucho tiempo libre.
8 ¿Quién empuja la planchita hacia la F?

D   Traduzca:

1 I wonder how many letters the Spanish alphabet has.
2 There must be (use **haber**) the same number that there are in English.
3 Will you please count them?
4 Juanito didn't call me last night. What could he be doing?
5 He was probably studying Spanish or perhaps he was looking at the stars.
6 When I asked him this morning, he said that he was working on an invention. He said that it would be very popular (**tener éxito**), but he wouldn't tell me more.
7 Before reading this chapter I wondered who could be the inventor of the Ouija board.
8 I never thought that he could be an American.
9 This table has tilted. I wonder what that means.
10 I don't believe in these things. It was probably your imagination.

III   The present perfect and the past perfect

El perfecto y el pretérito pluscuamperfecto

The present perfect and the past perfect (or pluperfect) tenses are used in Spanish in basically the same ways as in English.

Hemos leído nuestro periódico.
We have read our newspaper.

Ya le habían hecho preguntas en español.
They had already asked him questions in Spanish.

Note that no word should come between **haber** and the past participle.

¿No ha leído Ud. su horóscopo alguna vez?
Haven't you ever read your horoscope?

IV The future perfect and the conditional perfect

El futuro perfecto y el potencial compuesto

A The usage of the Spanish future perfect corresponds in general to that of the English "will have" or "shall have" + past participle.

Habremos terminado para las siete.
We will have finished by seven.

B The usage of the Spanish conditional perfect corresponds in general to that of the English "would have" + past participle.

Yo no lo habría considerado un juguete.
I wouldn't have considered it a toy.

C The future perfect and the conditional perfect may also be used to indicate probability or supposition about what has or had happened.

Ud. probablemente habrá visto una Ouija.
You probably have seen a Ouija board.

¿Quién habrá roto esta mesa?
I wonder who has broken this table.

Él se preguntaba por qué no se habría movido la planchita.
He was wondering why the board hadn't moved.

¿Quién habría escrito aquel horóscopo?
I wondered who had written that horoscope.

Ejercicio Cambie los verbos del ejercicio C (página 164) primero al futuro perfecto y después al potencial compuesto.

The construction **deber de** + infinitive is another way to express probability in Spanish.

¿Dónde estará mi tablero? Debe de estar en la mesa.
Where can my board be? It must be on the table.

Pablo debe de haber hecho trampa.
Paul must have cheated.

Ejercicio Conteste usando la construcción **deber de** como en los modelos:

Modelo ¿Publicará horóscopos este periódico?
Sí, debe de publicarlos.

Modelo ¿Habrán leído sus amigos el artículo?
Sí, deben de haberlo leído.

1 ¿Han visto ellos este lugar?

2 ¿Cree su profesor en estas cosas?

3 ¿Son escépticos sus amigos?
4 ¿Se habrá inclinado la mesa?
5 ¿Conocen todos los estudiantes el nombre de la "ll"?
6 ¿Tendremos suficientes pedacitos de papel?
7 ¿Habrá contestado la Ouija su pregunta?
8 ¿Estará el vaso sobre la mesa?

La baraja

Deck of cards

Las *tarotas* se inventaron hace muchos años, pero como son tan viejas y universales, nadie sabe su verdadero origen. Los gitanos aseguran que los antiguos *egipcios* las usaban y que sus dibujos adornaban las paredes interiores de las *pirámides* en tiempos de los faraones.

tarot cards

Egyptians

pyramids

Las tarotas sirven para predecir el futuro y son 78 cartas divididas en dos grupos: la *"Arcana Mayor"*, que tiene 22 cartas y la *"Arcana Menor"*, que *consta de* 56. Las cartas de la Arcana Mayor representan figuras y símbolos: el *Mago*, el *Tonto*, la *Emperatriz*, el *Emperador*, la *Sacerdotisa*, el *Sumo Sacerdote*, los *Amantes*, el *Carro*, la *Fuerza*, el *Ermitaño*, la *Rueda de la Fortuna*, la *Justicia*, el *Hombre Colgado*, la *Muerte*, la *Templanza*, el *Diablo*, la *Torre*, la *Estrella*, la *Luna*, el *Sol*, el *Juicio* y el *Mundo*.

Major Arcana; Minor Arcana is composed of Magician; Fool; Empress; Emperor; High Priestess; High Priest; Lovers; Chariot; Strength; Hermit; Wheel of Fortune; Justice; Hanged Man; Death; Temperance; Devil; Tower; Star; Moon; Sun; Judgment; World cards

No puedo explicarle aquí el significado de cada carta, pero le diré que, en general, si una carta sale con la figura hacia arriba, es un buen signo, y si la carta sale hacia abajo, es un signo malo.

La Arcana Menor es similar a los *naipes* con los que Ud. juega, pero consta de más cartas porque no tiene tres figuras, sino cuatro: el Rey, la Reina, el *Caballero* y el *Paje*. La Arcana Menor está dividida en cuatro grupos o *palos*, pero sus palos son: *Copas*, *Oros*, *Espadas* y *Bastos*.

Knight; Page suits; Cups; Gold; Swords; Wands or Batons

Acabo de decirle que la Arcana Menor se parece a la baraja que Ud. conoce, pero no puedo decirle cuál se inventó primero, aunque es *creencia* común que las tarotas dieron origen a la baraja que hoy se juega como pasatiempo.

belief

Algunos dicen que la baraja—también llamada juego de cartas o juego de naipes—es una derivación india del *ajedrez*, otros atribuyen su invención a los chinos, y hay otros que afirman que se inventó en Francia durante el reinado de Carlos VI para *aliviar* la melancolía del monarca. Pero esta última hipótesis no debe de ser cierta, porque cuando Carlos VI ordenó hacer unas cartas en 1392, ya hacía veinte años que en España había aparecido en un diccionario de la *rima* el nombre "naip". Además, en varias leyes de Castilla anteriores al siglo XV ya se había prohibido a los caballeros jugar a los naipes.

chess

alleviate

rhyme

Un dato interesante es que las cartas no son iguales en todos los países. Los naipes ingleses derivan de los franceses, constan del mismo número de cartas, y tienen las mismas figuras: *Paje*, Reina, Rey y los mismos palos: diamantes, corazones, *lanzas* y *tréboles*. Pero la baraja italiana y la alemana

(here) Jack

spades; clubs

[Tarot cards shown: La Emperatriz (III), El Diablo (XV), El Sol (XVIIII), La Justicia (VIII), La Muerte (XIII), El Emperador (IIII), Los Amantes (VI), La Rueda de la Fortuna (X)]

son diferentes de la inglesa y la francesa. También lo es la española, que tiene 48 cartas y tres figuras con los números 10, 11 y 12: el Paje (más comúnmente llamado "Sota"), el Caballero (comúnmente se le llama "Caballo") y el Rey. ¡No hay Reina! Los naipes españoles difieren además en los palos, que son, *en cambio*, iguales a los de las tarotas: Oros, Copas, Espadas y Bastos.   instead

Preguntas
1. ¿Son nuevas las tarotas?
2. ¿Qué dicen los gitanos sobre su origen?
3. ¿Cuántas cartas hay en la Arcana Mayor? ¿Y en la Menor?
4. ¿Qué figuras femeninas tiene la Arcana Mayor?
5. ¿Qué figuras masculinas?
6. ¿Qué planetas?
7. ¿Qué símbolos abstractos?
8. ¿Qué significa en general si una figura sale hacia arriba o hacia abajo?
9. ¿Puede Ud. hablar de algunas teorías sobre el origen de las cartas?
10. ¿Por qué no debe de ser cierta la teoría sobre Carlos VI?
11. ¿De qué cartas derivan las cartas inglesas?

12 ¿Cómo se llaman en español los palos de las cartas inglesas?
13 ¿Cuáles son los palos de la baraja española?
14 ¿Qué figuras tiene esta baraja?
15 ¿Llevan letras las figuras de las cartas españolas?

Más preguntas
1 ¿Ha visto Ud. alguna vez un juego de tarotas? ¿Dónde?
2 ¿Saben leer las tarotas Ud. o sus amigos?
3 ¿Le han leído a Ud. las cartas alguna vez?
4 ¿Qué le dijeron las cartas sobre su futuro?
5 ¿Sabe Ud. jugar al ajedrez?
6 ¿A quién considera Ud. el mejor jugador de ajedrez del mundo?
7 ¿Juega Ud. a las cartas a veces?
8 ¿Qué juegos de cartas conoce Ud.?
9 ¿Ha visto alguna vez naipes españoles? ¿Dónde?
10 ¿Cuál es su explicación de que los naipes españoles no tengan reina?

Barajas españolas

El as de bastos — El rey de oros — La sota de copas
El caballo de espadas — El tres de espadas — El cinco de copas

> **"Acabar de"**
>
> Spanish uses the expression **acabar de** + infinitive in the present tense to indicate that someone has just done something. A similar construction in the imperfect indicates that someone had just done something at a certain time in the past.
>
> **Acabo de comprar una baraja.**
> I have just bought a deck of cards.
>
> **Acabábamos de comprar esa baraja cuando nos regalaron una.**
> We had just bought that deck of cards when they gave us one.

Ejercicio Conteste estas preguntas usando la expresión **acabar de** en el presente. Después cambie su respuesta al pasado como en el modelo.

Modelo ¿Cuándo consultó Ud. las tarotas?
Acabo de consultarlas.
Acababa de consultarlas cuando Ud. llegó.

1 ¿Cuándo jugaron ellas a las cartas?
2 ¿Cuándo aprendió Ud. las letras del alfabeto?
3 ¿Cuándo colocasteis el vaso en la mesa?
4 ¿Cuándo te dijo tu futuro ese gitano?
5 ¿Cuándo supieron Uds. que sacarían una *F*?
6 ¿Cuándo viste por primera vez naipes españoles?
7 ¿Cuándo les enseñaron a Uds. a jugar al ajedrez?
8 ¿Cuándo compró Jacinto ese diccionario de la rima?

Un poco de humor

Una viuda fue a una sesión espiritista *esperando* comunicarse con su *difunto*   hoping; dead
esposo, que había sido camarero en un gran restaurante. Las luces se
apagaron, la medium cayó en trance y, *de repente*, la mesa comenzó a   suddenly
moverse.

—Guillermo, ¿eres tú?— exclamó, muy nerviosa, la viuda —¡Ven, háblame! ¡Ven, háblame!

—No puedo— contestó una voz distante —ésa no es mi mesa.

V "Hacer" in time clauses

"Hacer" en cláusulas temporales

> **Hace** + period of time + **que** + sentence with a verb in the present tense

This construction is very much used in Spanish to indicate an activity begun in the past and still going on at the present time. English uses the present perfect in this case.

>**Hace muchos siglos que los seres humanos repiten la pregunta.**
>Human beings have been repeating the question for many centuries.
>
>**Hace seiscientos años que existe la palabra "naipe".**
>The word "naipe" has existed for six hundred years.
>
>**Hace tres meses que no juego a las cartas.**
>I have not played cards for three months.

It is also possible to express the same idea by changing the order of the sentence and using **desde hace** (without **que**).

>**Los seres humanos repiten la pregunta desde hace muchos siglos.**
>**La palabra "naipe" existe desde hace seiscientos años.**
>**No juego a las cartas desde hace tres meses.**

> **Hacía** + period of time + **que** + sentence with a verb in the imperfect tense

This construction is equivalent to the one above, but it refers to an activity begun in a more distant past and still going on at a more recent time in the past. English uses the pluperfect in this case.

>**Hacía mucho tiempo que existían las barajas cuando se inventó la Ouija.**
>Playing cards had existed for several centuries when the Ouija board was invented.
>
>**Hacía cincuenta años que se practicaba el "inclinar la mesa" cuando Fould hizo su tablero.**
>They had practiced table-tilting for fifty years when Fould invented his board.

A construction with **desde hacía** is sometimes heard as an alternative.

>**Las barajas existían desde hacía mucho tiempo cuando se inventó la Ouija.**
>
>**El "inclinar la mesa" se practicaba desde hacía cincuenta años cuando Fould hizo su tablero.**

Capítulo siete

¿Quisiera Ud. hacer un viaje a Coney Island? Allí encontraría a esta señora extraña, que posiblemente le diría algo interesante sobre su futuro.

Ejercicios   A   Conteste estas preguntas de dos maneras como en el modelo:

Modelo   ¿Cuánto tiempo hace que estudias las estrellas?
Hace cuatro años que estudio las estrellas.
Estudio las estrellas desde hace cuatro años.

¿Cuánto tiempo hace que . . .

1 todos nos preguntamos sobre el mañana?
2 su amigo Pedro es ebanista?
3 conoces el significado de la palabra "Ouija"?
4 sabe Ud. leer la palma de la mano?
5 sus amigos tienen esa baraja española?
6 conocéis a ese gitano?

B   Cambie ahora sus respuestas al pasado como en el modelo:

Modelo   **Hacía cuatro años que estudiaba las estrellas.**
Estudiaba las estrellas desde hacía cuatro años.

VI   "Llevar" in time clauses

"Llevar" en cláusulas temporales

Llevar   +   period of time   +   present participle

This construction with **llevar** (usually in the present or the imperfect tense) is an alternate for the construction with **hace**. Note that in the expressions given in V., **hacer** is used only in the singular, since its subject is always "it." **Llevar**, on the other hand, refers to people, and therefore is conjugated in all persons.

¿Cuánto tiempo llevan los gitanos leyendo las tarotas?
How long have gypsies been reading tarot cards?
Los gitanos llevan varios siglos leyéndolas.
Gypsies have been reading them for several centuries.
¿Cuánto tiempo llevabas preparando esta lección cuando llegué?
How long had you been preparing this lesson when I arrived?
Llevaba tres horas preparándola.
I had been preparing it for three hours.

Ejercicio   Conteste usando **llevar**:
¿Cuánto tiempo . . .

1 lleva el ser humano interpretando el vuelo de las aves?
2 lleva esa mesa golpeando el suelo?
3 llevan tus amigos leyendo su horóscopo?
4 lleva Ud. consultando las tarotas?
5 lleváis jugando a las cartas?
6 llevamos mirándonos las manos?
7 llevabas tú jugando al ajedrez cuando te llamé?
8 lleva el Sr. Ruiz haciendo trampas?
9 llevaba Carlos VI sufriendo de melancolía?
10 llevas tú trazando esas tablas?

VII   "Ago"   "Hace"

"Ago" is expressed in Spanish with **hace**, immediately followed by an expression of time. If **hace** begins the sentence, it is usually followed by **que**.

Fould vivió hace casi cien años.
Hace casi cien años que Fould vivió.
Fould lived almost a hundred years ago.
Llegamos hace una hora.
Hace una hora que llegamos.
We arrived an hour ago.

Ejercicio   Conteste:
¿Cuánto tiempo hace que . . .

1 los egipcios construyeron las pirámides?
2 se inventó ese artefacto?
3 comenzaste a interesarte por el porvenir?
4 la mesa dio el primer golpe?
5 el vaso comenzó a moverse?
6 pusiste los papelitos en la mesa?
7 le explicaron a Ud. el significado de todas las cartas?
8 perdieron ellas su tablero?

La quiromancia

La quiromancia o lectura de la palma de la mano es un arte *antiquísimo* y muy popular. Ud. sabrá que las líneas de la mano son tan individuales como las *huellas digitales* y que no hay dos personas que tengan iguales estas líneas. *Se ha comprobado* además, que con los años las líneas cambian en un mismo individuo. *Según los quirománticos*, la mano izquierda muestra las características con las que Ud. ha nacido, sus *temores*, sus deseos, sus ambiciones. La mano derecha es más importante, porque ella es como Ud. la ha hecho con su manera de vivir, y por eso dice cómo es Ud. ahora y además revela su futuro.

Comencemos por los *montes*, esas pequeñas elevaciones. El monte de Venus representa la energía física, el de la Luna, la energía mental. El monte de Marte que aparece en el diagrama (página 176), indica *coraje* moral, el que aparece a la izquierda, *sugiere auto*-control y calma. El monte de Júpiter representa la ambición y la *confianza en sí mismo*; el de Saturno, que es difícil de ver, indica—cuando existe—un temperamento serio y pesimista. El monte de Apolo revela un temperamento alegre y cierta *habilidad* artística, pero cuando es muy *plano*, indica una personalidad *opaca*. El monte de Mercurio significa habilidad en el uso de las palabras y agilidad mental, pero si es muy alto revela una tendencia a *mentir* y a hacer trampas.

Como se ve en el diagrama, la línea de la vida es curva y ésta *rodea* el dedo *pulgar*. Sus interrupciones son *enfermedades* y accidentes, y por eso una línea definida que no esté rota indica larga vida y excelente salud. Si la línea de la vida está unida a la línea de la cabeza al principio, la persona es tímida y sensitiva, pero gana confianza en sí misma con el paso del tiempo. También es fatalista. Cuando la línea de la vida no toca la línea de la cabeza, la persona es *valiente* y segura de sí misma.

¿Tiene Ud. la línea de la cabeza larga y *derecha*? Pues debe de ser un estudiante de *A*. Si en cambio tiene la línea de la cabeza corta, pero muy profunda, Ud. no es un genio, pero es una persona de acción que vence los obstáculos. ¿Sube su línea de la cabeza hacia arriba en el centro de la palma? Pues Ud. lleva el signo del *coleccionista* de *hechos* y cosas y posee una memoria de elefante.

La línea del corazón está encima de la línea de la cabeza y es más o menos paralela a ella. Si su línea del corazón comienza cerca del primer dedo, será afortunado en el amor y en el matrimonio. Si comienza en el monte de Júpiter, Ud. es todo corazón; si es larga y curva, Ud. es romántico. Es posible que Ud. no tenga línea del corazón o que la tenga muy corta, en este caso Ud. es una persona que *se deja guiar* solamente por la cabeza.

Mire el espacio debajo de su *dedo meñique*. Una o más líneas cortas y horizontales allí son las líneas del matrimonio. Las líneas *débiles* significan solamente romances. Y unas líneas verticales que atraviesan la línea del matrimonio, son los hijos que Ud. tendrá.

176 Capítulo siete

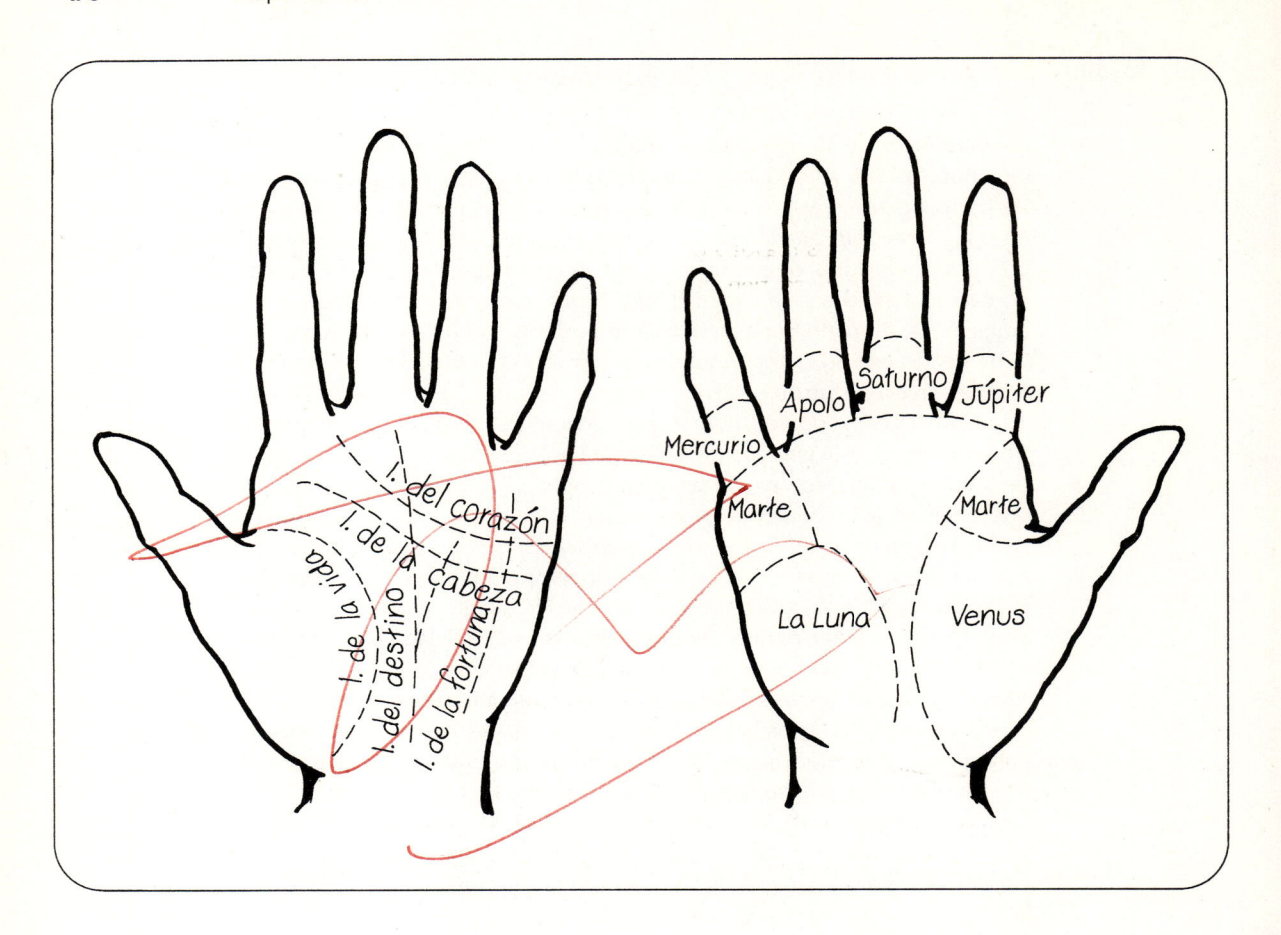

¿Puede Ud. encontrar estas líneas básicas en su mano?

        La línea del destino es muy importante. Cuando es derecha, *clara* y no está rota, la persona tendrá mucha suerte y *éxito* en la vida. Si su línea del destino es fuerte y profunda, las circunstancias de su vida serán más *poderosas* que su voluntad; si su línea del destino es débil y está combinada con líneas de la cabeza, el corazón y la vida fuertes, Ud. controlará las circunstancias de su existencia.

        La línea de la fortuna está cerca del borde de la mano. ¿Es la suya fuerte y marcada? Ud. será feliz y famoso en su trabajo. Algunas personas no tienen línea de la fortuna pero, en el caso de que sea Ud. una de ellas, no se preocupe: yo tampoco la tengo y soy una persona muy feliz y muy famosa.

clear
success
powerful

Preguntas
1. ¿Cómo se llama el arte de leer la palma de la mano?
2. ¿Qué representan el monte de Venus y el de la Luna?
3. ¿Qué representa el monte de Júpiter?
4. ¿Qué temperamento tienen las personas cuyo monte de Saturno es visible?
5. ¿Cómo es la personalidad cuando el monte de Apolo es muy plano?
6. ¿Qué significa si Ud. tiene muy alto el monte de Mercurio?
7. ¿Dónde está la línea de la vida?
8. ¿Qué indican las interrupciones en la línea de la vida?
9. ¿Cómo es una persona cuya línea de la vida está unida a la línea de la cabeza al principio?
10. Explique cómo es la línea de la cabeza de los estudiantes de *A*.
11. Explique cómo son las personas que tienen la línea de la cabeza corta y profunda.
12. ¿Dónde comienza la línea del corazón de los afortunados en el amor?
13. ¿Cómo tienen la línea del corazón los románticos?
14. ¿Qué pasa si una persona tiene la línea del corazón muy corta o no la tiene?
15. ¿Cómo es la línea del destino de las personas que tienen suerte y éxito en la vida?
16. ¿Qué pasa si Ud. tiene una línea del destino débil, pero líneas del corazón, la cabeza y la vida fuertes?
17. ¿Dónde está la línea de la fortuna?
18. ¿Qué pasará si una persona tiene la línea de la fortuna fuerte y marcada?

Más preguntas
1. ¿Le han tomado a Ud. alguna vez las huellas digitales?
2. ¿Cuándo le toman a una persona las huellas digitales?
3. ¿Qué clase de estudiante es Ud. según su línea de la cabeza?
4. ¿Es Ud. afortunado,–a en el amor?
5. ¿Cuántas líneas del matrimonio tiene Ud.?
6. ¿Cuántos hijos va a tener según su mano?
7. ¿Es Ud. romántico,–a?
8. ¿Tiene línea de la fortuna?
9. ¿Le han leído la mano alguna vez?
10. ¿Qué le dijeron?

Capítulo siete

Temas para trabajo oral o escrito

1 Estudie los montes y líneas de su mano izquierda y haga una descripción del tipo de persona que es Ud. según las tendencias con que nació.

2 Haga lo mismo con la mano derecha y decida cómo es hoy y cómo será su futuro.

3 Por qué cree—o no cree—en la quiromancia.

4 Cuente una experiencia que tiene de que los naipes dicen—o no dicen—la verdad sobre el futuro.

5 Defienda o ataque: Es posible explorar el futuro con estos métodos u otros similares.

Parece que este grupo de amigos se divierte mucho con lo que está diciendo la gitana. ¿Por qué estará leyendo la mano izquierda del hombre?

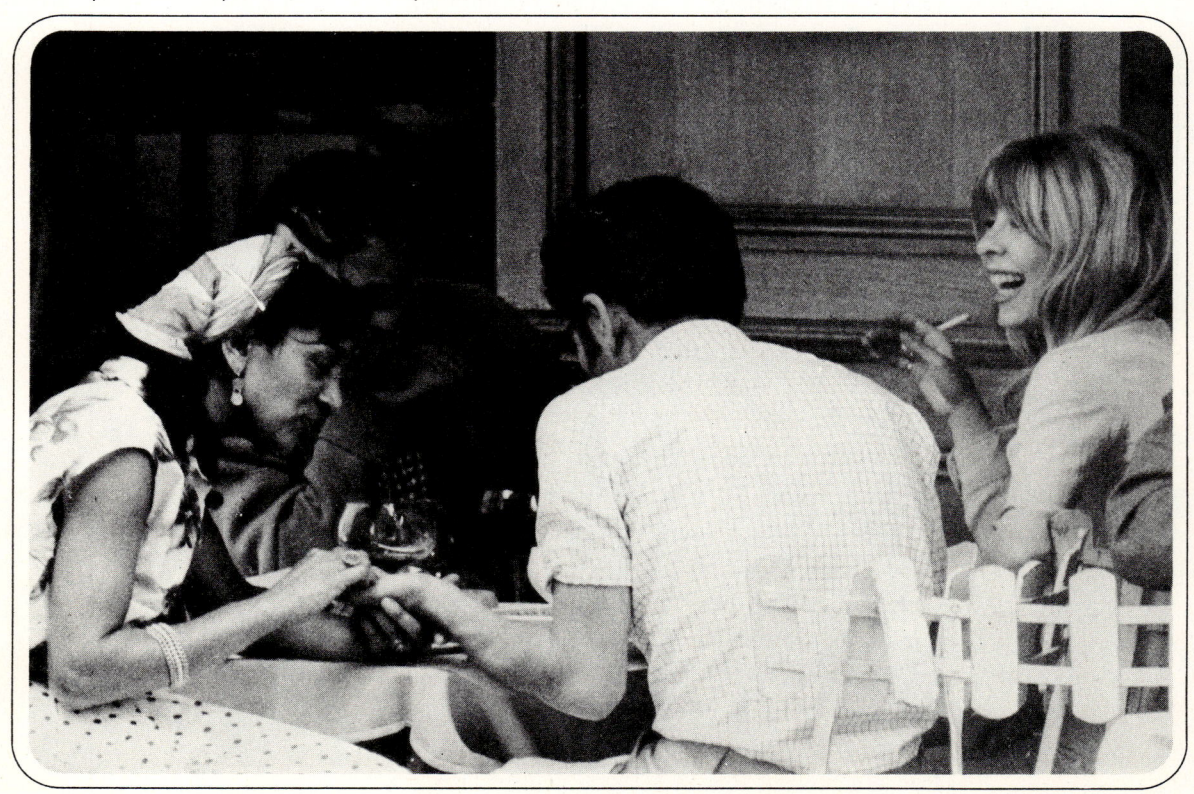

Los días de la semana

Cuentecito

Había una vez dos *leñadores*: uno era bueno y simpático y el otro no sólo era *tonto*, sino también *envidioso*. Un día el leñador bueno vio en un *claro del bosque* un grupo de *hadas* bellísimas que bailaban y cantaban *cogidas de la mano*: "Lunes, martes, miércoles tres; lunes, martes, miércoles tres*". El canto era tan melodioso que el leñador no pudo controlarse y continuó la letra: "Jueves, viernes, sábado seis; jueves, viernes, sábado seis". Las hadas se pusieron contentísimas con la adición que el leñador había hecho y, como premio, le dieron una *bolsa de monedas* de oro y un cofre lleno de joyas.

    Cuando el leñador tonto y envidioso supo la buena fortuna de su compañero, sufrió mucho y decidió hacer algo parecido. Al día siguiente, fue al lugar del bosque donde se reunían las hadas. Esta vez ellas cantaban: "Lunes, martes, miércoles tres; jueves, viernes, sábado seis. Lunes, martes, miércoles tres; jueves, viernes, sábado seis". "¡Domingo siete!" les gritó el tonto leñador. Las hadas, al oír esta frase que *estropeaba* su canción y ni siquiera rimaba, se pusieron tan enojadas que tiraron piedras al hombre.

    Por eso en los países hispánicos, cuando alguien dice algo inoportuno o hace un comentario tonto, se le llama "Domingo Siete".

woodcutters
dumb; envious;
clearing
forest; fairies;
holding hands

pouch of coins

spoiled

Conteste:

1. ¿Sabe Ud. qué día de la semana nació?
2. ¿Cuál es su día de buena suerte?
3. ¿Cree que hay un día especial que le trae mala suerte? ¿Cuál?
4. ¿Qué día es malo, según algunos, cuando cae en fecha 13?
5. En los países hispánicos, las personas supersticiosas no viajan ni se casan en martes. ¿Es así también aquí?
6. ¿Cuál es su día favorito?
7. ¿Qué días tiene Ud. clases de español?
8. ¿Qué días no viene a la escuela?

* Note that the days of the week are not capitalized in Spanish.

Suplemento

Los objetos caseros

Household objects

Seguramente Ud. tiene todos estos objetos en su casa. ¿Sabe sus nombres en español? Escriba junto a cada nombre de la lista el número que le corresponde en el dibujo. El profesor corregirá después sus respuestas o Ud. puede buscarlas en el diccionario.

el abrelatas 17
la aguja 20
los alicates 24
la aspiradora 39
la bañera 36
la bombilla, el bombillo 1
el botón 14
la brocha 27
la cama 29
el cepillo de cabeza 37
el cepillo de dientes 25
el clavo 5
el cojín 3
la cortina de baño 34
el cubo 31
el cubrecama 30
el destornillador 8
la ducha 33
el enchufe 18
la escalera 32

el grifo 35
el hilo 19
el imperdible 22
el jabón
la linterna 15
la manguera 4
la máquina de coser 12
el martillo 9
la pasta de dientes 26
el peine 38
las pilas 13
el recogedor de basura 16
el reloj despertador 28
el serrucho 23
el sofá 2
las tijeras 21
el tornillo 6
la tostada 10
la tostadora 11

Agrupe (Group) los nombres correctos según el lugar de la casa donde están los objetos: la sala, el cuarto de estar (den), el dormitorio, el baño, la cocina, el armario del pasillo (hall closet), el garaje . . . Escoja un objeto de cada uno de esos lugares y escriba una oración sobre él.

181

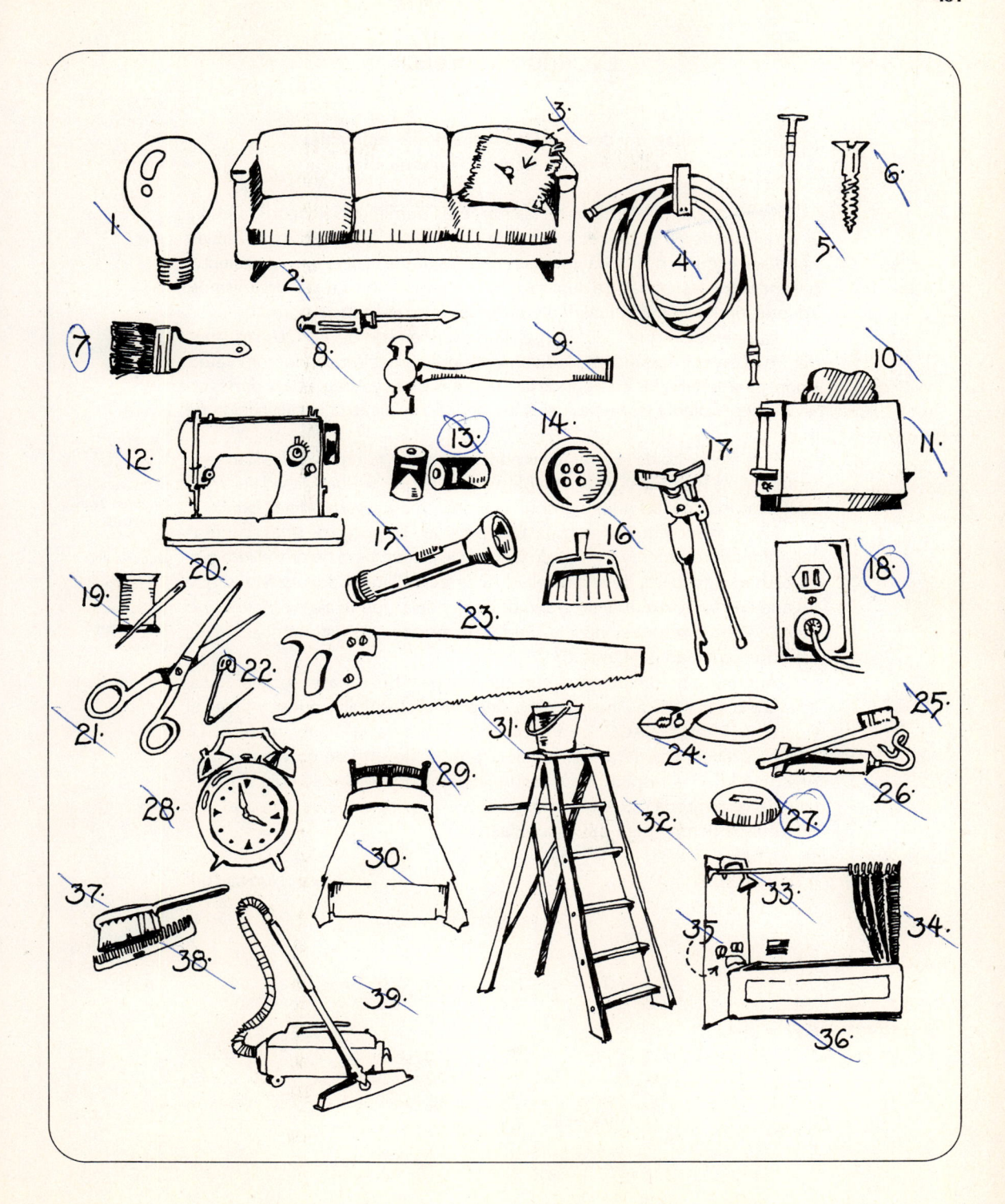

Leyendo la prensa

**Milagro y destino: Dos definiciones aplicables
al caso de las siamesas dominicanas**

La muerte accidental de una de las siamesas dominicanas, ocurrida el día 27 de agosto de 1976, *consternó*, en todo el mundo, a las personas que habían conocido el curso de la vida de estas criaturas desde el día de su nacimiento, pasando por las *etapas* de separación, recomposición de sus organismos, adaptación de su individualidad y proceso de su existencia normal. — upset; stages

La operación que realizaron el 18 de septiembre de 1974 los *cirujanos* del Children's Hospital de Philadelphia, bajo la dirección del doctor Everett Koop, para separar los cuerpos de las siamesas Clara y Altagracia, y darles un vivir independiente, *sobrepasa* el éxito científico y alcanza la calificación de milagro. — surgeons; exceeds

Pero si el éxito de la operación para separar los cuerpos de las siamesas se atribuyó a *milagro*, el *inconcebible* accidente que *arrebató* la vida el 27 de agosto a una de ellas puede atribuirse a una "mala *jugada*" del Destino. — inconceivable; snatched away; (here) trick

Hace un año que *Temas* trajo a sus páginas el *regocijo* de unas siamesas separadas *exitosamente* y viviendo felices. Hoy traemos el dolor y el *luto* que ha causado la muerte de una de ellas, Altagracia Clara Rodríguez Moris, que jugando en su casa *ingirió* un grano de *habichuela*, que *se alojó* en la *tráquea* obstruyendo la respiración y causándole la muerte casi instantánea. ¿No es esto una crueldad del Destino? — joy; successfully; mourning; swallowed; bean; lodged; windpipe

Aunque la madre no perdió un instante para buscar asistencia médica, llevándola a la Clínica Arias primero, después al Hospital San José y luego al Cento Policlínico NACO, todo fue inútil. Altagracia había muerto. La autopsia reveló que la asfixia la había producido un cuerpo extraño que obstruyó las vías respiratorias. Según la opinión de los médicos, la insuficiencia respiratoria *aguda*, como en este caso, sólo da de cinco a diez minutos de tiempo para salvar la vida. — acute

Temas, Nueva York

8

La mujer

Un poco de preparación

I The present subjunctive — For a review of the present subjunctive, see **Un poco de preparación, Capítulo 6**. — **I El presente de subjuntivo**

II The imperfect subjunctive — A The imperfect subjunctive of both regular and irregular verbs is based on the third person plural of the preterite tense. The ending **–ron** in the preterite is dropped, and either one of the two following sets of endings is added:* — **II El imperfecto de subjuntivo**

  –ra, –ras, –ra, –ramos, –rais, –ran
  –se, –ses, –se, –semos, –seis, –sen

B As **–ir** radical-changing verbs undergo a change in the third person plural of the preterite, this stem change is kept in all persons of the imperfect subjunctive.

d**o**rmir, d**u**rmieron	durmiera, durmieras, durmiera, durmiéramos, durmierais, durmieran
rep**e**tir, rep**i**tieron	repitiera, repitieras, repitiera, repitiéramos, repitierais, repitieran
s**e**ntir, s**i**ntieron	sintiera, sintieras, sintiera, sintiéramos, sintierais, sintieran

Ejercicio Cambie las palabras subrayadas según se indica:

1. Ella quería que Inés <u>estudiara</u>.
   (dormir, repetir eso, ir, venir, escribir, llamar)
2. Vuestros esposos no permitían que <u>trabajaseis</u>.
   (salir, dormir, tener amigos, conocer gente, ver películas, pedir dinero)
3. Dudaba que <u>Uds. se divirtieran</u> mucho.
   (tú, vosotros, Ud., los viajeros, nosotros, el ebanista)
4. Impedí que <u>mi amigo jugara</u> al ajedrez.
   (Marta y Juan, las niñas, tú, nosotras, Ud.)

Un poco del pasado

La discriminación contra la mujer es una de las más antiguas injusticias sociales. Desde los tiempos primitivos la mujer tuvo un papel pasivo y poco brillante, en parte porque tenía menos fuerza física que el hombre y en parte porque su función biológica de tener hijos y criarlos la mantenía *atada* al *hogar*. — tied / home (hearth)

En la literatura medieval la mujer era frecuentemente objeto de burlas y presentada como *habladora*, tonta, *codiciosa* y *mandona*. El Arcipreste de Hita, un autor español del siglo XIV, incluye en su *Libro de Buen Amor* un — talkative; greedy; bossy

---

* In Spanish America the **–ra** form is preferred, while in Spain the **–se** form is heard more often.

Sor Juana Inés de la Cruz rodeada de libros

poema *elogiando* a las mujeres pequeñas y concluye citando el refrán: "*Del mal el menos*", porque el que tenga una mujer pequeña tendrá menor cantidad de mal que el que tenga una grande.

El Renacimiento idealiza a la mujer y la presenta en un pedestal, pero es dudoso que esto fuera así en la vida real en todas las clases sociales. Gran parte de esta adoración femenina tenía lugar en un plano poético falso, entre princesas y caballeros ficticios. Sabemos que en esa época la mujer estaba bajo el dominio total del padre y de los hermanos *varones* y, más tarde, del marido. En la España del *Siglo de Oro*, si una mujer perdía su honor, *manchaba* con esto el honor de toda la familia y el padre y los hermanos tenían el derecho de matarla o de obligarla a que entrara en un convento.

Sin embargo, algunas mujeres del pasado lograron *sobresalir* a pesar de tantos obstáculos. Así, en el México colonial de mediados del siglo XVII, encontramos a una mujer excepcional, a la que podemos considerar precursora del feminismo actual. Se llamaba Juana de Asbaje.

185

Las cualidades más interesantes de Juana fueron su inteligencia y su insaciable deseo de aprender. En su siglo las niñas iban muy poco a la escuela, pero ella ya sabía leer y escribir a los cinco años y dicen que a los ocho componía poesías.

Se prohibía entonces a las jóvenes que fueran a la universidad, pero cuando Juana tenía quince años había leído tanto, que era más *culta* que la mayoría de los profesores universitarios. Según las costumbres de entonces, la madre quería buscarle un buen esposo. Pero ella, pensando que si se casara sería *esclava* de los *quehaceres* del *hogar*, debería *dedicarse* totalmente a su marido y a sus hijos y no podría estudiar más, decidió permanecer soltera. La rígida sociedad en que vivía no permitía a una mujer tener una vida independiente, sin marido, *así que*, para poder seguir dedicándose a aprender y a escribir, *no tuvo más remedio que* refugiarse en el convento y entró de *monja* bajo el nombre de Sor Juana Inés de la Cruz.

Sor Juana fue una bella mujer y una gran poetisa, autora además de obras teatrales. Como precursora del feminismo, escribió una carta pública atacando a un famoso *predicador* contemporáneo suyo y defendiendo el derecho de la mujer a estudiar.

Murió a los cuarenta y cuatro años, cuidando a los enfermos de una epidemia. Poco antes, la Madre Superiora de su orden, mujer bien intencionada pero ignorante, le había mandado *deshacerse de* todos los libros de su biblioteca, porque eran tentaciones de Satanás.

Preguntas
1. ¿Qué papel ha tenido la mujer en el mundo por siglos?
2. ¿Por qué sucedió esto?
3. ¿Cómo trata a la mujer la literatura de la Edad Media?
4. ¿En qué siglo vivió el Arcipreste de Hita?
5. ¿Por qué prefería el Arcipreste a las mujeres pequeñas?
6. Explique la actitud del Renacimiento hacia la mujer.
7. Explique también la del Siglo de Oro.
8. ¿Dónde y cuándo vivió Juana de Asbaje?
9. ¿Qué cualidades interesantes tuvo ella?
10. ¿Por qué no pudo Juana ir a la universidad?
11. ¿Por qué no quiso casarse?
12. ¿Por qué entró de monja?
13. Hable de la carta pública que Sor Juana escribió.
14. ¿Qué le mandó hacer la Madre Superiora a Sor Juana? ¿Por qué?
15. ¿Cómo murió Sor Juana? ¿A qué edad?

La mujer

Más preguntas
1. ¿Está Ud. de acuerdo en que ha habido mucha discriminación contra la mujer?
2. ¿Puede citar un ejemplo de discriminación contra ella en el pasado?
3. ¿Y en el siglo XX?
4. Háblenos de una persona habladora que conozca.
5. Háblenos de una persona mandona.
6. ¿Quiére casarse pronto? ¿Cuándo?
7. ¿Será esclavo,–a de los quehaceres del hogar si se casa?
8. ¿Le gustan a Ud. las personas pequeñas o prefiere las altas? ¿Por qué?
9. ¿Tiene Ud. tantos deseos de aprender como Sor Juana?
10. ¿Tiene muchos deseos de aprender español?
11. ¿Conoce Ud. a un poeta o a una poetisa?
12. ¿Cuántos libros tiene Ud. en su biblioteca personal?
13. ¿Puede hablarnos de alguien que haya vendido sus libros?
14. ¿Puede hablarnos de otra precursora del feminismo?

Práctica de modismos

No tener más remedio que (+ infinitivo)
to have no choice but (+ infinitive)

Conteste las preguntas usando este modismo:

1. ¿Por qué hicieron ellos eso?
2. ¿Por qué vendió ella sus libros?
3. ¿Por qué le daréis más importancia a la mujer?
4. ¿Por qué se quedaban las mujeres en casa?
5. ¿Por qué estudias español?

The subjunctive mood / El modo subjuntivo

A Commands

The subjunctive is used to express commands, both direct and indirect.

1 Direct commands

The subjunctive is used in all direct commands except the familiar affirmative (see **Capítulo 6**).

2 Indirect commands

Indirect commands, often introduced by "let"* in English, also take the subjunctive.

Que ella se deshaga de su biblioteca.
Let her get rid of her library.

Que las mujeres vayan a la universidad.
Let women go to the university.

3 Other indirect commands

A subjunctive is used in the dependent clause of a sentence when the verb in the main clause is one of volition or communication. The dependent clause is introduced by the conjunction **que** ("that," which is often not expressed in English). The verbs of volition or communication indicate concepts such as: command, wish, request, permission, prohibition, advice, persuasion, suggestion, invitation, insistence, compulsion, and the like. The following are common verbs of this type:

obligar a	to force	**desear**	to wish
insistir en	to insist	**escribir**	to write

If the main verb is in either the present or the future tense, the verb in the dependent clause must be in the *present* subjunctive. If the main verb is in the preterite or the imperfect, the dependent verb must be in the *imperfect* subjunctive. (For more on sequence of tenses, see **Capítulo 9**.)

Les pedirá que escojan a una mujer pequeña.
He will ask them to choose a small woman.

No dejan que la mujer tenga una vida independiente.
They don't allow women to have an independent life.

Ella les rogó a sus hermanos que no la mataran.
She begged her brothers not to kill her.

Se prohibía que las jóvenes fueran a la universidad.
It was forbidden that girls go to the university.

Su padre le mandará que entre en un convento.
Her father will order her to enter a convent.

El marido quería que ella fuera una esclava.
The husband wanted her to be a slave.

Tu profesor desea que no seas tan hablador.
Your teacher wants you not to be so talkative.

Les escribimos que te explicasen ese refrán.
We wrote them to explain that proverb to you.

---

* When "let" means "permit" or "allow," one uses **dejar** or **permitir**:

Permítale deshacerse de su ropa vieja.
Let her get rid of her old clothes.

Déjame estudiar en casa de mi amiga esta noche.
Let me study at my girl friend's house tonight.

The verbs **dejar**, **permitir**, **mandar**, **obligar a**, and **prohibir** allow an infinitive construction as an alternate to the subjunctive.

    No la dejaban que estudiara.
    No la dejaban estudiar.
    They didn't allow her to study.

    La obligamos a que se deshiciese de sus libros.
    La obligamos a deshacerse de sus libros.
    We forced her to get rid of her books.

> 👁 If the English verbs "to want" or "to wish" are used, stop and think whether the following infinitive has a subject. If the infinitive does not have a subject in English, an infinitive is used in Spanish.
>
>   **La madre quería buscarle un esposo.**
>   Her mother wanted to look for a husband for her.
>
>   **Queremos aprender mucho.**
>   We want to learn a great deal.
>
> If the English infinitive does have a subject (want *them* to go, *her* to study, *him* to write a letter), one *must* use the subjunctive in Spanish (I want *that they go, that she study, that he write a letter*).
>
>   **Quiero que ellos vayan, que ella estudie, que él escriba una carta.**
>   **La madre quería que ella buscara un esposo.**
>   Her mother wanted *her* to look for a husband.
>
>   **Queremos que nuestros estudiantes aprendan mucho.**
>   We want *our students* to learn a great deal.

Ejercicios   A   Conteste usando el subjuntivo:

1. ¿Qué cosa no permitían en aquel tiempo?
2. ¿Qué le mandó la Madre Superiora?
3. ¿Qué prohiben en esta universidad?
4. ¿Qué dijo el Arcipreste que buscáramos?
5. ¿Qué te pedirán tus amigos?
6. ¿Qué les rogó ella a sus hermanos?
7. ¿Qué escribió Sor Juana?
8. ¿Qué rogaste a los que se burlaban de las mujeres?
9. ¿Qué quiere el profesor que hagan Uds.?
10. ¿Qué desean Uds. que haga el profesor?

  B   Vuelva a contestar las preguntas 1, 2 y 3 usando el infinitivo.

C Conteste la pregunta ¿**Qué quiere Ud.?** combinando en la oración subordinada los sujetos de la columna A y las frases de la columna B como en el modelo:

Modelo ¿Qué quiere Ud.?
Quiero que ella me regale su biblioteca.

A	B
ella	regalar(me) su biblioteca.
ellos	no discriminar contra mi amiga.
tú	prestar(me) el libro del Arcipreste.
Ud.	explicar(nos) esa poesía.
ellas	no estar atadas al hogar.
mi amigo	casar(se) con una mujer pequeña.
los hermanos	no matar a Leonor.
Anita	contar(nos) la vida de Sor Juana.
los hombres	aceptar a las feministas.
vosotros	decir(me) qué es el honor.
tú	ayudar en los quehaceres del hogar.
él	no manchar el honor familiar.
ese autor	no burlar(se) de las mujeres

D Ahora haga lo mismo para contestar la pregunta: ¿**Qué quería Ud.?**:

Quería que ella me regalara su biblioteca.

4 The English construction "let us (let's)" + verb
"Let's" + verb is expressed in Spanish by using 1) the first person plural of the present subjunctive or, 2) the colloquial construction **vamos a** + infinitive.

Hablemos del movimiento feminista.
Vamos a hablar del movimiento feminista.
Let's talk about the feminist movement.
Dediquémonos a aprender.*
Vamos a dedicarnos a aprender.
Let's devote ourselves to learning.

In negative sentences only the subjunctive should be used, since the construction **no vamos a** + infinitive can also mean "we are not going to."

No obedezcamos a nuestros hermanos.
Let's not obey our brothers.

* The final **s** is dropped before **–nos** in the case of a reflexive verb.

La mujer

"Let's go" can be said in any of these ways: **vayamos**, **vamos**, and **vámonos** (let's leave).

Vamos (Vayamos) a la universidad.
Let's go to the university.

Vámonos de este lugar.
Let's leave this place.

Ejercicios A Traduzca:

1 Let's not discriminate against women. *Discriminemos*
2 Let's not get married. *No casemos*
3 Let's not get rid of our libraries.
4 Let's not go to that convent.
5 Let's not be slaves of men.

B Traduzca de dos maneras:

1 Let's praise that author.
2 Let's defend the rights of women.
3 Let's help ourselves.
4 Let's listen to that preacher.
5 Let's explain that proverb.
6 Let's get rid of our Spanish books.
7 Let's read Sor Juana's poems.
8 Let's end this exercise.

Other ways of expressing wishes

¡**Quién** + imperfect or pluperfect subjunctive! and ¡**Ojalá** + any subjunctive tense! both mean "I wish" or "Would that." In general, the use of a past subjunctive with these expressions implies that the realization of the wish is impossible or unlikely.

¡**Quién supiera escribir!**
I wish (or Would that) I knew how to write!

¡**Quién hubiera vivido en el siglo XVII!**
I wish (or Would that) I had lived in the seventeenth century!

¡**Ojalá que ella pueda ir a la universidad!**
I wish (or Would that) she can go to the university!

¡**Ojalá que ella pudiese ir a la universidad!**
I wish (or Would that) she could go to the university!

Ejercicio Exprese cinco deseos personales suyos usando ¡**Quién ...!** y cinco usando ¡**Ojalá ...!**

Y un poco del presente

Uno de los grandes triunfos obtenidos por la mujer de hoy ha sido su aceptación en todos los oficios y profesiones. Esto ha producido una verdadera revolución en los Estados Unidos y ahora tenemos mujeres mecánicas, *carteras*, policías, *bomberas*, *domadoras* de leones, *payasas*, barberas, futbolistas, *peloteras*, corredoras de automóviles, *maquinistas*, *vaqueras*, cadetes . . . hasta *sacerdotisas* y *monaguillas*.

    Tengamos cuidado, sin embargo. La participación *igualitaria* en muchos oficios no es necesariamente beneficiosa porque, bajo la apariencia de liberación, puede poner una *carga* adicional en los hombros femeninos. En realidad, en muchas naciones tradicionales o *subdesarrolladas* donde el papel social de la mujer es bastante inferior, ellas han hecho por siglos los trabajos rudos que antes en nuestro país se reservaban para los hombres y que ahora muchas norteamericanas quieren hacer. En Europa ambos sexos siempre han compartido las *faenas* del campo y en los países comunistas, donde la vida es mucho más difícil que en el nuestro, las mujeres realizan desde hace tiempo duras labores en las *granjas* o en las *fábricas*.

letter carriers;
firefighters;
tamers; clowns
baseball players
train engineers
cowgirls; women
priests; altar girls
egalitarian
burden
underdeveloped

work

farms; factories

El presente: el mundo ha cambiado mucho para la mujer desde los días de Sor Juana.

Por razones biológicas, algunos trabajos son en realidad inapropiados para la mayoría de las mujeres (como lo son también para aquellos hombres que no tengan una constitución física fuerte). Excepto en casos especiales, dudo que una mujer deba tener oficios como *estibadora, camionera,* o *instaladora de alfombras.* Muchos se openen además a que sea bombera o policía, porque éstas son profesiones arriesgadas que exigen gran *fortaleza* corporal. stevedore; truck driver
carpet layer
strength

En una actividad tan peligrosa como el toreo se han *destacado* recientemente varias figuras femeninas y ya en los años cincuenta había dos grandes toreras: la peruana Conchita Cintrón y la tejana Patricia McCormick. Pero estas son excepciones porque, en general, es difícil que una mujer pueda sobresalir en los deportes violentos. El *boxeo,* el *balompié* y el "football" norteamericano han producido hasta ahora pocas estrellas femeninas. La Liga Nacional de "Football" Femenino se fundó recientemente en los Estados Unidos y ya tiene varios *equipos.* Sin embargo, una *destacada* futbolista de los "Dandelions" de Los Angeles ha confesado a un comentarista deportivo que no cree que su equipo pueda competir nunca con hombres. "Ellos son más grandes y más fuertes que nosotras y esto es un hecho de la vida que hay que aceptar", añadió. excelled

boxing

teams;
outstanding

Capítulo ocho

Es verdad que la aceptación de mujeres en todos los oficios y profesiones ha sido un gran triunfo. Pero no ha sido el mayor. Antes hubo otro, más básico, sin el cual la revolución feminista no hubiera podido existir. Me refiero a la educación, que por fin dio a la mujer el lugar *digno* que *merecía* en la sociedad. La ignorancia hace esclavos. No pidamos mujeres agricultoras, *soldadoras*, mineras . . . Vamos a pedir mujeres jueces, abogadas, profesoras, financieras, escritoras, astronautas y, ¿por qué no? ¡presidentas! Pero no olvidemos nunca que éstas, solamente la educación puede producirlas.

dignified, worthy; deserved
welders

Preguntas

1 ¿Cuáles son algunos de los oficios y profesiones donde hoy se admiten mujeres?
2 ¿Qué tipo de trabajos hacen las mujeres en los países subdesarrollados?
3 ¿Qué comparten ambos sexos en Europa y en los países comunistas?
4 ¿Qué trabajos dice el artículo que son inapropiados para las mujeres?
5 ¿Por qué piensan muchos que la mujer no debe ser bombera o policía?
6 ¿Hay mujeres toreras? Explique.
7 ¿Qué deportes son violentos?
8 ¿Qué dijo la futbolista de los "Dandelions"?
9 ¿Cuál fue, según el artículo, el triunfo mayor de la mujer?
10 ¿Qué debemos pedir según el artículo?

Más preguntas

1 ¿Conoce Ud. mujeres que realicen trabajos duros?
2 ¿Qué hacen ellas?
3 ¿Cree Ud. que los hombres deben ayudar en los trabajos del hogar?
4 ¿Qué trabajos domésticos realiza Ud.?
5 ¿Conoce mujeres que lleven su apellido de soltera?
6 ¿Se hace esto en otros países? Explique.
7 Para las chicas: ¿Le gustaría ser futbolista o boxeadora?
8 ¿Le gustaría ser torera?
9 ¿Juega alguna de sus amigas un deporte violento? Háblenos de ella.
10 Hable de una mujer que conozca que tenga un puesto importante.

Práctica de vocabulario

1 Los niños que ayudan en las ceremonias de la iglesia se llaman _____.
2 Las _____ son las mujeres que apagan los fuegos.
3 Todo el mundo debe tener una profesión o un _____.
4 Un lugar donde se fabrican cosas se llama _____.
5 Un país pobre con poca industria está _____.
6 Un trabajo o una labor es una _____.
7 Un lugar del campo donde hay plantas y animales se llama _____.

8 Una cosa pesada que se lleva en los hombros es una _____.
9 Un grupo de personas que juegan un deporte forman un _____.
10 Una persona que ha sobresalido en su profesión se ha _____.
11 Una persona que escribe comentarios de deportes es un _____.
12 Obtener un éxito muy grande es obtener un _____.

Temas para trabajo oral o escrito

1 La mujer y los oficios "masculinos"

2 El papel que ha tenido la educación de la mujer en su posición en la sociedad

3 El experimento de los hombres "amos de casa"

4 Los cambios que el movimiento feminista ha traído a las religiones

B Emotion

The subjunctive is used in dependent clauses after expressions of emotion or feeling when there is a change of subject. The following expressions require the subjunctive:

1 Pleasure or displeasure: **alegrarse de**, **estar contento de** (to be happy or glad that), **gustar(le) (a uno)** (to like), **disgustar(le) (a uno)** (to dislike)*

Te alegrabas de que yo no estuviera atada al hogar.
You were glad that I wasn't tied to my home.

Me gusta (Me disgusta) que defiendas tus derechos.
I like (dislike) your defending your rights.

2 Pity or regret: **sentir** (to be sorry), **lamentar** (to regret)

Sentíamos (Lamentábamos) que él no tuviera habilidades domésticas.
We were sorry (regretted) that he didn't have domestic abilities.

3 Surprise: **sorprender(se) de** (to be surprised)

Me sorprendo de que ella sea aceptada en el equipo.
I am surprised that she is accepted on the team.

4 Fear: **tener miedo de** (to be afraid of), **temer** (to fear)

Tengo miedo de que Juanita no tenga suficiente fuerza.
I am afraid that Juanita may not have enough strength.

5 Hope: **esperar** (to hope)

Esperamos que ella gane dinero en ese oficio.
We hope that she makes money in that trade.

* For a more extensive treatment of **gustar**, see **Capítulo 12**.

If there is *no* change of subject, the infinitive is normally used.

Te alegrabas de no estar atada al hogar.
You were glad not to be tied to your home.
Me gusta (Me disgusta) defender mis derechos.
I like (dislike) to defend my rights.
Sentíamos (Lamentábamos) no tener habilidades domésticas.
We were sorry (regretted) not to have domestic abilities.
Me sorprendo de ser aceptada en el equipo.
I am surprised to be accepted on the team.
Tengo miedo de no tener suficiente fuerza.
I am afraid of not having enough strength.
Esperamos ganar dinero en ese oficio.
We hope to make money in that trade.

Ejercicios   A   Cambie las oraciones introduciendo **que ella** como en los modelos:

Modelos   Espero ser aceptada como policía.
Espero que ella sea aceptada como policía.
Esperaba ser aceptada como policía.
Esperaba que ella fuera aceptada como policía.

1 Roberto siente no tener una carrera importante.
2 Me sorprendo de haber conservado mi apellido de soltera.
3 Esperáis ser astronautas algún día.
4 Juan sentía tener que quedarse en casa.
5 Temíamos no poder realizar ese trabajo rudo.
6 Su marido se alegraba de compartir el trabajo.
7 Sentíamos mucho no saber torear.
8 ¿Tenías miedo de trabajar como estibadora?
9 ¿Os alegrabais de ocupar un lugar digno en la sociedad?
10 ¿Esperas triunfar en esa profesión?

B   Vuelva a hacer lo mismo introduciendo esta vez **que ellas**:

C   Conteste en español:

1 ¿Se alegra Ud. de que las mujeres sean iguales a los hombres?
2 ¿Sientes que muchas naciones estén subdesarrolladas?
3 ¿Se sorprende de que las rusas participen en el programa espacial?
4 ¿Tienen Uds. miedo de ir al dentista?
5 ¿Siente Ud. que el marido de su amiga no trabaje?
6 ¿Se alegran Uds. de que su profesor de español sea muy rico?

7 ¿Te sorprendes de que esa joven sea torera?
8 ¿Esperabais que las mujeres hispanas se liberasen también?
9 ¿Espera Ud. que tengamos pronto una presidenta?
10 ¿Se alegra Ud. tanto como yo de terminar este ejercicio?

D   Traduzca al español:

1 He is happy that women are beginning to have rights.
2 I don't want you to go to the library.
3 His mother wants him to write her every week.
4 Let her go to the university.
5 I am sorry that you got rid of your husband.
6 I like (I am pleased) that she is competing with men.
7 Are you surprised that he is the slave of his wife?
8 He is happy that they played so well.
9 They are afraid that their friends had an accident.
10 He wants his girl friend to be a lion tamer.

C   Uncertainty

The indicative mood is normally used to express *facts*. The subjunctive, in contrast, is used to express uncertainty, something that has not happened, or that is unrealized in the speaker's mind. This includes expressions of denial, doubt, and certain negative statements. If the subjunctive expresses a fact, as it does in some cases, it reflects the speaker's attitude or feeling toward this fact.

1 Doubt and denial: **Dudar** (to doubt), **negar(ie)** (to deny), **no estar seguro de** (to be not sure of) are common expressions of doubt and denial.

Dudo (Niego), (No estoy seguro de) que las mujeres pequeñas sean mejores que las grandes.
I doubt (I deny), (I am not sure) that small women are better than big women.

Dudo (Niego), (No estoy seguro de) que Sor Juana fuera la primera feminista.
I doubt (I deny), (I am not sure) that Sor Juana was the first feminist.

If there is no doubt, the indicative is used.

Estoy seguro de que las mujeres pequeñas son mejores que las grandes.
I am sure that small women are better than big women.

Estoy seguro de que Sor Juana fue la primera feminista.
I am sure that Sor Juana was the first feminist.

Imagine que Sor Juana viera esta fotografía, y escriba un párrafo resumiendo lo que ella comentaría sobre esta señorita cura, la primera en la Iglesia Episcopal.

2 The verb **creer**

Creer in the negative expresses doubt, and requires the subjunctive. (The positive of **creer** takes the indicative mood.)

No creo que la acepten en el equipo.
I don't believe that they will accept her on the team.

Creo que la aceptarán en el equipo.
I believe that they will accept her on the team.

In the case of interrogative sentences, **creer** requires a subjunctive when there is an implication of doubt on the part of the speaker. If the speaker does not wish to imply doubt, the indicative is used.

¿Crees que muchas mujeres quieran ser camioneras?
Do you think that many women want to be truck drivers? (The speaker doubts it.)

¿Crees que muchas mujeres quieren ser camioneras? (Same translation as above but no opinion on the speaker's part.)

When a form of **no creer** is used in a question, it indicates certainty.

¿No cree Ud. que España es un país tradicional?
Don't you think that Spain is a traditional country?

Ejercicio   Cambie las oraciones para expresar duda, usando las palabras
dudo, no creo, no estoy seguro de, niego, ¿cree Ud.?

Modelo   Los hombres son más fuertes que las mujeres.
No creo que los hombres sean más fuertes que las mujeres.

1   Las mujeres mejoraron su posición social.
2   Nuestro equipo competirá con los hombres.
3   Ella ganó mucho dinero como dentista.
4   Las mujeres deportistas son algo nuevo.
5   Mi amiga conservó su apellido de soltera.
6   Luisita parece una joven muy culta.
7   Todas las rusas trabajan en granjas agrícolas.
8   Las vaqueras eran tan rápidas como los vaqueros.
9   Hay muchas toreras ahora en España.
10 Los hombres admiran mucho a las futbolistas.

Dibujo por Donald Reilly
© 1977, The New Yorker Magazine, Inc.

"Él era 'el Reverendo'. Yo era 'la muy Reverenda'. Es que no podía ser."

¿Quién pagará la cuenta?

La experiencia nos enseña que la mayoría de la gente no vive enteramente según la doctrina que predica. Esto se ve en los resultados de una *encuesta* publicada hace poco en un periódico neoyorquino. Una periodista les preguntó a cien mujeres solteras liberadas si tenían la costumbre de compartir los gastos cuando salían con un hombre, y sólo siete de ellas contestaron que sí. — poll

¿Cuál es la razón de esto? Al preguntárseles sus motivos, las mujeres *coincidieron* en tres argumentos: a) nosotras todavía ganamos menos que los hombres; b) mi compañero no me permitiría pagar la cuenta; c) es poco femenino pagar en público. Sin embargo, cuando se preguntó a cien hombres solteros si les ofendería que su compañera de salida compartiera los gastos, una *abrumadora* mayoría contestó sin ninguna vacilación: "¡Al contrario, me parece una idea estupenda!" — agreed / overwhelming

Esos hombres comentaron que era justo que las mujeres exigieran iguales *sueldos* y condiciones de trabajo, pero que también debían aceptar igual responsabilidad en asuntos de dinero. En las grandes ciudades el costo de la vida es muy elevado y a un hombre le es difícil salir frecuentemente con una de esas chicas que se creen princesas. — salaries

Muchas mujeres encuentran de mal gusto el acto de poner su dinero sobre la mesa del restaurante ante la vista de todos y prefieren el sistema más conservador de reciprocar a su amigo de alguna manera: dándole *boletos* para el teatro, preparándole cenas caseras, haciéndole regalos. Éstas, sin embargo, disfrutan sólo parcialmente de su liberación. — tickets

En general, las mujeres que abiertamente pagan la mitad de los gastos de las salidas parecen ser las más satisfechas. En la encuesta todas manifestaron que hacerlo les producía gran placer y seguridad en sí mismas. Pagar les da el derecho de escoger los lugares a donde quieren ir y de ser tratadas como iguales. Además, no tienen que *soportar* la compañía de un hombre que no les *agrade* sólo por *agradecimiento* de que las haya invitado a un lugar elegante. — tolerate / please; gratitude

No sabemos cuál será el futuro de la etiqueta de las *citas*, pero es evidente que en las cambiantes relaciones entre los sexos, las costumbres referentes al dinero tienen que cambiar también. — dates

Preguntas
1. ¿Qué hace la mayoría de la gente?
2. Según la encuesta, ¿qué porcentaje de mujeres comparte con los hombres los gastos de las salidas?
3. ¿Qué tres razones dieron muchas para no pagar?
4. ¿Qué pensaba de esto la mayoría de los hombres?
5. Según esos hombres, ¿por qué es lógico que las mujeres compartan los gastos?

La mujer

      6 ¿Por qué las feministas más conservadoras no pagan abiertamente?
      7 ¿Qué hacen ellas en cambio?
      8 ¿Qué mujeres parecen estar más satisfechas?
      9 Explique qué ventajas encuentran ellas en pagar.
    10 Según el artículo, ¿cambiarán las costumbres referentes al dinero?

Más preguntas
1. En general, ¿vive Ud. según la doctrina que predica?
2. Dé un ejemplo, por favor.
3. ¿Qué opina Ud. de las costumbres de abrir las puertas y ayudar a la dama a salir del coche?
4. ¿Ha participado Ud. en alguna encuesta? Explique.
5. ¿Qué piensa Ud. de la idea de compartir los gastos de las citas?
6. ¿Cree que es de mal gusto que la mujer pague a la vista de todos?
7. ¿Qué le parece el método indirecto de reciprocar?
8. ¿Qué predicciones hace Ud. sobre la futura etiqueta de las citas?

Sugerencia Si el profesor lo desea, puede hacer una breve encuesta anónima en clase sobre la cuestión de los gastos compartidos. Pedirá a los estudiantes que declaren su sexo al contestar las preguntas y que expliquen claramente los motivos de su opinión. Recogerá los papeles de la encuesta y en la próxima clase anunciará el resultado. ¡Es posible que haya sorpresas!

D Impersonal expressions

Some of the most common impersonal expressions

es necesario	it is necessary	**es bueno**	it is well
es preciso	" "	**es lástima**	it is a pity
importa	it is important	**¡qué lástima!**	what a pity!
es importante	" "	**es extraño**	it is strange
es mejor	it is better	**es dudoso**	it is doubtful
vale más	" "	**basta**	it is enough
es (im)posible	it is (im)possible	**es cierto**	it is true
es (im)probable	it is (un)likely	**es verdad**	" "
es fácil	it is easy (likely)	**es evidente**	it is evident
es difícil	it is difficult (unlikely)	**es obvio**	it is obvious

Impersonal expressions often convey ideas of possibility, necessity, uncertainty, doubt, or emotion. In these cases, when there is a change of subject in the sentence, they require the subjunctive.

    Es posible que no salgamos a cenar más.
    It is possible that we won't go out for dinner any more.

Será preciso que cambiemos nuestras costumbres.
It will be necessary that we change our habits.

Basta que le regales boletos para el teatro.
It is enough for you to give him tickets to the theater.

Valía más que tú pusieras el dinero sobre la mesa.
It was better that you put the money on the table.

Era lástima que ellos no pudieran ir a un lugar elegante.
It was a pity that they couldn't go to an elegant place.

Es extraño que ella no quiera compartir los gastos.
It is strange that she doesn't want to share expenses.

But:

Es posible no salir a cenar más.
It is possible not to go out for dinner any more.

Será preciso cambiar nuestras costumbres.
It will be necessary to change our habits.

Basta regalarle boletos para el teatro.
It is enough to give him tickets for the theater.

Valía más poner el dinero sobre la mesa.
It was better to put the money on the table.

Era lástima no poder ir a un lugar elegante.
It was a pity not to be able to go to an elegant place.

Es extraño no querer compartir los gastos.
It is strange not to want to share expenses.

A few impersonal expressions indicate facts or certainty on the part of the speaker; therefore they require the indicative: **es cierto**, **es verdad** (it is true); **es obvio** (it is obvious); and **es evidente** (it is evident).

Es cierto que Juan se ofende si su novia paga.
It is true that John gets offended if his girl friend pays.

Es obvio que a los hombres les gusta esa idea.
It is obvious that men like that idea.

Es evidente que nuestras costumbres cambiarán.
It is evident that our habits will change.

Ejercicios A Haga oraciones con seis de las expresiones impersonales de la lista.

B Cambie las oraciones siguientes introduciendo el sujeto **tú** como en el modelo. (Recuerde que si el verbo impersonal está en presente o en futuro, debe usar el presente de subjuntivo; y si el verbo impersonal está en pretérito o imperfecto, debe usar el imperfecto de subjuntivo.)

La mujer   203

Modelo   Era mejor pagar la cuenta.
Era mejor que tú pagaras la cuenta.

1 Es necesario practicar lo dicho.
2 Fue preciso pensar en el dinero.
3 No bastaba acumular argumentos.
4 Será mejor no ofenderse por eso.
5 Es difícil contestar las preguntas de esa encuesta.
6 Fue posible obtener muchos triunfos.
7 Valía más no vivir en una gran ciudad.
8 Es bueno hacerles regalos a los amigos.
9 No era extraño comer en lugares elegantes.
10 ¡Qué lástima tener que soportar a un hombre desagradable!
11 Es imposible ganar ese sueldo.
12 Importa saber lo que opinan nuestros compañeros.

La mujer y los ciclones

Es posible que Ud. no sepa que la práctica de poner nombres de mujer a los ciclones comenzó hace ochenta años en Australia. En realidad, los meteorologistas del estado de Queensland tuvieron primero la idea de dar a los ciclones nombres de políticos conocidos pero, ante las protestas de éstos, *se conformaron con* utilizar solamente los nombres de pila de sus esposas.   yielded to
Así comenzó en todo el mundo la costumbre de poner nombres femeninos a los huracanes.

Pero recientemente el Buró Australiano de Meteorología rompió la tradición al llamar "Alan" a un ciclón en la región de Queensland. El gobierno australiano decidió que era injusto que todos los ciclones fueran femeninos y en el futuro alternará los nombres de hombre y mujer.

Temas para trabajo oral o escrito

1 Comente la noticia anterior.
2 Comente otras conquistas de la mujer.
3 Algunas chicas de la clase decidirán qué mujeres famosas les gustaría ser y los otros estudiantes serán periodistas que les harán preguntas en conferencia de prensa. (Algunas posibles candidatas: Cleopatra, Lucrecia de Borgia, María Antonieta, George Sand, Eleanor Roosevelt, Indira Gandhi, Betty Ford, Evita de Perón, Jacqueline Onassis, Elizabeth Taylor, Madame Curie, Bette Davis . . .)

> 🦻 Distinguish between the pronunciation of **r** and **rr**. The single **r** is produced by a single flap of the tip of the tongue against the ridge behind the upper teeth, and sounds a great deal like the **dd** or the **tt** in American English in words like "Eddie," "ladder," or "latter":
>
> **habladora, quehaceres, barbera.**
>
> When at the beginning of words, or after **l**, **n**, and **s**, the single **r** is pronounced like a **rr**, which is strongly trilled:
>
> **rato, Enriqueta, alrededor, corre, arranca, Israel.**
>
> Practique:
>
> No quiero hacer labores de varones, sino dedicarme a dormir y no tener que trabajar.
>
> En enero Aurora trabajó de cartera, bombera, pelotera y estibadora. La rigidez de los Carreño resulta ridícula.
>
> Raúl no tendrá más remedio que regalar rojos rubíes a Enriqueta.
>
> Rosita Redondo quería romper barreras y decidió correr con carros de carreras y trabajar en el ferrocarril reparando los rieles para que el tren no se descarrilara.

Suplemento

Los oficios y profesiones

Trades and professions

I   Los nombres de muchos oficios terminan en **ero, –a** y se derivan de la cosa que la persona hace o manipula.

1   Diga el nombre de la persona que vende . . .

sombreros (hats)	sombrer_____
pan (bread)	panad_____
carne (meat)	carnic_____
libros (books)	libr_____
joyas (jewels)	joy_____
ferretería (hardware)	ferret_____
helados (ice cream)	helad_____
maní (peanuts)	manic_____

2 ¿Cómo se llama la persona que arregla (fixes) . . .

zapatos (shoes) zapat____ **relojes** (clocks) reloj____
tapicería (upholstery) tapic____ **barbas** (beards) barb____
pelo (hair) peluqu____

3 Diga cómo se llama quien reparte (delivers) . . .

leche (milk) lech____ **mensajes** (messages) mensaj____
cartas (letters) cart____

4 Y la persona que cuida . . .

la cárcel (jail) carcel____ **el jardín** (garden) jardin____
las vacas (cows) vaqu____ **la puerta** (door) port____

5 Diga el nombre de la persona que . . .

lava (washes) lavand____
cocina (cooks) cocin____
toca las campanas campan____
(tolls the bells)
maneja un camión camion____
(drives a truck)
tiene un banco banqu____
(owns a bank)
recoge la basura basur____
(picks up the garbage)

II   Los nombres de otros oficios terminan en **or**, **–ora**.
¿Qué hacen las siguientes personas?

un vendedor (salesman) **una profesora** (professor)
una boxeadora (boxer) **un escritor** (writer)
un agricultor (farmer) **una locutora** (radio announcer)
un decorador (decorator) **una pintora** (painter)
una lectora (reader) **un orador** (speaker)

III   Los oficios y profesiones terminados en **ista** usan la misma palabra para ambos sexos. El femenino se forma con el artículo **la**.

dentista (dentist) **maquinista** (train engineer)
pianista (pianist) **ascensorista** (elevator operator)
periodista (journalist) **telefonista** (telephone operator)
artista (artist, actor, **guitarrista** (guitar player)
    actress) **violinista** (violinist)
electricista (electrician) **ebanista** (cabinet maker)

¿Puede Ud. explicar en español lo que hacen esas personas?

Capítulo ocho

IV Otros oficios y profesiones

contador (accountant) **ingeniero** (engineer)
arquitecto (architect) **bombero** (fireman)
corredor (broker) **juez*** (judge)
carpintero (carpenter) **abogado** (lawyer)
crítico (critic) **bibliotecario** (librarian)
chófer* (chauffeur) **cerrajero** (locksmith)
payaso (clown) **albañil** (mason)
modisto (couturier) **mecánico** (mechanic)
detective (detective) **pastor** (protestant minister)
tintorero (dry cleaner) **monja** (nun)
piloto* (pilot) **taquígrafo** (stenographer)
plomero (plumber) **azafata** (stewardess)
policía* (policeman) **mecanógrafo** (typist)
cura (priest) **farmacéutico** (pharmacist)
sastre* (tailor) **criado** (servant)
camarero (waiter)

V Los rangos militares (Military ranks)

almirante (admiral) **general** (general)
capitán (captain) **teniente** (lieutenant)
coronel (colonel) **comandante** (major)
cabo (corporal) **soldado raso** (private)
sargento (sergeant)

Ejercicio Estudie los nombres de estos oficios y profesiones y después complete:

1 Un _____ construye carreteras.
2 El _____ diseña edificios, el _____ hace paredes de ladrillos y el _____ trabaja con madera, pero cuando hace muebles se llama _____.
3 El _____ diseña vestidos a la moda y el _____ hace ropa de hombre.
4 El rango más bajo del ejército es el de _____.
5 La _____ prepara las medicinas según la receta del médico.
6 Una mujer que trabaja en una biblioteca se llama _____.
7 El _____ investiga un crimen, el _____ captura al criminal, el _____ lo defiende y el _____ da la sentencia.
8 Un _____ escribe a máquina y una _____ toma dictado en una oficina.
9 El _____, el _____ y la _____ son personas religiosas.

* Estas palabras forman el femenino con el artículo **la**.

10 Cuando Ud. va a un restaurante, el _____ le sirve la comida.
11 Un _____ nos hace reír en el circo.
12 Las personas muy ricas tienen _____ y a veces un _____ para su auto.
13 El _____ lava su ropa en seco.
14 Los aviones de pasajeros llevan _____ y _____.
15 La _____ maneja un ascensor en un edificio de oficinas.
16 Si hay un fuego, el _____ lo apaga.
17 El _____ arregla su automóvil cuando está roto.
18 Necesito un _____ que maneje mi camión y un _____ que arregle mi jardín.
19 El _____, el _____ y el _____ trabajan juntos decorando la sala de mi casa.
20 Una _____ es una mujer que escribe para un periódico.
21 Un rango más alto que cabo, pero menos alto que teniente es _____.
22 La persona que maneja un tren se llama _____.
23 Una persona que da una opinión profesional sobre un drama es un _____.
24 El jefe de una flota (fleet) de barcos es un _____.

Leyendo la prensa

Las conquistas femeninas en Puerto Rico

Prácticamente hasta ayer, la mujer puertorriqueña seguía siendo considerada, como sucede en otros países, como incapacitada para *contratar*, *restringiendo* su capacidad *jurídica* como ser humano.   sign a contract; restricting; legal

Ahora es distinto. No sólo acaba de comenzar en Puerto Rico lo que se ha llamado "La reforma femenina", sino que con la *promulgación* de la ley Núm. 51, la situación jurídica de la mujer ha dado un gran paso hacia adelante.   proclamation

Para lograr esa ley, la *licenciada* Olga Cruz Jiménez de Nigaglioni *batalló* sin *descanso* durante los últimos años. Representante a la *Cámara* y después de haber servido por dos *cuatrenios* al Partido Popular Democrático, hizo realidad sus proyectos de mejorar el estado de la mujer *mediante* 17 *medidas* legislativas que fueron presentadas por ella y por la Comisión Pro Mejoramiento de los Derechos de la Mujer.   lawyer; battled rest; House of Representatives 4-year terms by means of; measures

De todos, el proyecto básico de Olga en la Legislatura fue el de la coadministración de los *bienes gananciales*. Gracias a la nueva legislación, la mujer puertorriqueña dispone de los instrumentos legales que necesita para defender sus derechos como esposa, madre y obrera.   property acquired during marriage

En todas partes la mujer aspira a la conquista de sus derechos. Hablaron representantes de todo el mundo en la Conferencia Mundial del Año de la Mujer en México. Aquí vemos delegadas de la Argentina (izquierda) y de Senegal (derecha). La señora del medio es Dolores Ibarruri, "La Pasionaria", política desde hace años.

Por primera vez, la mujer tiene el derecho a adquirir crédito en instituciones financieras, sin tener que contar antes con el consentimiento del marido. "Es más", nos dice Olga. "La nueva ley autoriza a cualquiera de los *cónyuges* a representar legalmente a la sociedad conyugal. Se trata, indudablemente, de una gran conquista que sitúa a la mujer de Puerto Rico en uno de los lugares más privilegiados, en cuanto a derechos se refiere, del panorama latinoamericano."

El viejo *Código* obligaba a la mujer a seguir a su marido dondequiera que éste fijara su residencia. "También aquí hemos logrado nuevos derechos. Con esta ley, cada cónyuge tiene derecho a establecer su domicilio cuando estén viviendo separados o durante el *pleito* del divorcio", explica Olga.

Otra medida de gran *alcance*, y que ha causado gran *revuelo*, es la que *dispone* que las *viudas* o divorciadas no tendrán que esperar los 301 días *reglamentarios* para contraer nuevo matrimonio después de ocurrir el divorcio o la *viudez*, mediante la presentación de un certificado que *acredite* si se halla o no *en estado de gestación*.

"Sí, valía la pena ese esfuerzo. Y no fue fácil conseguir la promulgación de esta nueva legislación. Pero a pesar de la fuerte oposición que por largo tiempo encontraron estos proyectos en ambas Cámaras Legislativas, al fin la justicia se ha hecho. Personalmente, me siento satisfecha", termina Olga. Y con ella, toda mujer puertorriqueña comparte la conquista de unos derechos, a los que aspiró desde hace años.

Rosario Guiscafré, en *Vanidades Continental*, Panamá

9

En movimiento

Un poco de preparación

The present perfect and pluperfect of the subjunctive

I   The present perfect subjunctive is formed by combining the present subjunctive of **haber** (**haya, hayas, haya, hayamos, hayáis, hayan**) with the past participle of the main verb (**llamado, bebido, comido**).

II The pluperfect (past perfect) of the subjunctive is formed by combining the imperfect subjunctive of **haber**—**hubiera** (**ese**), **hubieras** (**eses**), **hubiera** (**ese**), **hubiéramos** (**ésemos**), **hubierais** (**eseis**), **hubieran** (**esen**)—with the past participle of the main verb (**llamado, bebido, comido**).

El pretérito perfecto y el pretérito pluscuamperfecto de subjuntivo

Ejercicio Cambie las palabras subrayadas según se indica:

1. No creo que Juanito se haya muerto.
   (salir, romper el boleto, oír, escribir, casarse, abrir la puerta)
2. ¡Ojalá lo hubiéramos sabido!
   (hacer, leer, traer, encontrar, cubrir, freír)
3. Estamos contentos de que las azafatas hayan vuelto.
   (tú, Uds., vosotros, Ud., Inés)
4. Yo sentía que él lo hubiera escrito.
   (nosotras, tú, Ud., Teresa y Arturo, Uds., ellas)

La rueda

The Wheel

Hoy vamos a hablar del ser humano como *entidad móvil, trasladándose*, cada vez con más rapidez, sobre la *faz* de la tierra. Todo comenzó hace unos cinco mil años con la invención de la rueda, que ha sido el objeto que tal vez ha contribuido más al *desarrollo* de la civilización. De ella *partió* todo aunque la humanidad, ahora que tiene *alas*, lo haya olvidado.

*mobile, moving
face*

*development;
stemmed*

¿Se ha preguntado Ud. alguna vez cómo sería la vida en esos pueblos primitivos antes de que existiera la rueda? Aunque posiblemente se usaron siempre *troncos rodantes* para facilitar el transporte de las *cargas* pesadas, las aplicaciones prácticas de estos troncos eran muy limitadas. Sabemos poco de todo esto porque la mayoría de esas culturas que no tenían ruedas, son demasiado antiguas para que podamos estudiarlas.

rolling logs; loads

El ejemplo más cercano en el tiempo lo ofrecen los pueblos precolombinos, de los cuales sí tenemos datos. Hoy nos sorprendemos de que, siendo tan avanzadas en otros aspectos, estas civilizaciones no hayan conocido la rueda. Hay, sin embargo, una explicación muy sencilla de esto: los indios no tenían *vacas* ni caballos que *tirasen de* los vehículos. *Salvo* las llamas, alpacas y vicuñas, limitadas a cierta región de la América del Sur, no había en el Nuevo Mundo mamíferos que pudieran entrenarse como animales de *tiro*.

*cows; pulled;
Except*

draft

En movimiento 211

El problema del transporte debió de ser muy grave en las culturas precolombinas, aunque a veces se resolvía con métodos ingeniosos. Sabemos que los incas tenían cuerpos de *mensajeros*, corredores *veloces* llamados "chasquis". Cada hombre estaba estacionado en un lugar fijo y corría cierta distancia hasta el lugar donde se encontraba el siguiente corredor, al cual le pasaba el mensaje. Con este *sistema en cadena se cubrían* en poco tiempo grandes distancias que una sola persona no hubiese podido recorrer. Algo parecido hacían los aztecas y se dice que Moctezuma recibía así pescado fresco de la costa en unas pocas horas.

El que siga con los ojos a través de la televisión el *lanzamiento* de un cohete espacial y recuerde estas cosas, se sentirá al mismo tiempo *maravillado* y *sobrecogido*. Maravillado ante la milagrosa capacidad de la mente humana; sobrecogido, porque casi da miedo pensar en el futuro. Si quinientos años han convertido a un chasqui en astronauta, ¿qué harán de este último los próximos quinientos?

messengers; fast

chain system were covered

launching
amazed;
apprehensive

Las carretas decoradas con brillantes colores son una tradición en Costa Rica. Aquí vemos a un artista pintando una de las ruedas.

Capítulo nueve

Preguntas
1. ¿Cuánto tiempo hace que se inventó la rueda?
2. ¿Qué ha olvidado ahora la humanidad?
3. ¿Cómo transportaban las cargas pesadas los pueblos primitivos?
4. ¿Por qué no sabemos mucho de las culturas que no tenían la rueda?
5. ¿Por qué los pueblos precolombinos no usaban la rueda?
6. ¿Quiénes eran los chasquis?
7. Explique el sistema que utilizaban.
8. ¿Para qué usaba Moctezuma sus mensajeros?
9. ¿Por qué nos maravillamos al ver el lanzamiento de un cohete?
10. ¿Por qué nos sobrecoge verlo?

Más preguntas
1. Explique algunos usos de la rueda.
2. ¿Qué cargas pesadas ha transportado Ud.? ¿Cómo las transportó?
3. ¿Qué descubrimiento cree Ud. más importante, la rueda o el fuego?
4. Además de la vaca y el caballo, ¿qué otros animales pueden entrenarse como animales de tiro?
5. ¿Puede decirnos qué animales vivían en América antes de que llegaran los europeos?
6. ¿Cuántos kilómetros* por hora puede correr Ud.?
7. ¿Conoce Ud. diferentes maneras de enviar mensajes? Explique.
8. ¿Cuántos lanzamientos de cohetes ha visto Ud. por televisión?
9. ¿Cuál fue su reacción?
10. ¿Cuáles son sus predicciones para los próximos quinientos años?

Imagine que no existe la rueda. Elimine mentalmente todos los objetos con ruedas que utiliza directa o indirectamente y haga una lista de sus actividades diarias. ¿Cuántas de ellas podría Ud. seguir realizando sin la rueda? ¿Cómo sería su vida?

Práctica de vocabulario
1. Otra palabra para "cara" es _____.
2. Es fácil transportar una carga pesada con _____.
3. Una explicación que no es difícil o complicada es _____.
4. Nadie comía pescado en el interior de México _____ Moctezuma.
5. Los animales que tiran de los carros son animales _____.
6. Una persona muy rápida es _____.
7. Es posible ver el _____ de los cohetes por televisión.
8. Cuando vemos algo sorprendente y magnífico quedamos _____.
9. Si algo nos sorprende y nos da miedo al mismo tiempo, estamos _____.
10. Un "chasqui" era un _____ inca.

* Un kilómetro es el equivalente de .62 millas.

The subjunctive mood, cont'd

El modo subjuntivo (continuación)

A Sequence of tenses

1 When the action in the dependent clause takes place at the same time as, or after, the action of the main clause:

Main clause	Dependent clause
1 Present indicative 2 Future indicative 3 Commands	Present subjunctive
4 Any past indicative 5 Conditional 6 Conditional perfect	Imperfect subjunctive

1 **Pedro se alegra**
   Peter is happy
2 **Pedro se alegrará**
   Peter will be happy
3 **Pedro, alégrese**
   Peter, be happy

   de que el mensajero llegue pronto.
   that the messenger will arrive soon.

4 **Pedro se alegraba (se alegró)**
   Peter was happy
5 **Pedro se alegraría**
   Peter was probably happy
6 **Pedro se habría alegrado**
   Peter must have been happy

   de que el mensajero llegara pronto.
   that the messenger would arrive soon.

2 When the action in the dependent clause takes place before the action of the main clause:

Main clause	Dependent clause
1 Present indicative 2 Future indicative 3 Commands	Present perfect subjunctive
4 Any past indicative 5 Conditional 6 Conditional perfect	Pluperfect subjunctive

1 **Pedro se alegra**
   Peter is happy
2 **Pedro se alegrará**
   Peter will be happy
3 **Pedro, alégrese**
   Peter, be happy

de que el mensajero haya llegado ya.
that the messenger has already arrived.

4 **Pedro se alegraba (se alegró)**
   Peter was happy
5 **Pedro se alegraría**
   Peter was probably happy
6 **Pedro se habría alegrado**
   Peter must have been happy

de que el mensajero hubiera llegado ya.
that the messenger had already arrived.

B Subordinate conjunctions

Conjunctions of time

cuando	when
en cuanto	as soon as
después (de) que	after
hasta que	until
mientras (que)	while, as long as

1 Subordinate conjunctions referring to time may take either the indicative or the subjunctive.

   a They take the indicative if they refer to an accomplished fact, a customary act, or one that has taken place.

Cuando él vio la llama, quiso montarla.
When he saw the llama, he wanted to ride it.

En cuanto lanzaron el cohete, apagué el televisor.
As soon as they launched the rocket, I turned the television off.

Después que aprendimos a volar, olvidamos la rueda.
After we learned to fly, we forgot the wheel.

Él siempre espera hasta que llega su pescado para comer.
He always waits until his fish arrives to eat.

No necesitaron ruedas mientras no tuvieron animales de tiro.
They didn't need wheels as long as they didn't have draft animals.

   b They require the subjunctive if the verb in the main clause is future to and dependent on the verb introduced by the conjunction.

Cuando él vea la llama, querrá montarla.
When he sees the llama, he will want to ride it.

En cuanto lancen el cohete, apagaré el televisor.
As soon as they launch the rocket, I will turn the television off.

Después que aprendamos a volar, olvidaremos la rueda.
After we learn to fly, we will forget the wheel.

Él esperará hasta que llegue su pescado para comer.
He will wait until his fish arrives to eat.

No necesitarán ruedas mientras no tengan animales de tiro.
They won't need wheels as long as they don't have draft animals.

Antes (de) que (before) always takes the subjunctive.

Apagué el televisor antes de que lanzaran el cohete.
I turned the television off before they launched the rocket.

Él siempre come antes que llegue su pescado.
He always eats before his fish arrives.

Pasarán muchos años antes de que un astronauta vaya a Venus.
Many years will pass before an astronaut goes to Venus.

---

2 Conjunctions of purpose, manner, and condition—except **de modo que***—*cannot* introduce a fact, and are always followed by the subjunctive.

Conjunctions of purpose, manner, and condition

a menos que	unless
con tal (de) que	provided
para que	in order that, so that
de modo que	without
sin que	

Moctezuma no comía pescado a menos que estuviese fresco.
Montezuma didn't eat fish unless it was fresh.

Transportaremos las cargas con tal que tengamos troncos.
We will transport the loads provided that we have logs.

---

* When **de modo que** is equivalent to **para que** it takes the subjunctive. However, **de modo que** sometimes means "so," "for that reason." In this case, the indicative is used.
Los mensajeros corrían mucho, de modo que el mensaje llegara pronto.
The messengers ran fast in order that the message would arrive soon.
Los mensajeros corrieron mucho, de modo que el mensaje llegó pronto.
The messengers ran fast, and for that reason, the message arrived soon.

Son culturas demasiado antiguas para que podamos estudiarlas.
They are cultures that are too old for us to be able to study them.
No pasaba un día sin que yo comiera pescado.
A day didn't pass without my eating fish.

Ejercicios A Cambie al futuro como en el modelo:

Modelo Consiguieron alpacas después que tuvieron llamas.
Conseguirán alpacas después que tengan llamas.
1 Ella leía las cartas cuando los mensajeros llegaban.
2 Todos los días, después que salgo de casa, tomo el tranvía.
3 Pues yo cambié de medio de transporte en cuanto compré una bicicleta.
4 Mientras pudo, pasó mensajes a los otros.
5 No pudieron beber leche hasta que no tuvieron vacas.
6 ¿Qué pasó después que descubrieron el fuego?
7 El chasqui corría hasta que llegaba a la próxima estación.
8 Supe la noticia antes de que el mensajero llegara.

B Complete las oraciones con la forma correcta del verbo:
1 Moverán la carga sin que los troncos se (romper)_____.
2 Su padre le comprará una bicicleta para que (ir)_____ a clase.
3 Nunca se siente maravillado a menos que (ver)_____ un astronauta.
4 Me da troncos para que (transportar)_____ esa carga.
5 Este sistema permite correr grandes distancias sin que los corredores se (cansar)_____.
6 No tienen ruedas, de modo que (for that reason) no (poder)_____ tener carros.
7 Traeré una llama y una vicuña para que los estudiantes (apreciar)_____ las diferencias entre ellas.
8 Podremos estudiar esas culturas con tal que (tener)_____ más datos.
9 No sale un solo cohete sin que un astronauta (ir)_____ en él.
10 No podrás hacer bien este ejercicio a menos que (estudiar)_____ las conjugaciones.

C Ahora cambie las oraciones al pasado.

(Al volante)   At the steering wheel

El automóvil es un símbolo de la vida norteamericana. Somos una nación sobre ruedas y poseemos más del sesenta por ciento de los coches que hay en el mundo. Tal vez sea el automóvil uno de los factores que ha modificado más nuestras costumbres.

Piense Ud. en todos los cambios producidos en los Estados Unidos

En movimiento

desde los días bastante recientes de la bicicleta, el *ferrocarril* y el *tranvía*. Gracias al automóvil tenemos hoy moteles, *centros comerciales, autopistas* y toda clase de "draivins": autocines, restaurantes donde Ud. come sin bajar del coche, bancos donde deposita y saca el dinero sin *apearse*.

    El automóvil también ha hecho posible que muchas familias vivan como gitanos en casas *remolques* y que puedan ir de vacaciones a cualquier sitio *con todo y casa* sin preocuparse del *hospedaje*.

    El coche nos ayuda a vencer las distancias, a *desafiar* las inclemencias del invierno, a dar paseos sin calor en el verano, a disfrutar de íntimos momentos románticos con el ser amado en las noches de luna. No importa que llueva: él nos protege con su *techo*; no importa el viento, entre cristales no sentimos sus efectos; no importa que la comida que compramos en el supermercado se acumule en varias *bolsas* muy pesadas, porque el auto las transporta.

    Para muchos hombres norteamericanos, el automóvil es como una novia y cuando hablan de él dicen "she". En general, las personas de ambos sexos personalizan su coche, haciéndolo *vocero* de sus sentimientos políticos, patrióticos, religiosos y amorosos. En el *cristal trasero* se ven banderas y *escudos* de diversos países y en los *parachoques* se pueden leer los más variados *lemas*: "Bésame mucho", "Tuyo hasta la muerte", "Acércate, nena", dicen muchos autos. Otros, menos románticos, proclaman "*Fulano* para presidente" o "Soy demócrata". Y hasta los hay religiosos: "Dios es amor", "Si tu Dios está muerto, puedes usar el mío", "Si crees en Jesucristo *toca el claxon*", "Adopción, no *aborto*".

    ¡Qué útil, qué importante es el automóvil en nuestras vidas! ¡Ah! Pero todo tiene un precio y verdaderamente el auto *nos cobra el suyo*. Comencemos diciendo que es arma mortal en manos de adolescentes inmaduros y choferes borrachos, al extremo de que los accidentes automovilísticos son hoy uno de los problemas más graves en los Estados Unidos.

    El coche nos quita preocupaciones, pero también las causa. Hay que pagar anualmente un *montón* de dólares a las compañías de *seguros* y las *letras mensuales* del banco *debilitan* cualquier *presupuesto*. Debemos lubricarlo y cambiarle el aceite periódicamente, *revisar* la presión de aire en las *gomas*, reemplazar los *limpiaparabrisas* defectuosos para que no *rayen* el *cristal delantero*, instalar gomas especiales para la nieve, mantener el nivel adecuado de *anticongelante* en el radiador, mirar que el *acumulador* tenga agua.

    Y, ¿qué decir de los sufrimientos que un coche ocasiona en una gran ciudad? Un chofer que tenga prisa lo insultará si Ud. va despacio, un taxista que quiera recoger a un cliente *se le echará encima*. Ud. deberá competir por un espacio para estacionarse y a veces defender ese espacio vital con palabras *groseras* y hasta con los *puños*. Y si por fin alcanza la suerte única de conseguir un lugar vacío donde haya un *parquímetro*, ¡cuidado! Los policías, las chicas "*pone-multas*" y hasta los empleados del departamento de *limpieza* de calles, *vigilarán* su auto como los *buitres* vigilan a un hombre

Capítulo nueve

agonizante en el desierto, esperando que la *agujita* del reloj desaparezca para caer sobre el vehículo *indefenso* y colocarle la notificación de una *multa* en el *parabrisas*. hand (needle) / defenseless / fine; windshield

Preguntas
1 ¿Qué por ciento de los coches mundiales tienen los Estados Unidos?
2 Nombre algunos lugares que deben su existencia al automóvil.
3 ¿Qué ventajas tiene un remolque?
4 ¿Cómo nos ayuda el coche?
5 ¿Cuál es la actitud de muchos hombres norteamericanos hacia su coche?
6 Explique cómo el coche es muchas veces vocero de su dueño.
7 ¿Cuáles son algunos lemas?
8 ¿Cómo nos cobra el automóvil su precio?
9 ¿Qué preocupaciones monetarias causa el auto?
10 ¿Qué cuidados periódicos requiere el motor?
11 ¿Y las gomas?
12 ¿Qué problemas hay en la ciudad con otros choferes?
13 ¿Dónde es difícil conseguir un espacio para estacionarse?
14 ¿Quiénes son los "buitres" del automóvil en la ciudad?
15 ¿Qué hacen ellos?

Más preguntas
1 ¿Quiénes tienen automóvil en su familia?
2 ¿Puede Ud. describir su coche o el de su padre?
3 ¿Qué servicios del tipo "draivin" utiliza Ud.?
4 ¿Tiene Ud. un remolque?
5 ¿Puede hablarnos de un remolque que haya visto?
6 ¿Quiere explicarnos cómo lo ayuda su coche románticamente?
7 ¿Tiene Ud. sentimientos especiales hacia su coche? Explique.
8 ¿Puede hablarnos de las banderas y lemas que ha visto en los coches?
9 ¿Cuáles tiene Ud. en el suyo?
10 ¿Cuánto dinero le cuesta a Ud. su coche mensualmente?
11 ¿Qué cuidados le da Ud.?
12 ¿Quiere hablarnos de las multas que le han puesto?

Práctica de modismos
Tocar el claxon   to blow the horn
Echarse(le) encima (a uno)   to cut in front of (one); to tackle; to jump on
Poner(le) una multa (a uno)   to fine
Con todo y . . .   . . . and all

Sustituya las palabras subrayadas por las que están entre paréntesis, haciendo los cambios necesarios:

1 <u>Juan</u> toca el claxon para llamar a su novia.
   (Yo, Los estudiantes, El profesor, El policía, El chasqui)

En movimiento   **219**

2 El policía se le echó encima al bandido.
  (a mí, a los choferes, al profesor, a él y a mí, a ti)
3 La "pone-multas" le puso una multa a mi amigo.
  (a mi madre, al taxista, a los policías, a nosotros)
4 Iré con todo y casa.
  (bicicleta, amigos, multa, remolque, bandera)

(imagen de un automóvil con partes numeradas del 1 al 7; anotaciones manuscritas: "techo" junto al 6, "gomas" junto al 5)

Práctica de vocabulario ¿Puede Ud. decir los nombres de las partes numeradas del 1 al 7 sin consultar el texto?

¿Qué otras palabras relacionadas con el automóvil recuerda Ud.?

Temas para trabajo oral o escrito
1 Ud. y su automóvil
2 El coche en la vida norteamericana
3 Los problemas del transporte en las grandes ciudades
4 Sus problemas personales de estacionamiento

Capítulo nueve

PRINCIPALES SEÑALES DE TRÁNSITO
MAIN TRAFFIC SIGNS

DOBLE CIRCULACIÓN / TWO WAY	GLORIETA / ROTARY INTERSECTION	TRANSICIÓN / TRANSITION	TRAMO ANGOSTO / ROAD NARROWS	PUENTE ANGOSTO / NARROW BRIDGE
ANCHURA LIBRE / CLEARANCE	CAMINO DERRAPANTE / SLIPPERY	PENDIENTE / HILL	VADO / DIP	CRUCE F.C. / RAILROAD CROSSING
TRABAJADORES / WORKMEN	ESCUELA / SCHOOL	ZONA DE DERRUMBES / SLIDE AREA	SEMÁFORO / SIGNAL	GANADO / CATTLE
ALTO / STOP	CEDA EL PASO / YIELD RIGHT OF WAY	ADUANA / INSPECTION	MÁXIMA / SPEED LIMIT (KM)	CIRCULACIÓN / ONE WAY
SOLO IZQ / ONLY LEFT TURN	CONSERVE SU DERECHA / KEEP RIGHT	DOBLE CIRCULACIÓN / TWO WAY	ANCHO LÍMITE / WIDTH LIMIT	NO / NO LEFT TURN
NO REBASE / DO NOT PASS	NO / DO NOT ENTER	E UNA HORA / ONE HOUR PARKING	E LÍMITE / PARKING LIMIT	E 8 a 21 H. DÍAS HÁBILES / NO PARKING
E ESTACIONAMIENTO / PARKING	PARADA / BUS STOP	GASOLINERÍA / GAS STATION	TELÉFONO / TELEPHONE	SERVICIO MECÁNICO / MECHANIC
500 m RESTAURANTE / RESTAURANT	CHALANA / FERRY BOAT	SANITARIOS / REST ROOM	HOSPITAL / HOSPITAL	CAMPO PARA CASAS RODANTES / TRAILER CAMP

Si Ud. viviera en México éstas serían las señales de tránsito que vería todos los días. ¿Puede compararlas con señales equivalentes que se usan en los Estados Unidos?

¿Sabía Ud. que el automóvil tiene varios nombres en español? Algunos países muestran preferencia por un nombre determinado. Por ejemplo, un peruano hablando de su automóvil diría: "mi auto", un cubano: "mi máquina", un español: "mi coche", un venezolano: "mi carro".

C The subjunctive in indefinite clauses

The subjunctive is used in Spanish when the antecedent of the relative pronoun **que** is 1) indefinite or 2) negative.

1 Indefinite antecedent
The existence of the antecedent is uncertain to the speaker:

Busco un remolque que sea grande.
I am looking for a trailer that is large.

Necesito un coche que no me dé problemas.
I need a car that won't give me problems.

¿Tienes algún amigo que viva en un motel?
Do you have any friend who lives in a motel?

¿Hay alguien en esta clase que tenga un auto europeo?
Is there anyone in this class who owns a European car?

2 Negative antecedent
The speaker denies, or is unaware of, the existence of the antecedent:

No encontré ningún remolque que fuera grande.
I didn't find any trailer that was large.

No hay ningún coche que no dé problemas.
There isn't any car that doesn't give problems.

No tengo ningún amigo que viva en un motel.
I don't have any friend who lives in a motel.

No hay nadie en esta clase que tenga un auto europeo.
There is no one in this class who owns a European car.

But:

Encontré un remolque que es muy grande.
I found a trailer that is very large.

Compré un coche que no me da problemas.
I bought a car that doesn't give me problems.

Tengo un amigo que vive en un motel.
I have a friend who lives in a motel.

Hay dos estudiantes en esta clase que tienen autos europeos.
There are two students in this class who own European cars.

Ejercicios A Conteste la pregunta ¿**Qué busca Ud.?** combinando las columnas A y B en su respuesta como en el modelo.

Modelo **Busco una bicicleta que ande con tres ruedas.**

A	B
1 una bicicleta	andar con tres ruedas
2 un mensajero	caminar despacio
3 una vicuña	no tener pelo
4 un perro	no ladrar
5 un automóvil	no necesitar acumulador
6 un cohete	no ir al espacio
7 un policía	no poner multas
8 un parachoques	no llevar un lema romántico
9 un limpiaparabrisas	no rayar el cristal
10 un taxista	ser amable

B Haga lo mismo para contestar la pregunta: ¿**Qué buscaba Ud.?**

Modelo **Buscaba una bicicleta que anduviera con tres ruedas.**

C Ahora haga oraciones con esos mismos datos utilizando, en vez del verbo **buscar**, los verbos:

1 Vi   6 Fabricaron
2 Conozco   7 Hay
3 Existe   8 He visto
4 Tenemos   9 Mi coche tiene
5 Compraste 10 Encontrasteis

Modelo **Vi una bicicleta que andaba con tres ruedas.**

D Niegue la existencia de las cosas mencionadas en la columna A.

Modelo **No hay una bicicleta que ande con tres ruedas.**

De vacaciones

A principios de nuestro siglo, el que iba de vacaciones dentro de un mismo país o continente utilizaba el tren y, si sus vacaciones eran en *ultramar*, iba   overseas
en barco. Cuando apareció el aeroplano se convirtió en la forma de viajar
preferida por la mayoría de la gente por su *comodidad* y rapidez.   comfort

Pero ahora algunos individuos de espíritu aventurero, que detestan lo común y rutinario, están cansados del avión. Si los viajes espaciales estuvieran *al alcance* del público en general, estas personas los harían, pero como no es así, han debido *retroceder* y usar *medios de transporte* más antiguos.

Hay muchas compañías que organizan este tipo de excursiones "originales". Si a Ud. le gusta salir de la rutina y desea tener temas interesantes para hablar en la oficina o en la *tertulia* de amigos al regreso de sus vacaciones, aquí tiene algunos viajes que le atraerán. Todos poseen una cosa en común: el uso de medios de transporte que ya están un poco *pasados de moda*.

within the reach
go back; means of transportation

social gathering

outdated

Excursión en burro a través de las Sierras

Es posible alquilar burros y guías y atravesar así las altas Sierras de California en un viaje que dura una semana y en el cual *se recorren* entre diez y doce millas diarias. Por supuesto, ésta es una excursión para los *amantes* de la naturaleza *salvaje*, a quienes no les importe dormir bajo un *mosquitero*, llevar el cuerpo cubierto de repelente contra insectos y luchar con un burro *obstinado* que quizás *se niegue* a andar.

are traveled

lovers; wild
mosquito net
stubborn; refuses

Por Wisconsin en bicicleta

En el estado de Wisconsin hay una ruta especial, un "bikeway" o camino de bicicletas, que se extiende por 300 millas, desde la frontera con Minnesota hasta las orillas del lago Michigan. Es un paseo interesante por los hermosos *paisajes*, granjas, lagos y parques que se ven, pero hay que ser un poco *valiente*, porque es necesario cruzar varios túneles cavernosos y algunos precipicios.

Muchos ciclistas van en grupos, llevan *tiendas de campaña* y equipos y *acampan* al aire libre a la *orilla* del camino. Todos debieran hacer este viaje, porque montar en bicicleta es un ejercicio excelente. Si Ud. escribe al Departamento de *Recursos* Naturales de Wisconsin, ellos le enviarán gratis un mapa especial de la ruta para bicicletas.

landscapes
courageous

camping tents
camp; side

resources

Por el medio oeste en carreta

Para los nostálgicos de la historia de los Estados Unidos, existen excursiones de varios días por las *tierras áridas* de Dakota del Sur. El tiempo se detiene para los participantes de esta aventura que recrea una era pasada. Ud. vive como los pioneros del oeste: de día va en una carreta tirada por caballos, de noche acampa y conversa con el resto del grupo junto a la *fogata* donde se cocina la comida. Duerme en su carreta o bajo las estrellas en un *saco de dormir*.

wagon

(Badlands)

campfire
sleeping bag

En tren de Antofagasta a Bolivia

Lo diferente de esta *jornada* es que el tren sube desde el nivel del mar hasta una altura de más de *4,200 metros*. Se sale de Antofagasta en la costa norte de Chile. La *vía* atraviesa parte del largo desierto de las costas del Perú

journey
(about 14,000 feet)
tracks

y Chile y, pasando por el lago Poopó, a *3,600 metros* de altura, llega en dos días a la Paz, la capital de Bolivia. (about 12,000 feet)

Un aspecto interesante es la variedad de personas que van en los coches de este tren: hombres de negocios chilenos y bolivianos, viajeros locales, e indios del *altiplano* cargados de *canastas* de frutas, comida y todo tipo de *mercancías* que llevan a vender al *mercado*. Si a Ud. le gustan las cosas pintorescas y con *sabor* local, éste es el viaje que le recomendamos. high plateau; baskets merchandise (goods); market flavor

En balsa por los ríos de la selva ecuatoriana

Éstas son vacaciones para los amantes de las *emociones fuertes*, porque los ríos de la selva del Ecuador (Napo, Aquarico, Curary, etc.) están llenos de pirañas y por las orillas andan jaguares, ocelotes y *jabalíes*. Otro posible obstáculo son los nativos, que no están civilizados ni acostumbrados a la presencia de *extraños*. thrills

wild boars

strangers

La época del año indicada para esta expedición fluvial es la *estación de la seca*, entre noviembre y enero. Si Ud. regresa *ileso*, volverá muy contento y con muchas cosas sensacionales que contarles a sus amigos. dry season unhurt

Tres aspectos de la vida en el altiplano. Aunque las llamas todavía se utilizan como bestias de carga, son sustituídas muchas veces por transportes modernos. Fíjese en los camiones estacionados en el mercado (abajo).

Capítulo nueve

Preguntas

1. ¿Qué medios de transporte se usaban a principios de nuestro siglo?
2. ¿Qué clase de personas están cansadas del avión?
3. ¿Por qué no pueden hacer ellos viajes espaciales?
4. ¿Qué tienen en común las excursiones de este artículo?
5. ¿Cuánto tiempo se tarda en atravesar las Sierras?
6. ¿Dónde está el camino para bicicletas?
7. ¿Por qué hay que ser un poco valiente para seguirlo?
8. ¿Cómo hacen el viaje muchos ciclistas?
9. ¿Qué hacen por el día los que van en la excursión de Dakota del Sur?
10. ¿Y de noche?
11. ¿Por qué es diferente el viaje en tren de Antofagasta a Bolivia?
12. ¿Qué atraviesa la vía?
13. ¿A qué altura está el lago Poopó?
14. ¿Qué viajeros van en ese tren?
15. ¿Qué tipo de persona preferiría este viaje?
16. ¿Qué peces hay en los ríos de la selva ecuatoriana?
17. ¿Qué animales andan por las orillas?
18. ¿Cómo son los nativos?
19. ¿Qué estación del año se recomienda para este viaje?
20. ¿Cómo volverán los que vayan en él?

Más preguntas

1. ¿Ha hecho Ud. viajes a ultramar?
2. ¿Qué medio de transporte utilizó?
3. ¿Le gustaría dar un viaje al espacio? ¿Por qué?
4. ¿Qué medio de transporte prefiere Ud.? ¿Por qué?
5. ¿Ha montado a caballo? ¿En burro?
6. ¿Qué ventajas tiene un burro sobre un caballo?
7. ¿Ha dormido Ud. bajo un mosquitero? ¿Cuándo?
8. ¿Cuándo monta Ud. en bicicleta?
9. ¿Puede explicarnos la ventaja de tener una tienda de campaña?
10. ¿Se sienta Ud. de vez en cuando junto a una fogata? Explique.
11. ¿Ha tenido alguna experiencia con la naturaleza salvaje?
12. ¿Cuál es el lago más alto que ha visto? ¿Y el más grande?
13. ¿Sabe Ud. cuál es el lago navegable más alto del mundo?
14. ¿Ha estado en algún mercado? Explique.
15. ¿Qué puede decirnos de las pirañas?

Un poco de humor

El turista llevaba mucho tiempo en la estación de aquel pueblecito de Bolivia, esperando el tren que cruza el altiplano. Desesperado, llamó al jefe de la estación.

—Mire— le dijo —estoy cansado de esperar. ¿Puede darme Ud. el *horario*? Necesito saber a qué hora debe pasar por aquí ese tren oficialmente.   timetable

—¿Horario?— exclamó muy sorprendido el jefe de la estación —aquí usamos un *almanaque*.   calendar

D Contrary-to-fact statements

The imperfect or pluperfect subjunctive is used in *if* clauses to express a supposition that is contrary to fact or unlikely to happen. The Spanish conditional translates the English conditional in the main clause.*

Si Diego fuera de vacaciones ahora, viajaría en tren.
If James went on vacation now, he would go by train. (James is not going on vacation now.)

Si Diego hubiera ido de vacaciones, habría ido en tren.
If James had gone on vacation, he would have gone by train. (James didn't go on vacation.)

Si visitases los Andes, verías muchas llamas.
If you visited the Andes, you would see a lot of llamas. (You aren't visiting the Andes.)

Si hubieras visitado los Andes, habrías visto muchas llamas.
If you had visited the Andes, you would have seen a lot of llamas. (You didn't visit the Andes.)

Si tuviera un saco de dormir, acamparía allí.
If I had a sleeping bag, I would camp there. (I don't have a sleeping bag.)

Si hubiese tenido un saco de dormir, habría acampado allí.
If I had had a sleeping bag, I would have camped there. (I didn't have a sleeping bag.)

Note that only past subjunctive tenses are used in contrary-to-fact sentences. The present subjunctive is never used in Spanish after **si** when it means "if."

---

* The **–ra** form of the imperfect or pluperfect subjunctive may replace the conditional.
  Si Diego hubiera (hubiese) ido de vacaciones, hubiera viajado en tren.
  Si yo tuviera (tuviese) un saco de dormir, acampara allí.

Bote típico de los lagos de Bolivia, que todavía se construye con la técnica utilizada hace mil años. En antiguos dibujos egipcios se ven cosas similares.

E   Another type of conditional sentence

Some conditional sentences are neither contrary to fact nor unlikely to take place in the future. For these, Spanish uses forms of the indicative equivalent to those used in English.

Si Diego fue de vacaciones, estoy seguro de que viajó en tren.
If James went on vacation, I am sure that he traveled by train.

Si visitas los Andes, verás muchas llamas.
If you visit the Andes, you will see a lot of llamas.

Si me prestas tu saco de dormir, acamparé aquí.
If you lend me your sleeping bag, I will camp here.

Ejercicio   Cambie estas oraciones a oraciones de condición hipotética o imposible:

1 Si encontramos un camino para bicicletas, iremos por él.
2 Si ellos han ido en grupo, se han divertido más.
3 Si su amigo ha pedido el mapa, se lo han enviado.
4 Si Ud. es una persona nostálgica, preferirá las carretas.
5 Si no tienes saco de dormir, compartiremos el mío.
6 Si has visto un jabalí, has conocido el peligro.

7 Si vas a Bolivia, verás el altiplano.
8 Si hay pirañas, no me baño en ese río.
9 Si ellos han comprado un cohete, habrán dado un viaje al espacio.
10 Si me prestas tu canasta, iré al mercado.
11 Si viajas en burro, recorrerás diez millas diarias.
12 Si dormimos debajo de un mosquitero, no nos picarán los mosquitos.
13 Si amamos la naturaleza salvaje, iremos a las Sierras.
14 Si has dado ese viaje, has salido de la rutina.
15 Si habéis aprendido a navegar en balsa, no tendréis problemas.

F Use of the subjunctive in softened statements

The imperfect subjunctive **–ra** forms of **deber**, **querer**, and **poder** are frequently used instead of the indicative mood to soften a request.

> **Todos debieran hacer este viaje.**
> Everybody should take this trip.
>
> **Yo iré, pero ¿quisieras prestarme tu bicicleta?**
> I will go, but would you lend me your bike?
>
> **La necesito. Si pudieras comprarte una, sería mejor.**
> I need it. If you could buy yourself one, it would be better.

Ejercicio Haga más indirectas estas oraciones:

1 Debes ir a Bolivia en tren.
2 ¿Puedes matar ese jabalí?
3 Quiero tu mapa.
4 Debemos conseguir un guía.
5 Uds. pueden ayudarnos encendiendo la fogata.
6 ¿Quieren explicarme dónde está el lago Poopó?
7 Ud. debe compar un mosquitero.
8 ¿Puedo dormir hoy en tu tienda?

G The subjunctive in main clauses

After the adverbs **acaso**, **quizá(s)**, **tal vez** (perhaps), the subjunctive may be used if greater doubt is to be implied.

> **Tal vez el burro se niegue a andar.**
> **Tal vez el burro se negará a andar.**
> Perhaps the burro will refuse to walk.
>
> **Quizás haya pirañas en el río.**
> **Quizás hay pirañas en el río.**
> Perhaps there are piranhas in the river.

Ejercicio Cambie para aumentar la duda:

1 Tal vez están cansados del avión.
2 Quizás no acamparemos al aire libre.
3 Acaso no iremos a Dakota del Sur.
4 Quizás no tiene dinero para el viaje.
5 Tal vez el desierto no es tan grande.
6 Acaso te gustan las frutas del altiplano.
7 Quizás la balsa no está en el río.
8 Tal vez los nativos no nos verán.

Suplemento

Las banderas

Si Ud. pasa junto a un automóvil que lleva una de estas banderas, ¿podrá decir de qué país es el dueño? Trate de identificarlas siguiendo las claves que se dan a continuación. (Si quiere tener una idea exacta de cómo se ven estas banderas en color, le sugerimos que consulte una enciclopedia.)

Argentina	Tres rayas anchas combinando los colores azul y blanco y un sol en el centro.
Bolivia	Tres rayas: una roja, una amarilla y una verde.
Colombia	Tres rayas de ancho desigual: una amarilla, una azul y una roja.
Costa Rica	Cinco rayas desiguales combinando azul, blanco y rojo.
Cuba	Un triángulo rojo con una estrella blanca y cinco rayas que combinan azul y blanco.
Chile	Una estrella blanca en un cuadrado azul y dos rayas anchas: una blanca y una roja.
Ecuador	Tres rayas iguales que las de Colombia, pero con un escudo en el centro.
El Salvador	Tres rayas: azul, blanca y azul con un escudo en el centro.
España	Tres rayas: roja, amarilla y roja con un águila en el centro.
Guatemala	Tres rayas verticales: azul, blanca y azul con un pájaro de cola muy larga (quetzal) en el centro.
Honduras	Una raya azul, una blanca y una azul, con cinco estrellitas.
México	Tres rayas verticales de color verde, blanco y rojo, con un águila en el centro.
Nicaragua	Tres rayas: azul, blanca y azul, con un triángulo en el centro.

En movimiento   **231**

Panamá	Cuatro rectángulos: dos blancos, uno rojo y uno azul, y dos estrellas.
Paraguay	Tres rayas: roja, blanca y azul, con un círculo en el centro.
Perú	Un escudo en el centro y tres rayas verticales: roja, blanca y roja.
Puerto Rico	Es igual que la de Cuba, pero con los colores invertidos.
República Dominicana	Una cruz blanca con un escudo en el centro y cuatro secciones rectangulares: dos azules y dos rojas.
Uruguay	Un sol en un cuadrado y rayas azules y blancas más estrechas que las de Argentina.
Venezuela	Una raya amarilla, una azul y una roja, y siete estrellitas.

¿Cuál bandera le gusta más?

Ud. habrá notado que algunas banderas se parecen: por ejemplo, las de la Argentina y el Uruguay, las de Cuba y Puerto Rico, las de Colombia y el Ecuador. ¿Cree que se trata de una coincidencia, o que existen razones históricas para ello? Busque información sobre este asunto.

Leyendo la prensa

Los problemas del transporte

En la *actualidad* Caracas es considerada como una de las ciudades más caóticas del mundo. Desde hace muchos años se ha venido hablando y discutiendo *en torno a* las características del problema. Nuestra capital es una ciudad *enmarcada dentro de* un largo pero estrecho valle, con muy pocas vías de salida, cuya arquitectura y distribución urbanística fueron concebidas según los planes y visiones del siglo pasado.   *present time* *about* *surrounded by*

    De tal suerte se desprende que Caracas debe crecer hacia arriba, *en el orden habitacional,* pero sus *pobladores* y sus vehículos han de *desplazarse* horizontalmente.   *And so one concludes as far as lodging is concerned; inhabitants; move*

    ¿Qué sucederá en Caracas en el año 2000? Las estadísticas dicen que para 1990 habremos *duplicado* la población, es decir, que la ciudad tendrá cinco millones de habitantes y también se habrá duplicado el número de vehículos que circulan por las calles y avenidas. Si hoy en día ya la capital no tiene hacia dónde crecer y la situación ha alcanzado *dramatismo,* ¿qué sucederá entonces?   *doubled* *dramatic proportions*

Pedro Glucksmann es un ingeniero del transporte que ha realizado estudios y *postgrados* en el exterior en materia de transporte y *vialidad* y trabajó en la Oficina Ministerial del Transporte.

—El problema fundamental en Caracas— expresó para "Bohemia" —es que aquí todo se quiere solucionar con la vialidad. La cantidad de vehículos que anualmente *ingresan* en la ciudad es tan inmensa que la vialidad misma resulta incapaz de absorberla.

—Si construyendo nuevas vías no se resuelve el problema ¿cuál es entonces la solución?

—Lo que hay que solucionar primero es el problema del transporte colectivo para que haciendo óptimo este servicio, la gente no necesite de carros particulares para desplazarse. El plan de la Gobernación de *dotar* a Caracas de suficientes autobuses debió haberse hecho hace tiempo. El grave problema es que no existe espacio para que se *movilicen* esos buses.

Agregó el doctor Glucksmann que el único proyecto que existe para aliviar la situación es el *metro* de Caracas:

—Pero el metro estará en funcionamiento dentro de 15 años. Esto significa que la solución del déficit del transporte está proyectada muy para el futuro. Mientras tanto, seguirán entrando vehículos a la circulación, seguirá aumentando la demanda de transporte público, y las vías que se construyan o *ensanchen* seguirán resultando proporcionalmente insuficientes.

El ingeniero puso como ejemplo de lo grave de la situación, que para estacionar un vehículo se necesita un *promedio* de 25 metros cuadrados, contando el espacio para *maniobrar* y para estacionarse, lo que supone que si en el centro de Caracas dentro de pocos años se van a movilizar cien mil vehículos, éstos necesitarán aproximadamente *250 hectáreas* de estacionamiento, mientras en la actualidad existen tan solo 43.

—Está proyectada la creación de una especie de *impuesto* para entrar al centro de la ciudad. ¿es viable esa preposición?

—Sí lo es y se usa en varias ciudades del mundo. Consiste en establecer una especie de *cordón* en torno al centro de la ciudad el cual, para ser *traspasado*, exige el pago respectivo. Así la gente dejará el carro y se trasladará en autobuses. Pero esta solución sólo es viable mejorando los servicios de transporte público, por supuesto.

La situación de Caracas es tal que tendrán que tomarse medidas muy poco populares que se han *postergado* por consideraciones políticas, pero que son *inaplazables*. Con los impuestos de entrada a los puntos críticos, con el *impulso* a gran escala del transporte urbano y con el *freno* al *incremento* de los vehículos particulares, se puede hacer algo.

Bohemia, Caracas

10
Un poco de la vida estudiantil

Un poco de preparación

Combinations of verbs and prepositions   **Combinaciones de verbos y preposiciones**

a

acercarse a	to approach*	**echar a**	to start to
aprender a	to learn how	**enseñar a**	to teach to
asistir a	to attend*	**invitar a**	to invite to
atreverse a	to dare to	**ir a**	to go to
ayudar a	to help to	**jugar(ue) a**	to play*
comenzar(ie) a	to begin to	**parecerse(zco) a**	to resemble*
empezar(ie) a	to begin to	**volver(ue) a**	to (do) again

en

convertirse(ie, i) en	to turn into	**insistir en**	to insist on
entrar en	to enter*	**pensar(ie) en**	to think of
fijarse en	to notice*		

de

acabar de	to have just	**enamorarse de**	to fall in love with
acordarse(ue) de	to remember*	**enterarse de**	to find out*
alegrarse (de)	to be glad	**gozar de**	to enjoy*
arrepentirse(ie, i) de	to regret	**olvidarse de**	to forget*
cambiar de	to change (trains, clothes, opinion)	**quejarse de**	to complain about
		reírse(i, i) de	to laugh at
carecer(zco) de	to lack*	**salir de**	to leave*
dejar de	to fail to	**tratar de**	to try to
despedirse(i, i) de	to say good-by to		

con

casarse con*	to marry	**encontrarse(ue) con**	to run into
contar(ue) con	to count on	**soñar(ue) con**	to dream about

Ejercicio Traduzca:

1. I want to approach the train.
2. Do that again. (**volver**)
3. We shall attend the launching.

* Note that in English these verbs take a direct object.

4 Do you want to help me begin?
5 They started to run.
6 That poor boy resembles his father.
7 I will invite her to come.
8 Think (**tú**) about your next trip.
9 We insisted on traveling. (**viajar**)
10 She remembered that lake.
11 We are glad that you have come.
12 They learned about their grades. (**enterarse**)
13 I failed to pay him.
14 Is he laughing at them?
15 Try to translate it.
16 Please don't complain about the exercise.
17 He didn't marry Florinda, because he fell in love with Clorinda.
18 I dream of Lolita every night.

Sobre los exámenes

El escándalo de West Point en 1976 hizo a muchas personas reflexionar sobre la importancia de la *honradez* en el sistema de valores de los estudiantes norteamericanos. — honesty

    No es que hacer trampas sea nada nuevo en nuestro país. Muchos profesores basan sus *notas* en *reportes escritos* y algunos estudiantes *piden prestados* y *prestan* esos reportes a sus amigos. Todos nos hemos enterado además por la prensa de que existen organizaciones que escribían reportes por dinero. — grades; papers; borrow lend

    Sin embargo, el escándalo de West Point sorprendió y *entristeció* a muchos, porque esta academia siempre ha sido famosa por la integridad moral de sus estudiantes. Todos mirábamos a West Point como el sitio casi *sagrado* donde se fabricaban los futuros líderes de nuestro país. Y ahora vemos que los que creíamos superhéroes son seres humanos con nuestras mismas *debilidades*. — saddened / sacred / weaknesses

    Pero un refrán español dice: "*En todas partes cuecen habas*". En los países hispánicos también abundan los tramposos que *se las arreglan* para pasar el examen final por medio de *trucos*. Voy a contarle una historia de la vida real, que sucedió hace ya muchos años, cuando yo estaba en el cuarto año de la escuela secundaria. — "It happens in the best of families." (*lit*, They cook beans everywhere); manage tricks

    Sufríamos el examen final de *química* con el Dr. Guzmán. Ésta era una *asignatura* temible y el profesor, por quien nadie sentía mucho *cariño*, era un verdadero *ogro*. Por todo el colegio se sabía que se sentía feliz cuando daba — We were taking; chemistry subject; affection ogre

malas notas a los estudiantes. ¡Qué preguntas había escogido esta vez! Yo me creí perdida. En esto vi que Lolita, una chica *delgada* con cara de ángel, se levantaba y hablaba con el profesor. —Le está pidiendo permiso para ir al baño— pensé. Y así era, porque Lolita salió del *aula* y regresó *a los diez minutos*. — thin; classroom; 10 minutes later

Por largo rato traté *en vano* de identificar las fórmulas que tenía en el papel. De pronto me fijé en Lolita. Había unas ventanas muy grandes en el aula y mi amiga miraba con cara *distraída* por una de ellas. Además me di cuenta de que muchos estudiantes miraban también por la ventana. Y por fin, yo miré también. La ventana *daba a* una calle estrecha al fondo del edificio. En aquella calle había una casa, en la casa una pared, en la pared una *pizarra* y, en la pizarra, muchas fórmulas de química que el hermano de Lolita, estudiante de la Escuela de Farmacia, escribía con letras muy grandes. — in vain; absent-minded; overlooked; blackboard

Más tarde me enteré de que Lolita, al salir de la clase, había dejado caer al suelo del *pasillo* un *papelito* con las preguntas del examen, papel que inmediatamente recogió su hermano. El Dr. Guzmán nunca pudo entender cómo, por primera vez en su historia académica, no hubo *un solo suspenso* en un examen de química. — hall; piece of paper; one single F

Preguntas

1. Explique el problema que existe en los EE. UU. con los reportes escritos.
2. ¿Por qué entristeció a muchos el escándalo de West Point?
3. ¿Qué quiere decir en este artículo: "En todas partes cuecen habas"?
4. ¿En qué año de sus estudios estaba la persona que escribe?
5. ¿Cómo era el profesor de química?
6. ¿Cómo era Lolita?
7. ¿Qué hizo Lolita y adónde dijo que iba?
8. ¿Qué observó después de un rato la persona que escribe?
9. ¿Qué se veía por la ventana del aula?
10. ¿Quién escribía en la pizarra?
11. ¿Cómo sabía él las preguntas del examen?
12. ¿Cuántos suspensos hubo esa vez en el examen de química?

Notas en los países hispánicos	Equivalente norteamericano
Sobresaliente	A
Notable	B
Aprovechado	C
Aprobado	D
Suspenso, Desaprobado	F

Un poco de la vida estudiantil   **239**

Más preguntas
1 ¿Ha pedido Ud. prestado algún reporte escrito?
2 ¿Lo ha prestado?
3 ¿Qué asignaturas estudia Ud. este semestre?
4 ¿Puede decir "a la española" qué notas sacó el semestre pasado?
5 ¿Y las notas que espera recibir este semestre?
6 ¿Cuál es la nota más alta que ha sacado en español? ¿Y la más baja?
7 ¿Conoce Ud. a alguien como Lolita?
8 ¿Es Ud. tramposo?
9 ¿Piensa Ud. que alguno de sus profesores es un ogro?
10 ¿Quién es el mejor profesor que tiene Ud. este año?

Práctica de modismos

Pedir prestado, –a, –os, –as   to borrow
Arreglár(se)(las)   to manage
A + article + period of time   period of time + later
(**a la media hora**)   half an hour later
Al + infinitive   upon, on, when, after + present participle

Sustituya:

1 Él quiere pedirte prestada tu bicicleta.
  (el reporte escrito, la guitarra, tus libros, tu examen)
2 Lolita siempre se las arreglaba para salir bien.
  (Yo, su hermano, nosotros, Juan y Pedro, ellas, tú)
3 Mi amiga regresó a las dos horas.
  (poco rato, cinco minutos, dos días, semana, tres meses)
4 Al mirar por la ventana vi al profesor.
  (entrar en la clase, sentarme, llegar a mi casa)

Temas para trabajo oral o escrito

1 Las implicaciones morales de hacer trampas en los exámenes
2 El sistema de exámenes como medida de lo que sabe un estudiante
3 Defienda o ataque el sistema de honor (honor system).

Prepositions

Las preposiciones

A In Spanish, as well as in English, some verbs require certain prepositions, but quite often these prepositions vary between the two languages. Some verbs take a preposition in Spanish but do not require one in English, and vice versa. The chart in **Un poco de preparación** gives the verbs and prepositions most commonly used together.

B The verbs **buscar** (to look for), **esperar** (to wait for), **pedir** (to ask for), and

agradecer (to be grateful for) are transitive verbs in Spanish, and consequently do not take prepositions.

Busco un buen reporte de literatura española.
I am looking for a good paper on Spanish literature.

Espero el autobús.
I am waiting for the bus.

Le pediré una cita para mañana.
I shall ask him for an appointment for tomorrow.

Toda la clase le agradeció a Lolita la nota de química.
The whole class thanked Lolita for the chemistry grade.

C   The preposition **a** always precedes a direct object when it is a person (see **Capítulo 2**).

Vi a Lolita hablando con el Dr. Guzmán.
I saw Lolita talking to Dr. Guzman.

Espero a mi amigo.
I am waiting for my friend.

D   The preposition **a** follows verbs of motion before a noun, pronoun, or infinitive.

Lolita regresó al aula diez minutos después.
Lolita came back to the classroom ten minutes later.

Cuando llegó el profesor todos fueron a él para saludarlo.
When the professor arrived, all went to him to greet him.

Juanito vino a pedirme prestado un reporte.
Johnny came to borrow a paper from me.

E   The preposition **de** is used in Spanish to express possession.

Éste es el hermano de Lolita.
This is Lolita's brother.

¿De quién es esta guitarra? Es de ella.
Whose guitar is this? It is hers.

Ejercicios   A   Complete usando la preposición correcta:

1 No te atrevas _____ copiar en el examen del Profesor García.
2 El profesor sospechaba porque tu examen se parecía _____ el mío.
3 Cuando entró _____ el aula, se fijó _____ Lolita.
4 Marta se casó _____ Juan _____ los dos días de conocerlo.

Un poco de la vida estudiantil 241

5 Anita siempre se queja _____ sus profesores.
6 Anoche soñé _____ el Dr. Guzmán. ¡Qué horrible sueño!
7 Soñé que él era pobre y carecía _____ lo más necesario.
8 Además, que todos se reían _____ el pobre señor.
9 Como en la vida real, en el sueño trataba _____ suspender a todos.
10 Me acuerdo _____ ese terrible sueño con claridad.
11 Allí me encontré de nuevo _____ Lolita.
12 En realidad no he vuelto _____ verla desde el cuarto año.
13 Me arrepiento _____ haber dejado _____ hacer una cosa en mi sueño.
14 No le pedí _____ Lolita que me ayudara _____ pasar el examen.
15 Al fin del sueño, el Dr. Guzmán se convirtió _____ un gorila.
16 Ayer fui _____ la Facultad de Farmacia.

B   Diga en español:

1 Pilar's book
2 Dr. Guzmán's examination
3 Our country's flag
4 Joseph's joke
5 Margarita's grade
6 Her brother's formulas

C   Traduzca al español:

1 Where is José? I want to say good-by to him.
2 She insisted on borrowing my paper.
3 Only ten students attended class yesterday.
4 Dr. Guzmán approached the boy.
5 When he insisted on looking at his exam, the boy started to run.
6 My F became (**convertirse en**) an A on the following test.
7 Dr. Guzmán is old, but he enjoys good health.
8 I have never dared to borrow a paper.
9 I am happy about having (**haber**) received "Aprobado."
10 I have just found out about the mark.
11 I did not want to take Spanish again. (Use **volver**)
12 I dream of him in the morning, in the afternoon, and in the evening.

D   Escriba diez oraciones en español usando las combinaciones de verbo y preposición que acaba de aprender.

La tuna

La palabra "tuna" no tiene ninguna relación con el pescado tan conocido en los Estados Unidos. (El pescado se llama "atún" o "bonito".) Las tunas españolas son grupos de estudiantes que cantan y tocan instrumentos musicales de *cuerda*, como la mandolina, la guitarra española, el *laúd* y la *bandurria*. El solista generalmente toca la *pandereta*. En Hispanoamérica hay grupos similares, pero allí se llaman "estudiantinas". *(string; lute; type of guitar; tambourine)*

Las tunas comenzaron a existir *apenas* hubo universidades y ya en el siglo XVI se habían convertido en una parte importante de la vida estudiantil española. En la literatura de la época encontramos muchas referencias a sus miembros—que se llaman tunos—por lo general como sinónimo de "*pícaros, burlones, traviesos* y no muy respetuosos de la ley". *(as soon as; rascals; pranksters; mischievous (ones))*

Por varios siglos los tunos han llevado el mismo traje tradicional, según la *moda* de los estudiantes del siglo XVI. El traje consiste en: una larga capa negra, *jubón* de *terciopelo*, *pantalones* cortos, *medias* negras y *zapatos* con grandes *hebillas*. En el pecho llevan una banda del color de la *facultad* a que pertenecen. Una banda roja significa "Leyes", una amarilla "Medicina", una verde "*Ingeniería* Civil", una *morada* "Farmacia", etc. *(fashion; doublet; velvet; pants; stockings; shoes; buckles; school; engineering; purple)*

Los tunos llevan en el traje *cintas* y *prendedores* que sus admiradoras les han regalado, y el que tenga más *recuerdos* es admirado y envidiado por todos sus compañeros. *(ribbons; pins; souvenirs)*

Las canciones del repertorio de las tunas son de tipo popular. Casi todas son muy antiguas y por muchas generaciones se han usado para *dar serenatas* a las chicas. Muchas de esas canciones son románticas, pero a veces los cantantes cambian algunas líneas de la *letra* para darles un tono cómico o de doble sentido. *(to serenade; lyrics)*

En asuntos de amor, los tunos siempre han tenido muy mala fama. Pero por lo menos tienen la honradez de advertir a las chicas en muchas de sus canciones. Por ejemplo, una de ellas dice:

> Cuando la tuna te dé serenata
> no te enamores, *compostelana*,
> que cada cinta que adorna su capa
> lleva un pedazo de corazón.
> Y deja la tuna pasar
> con su tra-la-la-la-lá,
> Y deja la tuna pasar
> con su tra-la-la-la-lá . . .

(girl from Santiago de Compostela)

Preguntas
1. ¿Qué es una tuna?
2. ¿Puede Ud. nombrar los instrumentos que usa la tuna?
3. ¿Qué instrumento toca el solista?
4. ¿Cómo se llaman las tunas en Hispanoamérica?

Los tunos llevan una larga capa negra, pantalones cortos, medias negras y cinturón de hebilla. La banda del pecho es del color de la escuela a que pertenecen. El cuello (collar) y los puños (cuffs) de su uniforme son blancos. Estos tunos tocan la guitarra y la pandereta. Cubra ahora esta descripción y trate de repetirla mirando la foto.

5 ¿Cuándo empezaron a existir las tunas?
6 ¿En qué siglo fueron muy importantes las tunas?
7 ¿Tenían mala fama los tunos entonces?
8 ¿Cómo lo sabe Ud.?
9 ¿Qué zapatos llevan ellos?
10 Explique el significado de los colores de la banda.
11 ¿Qué representan las cintas y prendedores?
12 ¿Cómo son las canciones que cantan los tunos?
13 ¿Qué le hacen los tunos a la letra de las canciones?
14 ¿Cómo son los tunos en asuntos de amor?

Más preguntas
1 ¿Toca Ud. algún instrumento musical?
2 ¿Prefiere los instrumentos de cuerda o los de viento?
3 ¿Es Ud. miembro de algún grupo musical?
4 ¿Le gustaría a Ud. que el coro (choir) de su universidad llevara un traje antiguo? ¿Por qué?

5 ¿Tiene Ud. ropa de terciopelo? Descríbala.
6 ¿Tiene Ud. zapatos con hebillas? ¿Cuántos pares?
7 ¿Le gustan a Ud. los zapatos y la ropa que están de moda hoy?
8 ¿Hay aquí colores para las diferentes facultades universitarias como en España? ¿Y para las universidades? Explique.

Para los chicos:

9 Si Ud. coleccionara recuerdos de sus admiradoras, ¿cuántos tendría?
10 De todos sus amigos, ¿quién es el más popular entre las muchachas?
11 ¿Ha dado Ud. alguna serenata?
12 ¿Le gustan las chicas en pantalones, o en minifalda?

Para las chicas:

13 ¿Ha dado Ud. alguna vez un recuerdo? ¿Quiere explicarnos?
14 ¿Le han dado alguna vez una serenata?
15 Le gustaría a Ud. salir con un tuno?
16 ¿Cree Ud. que hay riesgo en enamorarse de un tuno? ¿Por qué?

Temas para trabajo oral o escrito

1 Las serenatas
2 Comparación entre el concepto del estudiante español del siglo XVI y el estudiante norteamericano de hoy
3 Comparación entre una tuna y un grupo musical que Ud. conoce

---

👁 Unlike English, Spanish uses an infinitive after a preposition, not a present participle.

Lolita, al salir de la clase . . .
Lolita, upon leaving the classroom . . .
No podrás sacar buenas notas sin estudiar.
You won't be able to get good marks without studying.

Special case:
The English combination of the preposition "by" plus a present participle is expressed in Spanish by the present participle without any preposition.

By cheating ⟶ B̶y̶ cheating ⟶ **Haciendo trampas**
By studying ⟶ B̶y̶ studying ⟶ **Estudiando**

¿Cómo piensas pasar, haciendo trampas o estudiando?
How do you plan to pass, by cheating or by studying?

Un poco de la vida estudiantil **245**

Ejercicio Traduzca las claves que se dan entre paréntesis y utilícelas para contestar las preguntas:

1 ¿Cómo aprendiste a tocar la bandurria? (By practicing)
2 ¿Cómo conseguiste esa capa de terciopelo? (By borrowing it)
3 ¿Cómo supiste que el color amarillo representa la Medicina? (By asking)
4 ¿Cómo conseguiste que esa muchacha aceptara tu amor? (By serenading her)
5 ¿Cómo han llegado a tener los tunos tan mala fama en el amor? (By falling in love every day)
6 ¿Cómo podré cantar esta canción? (By learning the lyrics)
7 ¿Cómo perdiste tus zapatos de hebillas? (By lending them to a "tuno")
8 ¿Cómo aprendiste tantas cosas sobre los tunos? (By reading this chapter)

Entrevista

Interview

Los chicos de la Tuna de Farmacia de la Universidad de Madrid, *de gira* por el noreste de los Estados Unidos, han venido a cantar a una universidad de la ciudad de Nueva York, y yo aprovecho la ocasión para entrevistarlos. Se llaman Pedro Segura, Raimundo Noval, Carlos Gil, Vicente Corralero, Jordi García y Sebastián Cerdán.

on tour

—¿Qué le parecen las universidades norteamericanas en comparación con las españolas?— pregunto a Pedro, alias "Canillas", un sevillano que estudia Farmacia y Medicina al mismo tiempo. —Pues, le diré, los estudiantes son básicamente los mismos en todas partes. En cuanto a los estudios en Norteamérica, me sorprendió la escuela secundaria, que aquí tiene solamente cuatro años y es mucho más elemental que la secundaria española.

—Es verdad— le explico —pero aquí *se desquitan* más tarde y *a medida que* uno avanza en sus estudios la tortura se hace mayor.

get even; as

—También me sorprendió— añade Pedro —la diversidad de programas del sistema norteamericano. En España los estudiantes del mismo año tomamos todos los mismos cursos y, o los apruebas todos, o no te gradúas. No tenemos en español una traducción exacta de la palabra "dropping" porque este verbo no se puede practicar en los cursos de nuestras universidades. Además, es increíble la naturaleza de los cursos que aquí se ofrecen. Las nuestras son todas asignaturas serias, formales. ¡Pero aquí! Es posible estudiar en la universidad fotografía, cerámica, ¡y hasta tomar lecciones de cocina!

Me dirijo entonces a Jordi García, el solista, que tiene una voz *preciosa* y toca la pandereta y le pregunto: —¿Es cierto que los tunos son todos unos Don Juanes?— Mi pregunta parece divertirle. —Bueno— me dice —todo

beautiful

Cuando necesitan dinero los tunos salen en busca de propinas. Aquí vemos a tres de ellos cantando para los clientes de un café en Barcelona.

eso es más propaganda que otra cosa. En realidad en el *extranjero* tenemos muchos más éxitos amorosos que en España, porque aquí existe la imagen del español como un hombre romántico. En España nos consideran cosa de todos los días, pero en otros países somos la *novedad*.

    Observo que Vicente y Sebastián no hablan porque desde que llegaron *no han parado de comer*. (Hay aquí un pequeño *brindis* en su honor). Jordi me explica que todos los tunos tienen *apodos* y que a esos dos, su *afición* a la comida les ha ganado los apodos respectivos de "Piraña" y "Carpanta". Lo de "Piraña" lo comprendo, pero es la primera vez que oigo la palabra "Carpanta". —Es un *personaje* de los "*tebeos*" que come mucho— me explica Jordi. —La única diferencia que existe entre el personaje y mi compañero es que Sebastián en el poco tiempo que lleva en los Estados Unidos, se ha americanizado y devora hamburguesas a todas horas.

    Carpanta, que oye su nombre, se acerca para defenderse y aprovecho para pedirle que me diga algo. Él me cuenta entonces muchas cosas divertidas de los tunos, tales como las "*novatadas*" que tienen que sufrir para ser aceptados en el grupo. —Hay que pasar pruebas muy duras— me explica

abroad

novelty

haven't stopped eating; toast nicknames; fondness

character; comic strip (Spain)

hazing

—como la de tratar de enamorar a quince chicas en un cuarto de hora, una por minuto, o tocar la *flauta* comiendo *pasteles* al mismo tiempo. *flute; pastry*

Le pido a "Carpanta" una anécdota personal. —De mi iniciación— me dice —me acuerdo sobre todo de que me hicieron quitarme los zapatos y los llenaron de vino, que yo tuve que beber.

—Y Ud. ¿no pasó por esas pruebas?— le pregunto a Carlos, apodado "Batusi" (Watusi)* porque es alto y delgado como los miembros de esa tribu africana. —¿Yo?— Se ríe —¡Qué va!— A mí me oyeron tocar la guitarra y, *Of course not!* cuando se dieron cuenta de que tocaba como los ángeles, me rogaron que entrara a formar parte del grupo.

Raimundo, alias Ray, es el cómico de la tuna. Es un chico robusto y jovial, que se especializa en tocar el laúd y en decir "morcillas".** Raimundo, que no estudia Farmacia, sino Veterinaria, me cuenta también cosas divertidas, tales como los diferentes tipos de serenatas que existen. Sus preferidas parecen ser las serenatas *"accidentadas"*, por ejemplo, las que se dan a las *eventful* chicas *internas en los colegios*, que muchas veces terminan en *fuga* precipi- *in boarding* tada saltando *tapias*, o las que interrumpe la policía, porque son más de las *schools; flight* doce de la noche y es contra la ley hacer ruido pasada esa hora. *walls (fences)*

Quisiera enterarme de muchas cosas más acerca de estos chicos y su vida en la universidad, pero es tarde y ellos tienen que marcharse. Ya salen, cantando, por el pasillo. Y yo digo, un poco triste: —¡Adiós, Tuna de Farmacia! Mejor dicho, ¡hasta pronto!

Preguntas

1 ¿Dónde está la Tuna de Farmacia cuando tiene lugar esta entrevista?
2 ¿Cuántos miembros tiene la tuna?
3 ¿Qué piensa Pedro de la escuela secundaria en los Estados Unidos?
4 ¿Qué le sorprende más de las universidades norteamericanas?
5 ¿Cómo se llama el solista del grupo?
6 ¿Por qué, según él, los tunos tienen más éxitos amorosos en el extranjero?
7 ¿Qué apodos llevan los dos tunos que más comen?
8 ¿Cuál es el origen del nombre "Carpanta"?
9 ¿Puede Ud. explicar algunas novatadas?
10 ¿Por qué, según Batusi, él no sufrió las novatadas?
11 ¿En qué se especializa Raimundo?
12 ¿Puede Ud. explicarnos qué serenatas prefiere Raimundo?

Más preguntas

1 ¿Cuál de estos comentarios le ha interesado más?
2 ¿Está Ud. de acuerdo con todos? Si no, explique.
3 ¿A cuál de estos tunos preferiría conocer? ¿Por qué?

* En España la "w" se pronuncia como "v, b". Otro ejemplo es "el vater", palabra derivada de "Water Closet" (restroom).

** "Morcillas" son cosas improvisadas, de carácter cómico, que se dicen en el teatro o que se añaden en el momento oportuno a la letra de una canción (ad-libbing).

Capítulo diez

4 ¿Come Ud. tanto como Piraña y Carpanta?
5 ¿Le gustan también a Ud. las hamburguesas?
6 ¿Ha tenido que pasar alguna novatada?
7 ¿Puede hablarnos de las novatadas que se hacen en los EE.UU.?
8 ¿Es Ud. alto y delgado como Batusi, o robusto como Ray?
9 ¿Ha improvisado alguna vez una "morcilla"?
10 ¿Ha saltado Ud. tapias?
11 Si las ha saltado, ¿en qué circunstancias?
12 ¿Ha hecho ruido alguna vez después de medianoche? Explique.

F The prepositions "para" and "por"

Usage of **para** and **por** is largely based in two concepts: **para** looks forward and expresses aim or purpose, while **por** looks back to explain the motivation, feelings, reason, cause, or circumstances behind an action. Compare **¿para qué?**, What for? (purpose) with **¿por qué?**, Why? (reason).

La estudiantina de la Universidad de Guanajuato, México, similar a las tunas españolas.

1 **Para** is used in Spanish in the following cases:

  a To translate "in order to", indicating purpose or aim

   Raimundo estudia para (ser) veterinario.
   Raimundo studies to be a veterinarian.

   Pero además se prepara para ser un buen tuno.
   But also he is preparing himself to be a good "tuno."

   Para ser aceptado, hay que tocar la guitarra.
   In order to be accepted, one must play the guitar.

  b To indicate destination

   Son serenatas para las chicas internas en los colegios.
   They are seranades for girls in boarding schools.

   Lolita salía para el baño cuando dejó caer el papel.
   Lolita was leaving for the bathroom when she dropped the paper.

  c To indicate use or suitability

   ¿Para qué sirve esta pandereta?
   What is this tambourine (good) for?

   Aquí se venden trajes especiales para tunos.
   Here they sell special suits for "tunos."

  d For future time

   Para mañana, preparen Uds. el capítulo nueve.
   For tomorrow, prepare chapter nine.

   Su guitarra estará arreglada para el lunes.
   Your guitar will be fixed by Monday.

  e For comparisons, to convey the idea of "considering"

   Para principiante, tocas muy bien la flauta.
   For a beginner you play the flute very well.

   Para español ese tuno habla bien el inglés.
   For a Spaniard that "tuno" speaks English well.

2 **Por** is used in the following cases:

  a When "for" is used with feelings, or when it means "for the sake of," "on behalf of," "in favor of," "on account of," "out of," or "because of"

   Sentíamos gran admiración por los cadetes.
   We used to have great admiration for the cadets.

   Haría cualquier cosa por ti, pero no te prestaré mi reporte.
   I would do anything for you (on your behalf) but I won't lend you my paper.

Lo aceptaron en el grupo por su preciosa voz.
They accepted him in the group on account of his beautiful voice.
Estoy seguro de que él no es tramposo, copió por desesperación.
I am sure that he is not a cheater, he copied out of desperation.
Felicitaron a Lolita por sus notas.
They congratulated Lolita on (because of) her grades.

b When "for" means "in exchange for" or "instead of"

Compré dos metros de terciopelo por siete dólares.
I bought two meters of velvet for seven dollars.
Me dieron cinco dólares por mis zapatos viejos.
They gave me five dollars for my old shoes.
Como sabes tanto español, ¿quieres examinarte por mí?
As you know so much Spanish, do you want to take the exam for me?

c With verbs like **ir**, **mandar**, and **enviar**, when **por** is used before the object of an errand

Envió a su amigo al teatro por su capa.
He sent his friend to the theater for his cape.

Note that in this case, **para** could be used with the meaning of "in order to," if followed by an infinitive.

Envió a su amigo al teatro para buscar su capa.
He sent his friend to the theater to look for his cape.

d To indicate duration of time, when "for" means "during." However, in this case **por** is often omitted in Spanish and no preposition is used.

Me quedé en el mismo curso por tres años.
Me quedé en el mismo curso tres años.
I stayed in the same course for three years.

e To express "through," "along," "by," and "around"

Lolita miraba por la ventana del aula.
Lolita was looking through the classroom window.
Iban por la calle cantando y pasaron por mi casa.
They were going along the street singing and they passed by my house.
Vi tu bandurria por aquí.
I saw your "bandurria" around here.

f Before the agent or means of an action (this includes the agent in a passive voice)

¿Le han dado a Ud. alguna serenata por teléfono?
Have you ever been serenaded by telephone?

Sabemos por la prensa que es posible comprar informes.
We know through the press that it is possible to buy papers.
Batusi fue aceptado por los otros sin problemas.
Batusi was accepted by the others without any problem.

Idiomatic expressions with "por"
Modismos con "por"

por ahora	for the time being
por Dios	for Heaven's sake
por ejemplo	for example
por escrito	in writing
por eso	for that reason
por favor	please
por fin	finally, at last
por la mañana	in the morning
por la noche	in the evening
por la tarde	in the afternoon
por lo menos	at least
por lo visto	apparently
por supuesto	of course
por (primera) vez	for (the first) time

Ejercicios   A   Complete con **para** o **por**:

_____ muchos años los estudiantes han tratado de idear métodos _____ salir bien en los exámenes sin estudiar. Y _____ mucho tiempo también, mi madre ha soñado con encontrar un método, no _____ hacer trampas en los exámenes, sino _____ despertarme _____ la mañana _____ ir a clase. Sin embargo, mi hermanito que duerme la siesta _____ el día, se despierta a las seis de la mañana. ¡Lástima que él no pueda ir a clase _____ mí!

B   Anita me llamó _____ teléfono ayer. Me llamaba _____ pedirme prestado mi reloj pulsera. Lo necesitaba _____ medir el tiempo en su examen del lunes. Contesté: ¡_____ supuesto! Me gusta hacer pequeños sacrificios _____ mis amigas. Y nunca espero recibir nada a cambio _____ ellos. Ella dijo que me lo devolvería mañana _____ la noche. Si lo pierde o lo rompe, no importa mucho, porque pagué sólo cinco dólares _____ él.

C   Las tunas están formadas _____ chicos alegres y de buena voz. Ellos llevan una banda de color _____ que todos sepan a qué escuela pertenecen. Las tunas han existido _____ varios siglos y ya son mencionadas _____ escritores del siglo XVI. Pero los escritores no parecen sentir mucho respeto

_____ esta clase de estudiantes. Si una chica siente amor o admiración _____ un tuno, le da un recuerdo. Las canciones se usan _____ dar serenatas. ¿Ha visto Ud. mi pandereta _____ aquí? Es una pandereta especial _____ música española y pagué cincuenta dólares _____ ella. Ud. toca muy bien la pandereta _____ ser extranjero. Este jubón de terciopelo es _____ Ud. y estas medias son _____ su amigo. El solista me informó _____ carta que estaba muy enfermo _____ cantar y me pidió que cantara _____ él. Nuestro grupo saldrá mañana _____ California, pero estará de regreso _____ el mes que viene. Las tunas siempre viajan _____ todo el país _____ llevar un poco de la cultura española _____ todas partes.

D   Conteste o haga un comentario original, usando en su respuesta los modismos que se indican:

1 ¿Quiere el profesor que contestemos estas preguntas oralmente? (Por escrito)
2 Ayer llovía mucho a la hora de la clase. (Por eso)
3 ¿Va Ud. a tomar lecciones de guitarra? (Por ahora)
4 ¿Quiere Ud. decirme un caso en el que sea una ventaja tocar la guitarra? (Por ejemplo)
5 ¿Cuántos miembros crees que tiene una tuna? (Por lo menos)
6 Creo que no es bueno enamorarse de un tuno. (Por lo visto)
7 Si la necesitas, puedo prestarte mi capa de terciopelo. (Por favor)
8 ¿Vas por la tarde a la clase de biología? (Por la mañana)
9 Acabo de aprobar el español. (Por fin)
10 ¿Cuándo irás a la biblioteca? (Por la tarde)
11 ¿Sueñas con el Dr. Guzmán a la hora de la siesta? (Por la noche)
12 ¿Has visto a Lolita recientemente? (Por última vez)
13 Cantamos muy mal, pero si queréis, podemos daros una serenata. (¡Por Dios!)
14 Esta lección es muy interesante. (Por supuesto)

Un poco de humor

En medio de un examen de español, la Srta. Benton levanta la mano y el Profesor García se acerca a ella.

Prof. —¿Qué pasa, Srta. Benton?
Srta. —Sr. Profesor, ¿puedo cambiarme para el asiento número ocho de la segunda *fila*?   row
Prof. —¿Por qué? ¿Le molesta estar cerca de la ventana?
Srta. —No, es que como mi amiga María estaba sentada antes junto a mí y Ud. la cambió de asiento . . .

Un poco de la vida estudiantil

Prof. —Y ¿por qué quiere estar Ud. cerca de María? ¿Espera copiar de ella? (Irónico) Recuerde que María sacó sólo un Aprobado en el último examen.

Srta. (Inocente) —No, Sr. Profesor, no me interesa María. Lo que me interesa es su suéter. Tiene *pegado a la espalda* un papel con la conjugación de los verbos irregulares. — pinned to her back

Ejercicio Un estudiante será el Prof. García y una estudiante será la Srta. Benton y representarán este cuentecito utilizando sus propias palabras.

Pequeño diálogo Complete, usando **para** o **por**:

Policía —¡Señora! Pasó Ud. _____ esa luz roja sin detenerse.

Señora —_____ lo visto fue así, pero es que tengo mucha prisa _____ llegar a cierto lugar.

Policía —Pues yo debo ponerle una multa _____ esa infracción. Además, iba Ud. a cuarenta millas _____ hora y la velocidad máxima en esta zona es treinta y cinco.

Señora —¡_____ favor, señor policía, tengo prisa, es un asunto urgente!

Policía —¿Qué asunto? Explíquemelo y quizás pueda hacer algo _____ Ud.

Señora —Pues, mire Ud., iba _____ el consultorio (doctor's office) del oculista que está _____ aquí, en la calle Olmo, _____ comprar unas gafas nuevas, porque ayer se me perdieron las mías y no veo absolutamente nada sin ellas.

"B" and "V"

The rules for pronouncing **b** and **v** in Spanish are basically the same, since little distinction is made between the two letters. As a matter of fact, to indicate the correct spelling of a word, the Spanish speaker will specify **"b de burro"** or **"v de vaca"**.

At the beginning of a word and after **m** and **n**, they are pronounced almost like **b** in "boy"; but in other cases the lips are relaxed and come close together without touching each other. The column on the left has the first sound and the one on the right has the second sound.

bandurria	la bandurria
Batusi	el Batusi
tambor	abrazo
conviene	si vamos
basta	le basta
vas	tú vas

El Batusi tocaba la bandurria y el tambor.
El burro y la vaca bajaban tambaleándose por la vereda curva.

Serenatas accidentadas

Cuente qué les pasó a Marta y a María en las dos historias.

Un poco de la vida estudiantil

Suplemento

Crucigrama

Crossword

Horizontales

- 2 Ogre
- 4 Lend
- 5 Wall, fence
- 6 Character (in a play)
- 8 Absent-minded (f.)
- 10 Lute
- 12 Tambourine
- 14 Examination grade
- 16 Lyrics
- 18 Flight, escape
- 20 Blackboard
- 22 Affection
- 24 String, cord
- 26 Rascal (f.)
- 28 Purple
- 30 Tour

Verticales

- 1 Novelty
- 3 Cheater
- 5 Trick
- 7 Pastries
- 9 School subject
- 11 Buckles
- 13 To deceive
- 15 Velvet
- 17 Hazing
- 19 Pins
- 21 Mischievous
- 23 Hall
- 25 Serenade
- 27 Fondness
- 29 Stockings
- 31 Shoe
- 33 Ribbon
- 35 Fashion

El objeto de este crucigrama es comprobar si Ud. ha aprendido el vocabulario del Capítulo 10. Estudie primero las palabras y después trate de completarlo. ¡Por favor, no haga trampa!

Leyendo la prensa

¡Las píldoras del talento!   pills

¡Cómase a un sabio y conviértase en una enciclopedia viviente!, parece ser el último *descubrimiento* científico, ya que se estudia la forma de *trasladar* moléculas químicas llamadas R.N.A., del *cerebro* de personas entrenadas al cerebro de otras *iletradas* en busca de *conocimientos*. El aprender deja una huella química, si se logra extraer esta "huella" podría trasladarse un verdadero "file" de millones de datos de un cerebro "nutriente" a millones de seres. Es algo así como el canibalismo totémico que practicaban las tribus primitivas cuando se comían a un guerrero para adquirir su valor. Para que Ud. no tenga que comerse al sabio se *sintetizarán* píldoras de conocimientos. Un anciano *recobrará* su memoria y sus habilidades musicales y un niño no irá a la escuela sino a la farmacia a adquirir "píldoras de Aritmética" o "*comprimidos* de Historia". Al menos esto aseguran los doctores Robert Tremaine experto en memoria y George Ungar que han experimentado con *gusanos* y ratas. Un animal es entrenado, entonces *se le sacrifica* y se le da a comer a otro animal no entrenado que de este modo adquiere los conocimientos. ¿Ciencia-ficción? Simplemente experimentos de laboratorio.

Réplica, Miami

— discovery; transfer
— brain
— uneducated; knowledge
— synthesize
— will recover
— tablets
— caterpillars; is killed

11

Los deportes

Un poco de preparación

Spelling-changing verbs / **Verbos que alteran su ortografía**

I   Verbs ending in **–car** change **c** to **qu** before **e** to keep the sound of **k**.

buscar
Pret.   **busqué**, buscaste, buscó, buscamos, buscasteis, buscaron
Pres. subj. **busque, busques, busque, busquemos, busquéis, busquen**

Other verbs like **buscar**:

acercarse (to approach), **colocar** (to place), **dedicar** (to dedicate), **equivocarse** (to be wrong), **indicar** (to indicate), **marcar** (to mark), **practicar** (to practice), **sacar** (to take out), **significar** (to mean), **tocar** (to play music, to touch), **volcar(ue)** (to overturn)

II Verbs ending in **–gar** change **g** to **gu** before **e** to keep the hard **g** sound.

llegar
Pret.   **llegué**, llegaste, llegó, llegamos, llegasteis, llegaron
Pres. subj. **llegue, llegues, llegue, lleguemos, lleguéis, lleguen**

Other verbs like **llegar**:

apagar (to turn off), **colgar(ue)** (to hang), **entregar** (to hand), **jugar(ue)** (to play), **negar(ie)** (to deny), **pagar** (to pay), **pegar** (to hit), **rogar(ue)** (to beg, ask)

III Verbs ending in **–zar** change **z** to **c** before **e**.

cruzar
Pret.   **crucé**, cruzaste, cruzó, cruzamos, cruzasteis, cruzaron
Pres. subj. **cruce, cruces, cruce, crucemos, crucéis, crucen**

Other verbs like **cruzar**:

abrazar (to embrace), **almorzar(ue)** (to eat lunch), **bautizar** (to baptize), **comenzar(ie)** (to begin), **empezar(ie)** (to begin), **gozar** (to enjoy), **realizar** (to accomplish)

IV Verbs ending in **–cer** or **–cir** preceded by a consonant change **c** to **z** before **o** and **a** to keep the **th** or **s** sound.

vencer
Pres. indic. **venzo**, vences, vence, vencemos, vencéis, vencen
Pres. subj. **venza, venzas, venza, venzamos, venzáis, venzan**

Other verbs like **vencer**:

convencer (to convince), **ejercer** (to exert)

Los deportes

V Verbs ending in –**ger** and –**gir** change **g** to **j** before **o** and **a** to keep the sound of **jota**.

coger
Pres. indic. **cojo**, coges, coge, cogemos, cogéis, cogen
Pres. subj.   **coja, cojas, coja, cojamos, cojáis, cojan**

Other verbs like **coger**:

dirigir (to direct), **escoger** (to choose), **proteger** (to protect), **recoger** (to pick up)

Ejercicios A Cambie las palabras subrayadas según se indica:
1 Dudo que Carlos busque a su hermano.
   (vencer, abrazar, bautizar, proteger, convencer)
2 Cuando llegué, vi al mensajero.
   (cruzar, comenzar, pagar, equivocarse, acercarse)
3 Es posible que yo no coja el tren hoy.
   (vosotros, Pedro y yo, ellas, Anita, Uds.)
4 Cuando terminó el programa, apagué el televisor.
   (entregar, pagar, coger, colocar, sacar)

B Traduzca:
1 When you pick up the book, mark the chapter.
2 I doubt that you are looking for that building.
3 We want him to play the guitar.
4 It is necessary that we pay today.
5 I ate lunch (**almorzar**) at 2 p.m.
6 Let's look for the right answer.
7 Unless you begin now, you will not finish.
8 When I approached, he left.
9 We shall wait until you (**Uds.**) choose it.
10 When I arrived, I turned off the light.

El origen de los deportes

Ud. seguramente sabe mucho de los deportes y tal vez practica uno o varios de ellos. Pero ahora vamos a comentar algunos aspectos históricos del *boxeo* boxing
y del béisbol que no son muy conocidos.

Por ejemplo, le diremos que el boxeo no es un deporte moderno, sino *antiquísimo*, porque ya los *sumerios* lo practicaban hace cinco mil años y extremely old;
también fue muy popular entre griegos y romanos. Sin embargo, en los Sumerians
Estados Unidos era peligroso e ilegal boxear antes de 1920.

John L. Sullivan después de ser proclamado campeón de boxeo sin guantes. Explique las diferencias entre la ropa que lleva Sullivan y la de un boxeador moderno.

El boxeo tuvo gran popularidad en la antigüedad, pero *poco a poco* fue cayendo en el *olvido* y permaneció olvidado varios siglos hasta que un inglés abrió la primera escuela de boxeo *sin guantes* de los tiempos modernos en Londres a principios del siglo XVIII. little by little / oblivion / gloveless

El boxeo actual se debe en realidad a otro inglés, el marqués de Queensberry, que preparó nuevas *reglas* y, sobre todo, estableció el uso de guantes en 1867. rules

En el siglo XIX el boxeo producía o indiferencia u oposición en la mayoría de los norteamericanos, porque se practicaba sin guantes y muchos lo consideraban muy brutal. Las *peleas* estaban prohibidas y la policía las interrumpía constantemente. bouts

El norteamericano John L. Sullivan fue proclamado campeón de boxeo sin guantes del mundo en 1882. A él se debe, sin embargo, la popularidad de este deporte tal como se practica hoy porque, después que ganó el *cam-* world championship *peonato mundial* sin guantes, comenzó a boxear con guantes e hizo una gira por todo el país ofreciendo $500 a cualquiera que *durara* dos "rounds" en el *cuadrilátero* con él. Parece que la gira terminó sin que tuviera que pagar el *premio*.

lasted
ring
prize

Nueva York fue el primer estado que legalizó el boxeo. La ley Walker, aprobada en 1920, permitía pelear públicamente por dinero. Poco después, la mayoría de los estados pasaron leyes similares.

En cuanto al béisbol o juego de pelota, le podemos decir que su origen remoto fue en Nueva Inglaterra, pero que el primer partido entre dos equipos organizados tuvo lugar en Hoboken, Nueva Jersey y duró cuatro inins. Allí los "New York Nine" les ganaron a los "Knickerbockers" 23 a 1. Esto fue en 1846.

Ya en tiempos coloniales se practicaba el béisbol en este país, pero el campo no tuvo forma de diamante hasta 1839, fecha en que Abner Doubleday fijó cuatro bases a sesenta pies de distancia y llamó "baseball" al nuevo deporte. Pocos años después, un *agrimensor* de Nueva York, Alexander J. Cartwright, diseñó el campo con las distancias que hoy se usan.

surveyor

El famoso boxeador argentino Oscar Bonavena cuando fue declarado ganador en la pelea contra el campeón europeo de peso pesado, Karl Mildenberger.

Los países hispánicos han dado muy buenos jugadores a las Grandes Ligas. Éste es Felipe Alou, de la República Dominicana, que jugaba con su hermano Matty en el equipo de los Yankees.

Preguntas
1. ¿Es moderno el boxeo?
2. ¿Cuándo comenzó a practicarse?
3. ¿Cómo era el boxeo en los Estados Unidos antes de 1920?
4. ¿Cuándo cayó el boxeo en el olvido?
5. ¿Dónde se abrió la primera escuela de boxeo? ¿Cuándo?
6. ¿Qué hizo el marqués de Queensberry?
7. ¿Por qué se oponían al boxeo muchos norteamericanos en el siglo XIX?
8. ¿Quién fue el campeón mundial sin guantes en 1882?
9. Hable de la gira que él hizo por todo el país.
10. ¿Qué ley legalizó el boxeo? ¿En qué estado?
11. ¿Dónde y cuándo tuvo lugar el primer partido de pelota de equipos organizados?
12. ¿Quién ganó el partido? ¿Con cuántas carreras (runs)?
13. ¿Quién dio forma al campo y dio nombre al juego de "baseball"?
14. ¿Quién fue Alexander J. Cartwright?
15. ¿Qué hizo él?

Los deportes

Más preguntas
1 ¿Ha boxeado Ud. alguna vez sin guantes? ¿Con guantes?
2 ¿Va Ud. frecuentemente a las peleas de boxeo? ¿Dónde?
3 ¿Las ve Ud. por televisión?
4 ¿Puede hablarnos de su campeón favorito?
5 ¿Cree Ud. que el boxeo es un deporte brutal? Explique su opinión.
6 ¿Juega Ud. pelota*? ¿Qué posición?
7 ¿Ve Ud. los partidos por televisión?
8 ¿Cuál es su equipo favorito?
9 ¿Ganó su equipo este año, o ha perdido?
10 ¿Puede hablar de los colores y del uniforme de su equipo?
11 Cuando Ud. va a ver un partido al estadio, ¿lleva la gorra de su equipo?
12 ¿Lleva alguna camisa o chaqueta con el nombre de éste?
13 ¿Quién es el pelotero de hoy que Ud. admira más?
14 ¿Y el pelotero del pasado?
15 ¿Cree Ud. que deben admitirse mujeres en los equipos de pelota? ¿Por qué?

I   Conjunctions

Las conjunciones

A conjunction links words, phrases, or clauses.

A   Spanish distinguishes more clearly between adverbs, prepositions, and conjunctions than English does. In Spanish the adverbs **antes** and **después** require the addition of **que** (or **de que**) to be used as conjunctions. The prepositions **hasta** and **sin** require the addition of **que** to be used as conjunctions.

Antes, el boxeo era ilegal en los Estados Unidos. (adverb)
Before, boxing was illegal in the United States.

La policía interrumpía las peleas antes (de) que las legalizaran. (conjunction)
The police interrupted the fights before they legalized them.

Nueva York legalizó el boxeo en 1920 pero otros estados lo legalizaron después.
New York legalized boxing in 1920 but other states legalized it afterwards.

Comenzó a boxear con guantes después que fue campeón.
He began to box with gloves after he was a champion.

* **Jugar a** is used when referring to children's games, but when speaking of sports, the **a** is often omitted.

264 Capítulo once

> **El campo de pelota no tuvo forma de diamante hasta 1839.** (preposition)
> The baseball field didn't have a diamond shape until 1839.
>
> **Permaneció olvidado hasta que un inglés abrió una escuela de boxeo.** (conjunction)
> It remained forgotten until an Englishman opened a boxing school.
>
> **Sullivan peleaba sin guantes al principio.**
> Sullivan boxed without gloves at first.
>
> **La gira terminó sin que tuviera que pagar el premio.**
> The tour ended without his having to pay the prize.

B   The conjunction **y** changes to **e** before a word beginning with **i** or **hi**, but it remains **y** before **hie**.

> **Era peligroso e ilegal boxear antes de 1920.**
> It was dangerous and illegal to box before 1920.
>
> **E hizo una gira por todo el país.**
> And he made a tour around the whole country.
>
> **En invierno hay nieve y hielo en el estadio.**
> In winter there is snow and ice in the stadium.

C   The conjunction **o** changes to **u** before a word beginning with **o** or **ho**.

> **El boxeo producía o indiferencia u oposición en los norteamericanos.**
> Boxing produced either indifference or opposition in Americans.
>
> **Si Ud. es buen jugador, no importa si es mujer u hombre.**
> If you are a good player, it doesn't matter whether you are a woman or a man.

Ejercicio   Complete con el equivalente de las palabras inglesas entre paréntesis:

1 (After)_____ el boxeo fue legalizado, todos querían pelear.
2 El campeón es valiente (and)_____ invencible en las peleas.
3 Él ha tenido cien peleas (without)_____ haya perdido ninguna.
4 La pelota es un juego rápido (and)_____ interesante.
5 Siempre creí que Babe Ruth (and)_____ Lou Gehrig habían sido los mejores peloteros de todos los tiempos.
6 Pero (after)_____ Hank Aaron rompió el record de Ruth, no estoy seguro.
7 No sabíamos si ese inin duraría minutos (or)_____ horas.
8 El pelotero no llevaba gorra (before)_____ empezara el partido.
9 Estuvo al bate siete (or)_____ ocho veces en el partido de ayer.
10 Cuando terminó, tenía tierra (and)_____ hierba en los pantalones.
11 El partido terminó (without)_____ ese bateador hiciera un jonrón.
12 Pero seguirá practicando (until)_____ consiga hacer uno.
13 Suspendieron el partido porque había agua (and)_____ hielo en el campo.
14 Yo permanecí en el estadio (until)_____ lo cerraron.

D Pero and sino

Both **pero** and **sino** mean "but."

1 **Pero** is "but" with the meaning of "but nevertheless."

> **El boxeo fue popular en la antigüedad, pero cayó en el olvido más tarde.**
> Boxing was popular in ancient times, but (nevertheless) it fell into oblivion later.
>
> **Antes se jugaba pelota, pero el campo no tenía forma de diamante.**
> Before they played ball, but (nevertheless) the field didn't have a diamond shape.

2 **Sino** connects a negative statement with an affirmative statement which contradicts it, and means "but instead", "on the contrary."

> **El boxeo no es moderno, sino antiquísimo.**
> Boxing is not modern, but (instead) extremely old.
>
> **El primer partido de pelota no fue en Boston, sino en Nueva Jersey.**
> The first ball game wasn't in Boston, but (instead) in New Jersey.

If the contradiction takes place between two conjugated verbs, **sino que** instead of **sino** is used to introduce the second clause.

> **En 1920 no prohibieron el boxeo, sino que lo legalizaron.**
> In 1920 they didn't forbid boxing, but (instead) they legalized it. (Note the opposition between verbs.)

3 "Not only . . . but also" is **No sólo** (or **solamente**) . . . **sino** (**que**) (**también**) or (**además**).

> **No sólo es un buen boxeador, sino un pelotero excelente.**
> Not only is he a good boxer, but an excellent baseball player.
>
> **No sólo ganó mucho dinero, sino que también ganó el campeonato.**
> Not only did he win a great deal of money, but he also won the championship.

Ejercicio Llene los espacios usando **pero**, **sino** o **sino que**:

1 Practico varios deportes, _____ no sé mucho sobre el origen de ellos.
2 Los primeros boxeadores no fueron indios, _____ sumerios.
3 A principios de este siglo muchos boxeaban aquí _____ era ilegal.
4 No sólo sentían indiferencia hacia el deporte _____ también mostraban su oposición.
5 Había peleas a veces, _____ la policía las interrumpía.
6 Sullivan no fue campeón con guantes, _____ sin guantes.
7 Sullivan no sólo le permitía a cualquiera pelear con él, _____ además le ofrecía dinero.

8 Los otros estados no atacaron la ley Walker _____ pasaron leyes similares.
9 No sé jugar pelota, _____ quiero aprender.
10 El béisbol tuvo su origen en Nueva Inglaterra, _____ se popularizó en Nueva York.
11 Los equipos ya estaban organizados, _____ la forma del campo era irregular.
12 No ganaron los Knickerbockers, _____ los New York Nine.
13 Doubleday no sólo fijó las distancias, _____ también dio nombre al juego.
14 No fue en 1839 _____ más tarde que el agrimensor diseñó el campo.
15 No pude ir al estadio, _____ vi el partido por televisión.

El básquetbol

El básquetbol o baloncesto es hoy uno de los deportes más populares del mundo entero y se calcula que más de 20,000,000 de personas lo juegan.

No podemos decirle mucho sobre los orígenes de este deporte que Ud. no sepa ya: es bien conocido que James A. Naismith lo inventó en 1891 porque necesitaba un juego que pudiera practicarse *bajo techo* en las noches de invierno. — indoors

Pero hay otros datos interesantes acerca del baloncesto. Por ejemplo, es uno de los pocos deportes que pueden practicar las personas *ciegas* o parcialmente ciegas. Éstas juegan con pelotas de colores vivos o marcadas con rayas y *lunares*; aquéllas utilizan pelotas que tienen dentro *cascabeles* e identifican la dirección con un sistema de *chicharras*. También los inválidos, si se baja la altura del *cesto*, pueden participar en competencias desde sus *sillas de ruedas*. — blind / polkadots / jingle-bells; buzzers / basket / wheelchairs

Otro aspecto del básquetbol se relaciona con las competencias femeninas. El equipo ruso de mujeres basquetbolistas obtuvo un gran triunfo en 1976 en los Juegos Olímpicos de Montreal. Esto no sucedió *por casualidad*, pues se trataba del sexto triunfo consecutivo. Según los comentaristas, la *estatura* de las jugadoras tiene un papel muy importante en estos éxitos tan numerosos. La más alta de las basquetbolistas norteamericanas mide *un metro noventa centímetros*, pero algunas de las jugadoras rusas son gigantescas. ¡Su estrella, Iuli Semenova, es una joven amable y simpática, pero mide *dos metros veinte centímetros* y pesa *ciento veintiocho kilogramos*! — by chance / height / (about 6'1") / (about 7'2"); (about 281 lbs.)

En realidad esto de la estatura se ha convertido en una obsesión para los responsables de los equipos colegiales y algunos hasta van al extranjero para *reclutar* jugadores. Hace poco se supo en nuestro país que hay una región tribal del Africa del Sur donde los muchachos—nadie sabe por qué— — recruit crecen mucho. Uno de estos africanos, llamado Bango Sanguru, parece tener además un *trastorno* glandular y es un gigante de *dos metros cuarenta y cinco centímetros* aunque solamente tiene quince años. disorder; (about 8 feet)

El joven Sanguru nunca ha ido a la escuela y no sabe leer ni escribir, pero esto no es un obstáculo, porque varias universidades quieren que *de todos modos* venga a los Estados Unidos e *ingrese* en sus equipos de básquetbol. No han explicado cómo piensan resolver el asunto de la falta de conocimientos de Sanguru, pero si Ud. mide dos metros cuarenta y cinco centímetros y sabe jugar bien al baloncesto, el problema de que sea *analfabeto* puede solucionarse. anyway / join / illiterate

Preguntas
1 ¿Cuántas personas juegan hoy baloncesto en el mundo?
2 Hable de la invención de este deporte.
3 ¿Cómo son las pelotas para las personas parcialmente ciegas?
4 ¿Y para las ciegas?
5 ¿Qué hay que hacer para que los inválidos puedan jugar?
6 ¿Qué equipo femenino tiene ahora el campeonato mundial?
7 ¿Cuántos años hace que mantiene el título?
8 Según los comentaristas, ¿cuál es la razón del éxito de las rusas?
9 ¿Cuánto mide la estrella del equipo?
10 ¿Qué hacen ahora los responsables de los equipos colegiales?
11 ¿Cómo son los muchachos de cierta región del Africa del Sur?
12 ¿Cuánto mide Bango Sanguru?
13 Explique en español qué es un analfabeto.
14 ¿Quiénes quieren que Sanguru venga a los Estados Unidos, y para qué?

Más preguntas
1 ¿Conoce Ud. a alguna persona ciega o inválida que juegue básquetbol?
2 ¿Y otro deporte?
3 ¿Juega Ud. básquetbol? ¿Lo ha jugado?
4 Dé su opinión sobre el equipo de su universidad.
5 Describa el uniforme del equipo de su universidad.
6 ¿Quiénes cree Ud. que juegan mejor, los hombres o las mujeres?
7 ¿Cree Ud. que la estatura es el factor decisivo en un jugador?
8 ¿Cuánto mide la mujer más alta que Ud. conoce? ¿Y el hombre más alto?
9 ¿Conoce Ud. a algún analfabeto?
10 ¿Cree Ud. que para un niño es más fácil aprender a leer y a escribir en español o en inglés? Explique su opinión.
11 ¿Cuántos años tenía Ud. cuando aprendió a leer y a escribir?
12 ¿Cuánto mide Ud.? ¿Cuánto pesa?

Práctica de modismos
Poco a poco little by little
Por casualidad by chance
De todos modos anyway

Conteste las siguientes preguntas usando el modismo apropiado:

1. Dicen que va a llover, ¿se celebrará el partido si llueve?
2. Nuestro equipo de pelota es muy malo, ¿cómo pudo ganarles a los campeones?
3. Si practico todos los días, ¿aprenderé a jugar pronto?
4. Cuando el boxeo estaba prohibido, ¿boxeaba la gente?
5. ¿Es verdad que el balompié va ganando popularidad en nuestro país?
6. Si no sabes mucho español, ¿cómo has contestado estas preguntas?

Temas para trabajo oral o escrito

1. Los orígenes de otros deportes
2. El boxeo
3. Si Ud. es alto y juega bien el básquetbol, no tendrá problemas en sus estudios. Verdadero o falso.

II Demonstrative adjectives — Los adjetivos demostrativos

Singular			Plural		
Masculine	Feminine		Masculine	Feminine	
este	**esta** (aquí)*	this (here)	**estos**	**estas**	these (here)
ese	**esa** (ahí)	that (there)	**esos**	**esas**	those (there)
aquel	**aquella** (allí)	that (yonder)	**aquellos**	**aquellas**	those (yonder)

There are three demonstrative adjectives in Spanish, depending on whether the object is 1) near the speaker, 2) near the person spoken to, or 3) removed from both. Like the articles, they agree in gender and number with the noun they modify and are generally repeated before each noun.

Este cesto y esta pelota
This basket and ball

Esta campana, esa chicharra y aquel cascabel
This bell, that buzzer and that jingle-bell (over there)

* Note that each demonstrative adjective has a corresponding adverb.

Los deportes

Ejercicios A Conteste incluyendo cada vez un adjetivo demostrativo en su respuesta:

1 ¿Qué uniforme llevarás mañana?
2 ¿Cuál de las pelotas compraste?
3 ¿Qué jugadores son los mejores?
4 ¿Qué deporte preferís?
5 ¿Qué equipo ganó el campeonato el año pasado?
6 ¿Qué jugadora era más alta?
7 ¿En qué país vive ese chico?
8 ¿Qué universidades lo aceptaron?
9 ¿Qué estudiantes jugarán la semana que viene?
10 ¿En cuál de las pelotas pusiste la chicharra?

B Llene los espacios con un adjetivo demostrativo:

1 _____ deporte es muy popular hoy día.
2 Naismith inventó el baloncesto en _____ días lejanos.
3 _____ pelota que tienes en la mano es una pelota común.
4 Pero _____ que está allí tiene cascabeles dentro.
5 _____ cesto (ahí) está muy alto para un juego de niños.
6 _____ rusas que vinieron a competir en años anteriores no eran tan altas como _____ jugadoras de hoy.
7 En _____ región remota del Africa la gente es muy alta.
8 _____ muchacho nunca ha ido a la escuela.
9 Pero ha sido aceptado en _____ cinco universidades.
10 _____ problemas del básquetbol me preocupan.
11 Lo comprendo, pero en _____ situación no tenemos ningún problema.
12 ¿No te parecen ridículas hoy día _____ reglas del siglo pasado?

III Demonstrative pronouns   Los pronombres demostrativos

A Demonstrative pronouns may stand alone or be used as subject or object of the verb, or as object of a preposition. As they are pronouns, they are not used before nouns. Spanish demonstrative pronouns have the same forms as the demonstrative adjectives, but are differentiated from them by adding written accents.

Éstas juegan mejor que ésas.
These (women) play better than those.
Éstos son altos, pero aquéllos son gigantescos.
These (men) are tall, but those are gigantic.

B **Éste** and its forms are also used to mean "the latter," and **aquél** and its forms are used to mean "the former." When "the former" and "the latter" are used together Spanish, contrary to English, says "the latter" first.*

                          A   B
El básquetbol lo juegan las personas ciegas o parcialmente ciegas.
    B   A
Éstas usan pelotas de colores vivos, aquéllas usan pelotas que producen sonidos.
Basketball is played by blind or partially blind people. The former use balls that produce sounds; the latter use balls with bright colors.

C The invariable neuter forms **esto**, **eso**, and **aquello** are used only as pronouns, and refer to an idea or to a general statement. They do not require accent marks.

    Esto de la estatura se ha convertido en una obsesión.
This (matter) of height has become an obsession.
    Las rusas son campeonas mundiales. Eso lo sé.
Russian women are world champions. That I know.
    Aquello sucedió en 1891.
That happened in 1891.

Ejercicio Traduzca:

1 Those players are very short (**bajos**). That one is the star, and he is only five feet tall.
2 That does not surprise me. Those things happen sometimes.
3 Which of these balls do you want? That one in the corner.
4 What is this? A new game.
5 These are Olga and Karina. The former was last year's champion, and the latter won the championship today.
6 Did you say that? That was exactly what (**lo que**) I said.
7 Look at this! These illiterates are teaching Spanish!
8 That is not true. This one teaches English and that one mathematics.
9 This matter of rules is a complicated thing in sports these days.
10 Jim is much taller than George. But the latter sometimes plays better than the former.
11 I just learned in this lesson that basketball was invented in 1891. What? You didn't know that?

    * Spanish word order is ABBA, whereas in English the order is ABAB.

Los deportes

> **"Demonstrative" use of the Spanish article**
>
> In English, if one wants to refer to "the Russian team and the team of the United States," or "the competition of 1975 and the competitions of 1976 and 1977," one avoids repeating the noun by saying:
>
> > the Russian team and **that** of the United States, and
> > the competition of 1975 and **those** of 1976 and 1977.
>
> In Spanish, the repetition of the noun is avoided by using **el**, **la**, **los**, or **las** combined with the preposition **de**.
>
> > **el equipo ruso y el ~~equipo~~ de los Estados Unidos,** and
> > **la competencia de 1975 y las ~~competencias~~ de 1976 y 1977.**
>
> This "demonstrative" use of the Spanish definite article is also equivalent to "the one(s) . . ."
>
> > **esta pelota y la de la esquina**
> > this ball and the one on the corner
> > **Conozco a este jugador y también al de las medias rojas.**
> > I know this player and also the one with the red socks.

Ejercicios A Elimine las palabras innecesarias:

1 Nuestros jugadores y los jugadores del otro equipo están enfermos.
2 El estudiante fue aceptado por una universidad privada, pero no por la universidad del estado.
3 La estatura de Bango y la estatura de Iuli son sorprendentes.
4 Los miembros de esta tribu y los miembros de la otra tribu son enemigos.
5 Mi uniforme y el uniforme de mi amigo se rompieron.
6 Las reglas del básquetbol y las reglas del fútbol son muy diferentes.
7 Ni los analfabetos norteamericanos ni los analfabetos españoles deben manejar automóviles.
8 Ayer comí con el entrenador de nuestro equipo y con el entrenador del equipo enemigo.

B Traduzca:

1 The rules of boxing and those of baseball
2 The games of the Greeks and those of the Romans
3 The use of gloves and that of caps
4 The championship of France and that of Spain

5 Sullivan's tour and that of his enemy
6 My prize and my brother's
7 The ball of this group and that one's
8 My height and my girl friend's

Los deportes en el mundo hispánico

Si le preguntamos cuál es el deporte más popular en los países hispánicos, Ud. posiblemente contestará que la corrida de toros. Pero eso no es cierto. En realidad, sólo hay tres países donde las corridas son importantes: España, México y el Perú, aunque también se celebran algunas corridas en Colombia y Venezuela.

El deporte más popular en la mayoría de los países hispánicos es el fútbol o balompié. (Pero recuerde que la palabra "fútbol" en español no se refiere al "football" norteamericano, sino al "soccer".) En muchas ciudades hay estadios enormes dedicados exclusivamente a este juego y los *fanáticos*, mucho más violentos que los de otros deportes, apuestan, gritan, *se emocionan* y pelean, defendiendo su equipo. —fans; get excited

En julio de 1969 hubo una guerra entre El Salvador y Honduras que se llamó "la guerra del fútbol". Aunque ya antes existían fricciones entre los dos países por problemas de emigrantes del *superpoblado* El Salvador a la poco poblada Honduras, el conflicto *estalló* a principios de junio a causa de un partido de fútbol en el que ambas repúblicas competían por un lugar en el Campeonato de la Copa Mundial. "La guerra del fútbol" duró solamente quince días, pero produjo unos 2,000 muertos, en su mayoría hondureños. —overpopulated; erupted

Los excesos de entusiasmo de los *aficionados* al fútbol y la violencia en las *graderías* se explican si se considera que éste es uno de los deportes más agresivos y que la única *meta* de los once miembros de un equipo es sobrepasar de cualquier manera el número de goles del adversario. Como los jugadores no pueden tocar la pelota con las manos, sino sólo *patearla* o *empujarla* con la cabeza o el cuerpo, deben a veces dar saltos acrobáticos o tremendos *cabezazos* para desviar los goles del enemigo. En el fútbol no se planea mucho: sus reglas son bastante flexibles y continuamente suceden cosas *imprevistas*, lo que mantiene el suspenso y la emoción de los espectadores. Además, hay que tener en cuenta que, contrariamente a lo que sucede con el "football" norteamericano, los jugadores de balompié no llevan *cascos* ni protección ninguna—excepto *rodilleras* a veces—y el peligro aumenta el interés de un deporte. —fans; bleachers; aim; kick it; push it; butts with the head; unexpected; helmets; kneepads

Sin embargo, no todos los países comparten igual entusiasmo por el fútbol, porque el deporte nacional de Cuba es el béisbol y éste es también muy popular en Venezuela, Puerto Rico, la República Dominicana y las naciones de la América Central.

Estos niños hispanos aprenden a torear.

Dibujo por Pancho/ El Nacional/ Caracas

Los jugadores de los equipos de fútbol Real Madrid y Málaga en un momento culminante
Dos jugadores de pelota vasca utilizando sus cestas

Los campeonatos nacionales de béisbol se celebran generalmente en invierno, lo que permite que los mejores peloteros vengan en el verano a los Estados Unidos a jugar en las Grandes Ligas.

En realidad los hispanos conocen y practican todos los deportes que hemos mencionado aquí y varios otros que se practican también en los Estados Unidos: las *carreras* de autos y las de caballos, la *natación*, el *alpinismo*, la caza, el polo, la *lucha libre*, el tenis... En este último, por ejemplo, tenemos recientemente dos campeones hispanos: el español Manuel Orantes y el argentino Guillermo Vilas.

races; swimming; mountain climbing wrestling

Hay además dos deportes que despiertan bastante entusiasmo en los hispanos y que en los Estados Unidos son casi desconocidos: el jai-alai y las *peleas de gallos*.

cockfights

Los domingos los hombres van a la valla y apuestan a su gallo favorito.

El jai-alai, también llamado "pelota *vasca*", es originario de la región vasca, en el norte de España, y se juega con dos *parejas* de jugadores en un *frontón* que tiene tres paredes. La pelota es pequeña y la lanzan con una *cesta** de *mimbre* de forma curva que llevan en la mano. El jai-alai es uno de los juegos más rápidos que existen y se presta mucho a las *apuestas*, por lo cual los frontones son una combinación de lugar de deporte y casino de *juego*. — Basque / pairs / jai-alai court / wicker / bets / gambling

Muy populares en los países hispánicos son las peleas de gallos, consideradas ilegales en los Estados Unidos. Para estas peleas se utilizan gallos *criados* especialmente, llamados "gallos de pelea", que son pequeños, ágiles y tienen *espuelas agudas*. A veces los dueños de los animales les quitan las espuelas y les ponen uñas de metal, con las que *se destrozan* mutuamente hasta que uno de ellos muere. — raised / sharp spurs / tear each other apart

Las peleas de gallos se celebran en lugares al aire libre situados en las *afueras* de los pueblos, generalmente rodeados por una *empalizada*, que se llaman *vallas*. Su mayor atractivo consiste en las apuestas que el público hace a su gallo favorito. — outskirts; palisade / cockpits

Preguntas

1. ¿En qué países hay corridas de toros?
2. ¿Cómo es el público de los partidos de fútbol?
3. Cuente lo que pasó entre El Salvador y Honduras en 1969.
4. ¿Por qué hay tanta violencia en las graderías?
5. ¿Cómo tocan la pelota los futbolistas?
6. ¿Por qué se mantienen el suspenso y la emoción de los espectadores?
7. ¿Por qué hay peligro para los jugadores de fútbol?
8. ¿En qué países prefieren el béisbol?
9. ¿Por qué celebran algunos países sus campeonatos de béisbol en invierno?
10. ¿Puede Ud. nombrar algunos deportes que se practican en los países hispánicos?
11. ¿Cómo se llaman los dos campeones hispanos de tenis?
12. ¿Dónde tuvo su origen el jai-alai?
13. ¿Cuántos jugadores hay en este juego?
14. ¿Dónde se juega?
15. ¿Cómo son la pelota y la cesta?
16. ¿Hay peleas de gallos en los Estados Unidos?

---

* Fíjese que en el jai-alai se usa "cesta" y en el basquetbol un "cesto".

Los deportes

17 ¿Puede Ud. describir un gallo de pelea?
18 ¿Qué hacen a veces los dueños de los animales?
19 ¿Dónde se celebran las peleas de gallos?
20 ¿Qué atractivo común tienen para el público el jai-alai y las peleas de gallos?

Más preguntas
1 ¿Cree Ud. que deben permitirse las corridas de toros en los EE. UU.? Explique.
2 ¿Ha jugado Ud. fútbol? ¿Y "football" norteamericano?
3 ¿Ha apostado alguna vez en algún deporte?
4 ¿Apuesta Ud. algunas veces en otras ocasiones?
5 ¿Ha peleado alguna vez en las graderías?
6 ¿Ha visto pelear a otras personas?
7 ¿Qué haría Ud. si viera una decisión injusta o un abuso contra su equipo?
8 ¿Ha llevado Ud. un casco alguna vez? Explique.
9 ¿Puede nombrar algunas personas que llevan casco y que no juegan "football" norteamericano?
10 ¿Ha practicado Ud. algunos de los deportes que se mencionan aquí?
11 ¿Dónde se juega jai-alai en los Estados Unidos?
12 ¿Le gustaría ver una pelea de gallos? Explique su respuesta.

Práctica de vocabulario
1 La sección que está junto al límite de un pueblo, pero fuera de éste, se llama las _____ .
2 Con el _____ se hacen muebles y cestas para jugar jai-alai.
3 Un país donde hay un exceso de habitantes está _____ .
4 La sección popular de un estadio se llama las _____ .
5 Una pared que rodea un lugar donde pelean los gallos es una _____ .
6 Los gallos de pelea tienen _____ agudas.
7 Los fanáticos de un deporte se llaman también _____ .
8 En el balompié los jugadores _____ la pelota para hacer un gol.
9 Un golpe con la cabeza es un _____ .
10 Los jugadores se protegen la cabeza con un _____ y las rodillas con _____ .
11 El deporte de subir montañas se llama _____ .
12 En una lucha terrible, los enemigos se _____ el uno al otro.

Temas para trabajo oral o escrito
1 Su deporte favorito
2 Paralelo entre el balompié y el "football" norteamericano
3 Las peleas de gallos son crueles y deben prohibirse. Defienda o ataque.

La hora — Time of day

¿Qué hora es?	What time is it?

Es la { una / una y cuarto (y quince) / una y veinte / una y media }
It is { one o'clock / one fifteen / one twenty / one thirty }

Son las { dos menos veinticinco / dos menos cuarto / dos menos diez / tres }
It is { one thirty-five / one forty-five / ten of two / three o'clock }

Es mediodía (medianoche).	It's noon (midnight).
¿A qué hora . . . ?	At what time . . . ?
A las cinco menos cinco	At four fifty-five
A las tres de la tarde*	At three in the afternoon
A las diez de la mañana	At ten a.m.
A las ocho de la noche	At eight p.m.
Al mediodía	At noon
A medianoche	At midnight
A las cuatro de la madrugada**	At four a.m.

Ejercicio Conteste en español dando la hora que se indica:

1. ¿A qué hora empieza el partido de básquetbol? (8:15 p.m.)
2. ¿A qué hora terminará el partido? (10:25 p.m.)
3. ¿A qué hora fue el partido de pelota ayer? (3:00 p.m.)
4. ¿A qué hora terminó el partido más largo de la historia del béisbol? (2:30 a.m.)
5. ¿Qué hora es? (11:10 a.m.)
6. ¿Qué hora es? (1:35 p.m.)
7. ¿Qué hora era hace un rato? (1:00 p.m.)
8. ¿Qué hora era cuando saliste de tu casa esta mañana? (7:00 a.m.)
9. ¿Qué hora será cuando termine esta clase? (12:00)
10. ¿A qué hora empezará el boxeo? (9:05 p.m.)
11. ¿A qué hora es el encuentro de jai-alai? (6:45 p.m.)
12. ¿A qué hora terminaremos este ejercicio? ¡Ahora mismo! Son las . . .

* "In" is translated by **de** when a definite time is given, but by **por** when no definite time is expressed.

** For night hours after midnight **de la madrugada** is used.

Un poco de humor

Amigos fanáticos: Ya el pitcher* se prepara para empezar el juego. Son las... las... El grande está en las cinco y el chiquito en las dos...

* También se dice el "lanzador".

Suplemento

¿En quién estoy pensando?

Un estudiante pensará en una figura famosa del mundo de los deportes y otro estudiante le hará preguntas sobre ella, que puedan contestarse con *Sí* o *No*. El estudiante que hace las preguntas puede continuar preguntando hasta que reciba un *No*. Cuando oiga un *No*, le dejará su turno a otro compañero, y así sucesivamente.

Lo primero que tienen que hacer los estudiantes que preguntan es averiguar (find out) el nombre del deporte con el cual se relaciona la persona misteriosa. Está prohibido preguntar directamente qué deporte es, pero se pueden hacer preguntas indirectas. Algunas preguntas posibles serían:

¿Usa bate para jugar?
¿Juega con los pies?
¿Se usan guantes en ese deporte?
¿Hay que correr mucho?
¿Se practica este deporte en el agua?
¿Es necesario tener hielo?
¿Se juega bajo techo?
¿Es ovalada la pelota?
¿Se utiliza una cesta de mimbre?
¿Hay animales en ese deporte?
¿Se usa una raqueta para jugar?
¿Se necesitan sogas (ropes)?

Después que sepa el nombre del deporte, la persona que pregunta hará preguntas sobre el deportista. Algunas preguntas con las que puede comenzar son:

¿Es una persona viva?
¿Es una persona de los Estados Unidos?
¿Es de un país hispánico?
¿Tiene algún "record" especial en su deporte?
¿Ganó algún campeonato mundial?

Cuando alguien identifica a la persona misteriosa, el juego termina y comienza otro. El estudiante que hizo la identificación será quien pensará en otra persona misteriosa para el nuevo juego.

Leyendo la prensa

Dentro de este cartagenero hay una mina de oro

Bernardo Mercado, este hombre que *reúne* todas las características corporales para llamarlo gigante, *dos metros* de estatura y *ciento veinte kilos* de peso, ha tenido la suficiente capacidad para abrirse camino nada menos que en los Estados Unidos, país que ha producido durante muchos años, a los mejores *púgiles* de la división de los pesos pesados. *[combines; (6'6''); (264 lbs.); boxers]*

Mercado, nacido en Cartagena, tuvo que tomar la decisión de marcharse en vista de que aquí no encontraba rivales ni siquiera para sus entrenamientos. Y en los Estados Unidos demostró que tenía calidad suficiente para llegar arriba y fue *tumbando* rivales poco a poco. Actualmente su *registro* lo señala como *invicto*: ha triunfado en los once combates que le *montaron*, diez de ellos por la *vía rápida*. Todo esto en un tiempo realmente corto: un año y tres meses. *[knocking down; record; undefeated; set up; knockout (lit., quick route)]*

Bernardo dice que los mejores días están por venir, ya que él apenas cuenta con veintitrés años de edad. Además según el mismo púgil, tiene un *apoderado* que *se las sabe todas*, nada menos que Joe Conforte, el italiano que fue "dueño" también del argentino Oscar Bonavena. Bernardo Mercado ha venido a Cartagena con el propósito de visitar a sus familiares y de tomarse unas vacaciones. *[manager; is very smart]*

La historia de Bernardo Mercado como boxeador comienza con la celebración de unos Juegos Deportivos Nacionales, hace aproximadamente ocho años. Por entonces tendría menos de la mitad de los kilos que tiene ahora. Sale campeón de su categoría. De pronto se inicia un cambio radical en su figura. Todos los días aumentaba de tamaño, hasta que no tuvo más remedio que resignarse a ser peso pesado. En su carrera como aficionado quedan dos medallas de plata en Juegos Bolivarianos y Centroamericanos. Salta al profesionalismo, pero *tropieza con* un gran obstáculo: en Colombia, a excepción de él, no había más pesos pesados. Le comenta su problema a un empresario norteamericano llamado Willie Catchum y éste es quien lo lleva a buscar nuevos horizontes. Mercado a los dos meses de estar en los Estados Unidos *horizontaliza* a su primer rival. Todavía era un desconocido. Al mes siguiente horizontaliza a otro. Todavía sigue siendo un desconocido. Apenas han *transcurrido* veinte días de este segundo combate y horizontaliza al tercero. Ahora sí empieza a *coger cartel*. *[encounters; knocks out; passed; be famous]*

Cuando estaba realizando su quinta pelea, Joe Conforte se interesa en el colombiano y le dice a Catchum que cuánto vale. El empresario norteamericano le contesta que diez mil dólares, un precio considerado como escandaloso en el mundo del boxeo por un boxeador que apenas está en su quinto combate. Tradicionalmente por un púgil así se cobran mil o dos mil dólares. Catchum no *rebaja* un solo centavo y Conforte decide probar suerte con el colombiano. Y en las próximas seis peleas que realizaría, el *cartel* de Mercado iba a subir tanto, que incluso a sus combates eran invitadas figuras *de renombre,* como el caso del mismo Mohammad Alí.

    El hombre que costó diez mil dólares va bien *encaminado.* Tanto que ahora su precio se ha quintuplicado, aunque Joe Conforte ha *rechazado* todas las *ofertas* y lo ha declarado intransferible.

Vea, Bogotá

12
Los animales

Capítulo doce

Un poco de preparación

I Verbs requiring a written accent on weak vowels	**I Verbos que llevan acento en las vocales débiles**

Verbs ending in **–iar** and **–uar** (except those ending in **–guar**) bear a written accent on the **i** and **u** in all singular forms and in the third person plural of the present indicative and subjunctive, as well as in the imperative singular (i.e., in the same persons as radical-changing verbs).

enviar
Pres. indic. **envío, envías, envía,** enviamos, enviáis, **envían**
Pres. subj. **envíe, envíes, envíe,** enviemos, enviéis, **envíen**
Imper. sing. **envía**

continuar
Pres. indic. **continúo, continúas, continúa,** continuamos, continuáis, **continúan**
Pres. subj. **continúe, continúes, continúe,** continuemos, continuéis, **continúen**
Imper. sing. **continúa**

Cambiar is an exception to this rule.

II Verbs with special endings	**II Verbos con terminaciones especiales**

A Verbs ending in **–cer** add **z** before **co** and **ca**

conocer
Pres. indic. **conozco**, conoces, conoce, conocemos, conocéis, conocen
Pres. subj. **conozca, conozcas, conozca, conozcamos, conozcáis, conozcan**

Other verbs like **conocer**: **agradecer** (to be thankful for), **aparecer** (to appear), **crecer** (to grow), **establecer** (to establish), **nacer** (to be born), **ofrecer** (to offer), **parecer** (to seem), **pertenecer** (to belong), **reconocer** (to recognize)

B Verbs ending in **–ducir** add **z** before **co** and **ca** in addition to being irregular in the preterite and the imperfect subjunctive.

traducir
Pres. indic. **traduzco**, traduces, traduce, traducimos, traducís, traducen
Preterite **traduje, tradujiste, tradujo, tradujimos, tradujisteis, tradujeron**
Pres. subj. **traduzca, traduzcas, traduzca, traduzcamos, traduzcáis, traduzcan**
Imp. subj. **tradujera (ese), tradujeras (eses), tradujera (ese), tradujéramos (ésemos), tradujerais (eseis), tradujeran (esen)**

Other verbs like **traducir**: **conducir** (to drive), **introducir** (to introduce), **producir** (to produce)

C   Verbs ending in **–uir** insert **y** before all endings beginning with **a**, **e**, or **o**.

construir
Pres. indic.   **construyo**, **construyes**, **construye**, construimos, construís, **construyen**
Preterite   construí, construiste, **construyó**, construimos, construisteis, **construyeron**
Pres. subj.   **construya, construyas, construya, construyamos, construyáis, construyan**
Imp. subj.   **construyera (ese), construyeras (eses), construyera (ese), construyéramos (ésemos), construyerais (eseis), construyeran (esen)**
Imper. sing.   **construye**
Pres. part.   **construyendo**

Other verbs like **construir**:

concluir (to conclude), **contribuir** (to contribute), **destruir** (to destroy), **distribuir** (to distribute), **huir** (to flee), **sustituir** (to substitute)

Ejercicios A   Cambie los verbos subrayados según se indica:

1 Tú comienzas el trabajo y yo lo termino.
  (continuar, ofrecer, enviar, traducir, distribuir)
2 Espero que ella lo envíe.
  (conocer, continuar, agradecer, establecer, construir)
3 Quería que la destruyésemos.
  (sustituir, concluir, conducir, producir, distribuir)
4 Mis amigos crecieron.
  (aparecer, conducir, contribuir, huir, traducir)

B   Traduzca:

1 I am thankful for your help.
2 They continue because Pablo said nothing.
3 Change it; I don't want it.
4 Offer it to her now.
5 We translated five sentences.
6 When you build your house, don't destroy the garden.
7 If we concluded (use **concluir**) now, we would dine early.
8 I regret that the exercise seems difficult.
9 We introduced that subject.
10 Perhaps you know the expressions: "Translate, Substitute, and Choose" well.

¿Qué animal le gustaría ser?

Muchos *juegos de salón* se basan en la sicología. Un juego muy interesante para divertirse con un grupo de amigos en una tertulia consiste en preguntarle a cada uno qué animal le gustaría ser si tuviera que convertirse en animal. Según los sicólogos, lo que responde la persona *tiene mucho que ver con* su carácter, sus *gustos*, sus *creencias* y hasta sus temores. Por ejemplo, un individuo que contesta que quiere ser pájaro, muestra tener amor a la libertad y espíritu *aventurero* y ser *soñador*. Es posible que sea además muy idealista. La persona a la cual le gustaría ser perro, tiene probablemente un alto concepto de la amistad y estima mucho la *lealtad* en los demás, mientras otro que confiese que le gustaría ser gato, da gran importancia a la independencia y admira sobre todo a quienes tienen una personalidad firme y definida. ¿Quiere Ud. ser león? Eso indica que da mucha importancia al valor y a la fuerza y que tiene un secreto deseo de *ejercer poder* y dominio.

En una tertulia en la que se jugaba este juego, una joven confesó que le gustaría ser tortuga. La respuesta sorprendió a todos, porque no podían

parlor games

has a lot to do with; tastes; beliefs

adventurous; dreamer

loyalty

exercise power

Los animales

relacionar el carácter *vivo* de la chica con la *lentitud* de la tortuga y la vida lively; slowness
monótona que ella lleva. Pero cuando le hicieron más preguntas sobre esto
y la muchacha analizó la verdadera razón de su preferencia, descubrieron
todos—y ella también—que había escogido la tortuga porque sentía un
gran temor hacia la muerte y la tortuga pertenece a una de las especies de
más larga vida.

Preguntas
1. ¿En qué se basan muchos juegos de salón?
2. ¿Qué aspectos de una persona se revelan con este juego?
3. ¿Qué cualidades tiene la persona que quiere ser pájaro?
4. ¿Y la que quiere ser perro?
5. ¿Qué elementos del carácter del gato les gustan a algunos?
6. ¿Puede Ud. nombrar algunas cualidades negativas de los gatos?
7. ¿Qué puede decirnos de las personas que querrían ser leones?
8. Cuente el incidente de la joven que quería ser tortuga.

¡Ahora vamos a jugar!

En el vocabulario siguiente se encuentran los nombres de los animales más comunes. Hay también cualidades o características y otras palabras útiles para conversar sobre este tema. Cada estudiante de la clase debe decidir qué animal le gustaría ser y explicar por qué, ayudándose del vocabulario.

la hormiga	ant	**el águila**	eagle	**el loro**	parrot
el murciélago	bat	**el elefante**	elephant	**el pavo real**	peacock
el oso	bear	**el pez**	fish	**el cerdo**	pig
el pájaro	bird	**la mosca**	fly	**la paloma**	pigeon
el jabalí	boar	**la zorra**	fox	**el conejo**	rabbit
el toro	bull	**la rana**	frog	**el mapache**	racoon
la mariposa	butterfly	**la jirafa**	giraffe	**la rata**	rat
el camello	camel	**la gallina**	hen	**el gallo**	rooster
el canario	canary	**el caballo**	horse	**el tiburón**	shark
el gato	cat	**el insecto**	insect	**la oveja**	sheep
el pollo	chicken	**el canguro**	kangaroo	**la serpiente**	snake
la vaca	cow	**el león**	lion	**la araña**	spider
el cocodrilo	crocodile	**la yegua**	mare	**el cisne**	swan
el ciervo	deer	**el mono**	monkey	**el tigre**	tiger
el perro	dog	**el mosquito**	mosquito	**el pavo**	turkey
el delfín	dolphin	**el ratón**	mouse	**la tortuga**	turtle
el burro	donkey	**el ruiseñor**	nightingale	**el vampiro**	vampire
el dragón	dragon	**el buho**	owl	**la ballena**	whale
el pato	duck	**la pantera**	panther	**el lobo**	wolf
cariñoso	affectionate	**agradecido**	grateful	**astuto**	sly
hermoso	beautiful	**peludo**	hairy	**fuerte**	strong
valiente	courageous	**perezoso**	lazy	**manso**	tame
rápido	fast	**leal**	loyal	**feo**	ugly
feroz	ferocious	**pacífico**	peaceful	**desagradecido**	ungrateful
libre	free	**afilado**	sharp	**vanidoso**	vain
amistoso	friendly	**lento**	slow	**sabio**	wise
cómico	funny				
el pico	beak	**el lago**	lake	**el pantano**	swamp
la oreja	ear	**las patas**	legs	**la cola**	tail
los colmillos	fangs, tusks	**la melena**	mane	**los dientes**	teeth
las plumas	feathers	**la montaña**	mountain	**el árbol**	tree
el pelo	hair	**el río**	river	**la trompa**	trunk (elephant)
los cuernos	horns	**las escamas**	scales	**las alas**	wings
la selva	jungle	**el canto**	singing	**la lana**	wool
ladrar	to bark	**pescar**	to fish	**saltar**	to jump
morder(ue)*	to bite	**volar(ue)**	to fly	**cantar**	to sing
trepar	to climb	**cazar**	to hunt	**picar**	to sting
devorar	to devour	**tejer**	to knit	**nadar**	to swim

* En español sólo los animales que tienen dientes muerden, los insectos pican.

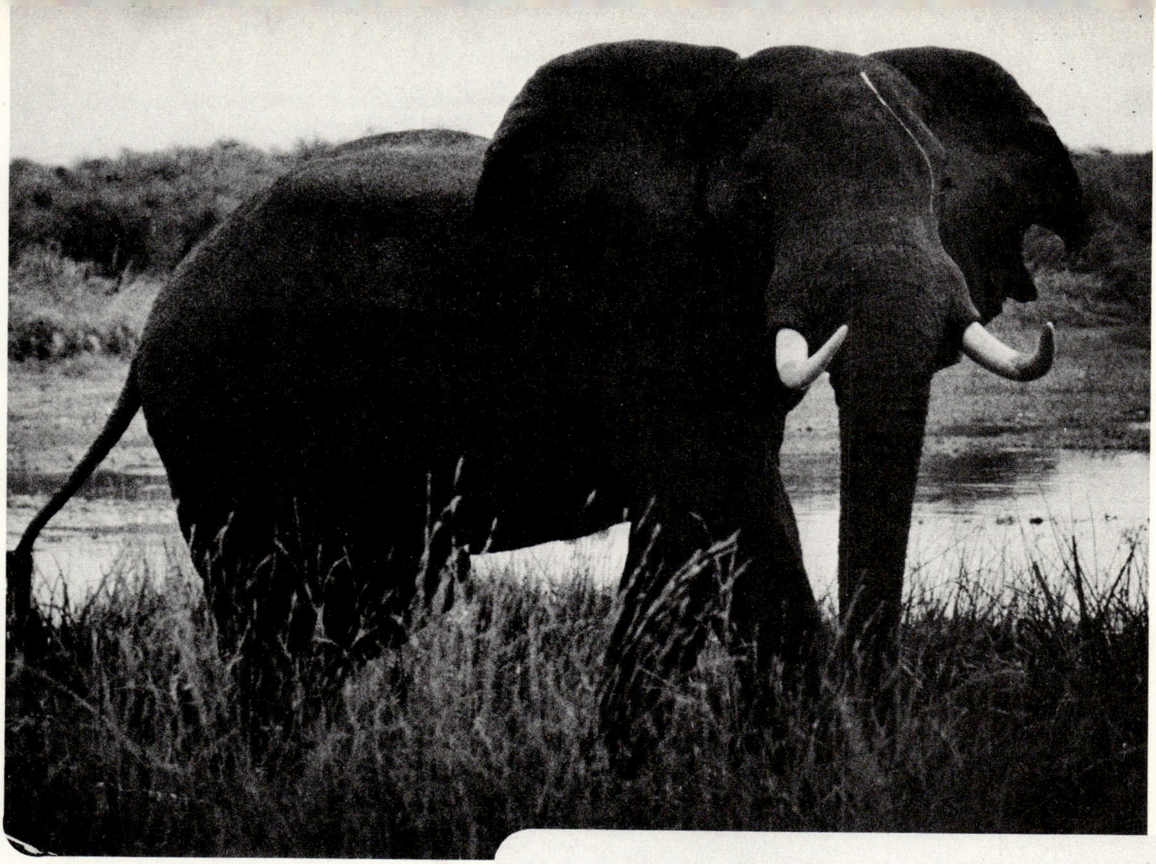
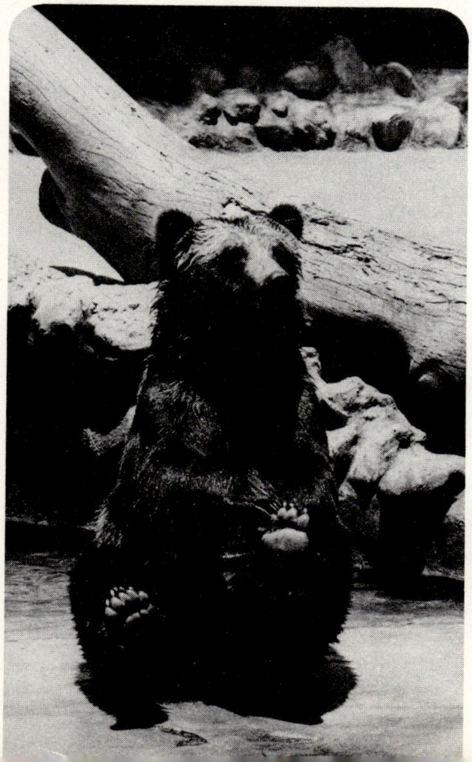
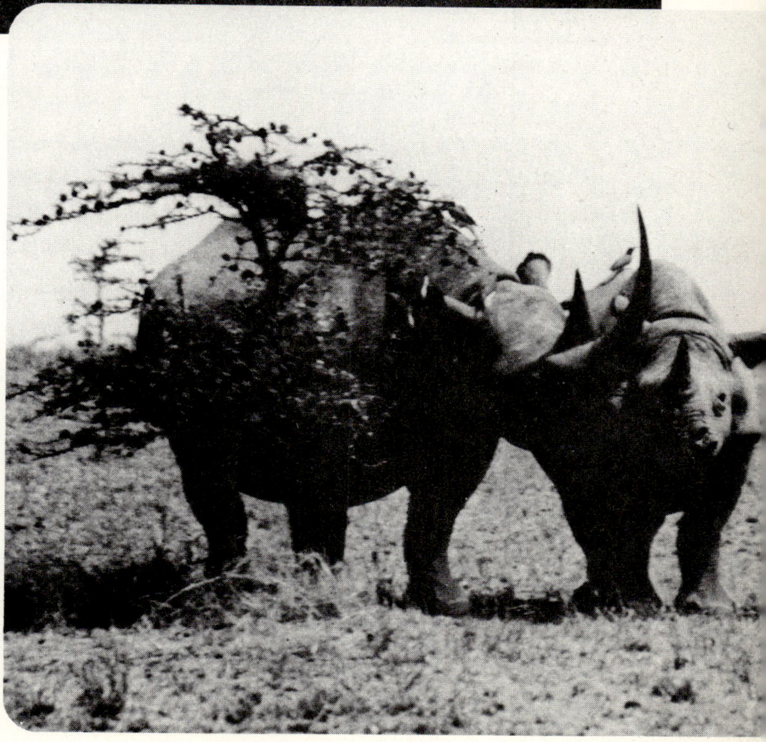

Capítulo doce

Práctica de vocabulario

1. No me gusta el ___(loro)___ porque habla mucho, pero me gusta el pavo real por sus hermosas ___(plumas)___.
2. Los tigres y los leones tienen los ___(dientes)___ muy afilados.
3. Los ___ viven en los pantanos (swamp), los ___(peces)___ viven en los ríos y los ___(tigres)___ viven en las selvas.
4. El femenino de gallo es ___.
5. El rey de la selva es el ___(león)___ y el rey de los pájaros es el ___(pavo real)___.
6. El tigre es uno de los animales más ___(fuerte)___.
7. La ___(rata)___ no es el femenino del ratón, sino un animal diferente.
8. A las ___(ovejas)___ les gusta tejer.
9. Las hormigas y los mosquitos ___(muerden)___ a las personas.
10. Dos animales pacíficos son ___ y ___. mariposas y canarios
11. Dos animales amistosos son ___ y ___. perros y conejos
12. Dos animales feos son ___ y ___. cocodrilo y murciélago
13. Dos animales inteligentes son ___ y ___. delfín y cerdo
14. El animal simbólico de los Estados Unidos es el ___. águila
15. Los ___ tienen escamas. peces
16. Los perros ___ por la noche cuando oyen un ruido. ladran
17. Las ___ son insectos muy pequeños. hormigas
18. El Día de Gracias en los Estados Unidos se come ___. pavo
19. Hay muchas ___ en los parques de la ciudad. palomas
20. Los elefantes tienen una ___ muy larga. trompa
21. A los patos les gusta ___ en los lagos. nadar
22. La ___ y el ___ tienen cuernos. vaca, ciervo
23. El ___ es originario de Australia. canguro
24. La ___ de las ovejas se usa para hacer ropa de invierno. lana

Ejercicios A Las siguientes comparaciones son muy comunes en los países hispánicos, aunque algunas de ellas no se usan en inglés. A ver si Ud. puede encontrarlas, combinando la Columna A con la Columna B.

A	B
1 Gordo como . . .	un oso (bear) 1
2 Sabio como . . .	un pavo real 9
3 Trabajador como . . .	una rana 3
4 Cómico como . . .	una pantera 6
5 Hablador como . . .	un perro 10
6 Fuerte como . . .	un cerdo 1

Los animales   291

A	B
7 Manso como...	una tortuga 13
8 Libre como...	un buho 2
9 Vanidoso como...	una serpiente 12
10 Leal como...	un toro 6
11 Pobre como...	un mono 4
12 Astuto como...	una hormiga 3
13 Lento como...	un loro 5
14 Frío como...	un pájaro 8
15 Peludo como...	una rata 11
16 Feroz como...	una oveja 7

B Muchos personajes, tanto reales como imaginarios, se asocian con determinado animal. ¿Puede Ud. identificar cada personaje de la columna de la izquierda con el animal que le corresponde en la columna de la derecha?

g 1 El Llanero Solitario (Lone Ranger)   a el burro
i 2 Toro (Tonto)   b el perro
j 3 Miss Muffet   c el elefante
o 4 Los Reyes Magos   d la oveja sheep
b 5 Charlie Brown   e el tigre
m 6 Santa Claus   f el vampiro
p 7 Jonás (Jonah)   g el caballo
r 8 Caperucita Roja (Little Red Riding Hood)   h el mosquito
a 9 Sancho Panza   i el águila eagle
l 10 San Pedro   j la araña
q 11 San Jorge (St. George)   k la serpiente
t 12 Tarzán   l el gallo rooster
d 13 Mary   m el reno
s 14 Walt Disney   n el oso bear
n 15 Theodore Roosevelt   o el camello
e 16 El negrito Sambo (Little Black Sambo)
h 17 Walter Reed   p la ballena
k 18 Eva   q el dragón
c 19 Aníbal (Hannibal)   r el lobo
f 20 Drácula   s el ratón
   t el mono

I The verb "gustar"

El verbo "gustar"

Students find it difficult to use **gustar** because they keep forgetting that the subject of **gustar** is not the person, but the pleasing thing and that the person becomes the indirect object of the sentence. The verb **gustar** never agrees with the person; it agrees with whatever is pleasing to the person. Other Spanish verbs like **gustar** are **doler** (to hurt), **parecer** (to seem), **quedar** (to be left), and **faltar** (to lack). Notice that **doler** and **parecer** use a similar construction in English: "It hurts" and "It seems."

The best way to learn to use **gustar** and other verbs of the same kind is to memorize a basic pattern. Let us take the sentence: "I like that cat." The chart for the different persons would be as follows:

1 Stressed indirect object pronoun	2 Indirect object pronoun	3 Verb	4 Pleasing thing
A mí*	me		
A ti*	te		
A él	le		
A ella	le		
A Ud.	le	gusta	ese gato
A nosotros*	nos		
A vosotros*	os		
A ellos	les		
A ellas	les		
A Uds.	les		

Notice that the verb (column 3) remains the same as long as the pleasing thing is the same, regardless of the changes in columns 1 and 2. Notice also the four asterisks in column 1. They mean that in the first and second persons, both singular and plural, column 1 is optional and it is used only for emphasis. In the remaining persons, however, column 1 should be expressed, as it is necessary to complete and clarify the meaning of the sentence. It is advisable that you practice all four columns in all persons, because the optional forms are very much used in everyday speech. Remember that Spanish is a language with a strong tendency toward emphasis. ¡A los españoles les gusta mucho el énfasis!

Ejercicios A Adapte la tabla de **gustar** al plural, cambiando **ese gato** en la columna 4 por **esos gatos**.

> 👁 **Do not forget the "A"!**
> ¡No olvide la "a"!
>
> When the subject of an English sentence is a noun, you *must* use all four columns of the chart. Therefore, start the Spanish sentence with the personal **A**.
>
> **A Pepín le gustan los elefantes.**
> Pepin likes elephants.
>
> **A mis amigos les gusta ir al zoológico.**
> My friends like going to the zoo.
>
> **A mucha gente le gustan los pájaros.**
> Many people like birds.

B Diga en español que: 1) Mariquita, 2) Nobody, 3) My friend, 4) Ud., 5) His mother, 6) José, likes dogs.

C Diga que: 1) Her girl friends, 2) Children, 3) Students, 4) Josefina and Pedrito, 5) Your cousins, 6) My father and my mother, like dogs.

II The verb "doler"

El verbo "doler"

The chart for the verb **doler** is very similar to that of the verb **gustar**:

1 Stressed indirect object pronoun	2 Indirect object pronoun	3 Verb	4 Thing that hurts
A mí*	me		
A ti*	te		
A él	le		
A ella	le		
A Ud.	le	duele	la cabeza
A nosotros*	nos		
A vosotros*	os		
A ellos	les		
A ellas	les		
A Uds.	les		

Ejercicios A Adapte la tabla de **doler** al plural, cambiando **la cabeza** en la columna 4 por **los pies**.

B Prepare una tabla para el verbo **quedar**, usando la oración:
A mí me quedan cinco dólares.

Capítulo doce

C Complete:

1 _____ mi hermana le gustan los gatos y los perros.
2 A _____ le gustan los peces.
3 A Uds. no _____ gustaría jugar este juego varias veces.
4 A todos los profesores les _____ enseñar el verbo "gustar".
5 _____ casi nadie le gustan los insectos.
6 A los niños _____ gustan mucho los monos.
7 A mí no _____ gustan las ballenas porque son muy grandes.
8 A todos nosotros _____ gustaría tener un perrito amistoso.
9 ¿Por qué antes te gustaban los loros y ya no _____ gustan?
10 ¿ _____ gustan a vosotros los cocodrilos?
11 Creo que a nadie _____ gustaría ser araña.
12 _____ les gusta aquel hermoso tigre de Bengala.
13 A muchas personas les _____ ser gato.
14 A Carlitos le _____ aquel tigre y aquel león.
15 _____ gustarán los animales del zoológico.
16 Dudo que haya una mujer a quien _____ gusten los ratones.
17 A Albertico y a Normita _____ gustaría ser un tigre y una tigresa.
18 ¿Le _____ a Ud. las panteras, o prefiere los leones?
19 Es imposible que _____ una persona ambiciosa _____ guste ser paloma.
20 Sé que a vosotros no _____ gustan las mariposas.

D Traduzca:

1 I lack time to see the animals.
2 It seemed to her that turtles were happy.
3 Poor spider! His eight feet hurt.
4 Does your brother have a headache?
5 The parrot lacked all his feathers.
6 I had ten little dogs but now I only have nine left.
7 The elephant's tusks hurt yesterday.
8 My dog was barking because a mosquito bit him.
9 The lion's tail hurt because another lion bit it. (**se la mordió**)
10 His singing (**canto**) seemed bad to everybody.
11 Who would like to be a dragon? Nobody.
12 How many sentences do we have left? None.

Nuestro enemigo el tiburón

El enorme éxito *taquillero* que en todo el mundo tuvo la película *Tiburón* y las reacciones posteriores de la gente, han probado que el público es muy ingenuo e impresionable. La película produjo playas desiertas, expediciones organizadas con el propósito de matar estas bestias marinas; ventas fabulosas de dientes y *mandíbulas*; camisas con tiburones pintados; juguetes, juegos, *alcancías*, libros, fotografías, chistes, leyendas de tiburones...

Sin embargo, esta criatura—que *de la noche a la mañana* se ha hecho tan popular, o mejor dicho, impopular—no acaba de llegar a las aguas de nuestro planeta: los científicos han comprobado a través del estudio de

box office
Jaws

sales

jaws
toys   jokes   piggy banks

overnight
verified   through

fósiles, que el tiburón apareció en la tierra hace ciento cuarenta millones de años. Esta larga existencia da pocas esperanzas a los que, *odiándolo* o temiéndolo, sueñan con su exterminio. El hombre, que ha logrado eliminar la mayoría de las especies peligrosas para, él, no ha triunfado contra el tiburón *debido a* su ferocidad, a su abundancia y a su prodigiosa adaptabilidad a cualquier clima. Los tiburones viven en todas partes, en aguas tropicales, en aguas *templadas* y algunos, como el tiburón de *Groenlandia*, en aguas glaciales.

Hay muchas clases de tiburones: el ballena, que es el más grande, el tigre, el cabeza de *martillo*, el blanco, el azul, etc. A muchos les gusta la carne humana, pero la mayoría prefiere los peces. Según algunos expertos, los tiburones no sienten especial preferencia por el hombre, lo que sucede es que tienen un apetito insaciable que los obliga a comer continuamente sin discriminar en el menú. Jacques Cousteau, que, en su larga experiencia en el mar, ha tenido muchas oportunidades de estudiar a estos *escualos*, explica que las *mordidas* recibidas por casi todos los *nadadores* submarinos que han sido atacados, se encuentran a la altura de la *cintura*, porque cuando pescan tienen la imprudente costumbre de *colgarse* los peces del cinturón y es el *olor* de éstos lo que produce el ataque.

Cousteau afirma además, que el tiburón no es el invencible rey del océano como tradicionalmente se piensa, porque los delfines, que nos parecen tan amistosos y pacíficos, son sus enemigos. Los dientes de los delfines no pueden competir con los afilados dientes de los tiburones, pero estos mamíferos tienen en cambio dos armas: su inteligencia superior y su sentido de organización social y estrategia de grupo, contra los cuales el salvaje solitario no puede hacer nada.

En el aspecto positivo, podemos hablar de los muchos productos que el hombre obtiene de los tiburones. Su carne es comestible y apreciada en muchos países; los chinos hacen sopa con sus *aletas*; sus dientes se utilizan como adorno; con su piel se fabrican zapatos y *carteras*; el *hígado*—que pesa unos *cuatro kilos*—produce 270,000,000 de unidades de vitaminas; y sus residuos se convierten en *cola* y fertilizantes.

Preguntas
1 ¿Qué ha probado el éxito de *Tiburón*?
2 ¿Qué ha producido la película?
3 ¿Es nuevo el tiburón en la tierra?
4 ¿Por qué lleva aquí tantos años?
5 ¿Qué aguas le gustan al tiburón para vivir?
6 Mencione algunas clases de tiburones.
7 ¿Por qué, según los expertos, algunos tiburones comen carne humana?

8 ¿Qué explica Cousteau sobre los ataques a nadadores submarinos?
9 ¿Quiénes son los animales enemigos del tiburón?
10 ¿Por qué estos enemigos pueden vencerlo?
11 Mencione algunos productos que se obtienen del tiburón.
12 ¿Cuánto pesa su hígado y qué produce?

Más preguntas
1 Si vio Ud. la película *Tiburón*, háblenos de ella.
2 ¿Tuvo Ud. miedo de nadar en el mar después de la película?
3 ¿Tiene Ud. o ha tenido algunos de los objetos que menciona el artículo?
4 ¿Cuáles de ellos vio en las tiendas o en otro lugar?
5 ¿Dónde ha visto Ud. tiburones?
6 ¿Concoce a alguien que haya tenido un encuentro con un tiburón?
7 ¿Ha visto algún programa o leído algún libro de Cousteau?
8 ¿Es Ud. nadador submarino?
9 ¿Le gustan a Ud. los delfines?
10 ¿Qué puede decirnos de ellos?
11 ¿Ha comido carne de tiburón? ¿Le gustaría?
12 ¿Qué productos del tiburón ha usado o conoce Ud.?

Práctica de modismos
De la noche a la mañana   overnight
Debido a (que)   due to (the fact that)
Tener (mucho), (poco) que ver con   to have (a lot), (little) to do with

Conteste usando el modismo apropiado:
1 ¿Hay alguna relación entre la larga existencia del tiburón en la tierra y su adaptabilidad?
2 ¿Cuándo se fueron los tiburones de esta zona?
3 ¿Cuál es la razón de que no vayas a la playa?
4 ¿Por qué no fuiste a la tertulia?
5 ¿Es importante la inteligencia de los delfines para su triunfo sobre el tiburón?
6 ¿Sucedió todo eso poco a poco?

Temas para trabajo oral o escrito
1 Qué animal doméstico prefiere y por qué
2 Animales extraños que algunos tienen en casa
3 Los vampiros y su leyenda
4 Sobre los tiburones

"Saber" and "Conocer"

Saber and **conocer** are both translated as "to know."

Saber means "to know" in the sense of knowing a thing or a fact, possessing knowledge.

¿Sabe Ud. que muchas abejas juntas pueden matar un caballo?
Do you know that many bees together can kill a horse?

Saber followed by an infinitive, means "to know how."

¿Sabes nadar? ¿Sabes trepar árboles?
Do you know how to swim? Do you know how to climb trees?

Saber in the preterite often means "to find out."

No sabía que los delfines eran tan inteligentes. Lo supe hoy.
I didn't know that dolphins were so intelligent. I found it out today.

Conocer means "to know" in the sense of being acquainted with something or someone.

¿Conoce Ud. las costumbres de los tiburones?
Do you know (Are you familiar with) the customs of sharks?

Conocer also means "to meet," "to be introduced to."

Me gustaría conocer al Sr. Cousteau.
I would like to meet Mr. Cousteau.

Ejercicio Complete usando la forma correcta de **saber** o **conocer** y después conteste las preguntas:

1. ¿____ los científicos la edad de esos fósiles?
2. ¿____ Uds. antes que varios delfines pueden matar un tiburón?
3. ¿____ tú pescar tiburones?
4. ¿____ tú a muchas personas que practiquen la pesca submarina?
5. ¿____ vosotros los nombres de los artistas de esa película?
6. ¿____ personalmente a esos artistas?
7. ¿____ Uds. a qué hora cantan los gallos?
8. ¿____ tu hermana a ese famoso pescador anoche en la fiesta?
9. ¿____ Uds. el zoológico del Bronx?
10. ¿____ en qué ciudad norteamericana está ese zoológico?
11. ¿____ que ese zoológico es uno de los mayores de los Estados Unidos?
12. ¿____ tú a alguien que tenga un apetito insaciable?

13 ¿Cuándo _____ Ud. que los tiburones tenían utilidad industrial?
14 ¿_____ nosotros antes de leer este artículo que los olores se transmiten en el agua?
15 ¿_____ Ud. imitar el canto de un pájaro?

Los sonidos de algunos animales

Los perros ladran y su ladrido se escribe en español: guau-guau.
Los gatos maúllan y su maullido en español es: miau-miau.
Para llamar un gato en español Ud. dice: misu-misu.
Los pollitos pían y dicen en español: pío-pío.
Los gallos españoles cuando cantan dicen: qui-qui-ri-quí o cu-cu-ru-cú.
Los patos españoles dicen: cuá-cuá.

Un poco de humor

Don Panchito en la ciudad

Cuente la historia de don Panchito y su "reloj despertador" (alarm clock). Imite el sonido de ese "reloj despertador".

III Augmentatives, diminutives, and depreciatives in Spanish

Aumentativos, diminutivos y despectivos en español

Depreciative, diminutive, and augmentative suffixes supply quite often the need for adjectives in everyday Spanish. Unfortunately, there are no rules for their use. The most common endings are given here, but their usage has to be learned through practice, as there is no way of determining which suffix is commonly used with a word.

Depreciatives	Diminutives	Augmentatives
uzo, –a	ito, –a (cito, –a, ecito, –a)	ote, –a
ucho, –a	ico, –a*	azo, –a
uco, –a	ín, –a*	ón, –a
aco, –a	illo, –a*	
uelo–a		

For example, from the word **casa** you have: **casucha**, **casuca**, a wretched house or poor hut; **casita**, a small, cozy house or a house that is dear to you; **casona**, **casota**, **caserón**, a big, impressive, usually old, house.

As diminutives may convey the idea of affection, many Spanish nicknames are formed with diminutive suffixes: Francisquito, Carlitos, Luisita, Juanita, Albertico, Martica, Manolín, Pepín, Josefina, Juanillo.

In children's stories, diminutives are very common:

Anita la huerfanita   (Little Orphan Annie)
El negrito Sambo   (Little Black Sambo)
El ratón Miguelito   (Mickey Mouse)
Los tres cochinitos   (The Three Little Pigs)
La gallinita roja   (The Little Red Hen)

Ejercicios A Estas palabras se han formado con sufijos aumentativos, diminutivos o despectivos. Encuentre las palabras originales de las que se derivan y explique lo que quiere decir cada una según su sufijo:

1 poquito
2 pobrecito
3 mariposón
4 gentuza
5 mujercita
6 autorcillo
7 ratoncito
8 sillón
9 mujeruca
10 animalillo
11 gatico
12 animalucho
13 fuertote
14 chiquillo
15 jovencito

* **Ito**, **–a** is the most common diminutive suffix, while the use of **ico**, **–a** and **ín**, **–ina** depend mostly on regional preferences. Some countries like Cuba and Costa Rica and some regions in Spain, favor strongly **ico**, **–a** over **ito**, **–a** whenever the previous syllable has a **t**, to avoid repeating the sound. In those places you will hear: **gatico**, **libretica**, **zapatico**, rather than **gatito**, **libretita**, **zapatito**.
Illo, **–a** is basically a diminutive suffix, but may be used sometimes in a derogatory sense, like **autorcillo**, an unimportant author, and **hombrecillo**, an insignificant man.

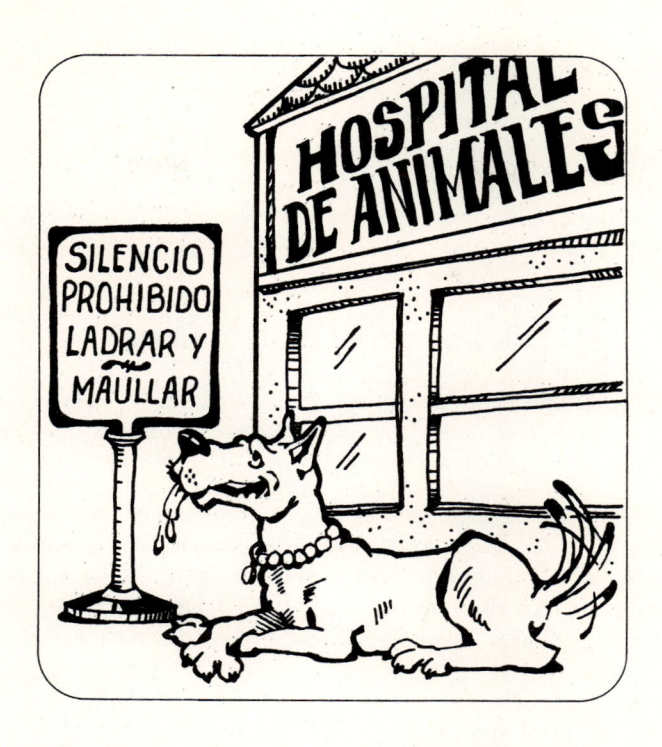

16 cigarrillo	23 caballuco	30 ventanilla
17 torote	24 vocecilla	31 gallito
18 pueblucho	25 perrazo	32 hombrote
19 viejecito	26 mariposita	33 libraco
20 pequeñín	27 reyezuelo	34 dientecitos
21 pajarito	28 cuadernillo	35 patico
22 pececito	29 ovejita	36 orejotas

B Use cinco de estas palabras en oraciones.

C Encuentre los aumentativos, diminutivos y despectivos que hay en el siguiente cuentecito y explíquelos:

Cuentecito

Una gata flacucha iba por un callejón con sus cuatro gatitos. De pronto, apareció ante ellos un perrazo feroz. Los gatitos temblaron de miedo pensando que aquel perrote iba a morderlos, tal vez a devorarlos. La gata se detuvo y tembló también un momentito. Pero entonces abrió la boca y, en vez de maullar, ladró con una vocezota profunda: ¡Guau-guau! Muy sorprendido, el perro no supo qué hacer y decidió huir. Volviéndose a los gatitos, la gata comentó entonces:—Ya ven, hijitos, lo útil que resulta saber hablar una lengua extranjera.

D   Los niños de los países hispánicos cantan:
>   Y debajo del portón –tón –tón
>   del Señor Martín –tín –tín,
>   había un ratón –tón –tón,
>   muy chiquitín –tín –tín.

¿Cuántos aumentativos y diminutivos hay aquí?

Animales raros del mundo hispánico

El ciervo "pudú", que vive en una pequeña zona de los Andes, en la frontera entre Colombia y el Ecuador, es casi tan pequeño como un *conejo*. Este ciervo *enano* pesa menos de diez kilos.   — rabbit / dwarf

En las selvas de Chocó, en el oeste de Colombia, vive una variedad de *rana* muy pequeña, de rayas amarillas y verdes, llamada "kokoá", que produce un *veneno* muy poderoso. Los indios de la selva *atrapan* kokoás imitando su chii-chii-chii y las ponen cerca del fuego para que el calor las haga destilar el veneno. Éste lo utilizan para hacer *mortíferas* sus *flechas* de caza.   — frog / poison; catch / deadly; arrows

En Puerto Rico hay una variedad de rana, tan pequeña como la kokoá, pero que no es venenosa. Esta ranita en miniatura recibe el nombre de "coquí", a causa de que repite coquí-coquí-coquí de una manera que parece más el canto de un pájaro que el de una rana.

El águila "harpía", que habita en las zonas *cálidas* de Centro y Sur América, es una hermosa ave de color gris y de gran tamaño. (Los *machos* pesan alrededor de trece kilos). Si se mira *de frente*, su cara se ve casi humana y tiene además una gran cresta de plumas en la cabeza que parece un *peinado* de mujer.   — harpy; warm / males / from the front / hairdo

En el sudoeste de Colombia, cerca de la ciudad de Popayán, se encuentran gusanos de tierra de color muy oscuro que miden más de metro y medio de largo. Estos gusanos aparecían representados en obras de arte precolombinas, pero hasta hace poco más de veinte años el mundo civilizado no estaba seguro de su existencia, porque los naturalistas no los habían buscado.

El quetzal es un bello pájaro nativo de la América Central. Como sucede con casi todas las aves, la *hembra* tiene un color neutro, pero el macho se adorna con plumas de colores brillantes, en los que predominan *tonalidades* de rojo y verde. Las plumas de la cola del macho tienen alrededor de un metro de largo.   — female / shades

Los animales 303

Éste es el quetzal, tan famoso en Centroamérica. Los nobles mayas llevaban coronas y capas hechas de sus plumas.

Aquí está el pequeñísimo coquí—ampliado (enlarged), por supuesto.

Los *caciques* mayas usaban las plumas de la cola del quetzal como — chiefs
adorno y símbolo de su autoridad. Según la leyenda, este pájaro ama tanto
su libertad, que no sobrevive en cautiverio.

El quetzal aparece en el *escudo* de Guatemala y da su nombre además, — national emblem
a la unidad monetaria de ese país.

Preguntas
1. ¿Cuál de estos animales le parece más interesante? ¿Por qué?
2. ¿Ha visto Ud. algún animal raro? Explique.
3. ¿Ha visto Ud. algún ciervo enano? ¿Y un ciervo normal?
4. ¿Puede Ud. describir una rana?
5. ¿Cuántas ranas ha visto? ¿Cuántas variedades?
6. ¿Puede Ud. imitar el sonido de algún animal? Una demostración, por favor.
7. ¿Ha visto Ud. un águila?
8. ¿Puede describir el águila del escudo de los Estados Unidos?
9. ¿Pesca Ud. con gusanos de tierra, o con carnada (bait) artificial?
10. ¿Le parece que el quetzal es la más bella de las aves? Explique.
11. ¿Hay en el escudo de su estado un pájaro simbólico?
12. ¿Conoce Ud. animales que no sobreviven en cautiverio?

The letter **x**, before a consonant, is pronounced like **s**:

extranjero	excusa
extraño	expresión
exquisito	exclusivo

Between vowels, **x** sounds like a weak English **gs**:

exito	exacto
próximo	exótico
existe	examen

Lea: Calixto Rex, el exitoso autor extranjero, es experto en zoología y escribió un libro sobre los animales extraños y exóticos que existen.

La semana próxima el profesor auxiliar nos hará un extenso examen, pero mi excusa para no examinarme será que me asfixio en la atmósfera sin oxígeno de esta clase.

La expresión del profesor Roxy indica que mi excusa no ha tenido éxito.

¡Exactamente! Y recibirá Ud. un exquisito y exclusivo suspenso.

Suplemento

Revoltillo de palabras

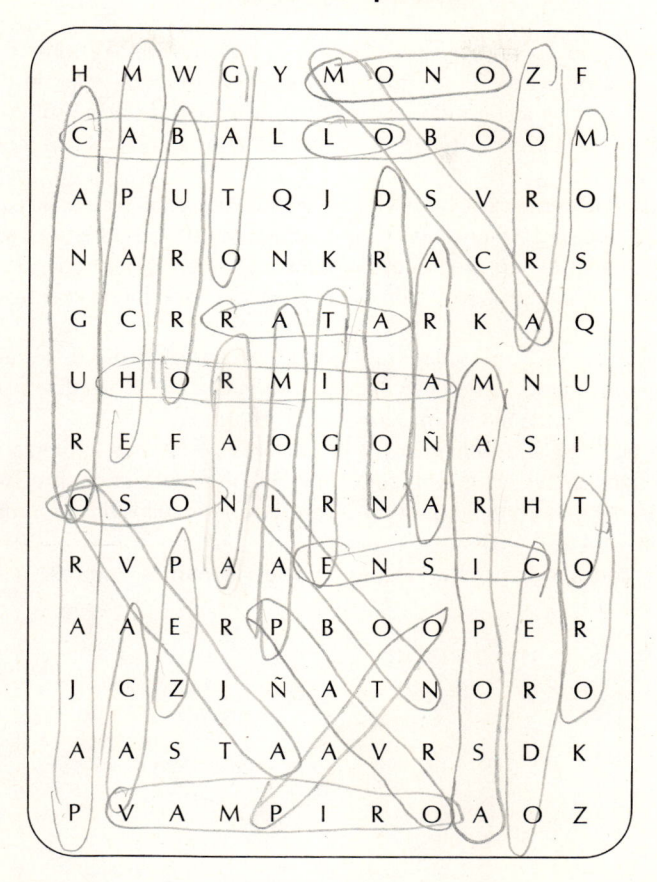

```
H M W G Y M O N O Z F
C A B A L L O B O O M
A P U T Q J D S V R O
N A R O N K R A C R S
G C R R A T A R K A Q
U H O R M I G A M N U
R E F A O G O Ñ A S I
O S O N L R N A R H T
R V P A A E N S I C O
A A E R P B O O P E R
J C Z J Ñ A T N O R O
A A S T A A V R S D K
P V A M P I R O A O Z
```

En este revoltillo están los nombres de treinta animales. ¿Puede Ud. encontrarlos? Son:

la hormiga	el pato	el cerdo
el oso	el pez	el mapache
el pájaro	la mosca	la rata
el toro	la zorra	la oveja
la mariposa	la rana	la araña
el gato	el caballo	el cisne
la vaca	el canguro	el tigre
el burro	el león	el pavo
la paloma	el mono	el vampiro
el dragón	el mosquito	el lobo

Leyendo la prensa

Fidelidad canina

Cuando algún *sinvergüenza* nos hace una mala acción, lo primero que se nos ocurre decir es: ¡Pero, qué perro es! Sin embargo, cuando decimos eso, no estamos insultando al *canalla*, sino *injuriando* al perro. Porque la verdad es que una gran mayoría de los humanos somos menos *de fiar* que los *canes*.

Hace una semana, el público de Santurce* fue *testigo* de un acto canino *lleno de elogios*. El hecho ocurrió así. Ismael Martínez Rodríguez caminaba por una calle de Santurce acompañado de su perro, pero cuando llegó a la Parada 18, súbitamente sufrió un *síncope* cayendo inconsciente sobre la *acera*.

Cuando los *transeúntes* trataron de auxiliarlo, el perro, tratando de proteger a su amo, *arremetía contra* la gente. Dos personas que insistieron en prestarle ayuda al enfermo, resultaron mordidas.

Al fin llegó la ambulancia y los *camilleros* pudieron a la fuerza *acomodar* a don Ismael en el vehículo, pero el perro haciendo *prevalecer* su relación del más cercano pariente, entró junto con ellos para acompañar a su amo.

¡Y todavía somos tan canes que les llamamos "perros" a los sinvergüenzas!

Vista, Miami

* Puerto Rico.

13

¿Qué sabe Ud. de Don Juan?

Un poco de preparación

The possessives   I   Possessive adjectives have two forms in Spanish: A) unstressed, and   **Los posesivos**
B) stressed. The former (A) precede the noun, and the latter (B) follow.

    A   Unstressed possessive adjectives:

Singular	Plural	
mi	**mis**	my
tu	**tus**	your (*fam. sing.*)
su	**sus**	your (*form. sing.*), his, her, its
nuestro, –a	**nuestros, –as**	our
vuestro, –a	**vuestros, –as**	your (*fam. pl.*)
su	**sus**	your (*form. pl.*), their

    B   Stressed possessive adjectives:

Singular	Plural	
mío, –a	**míos, –as**	my, of mine
tuyo, –a	**tuyos, –as**	your, of yours (*fam. sing.*)
suyo, –a	**suyos, –as**	your, of yours (*form. sing.*), his, of his, hers, of hers
nuestro, –a	**nuestros, –as**	our, of ours
vuestro, –a	**vuestros, –as**	your, of yours (*fam. pl.*)
suyo, –a	**suyos, –as**	your, of yours (*form. pl.*), their, of theirs

II   Possessive pronouns are formed simply by using the definite article with the stressed form of the possessive adjective (B, above).

el mío, la mía, los míos, las mías	mine
el tuyo, la tuya, . . .	yours

¿Qué sabe Ud. de Don Juan?

Seguramente responderá que es lo que en inglés se llama un "ladies' man" y hasta es posible que recuerde algunos *versos* del famoso poema de Lord Byron. Pero, ¿sabía Ud. que Don Juan no fue un ser real, sino un héroe literario? ¿Y sabía Ud. que el autor de *El burlador de Sevilla*, la primera obra que hizo famoso a Don Juan, fue un *fraile mercedario* que vivió en el siglo XVII y que usaba el seudónimo de Tirso de Molina?

    Posiblemente Tirso de Molina *intentó* escribir una *comedia* teológica como ejemplo para los jóvenes de vida *desordenada* de su tiempo, que pensaban que podían vivir una *juventud* alegre y frívola porque tendrían tiempo para arrepentirse más tarde, en la *vejez*.

lines (in a poem)

The Trickster of Seville
friar in the order of La Merced
tried to; play (in the 17th century)
disorderly
youth
old age

El *protagonista engaña* a muchas mujeres y tiene muchos *duelos* de honor. Una de sus víctimas es el orgulloso Comendador, que muere tratando de defender con su espada el honor de su hija. Más tarde Don Juan visita la *tumba* del Comendador y se burla de la estatua de éste invitándola a cenar con él en su casa. La estatua adquiere vida, asiste a la cena y, *a su vez*, invita a Don Juan a una cena sobre su sepulcro. Al final toma la mano del libertino y lo *arrastra* al infierno.

En el mundo hispánico, la *fase* más importante de la historia de Don Juan se debe a un poeta del siglo XIX, don José Zorrilla, que escribió el drama *Don Juan Tenorio*. En el argumento él no se desvía demasiado de los Don Juanes anteriores, pero el último acto es diferente y original. Además, Zorrilla cambia a Don Juan y lo convierte en el típico héroe romántico porque es joven, *rebelde* y valiente y ama la libertad y el amor.

Doña Inés, la protagonista de *Don Juan Tenorio*, es una chica inocente de quince años. Su padre quiere que sea monja, pero ella está locamente enamorada del *seductor*. Don Juan también se enamora de ella, al verla tan pura y cándida, diferente de las otras mujeres que él ha conocido. Pero

Don Juan trata de convencer a Doña Inés. Esta representación de *Don Juan Tenorio* es del Teatro Repertorio Español, de Nueva York.

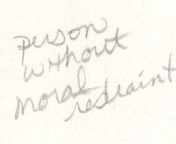

El Comendador, sentado en el cementerio, espera a Don Juan. Fíjese que en esta representación del *Tenorio*, las "estatuas" son los actores tapados con un velo blanco.

tiene que luchar en duelo con el Comendador, lo mata y *se ve obligado a huir*. Doña Inés queda detrás, triste y sola, rezando por el *matador* de su padre y, unos meses después, muere de tristeza. _{is forced to flee} _{killer}

En el último acto vemos al protagonista de noche, en un oscuro *cementerio*. El padre de Don Juan, *avergonzado* de la mala fama de su hijo, ha *invertido* toda su fortuna en este impresionante lugar, donde ha puesto estatuas de *mármol* de las víctimas del libertino. Igual que en *El burlador de Sevilla*, en *Don Juan Tenorio* hay una invitación recíproca a cenar y el héroe va a la cita que la estatua le da en el cementerio, porque es tan valiente que no tiene miedo de los fantasmas ni de nada. Pero, cuando la *vengativa* estatua toma la mano de Don Juan para llevarlo al infierno sin aceptar su *arrepentimiento*, interviene la estatua de doña Inés diciendo que ha *rogado* a Dios para que se salve el alma de su *amado*, y que Dios le ha concedido el perdón de sus *pecados*. Así Don Juan, en vez de *condenarse*, se va al *cielo* con su amada Inés, salvado por el amor.

cemetery; ashamed; invested; marble

vengeful; repentance; begged; beloved; sins; being damned; Heaven

Aunque todo esto parece hoy *cursi*, al público le gustó tanto el final feliz, que el drama de Zorrilla *opacó* y sustituyó en los países hispánicos a

corny; outshined

todas las otras obras sobre Don Juan. Desde finales del siglo XIX hasta hoy, es tradicional en España y en algunos países de Hispanoamérica presentar en los teatros la obra de Zorrilla todos los años el dos de noviembre, *día de los Fieles Difuntos*. El drama ha sido representado hasta con *decorado* y ropa surrealista, diseñados por el pintor Salvador Dalí. En las décadas de 1930 a 1950, el *Tenorio* se transmitía además por radio ese día y, cuando la televisión se hizo popular, Don Juan se trasladó a ella.

All Souls' Day
scenery

¡Y ahora el protagonista de Zorrilla está en los Estados Unidos! En las ciudades norteamericanas con grandes grupos hispánicos, es fácil ver a Don Juan en el teatro. También se ve aquí a veces por televisión, porque tenemos en nuestro país varios *canales* que transmiten exclusivamente en español.

channels

Preguntas
1. ¿Quién escribió un famoso poema sobre Don Juan?
2. ¿Existió Don Juan realmente?
3. ¿En qué siglo apareció este héroe en el teatro? *XVII*
4. ¿Quién fue el autor de *El burlador de Sevilla*?
5. ¿Qué intención tenía posiblemente al escribir esta comedia?
6. ¿Quién era el Comendador?
7. Cuente qué le pasó a Don Juan con la estatua del Comendador.
8. ¿En qué siglo vivió don José Zorrilla?
9. ¿Cómo se llama su drama sobre Don Juan?
10. ¿Por qué es el Don Juan de Zorrilla el típico héroe romántico?
11. ¿Quién es la protagonista del *Tenorio*?
12. ¿Por qué se enamora de ella Don Juan?
13. ¿Qué hace doña Inés después que su padre muere?
14. ¿Por qué ha ido Don Juan al cementerio en el último acto?
15. ¿Qué pasa cuando el Comendador quiere llevar a Don Juan al infierno?
16. ¿Cuál fue la reacción del público ante el final feliz?
17. ¿Qué se celebra el día dos de noviembre?
18. ¿Qué hizo Salvador Dalí?
19. ¿Dónde aparecía Don Juan en las décadas de 1930 a 1950?
20. ¿Dónde puede verse a Don Juan hoy en los Estados Unidos?

Más preguntas
1. ¿Puede decirnos algo sobre Lord Byron o su poema?
2. ¿Conoce Ud. otro personaje literario que sea libertino?
3. ¿Le parece a Ud. que un Don Juan enamorado es un Don Juan falso?
4. ¿Cree Ud. que es posible morir de amor como doña Inés?
5. ¿Por qué era fácil para Don Juan enamorar a las mujeres de los siglos pasados?

6 ¿Puede engañar Don Juan a la mujer moderna?
7 ¿Condenaría Ud. a Don Juan al final, o lo salvaría?
8 ¿Conoce Ud. a alguien que sea un Don Juan?
9 ¿Puede hablarnos de él?
10 En su opinión, ¿son demasiado alegres y frívolos los jóvenes de hoy?
11 ¿Piensan sus padres igual que Ud. sobre esto?
12 ¿Cree Ud. que debería haber duelos hoy día?

Práctica de vocabulario

1 Tirso de Molina fue un _fraile_ mercedario.
2 En el siglo XVII las obras teatrales españolas en general se llamaban_____.
3 Algunos jóvenes de entonces vivían una juventud _alegre_.
4 Pensaban que tendrían tiempo para arrepentirse en la _vejez_.
5 El héroe y la heroína de una obra se llaman también_____.
6 Una persona que no acepta las leyes tradicionales es un _rebelde_.
7 Una persona que mató a otra es el _asesino_.
8 La historia de todo lo que pasa en un drama es el _argumento_.
9 Poner el dinero en un negocio o proyecto es _invertir_.
10 Un material que se utiliza mucho para hacer estatuas es el _mármol_.
11 Pedir una cosa con mucha insistencia es _rogar_ "to beg".
12 Una cosa prohibida por las leyes religiosas es un _pecado_.
13 Si una persona va al infierno, decimos que se_____.
14 Pero si se salva, va al_____.
15 Una cosa ridícula y pasada de moda es_____.
16 La televisión se transmite a través de diferentes _canales_.

Ejercicio Escoja palabras de la siguiente lista para describir a: 1 Don Juan, 2 doña Inés, 3 el Comendador, 4 don José Zorrilla.

atractivo, –a	attractive	**honrado, –a**	honest
audaz	audacious	**inocente**	innocent
malo, –a	bad	**interesante**	interesting
hermoso, –a	beautiful	**enamorado, –a**	in love
creyente	believer	**libertino, –a**	libertine
valiente	courageous	**viejo, –a**	old
famoso, –a	famous	**poeta**	poet
frívolo, –a	frivolous	**popular**	popular
alegre	gay	**puro, –a**	pure
generoso, –a	generous	**orgulloso, –a**	proud
guapo, –a	handsome	**tranquilo, –a**	quiet

héroe	hero	**rebelde**	rebellious
religioso, –a	religious	**español, –a**	Spanish
vengativo, –a	revengeful	**infiel**	unfaithful
romántico, –a	romantic	**mentiroso, –a**	untruthful
triste	sad	**joven**	young

I Adjectives — Los adjetivos

A General rules

Spanish adjectives must agree in both gender and number with the noun they modify. Adjectives ending in **o** in the masculine form change it to **a** to form the feminine.

el hermoso Don Juan   **la hermosa doña Inés**
un héroe típico   **una heroína típica**

Adjectives of nationality ending in consonants have feminine forms in **a**. So do adjective ending in **n** or in **or**, with the exception of **mayor** and **menor**.

el pintor español*   **la pintora española**
el escritor inglés*   **la escritora inglesa**
el estudiante holgazán   **la estudiante holgazana**
un joven encantador   **una joven encantadora**

Adjectives that do not fall under the above rules do not have different feminine forms.

el mármol gris   **la estatua gris**
un escritor rebelde   **una escritora rebelde**
un hombre infiel   **una mujer infiel**

Plurals are formed by adding **s** to the singular form of an adjective ending in a vowel, and by adding **es** to the singular form of an adjective ending in a consonant.

cementerio oscuro   **cementerios oscuros**
muchacha inocente   **muchachas inocentes**
joven encantador   **jóvenes encantadores**
estatua gris   **estatuas grises**

* Adjectives of nationality are not capitalized in Spanish.

> 👁 A Spanish noun is seldom used as an adjective, as happens in English. An adjectival phrase with the preposition **de** is used in Spanish instead.
>
> **Una estatua de mármol.**   A marble statue.
> **Jugo de tomate.**   Tomato juice.
> **Una espada de acero.**   A steel sword.
>
> But a Spanish adjective frequently acts as a noun.
>
> **El viejo defendía el honor de su hija.**
> The old (man) was defending the honor of his daughter.
>
> **Los jóvenes de aquel siglo eran muy frívolos.**
> The young (men) of that century were very frivolous.

B Possessives

1 Contrary to English usage, Spanish possessive adjectives agree in gender and number with the thing possessed, not with the possessor. As seen in **Un poco de preparación**, only **nuestro(s)** and **vuestro(s)** have feminine forms. The other possessive adjectives have the same form for both genders.

    nuestro amigo, nuestra amiga, nuestros amigos, nuestras amigas
    mi amigo, mi amiga, mis amigos, mis amigas

Since **su(s)** may mean "your" (formal sing.), "his," "her," "its," "your" (formal pl.), or "their," the meaning of the sentence is often clarified by placing the definite article before the thing possessed and adding **de él**, **de ella**, **de Ud.**, **de ellos**, **de ellas**, or **de Uds.**

    Doña Inés era su novia (la novia de él).
    Doña Inés was his sweetheart.

    El Comendador era su padre (el padre de ella).
    The Comendador was her father.

    Ayer vi su estatua (la estatua de Ud.) en un cementerio.
    Yesterday I saw your statue in a cemetery.

2 Possessive pronouns, also given in **Un poco de preparación**, have the same function as other pronouns, and serve as subject, object, or object of a preposition.

    Su padre vino ayer, pero el mío vendrá mañana.
    His father came yesterday, but mine will come tomorrow.

Te diré cuál es mi seudónimo si tú me dices el tuyo.
I will tell you my pen name if you tell me yours.

Yo pelearé con mi espada y Don Juan con la suya.
I will fight with my sword and Don Juan with his.

C Position of adjectives

1 Possessive adjectives in the unstressed form precede the noun, as seen in the examples in B1 above.

2 Possessive adjectives in the stressed form follow the noun. They are used mainly in direct address and are not as widely employed as the unstressed adjectives.

Amor mío, rezo por ti.
My love, I pray for you.

Amigos nuestros, tenemos algo que decirles.
Friends, we have something to tell you.

Zorrilla leyó unos poemas suyos en mi fiesta.
Zorrilla read some poems of his at my party.

Possessive adjectives in the stressed form are also used after **ser**.

¿De quién es esta estatua? Es mía.
Whose statue is this? It's mine.

La obra es de Zorrilla, pero la música no es suya.
The work is Zorrilla's, but the music is not his.

3 Demonstrative, numerical, and indefinite adjectives usually precede the noun:

Este dramaturgo fue muy famoso en su tiempo.
This playwright was very famous in his time.

En la comedia, Don Juan engaña a tres mujeres.
In the play, Don Juan deceives three women.

Algunas personas creen que el drama es cursi.
Some people think that the drama is corny.

4 Certain common adjectives like **bueno, malo, primero, tercero**, and **grande**, may either precede or follow the noun. When they precede a masculine noun, **bueno, malo, primero,** and **tercero** become **buen, mal, primer,** and **tercer**. **Grande** becomes **gran** before any noun.

¿Crees que el Comendador era un buen hombre (un hombre bueno)?
Do you think that the Comendador was a good man?

No me gusta el primer acto (el acto primero) de la comedia.
I don't like the first act of the play.

Santo becomes **San** before a masculine noun, with the exceptions of **Santo Domingo** and **Santo Tomás**.

La tumba del Comendador estaba en la iglesia de San Francisco.
The tomb of the Comendador was in the church of St. Francis.
Hay una estatua de Tirso en la ciudad de Santo Domingo.
There is a statue of Tirso in the city of Santo Domingo.

Ejercicios A Cambie al plural y emplee después en una pregunta:

1 el español   5 el alemán
2 la española   6 la alemana
3 el inglés   7 el francés
4 la inglesa   8 la francesa

B Aclare el significado de **su** y cambie después al plural como en el modelo:

Modelo Su espada **La espada de él, Sus espadas, Las espadas de él.**

1 su rival (your, *sing.*)   8 su canal (your, *pl.*)
2 su drama (her)   9 su víctima (your, *sing.*)
3 su protagonista (his)   10 su cementerio (their)
4 su héroe (your, *pl.*)   11 su crítica (their, *fem.*)
5 su amor (your, *sing.*)   12 su decorado (her)
6 su estatua (his)   13 su matador (his)
7 su teatro (their, *fem.*)   14 su comedia (their)

C Diga en español:

1 a friend of mine   13 young people (*pl.*, no noun)
2 our Spanish teacher (*fem.*)   14 Spanish girls (no noun)
3 my favorite play   15 a poem of his
4 a ladies' man (¡Ojo!)   16 our country
5 your (*fam. pl.*) statues   17 this writer
6 farewell, my love   18 the first play
7 some ideas of yours   19 a metal sword
8 several lines in a poem   20 many women
9 the good Comendador   21 the last act
10 a gold statue   22 French men (no noun)
11 your (*fam. sing.*) victims   23 several sweethearts of mine
12 St. Francis   24 that son of yours

D Muchas ciudades de los Estados Unidos tienen el nombre de un santo o una santa. ¿Cuántas puede nombrar Ud.?

E ¿Cómo se llama en español la más conocida de las Islas Vírgenes?

F Hay cinco capitales de países hispanoamericanos que tienen nombres de santos. ¿Cuáles son?

¿Qué sabe Ud. de Don Juan?

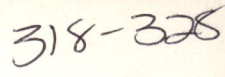

Alfred Hitchcock, imitador de Don Juan

No se asuste, no nos referimos a aventuras amorosas, porque es un hecho bien sabido que el famoso productor de cine es un esposo modelo. Sin embargo, don Alfredo imitó a Don Juan una vez, cenando en un cementerio de los estudios Universal en Hollywood.

    El banquete, al que asistieron muchos artistas y más de cien periodistas, no lo ofreció el Comendador, sino el propio Hitchcock. Con él celebró la filmación de su película número cincuenta y tres, llamada en español *Engaño* y en inglés *Family Plot*, parte de la cual sucede en un *camposanto*. — cemetery

    El *bromista* Hitchcock demostró *tener* tanta *sangre fría* y tanta *audacia* como Don Juan. La cena tuvo *toques* macabros que muchos consideraron *de mal gusto*. Por ejemplo, había allí una *carroza fúnebre* de caballos y un organista tocando música *sacra*. Los invitados vieron con horror inscripciones con su nombre y fecha de nacimiento en las *lápidas* de los sepulcros. Los cocteles rojos de vodka y jugo de tomate contrastaban con el mantel negro sobre una mesa enorme. Las camareras *iban vestidas de* negro con *velos* de ese color en la cabeza y los *cantineros* llevaban cintas de *luto* en las *mangas*.

— joking; to be calm; audacity
touches
in bad taste
hearse
sacred
gravestones
were dressed in
veils; bartenders;
mourning;
sleeves

Aquí vemos al bromista Hitchcock en el camposanto de su película *Engaño*. En el fondo se ven las lápidas y la carroza fúnebre mencionadas en el texto.

El famoso director, que tiene más de 75 años y lleva alrededor de cincuenta en el cine, afirmó que comer con sus invitados en un cementerio había sido su sueño *dorado* por muchos años. No sabemos si la idea se le ocurrió leyendo los dramas de Tirso y Zorrilla o si todo es pura coincidencia, pero después de este banquete podemos afirmar que, aunque Hitchcock no se parece a Tenorio en su carrera amorosa, sí tiene en común con él su falta de respeto hacia la Muerte.

cherished (golden)

Ejercicio Complete las siguientes oraciones basándose en el texto:

1 Hitchcock no tiene aventuras amorosas, es . . .
2 Al banquete asistieron . . .
3 La película *Engaño* . . .
4 En el cementerio había . . .
5 Los cocteles . . .
6 La mesa . . .
7 Las camareras . . .
8 Los cantineros . . .
9 El sueño dorado de Hitchcock . . .
10 Hitchcock y Don Juan . . .

Preguntas
1 ¿Ha visitado alguna vez un cementerio?
2 ¿Ha visto monumentos curiosos en el cementerio?
3 ¿Qué opina Ud. del banquete de Hitchcock?
4 Hable de un banquete al cual haya asistido.
5 ¿Cree Ud. que las bromas de Hitchcock son de mal gusto?
6 ¿Ha bebido Ud. vodka y jugo de tomate?
7 ¿Ha bebido otro tipo de coctel?
8 ¿Puede describir los manteles de su casa?
9 ¿Tienen Uds. algún mantel negro?
10 ¿Cuándo se usaban carrozas fúnebres de caballos en los EE.UU.?
11 ¿Por qué ya no se usan?
12 ¿Qué opina Ud. de la costumbre de llevar luto?

Práctica de modismos
Tener sangre fría to be calm, "cool" (especially in case of danger)
Tener mal gusto to have poor taste
Ir vestido de . . . to be dressed in, as . . .

A Decida cuál de estas tres personas **tiene sangre fría**:

1 Cuando ve un peligro, no se asusta y puede tomar una decisión rápida.
2 Quiere amar, pero no puede, es incapaz de enamorarse.
3 No tiene mucha paciencia y se pone furioso fácilmente.

B Diga ahora cuál de estas tres personas **tiene mal gusto**:

1 No le gusta nada, siempre lo critica todo.
2 Lleva un vestido cursi y pasado de moda.
3 No tiene entusiasmo ni energía.

C Traduzca, usando **ir vestido de**:

1 The young woman was dressed as a nun.
2 Today I am dressed in blue.
3 The Comendador and his daughter were always dressed in velvet.
4 Will you go to the party dressed as a general?
5 No, as I am so handsome, I will be dressed as Don Juan.

5 The so-called "descriptive adjectives" can either precede or follow the noun. Descriptive adjectives that indicate size, color, shape, type, or nationality distinguish or single out a noun from the rest of the nouns of the same class and must follow the noun.

Había un mantel negro sobre una mesa enorme.
There was a black tablecloth on an enormous table.
"Don Juan Tenorio" es un drama romántico.
Don Juan Tenorio is a romantic drama.
Tirso de Molina fue un escritor español.
Tirso de Molina was a Spanish writer.

6 Descriptive adjectives which express attributes that form a single concept with the noun precede the noun.

Un famoso productor de cine dio un banquete en un cementerio.
A famous movie producer gave a banquet in a cemetery.
El valiente Don Juan también comió en un oscuro cementerio.
Courageous Don Juan also ate in a dark cemetery.
El orgulloso Comendador muere defendiendo a su hija.
The proud Comendador dies defending his daughter.

7 Descriptive adjectives modified by adverbs regularly follow the noun.

Hitchcock es un productor de cine muy famoso.
Hitchcock is a very famous movie producer.
Es el autor más leído del año.
He is the most read author of the year.

8 When two descriptive adjectives modify a noun, they are usually placed after the noun and are joined by **y**.

Doña Inés era una muchacha inocente y pura.
Doña Inés was an innocent and pure girl.

In cases where several descriptive adjectives are used, they are usually separated by commas and the last two are joined by **y**.

Don Juan es un héroe valiente, joven y rebelde.
Don Juan is a courageous, young and rebellious hero.

If one of the adjectives is more subjective than the other or others, the more subjective adjective precedes the noun and the rest follow it.

"El Tenorio" es un hermoso drama romántico.
The *Tenorio* is a beautiful romantic drama. (Whether the drama is beautiful or not is a matter of opinion, but the drama is classified as "romantic" because it belongs to the Romantic school of the 19th century. Thus, "beautiful" is more subjective than "romantic.")

El organista tocó impresionante música sacra.
The organist played impressive sacred music. ("Sacred" is a type of music, while "impressive" indicates a subjective opinion of the speaker.)

Some adjectives have different meanings depending on whether they precede or follow the noun. For example:

	Preceding mean	Following mean
viejo	old (long-standing)	old (in years)
gran(de)	great	large, tall, big
nuevo	new (different)	brand new
pobre	poor (someone you pity)	poor (without money)

El padre de Tenorio no era un hombre pobre.
The father of Tenorio was not a poor man.

El pobre padre de Tenorio estaba avergonzado de su hijo.
Tenorio's poor father was ashamed of his son.

Los invitados al gran banquete se sentaron a una mesa muy grande.
The guests at the great banquet sat at a very large table.

¿Qué sabe Ud. de Don Juan?

Ejercicios A Diga en español:

1. The poor girl
2. The audacious hero
3. My poor (penniless) friend
4. A big man
5. A new (different) joke
6. A great woman
7. Handsome Don Juan
8. An old man
9. A large cemetery
10. An old (long-standing) movie director
11. Brand new scenery
12. Innocent doña Inés

B Coloque los adjetivos en la posición correcta (Use **de** para formar adjetivos con los nombres cuando sea necesario):

1. Tirso fue *un fraile* (mercedario)
2. Las camareras llevaban *vestidos* (negros, largos)
3. Zorrilla, *el autor* (español, romántico)
4. Él es *un esposo* (fiel, tranquilo)
5. *La estatua* del Comendador me invitó (vengativa, implacable)
6. Don Juan estaba solo en *el cementerio* (oscuro)
7. Me gustan *las carrozas* (fúnebres, tradicionales)
8. En el cementerio había *estatuas* (mármol, muchas)
9. Ésta es *su película* (última)
10. En el centro había *una estatua* (blanca)
11. El drama ha tenido *decorado* (surrealista)
12. *Padre*, estoy enamorada de Don Juan (mío)
13. *El seductor* engañó a muchas chicas (audaz, rebelde)
14. Don Juan mató al Comendador con *su espada* (afilada, acero)
15. Asistí a *esa cena* (macabra, horrible)
16. Hitchcock es un *director* (norteamericano, famoso, cine)
17. Algunas ciudades tienen *grupos* (hispánicos, grandes)
18. Allí estaban *sus víctimas* (pobres, inocentes)
19. Las mujeres se enamoran *del Don Juan* (guapo, valiente)
20. Creo que el *Tenorio* es *una obra* (frívolo, cursi, mala)
21. Don Juan ha llegado a *las ciudades* (los Estados Unidos)
22. Doña Inés era *una chica* (inocente, cándida)
23. El viejo se avergonzaba de *su reputación* (terrible)
24. El *jugo* en el coctel parecía sangre (tomate)
25. *Los periodistas* asistieron al acto (curiosos, sorprendidos)

El piropo

Los cambios recientes que en nuestro país han tenido las relaciones entre los sexos, no han encontrado mucho eco en los tradicionales países hispánicos, donde las viejas costumbres *se niegan a* desaparecer. Una de esas costumbres es el piropo. — refuse to

No todos los jóvenes hispanos son Don Juanes, pero casi todos dicen piropos. El piropo es algo característico de la cultura española y no tiene equivalente exacto en inglés. Es simplemente un *elogio* amable y galante — compliment
que un hombre dice a las muchachas bonitas que pasan *junto a él* en la — next to him
calle. A veces las palabras van precedidas de un *silbido* de admiración. — whistle

Generalmente, son los jóvenes quienes dicen piropos, pero a veces se encuentran también algunos *viejos verdes* que no quieren retirarse de la — dirty old men
profesión de "piropeadores".

El piropo se improvisa y se adapta a las circunstancias. Es un verdadero arte. Es común ver a algunos amigos pasar horas *parados* en una esquina, — standing
compitiendo a ver quién dice los piropos más originales y simpáticos a las jóvenes que pasan.

La mujer hispana no se siente ofendida porque *un desconocido* le — a stranger (unknown)
dedique ardientes piropos como *homenaje* a su *belleza*. Por supuesto, ella — homage; beauty
no responde nada cuando oye un piropo. Sigue su camino, *fingiendo* que — pretending
no oyó, y hace esfuerzos por no sonreír, pero *en el fondo* se siente *halagada*, — deep inside; flattered
porque a todo el mundo le gusta *que lo elogien*. — to be praised

Algunos piropos que se oyen por la calle

¡Cuide a su niña de los *ladrones*, señora, que es un *tesoro*! (Dirigido a la mamá que va con la chica). — thieves; treasure

¡Haces bien en vestirte de azul, porque eres un cielo! (Dirigido a una chica que lleva un vestido azul).

¡Qué belleza!

¡Qué *Dios te guarde* y me dé a mí la *llave*! — May God keep you; key

¡Tienes una boquita que parece un *clavel*! — carnation

¡Eres más bonita que Miss Universo!

¿Qué pasa en el cielo que veo un ángel en la tierra?

¡Cuídate de la lluvia, que el azúcar se derrite con el agua! (Cuando está lloviendo).

¡Niña, tú con tantas curvas y yo sin frenos!

¡*Bendita sea* la oveja que dio la *lana* con la que hicieron la *sotana* del cura que te bautizó! — Blessed be; wool cassock

Preguntas
1. ¿Ha habido cambios en las relaciones entre los sexos en los países hispánicos?
2. ¿Dicen piropos todos los hombres hispanos?
3. Explique Ud. qué es un piropo.
4. ¿Solamente los jóvenes dicen piropos?
5. ¿Se prepara antes un piropo, o es improvisado?
6. ¿Cómo compiten a veces los jóvenes hispanos?
7. ¿Qué precede a veces las palabras de un piropo?
8. ¿Cuál es la reacción de una chica cuando le dicen un piropo?
9. Describa Ud. el dibujo.

Más preguntas
1. ¿Conoce Ud. a algún viejo verde? ¿Y a una vieja verde?
2. ¿Cuál de los piropos que se dan aquí le gusta más?

Para los chicos:

3. ¿Puede inventar Ud. un piropo?
4. ¿Por qué le gustaría (o no le gustaría) decir piropos?
5. ¿Ha seguido alguna vez a una chica en la calle? Cuéntenos.

Para las chicas:

6. ¿Le gustaría a Ud. que los jóvenes norteamericanos dijeran piropos?
7. ¿La han seguido alguna vez en la calle? Cuente cómo fue.
8. ¿Cree Ud. que las mujeres deberían decir piropos a los hombres guapos?

II The past participle   El participio pasado

The following uses of the past participle have been explained previously:

A With the auxiliary **haber** to form perfect tenses

Ese joven me ha dicho un piropo.
That young man has paid me a compliment.

B With **estar** to indicate a condition resulting from a previous action

Doña Inés estaba enamorada de Don Juan.
Doña Inés was in love with Don Juan.

C With **ser** to form the passive voice

La belleza de la chica es elogiada también por los turistas.
The beauty of the girl is praised also by the tourists.

D As an adjective

El ofendido padre quería vengarse.
The offended father wanted to take revenge.

Note that the past participle in A) is part of a verbal form and its ending is invariable, while those in B), C), and D) agree in gender and number with the noun they modify.

E An inflected form of the Spanish past participle also translates an English clause beginning with: "When," "As soon as," "After," when referring to a completed action. This use of the past participle is mostly literary.

Terminada la competencia, los amigos se fueron al café.
After they finished the competition, the friends went to the cafe.

Oído el piropo, la muchacha sonrió.
When she heard the compliment, the girl smiled.

Comprado el diccionario, pude decir piropos magníficos.
As soon as I bought the dictionary, I was able to pay great compliments.

Ejercicios A Sustituya las palabras subrayadas por un participio pasado:

1. Después que murió el Comendador, Don Juan se burló de su estatua.
2. Tan pronto como dije eso, me arrepentí.
3. Después que terminemos la lección, practicaremos los piropos.
4. Cuando completemos la gramática, leeremos los chistes.
5. Después que ofendemos a una chica, tenemos que pedirle perdón.
6. Después que dieron la serenata, los estudiantes se durmieron.
7. Cuando explicaron los adjetivos, lo comprendí todo muy bien.
8. Cuando cumplen los cicuenta, algunos se vuelven viejos verdes.
9. Después que se improvisa un piropo, uno se siente contento.
10. Tan pronto se acabó el banquete, los invitados se fueron.

¿Qué sabe Ud. de Don Juan?   325

> **The Spanish Past Participle: Action vs. Description**
>
> When speaking of physical positions (lying, sitting, standing, kneeling, etc.) English often does not distinguish between the action itself and the position or condition which results from the action. The sentence "Don Juan was kneeling" could mean either that he was in the process of kneeling or that he was already in a kneeling position.
>
> Spanish makes a distinction between these two meanings. For the first, it uses a progressive tense. For the second, it uses a past participle, in agreement with the noun.
>
> **Don Juan se estaba arrodillando.** (action)
> **Don Juan estaba arrodillado.** (resultant position)
>
> Some of the Spanish past participles most frequently used to describe positions are:
>
> | | |
> |---|---|
> | **estar acostado** | to be lying down |
> | **estar arrodillado** | to be kneeling |
> | **estar asomado (a la ventana)** | to be looking out (of the window) |
> | **estar colgado** | to be hanging |
> | **estar dormido** | to be sleeping (asleep) |
> | **estar escondido** | to be hiding |
> | **estar parado (estar de pie)** | to be standing |
> | **estar sentado** | to be sitting |
>
> **Los jóvenes pasan muchas horas parados en la esquina.**
> The young men spend many hours standing on the corner.
>
> **Cuando pasé, la bella señorita estaba asomada a la ventana.**
> When I passed by the beautiful señorita was looking out of the window.

B   Conteste usando los participios pasados según la clave:

1 ¿Cómo explicó el profesor los participios? (Standing next to the blackboard)
2 ¿En qué posición prefieres ver la televisión? (Lying down)
3 ¿Dónde estuvisteis durante el duelo? (Hiding in a tomb)
4 ¿Cómo estaba Ud. ayer a las ocho de la noche? (Sleeping in bed)
5 ¿Dónde viste a las chicas? (Looking out of the window)
6 ¿Dónde tienes tu espada? (Hanging on the wall)
7 ¿Cómo reza mucha gente? (Kneeling in church)
8 ¿En qué posición están Uds. ahora? (Sitting down)

Temas para trabajo oral o escrito

1 Don Juan cometió muchos crímenes y debe condenarse al final de la obra. Defienda o ataque.
2 Las excentricidades de Alfred Hitchcock
3 Su punto de vista sobre el piropo
4 El papel de Don Juan en *Man and Superman* de Bernard Shaw

Suplemento

La ley — The Law

Nombres

accused	acusado,–a	lawsuit	el pleito
alarm	la alarma	life imprisonment	la cadena perpetua
armored car	el camión blindado	masked person	enmascarado,–a
assailant	el, la asaltante	murder*	el crimen, el asesinato
bank director	el, la gerente del banco	murderer	el, la criminal, asesino,–a
claim	la reclamación	pardon (legal)	el indulto
clue (legal)	la pista	patrol car	el coche patrullero
combination	la combinación	perjury	el perjurio
court	el juzgado	pickpocket	el, la carterista
crime*	el delito	pistol	la pistola
criminal	el, la delincuente	pocketknife	la navaja
culprit	el, la culpable	prisoner	preso, prisionero
death penalty	la pena de muerte	proof	la prueba
detective	el, la detective	revolver	el revólver
defense attorney	abogado,–a defensor,–a	reward	la recompensa
district attorney	el, la fiscal	robbery	el robo
divorce	el divorcio	sentence (legal)	la sentencia
fine (legal)	la multa	suspect	sospechoso,–a
fingerprints	las huellas digitales	swindler	estafador,–a
gag	la mordaza	teller (bank)	cajero,–a
handcuffs	las esposas	thief	ladrón,–a
innocent	el, la inocente	traffic officer	el, la policía de tráfico
jail	la cárcel	trial	el juicio
judge	el, la juez	vault (bank)	la bóveda
jury	el jurado	whistle	el pito
kidnapper	secuestrador,–a	witness	el, la testigo

Verbos

absolve	absolver	kidnap	secuestrar
arrest	detener	open the vault	abrir la puerta de la bóveda
ask for help	pedir auxilio		
chase the thief	perseguir al ladrón	raise one's hands	levantar las manos
condemn	condenar	rape a woman	violar a una mujer
defend the accused	defender al acusado	rob	robar
depose	declarar	search	registrar
fingerprint	tomar las huellas digitales	sue	poner pleito
		take the deposition of the witness	tomar declaración al testigo
give a . . . dollar fine	poner . . . dólares de multa	tie the victim	amarrar a la víctima

* Fíjese que "crime" en general en español se dice "delito", y que "crimen" se usa cuando se mata a alguien.

Expresiones útiles

Hands up!	¡Manos arriba! ¡Arriba las manos!
Don't shoot!	¡No dispare!
Give me the money.	Déme el dinero.
Don't sound the alarm.	No toque la alarma.
Help!	¡Auxilio! ¡Socorro!
Call the police!	¡Llamen a la policía!
Put your hands against the wall.	Ponga las manos contra la pared.
Give yourself up!	¡Dése preso!
You are under arrest.	Está detenido.
I am innocent	Soy inocente.
Do you swear to tell the truth?	¿Jura Ud. decir verdad?
Your honor	Su señoría

Estudie las palabras del vocabulario y después complete:

1. Cuando hay un robo . . .
2. Cuando la policía detiene a un sospechoso, le toma . . .
3. Para evitar que el sospechoso escape, le ponen . . .
4. En el juicio se decide si el acusado es . . . o . . .
5. El . . . habla contra el acusado y el . . . habla a su favor.
6. El . . . decide la sentencia.
7. La sentencia puede ser muchos dólares de . . ., la . . . y a veces la pena . . .
8. Un hombre que está en la cárcel se llama . . .
9. Los asaltantes pueden utilizar como armas un . . ., una . . . o una . . .
10. Ud. tiene que pasar toda la vida en la cárcel cuando lo condenan a . . .
11. El acto de perdonar a un preso se llama . . .
12. Los vehículos de la policía se llaman . . .
13. La persona que roba carteras en los lugares públicos se llama . . .
14. Un detective busca . . . para encontrar al culpable de un delito.
15. Para que la víctima no pida auxilio, el asaltante le pone una . . .
16. La persona que secuestra a un niño se llama . . .
17. Un pito se usa para . . .
18. El cajero del banco toca la . . . para que venga la policía.
19. En un juicio, los . . . juran decir la verdad antes de declarar.
20. El lugar donde se celebran los juicios se llama . . .

El asalto al banco

Un estudiante será el narrador de esta escena. Otros cinco estudiantes serán respectivamente el cajero, el empleado del banco, la gerente del banco y los dos ladrones, y prepararán un diálogo basado en la escena.

Leyendo la prensa

Los cubanos exiliados en los Estados Unidos, que se concentran en la ciudad de Miami, han traído a nuestro país sus costumbres. Una de ellas es la representación durante el mes de noviembre de obras teatrales basadas en Don Juan Tenorio. En este caso se trata de dos parodias.

MIAMI: La Guerra de los Tenorios

En Miami *se está librando* una curiosa guerra entre dos Tenorios. En Hialeah*, el escritor Ernesto Montaner tiene el suyo: "Don Juan Tenorio en Hialeah". En Miami, la sala "La Comedia", del teatro Martí le hace la *competencia* desde noviembre 18, con "Un Tenorio del Exilio". Este último lo ha escrito un desconocido en el *medio*: José M. Hernando. Y lo dirige Orlando Lima. Tiene música original de Enrico Herrera y en el *reparto* figuran Sergio Doré, Jr., Carmita Lastra, Enrico Herrera, Osvaldo Álvarez, Regia Vera y Nury Doré.

"El nuestro", dice el co-productor José Arenal, "es una especie de Romeo y Julieta de la Sagüesera,** *antagónico* al de Hialeah, pero sin *rencores* para nadie". ¿Qué diría Zorrilla de todo esto?

is being waged

competition

(here), field

cast

antagonistic; hard feelings

Réplica, Miami

* Hialeah es un barrio de la ciudad de Miami.
** Muchos cubanos viven en la sección "South West" de Miami. La palabra "sagüesera" es una derivación de "South West".

14
Creencias y costumbres

Un poco de preparación

More spelling-changing verbs

I   Verbs ending in **–guir** drop the **u** before **o** and **a** to avoid the **gw** sound. **Más verbos que alteran su ortografía**

   distinguir
   Pres. indic.   **distingo**, distingues, distingue, distinguimos, distinguís, distinguen
   Pres. subj.   **distinga, distingas, distinga, distingamos, distingáis, distingan**
   Other verbs like **distinguir**: **conseguir(i)** (to get), **seguir(i)** (to follow)

II   Verbs ending in **–guar** change **gu** to **gü** before **e** to keep the sound of **gw**.

   averiguar
   Preterite   **averigüé**, averiguaste, averiguó, averiguamos, averiguasteis, averiguaron
   Pres. subj.   **averigüe, averigües, averigüe, averigüemos, averigüéis, averigüen**

III   Verbs ending in **–eer** change unstressed **i** to **y** between vowels.

   creer
   Preterite   creí, creíste, **creyó**, creímos, creísteis, **creyeron**
   Imp. subj.   **creyera (ese), creyeras (eses), creyera (ese), creyéramos (ésemos), creyerais (eseis), creyeran (esen)**
   Pres. part.   **creyendo**
   Past part.   creído
   Other verb like **creer**: **leer** (to read)

IV   Radical-changing verbs ending in **–eír** reduce two contiguous **i**'s to one. Stressed **i** always has a written accent.

   reír
   Pres. ind.   **río, ríes, ríe**, reímos, reís, **ríen**
   Preterite   reí, reíste, **rió**, reímos, reísteis, **rieron**
   Imp. subj.   **riera (ese), rieras (eses), riera (ese), riéramos (ésemos), rierais (eseis), rieran (esen)**
   Pres. part.   **riendo**
   Other verbs like **reír**: **sonreír** (to smile), **freír** (to fry)

V   Verbs whose root ends in **ll** or **ñ** drop the **i** of the diphthongs **ie** and **ió**.

   reñir(i, i) (to scold)
   Preterite   reñí, reñiste, **riñó**, reñimos, reñisteis, **riñeron**
   Imp. subj.   **riñera (ese), riñeras (eses), riñera (ese), riñéramos (ésemos), riñerais (eseis), riñeran (esen)**
   Pres. part.   **riñendo**
Other verbs like **reñir**: **bullir** (to boil), **ceñir(i, i)** (to fasten), **tañer** (to toll), **teñir (i, i)** (to dye)

Ejercicios A Cambie los verbos subrayados según se indica:

1 Ud. siguió.
   (creer, reñir, sonreír, distinguir, leer)
2 Yo distingo.
   (averiguar, creer, reír, teñir, seguir)
3 Lo digo para que Uds. rían.
   (bullir, teñir, reñir, distinguir, creer)
4 Era imposible que tú la averiguaras.
   (conseguir, creer, tañer, ceñir, leer)

B Traduzca:

1 I ascertained that he was not at home.
2 She scolded him.
3 Let's convince her to dye her hair.
4 Smiling, he read the letter.
5 I was sorry that she believed him.
6 Follow the river.
7 I don't distinguish between them (use **los**).
8 When they read it, they believed it.

Fusiones de religiones

Todo el mundo sabe que la mayoría de los hispanoamericanos son católicos. Esto es cierto, pero debemos añadir que la religión en Hispanoamérica presenta aspectos que hacen la cuestión más complicada de lo que parece. El pueblo muestra más devoción que las clases media y alta, pero ha mezclado en su fe los dogmas del catolicismo con las *creencias* paganas. — beliefs

Uno de los mayores problemas que encontraron los españoles al colonizar el Nuevo Mundo fue el de las creencias y costumbres de los indios, en conflicto con la religión que ellos querían enseñarles. Las creencias religiosas de los aborígenes eran muy firmes y se caracterizaban por la *adoración* de — worshipping
cosas materiales y concretas: a los indios *les costaba muchísimo trabajo* — it was extremely hard for (them)
imaginar a Dios como una idea abstracta.

Los primeros misioneros en México decidieron que si mezclaban los dioses aztecas con los santos cristianos, la nueva religión sería aceptada fácilmente. Los indios nunca abandonaron su religión, simplemente la adaptaron al cristianismo. Hoy los indios *tarascos* de México son *fervorosos* — (name of a tribe); fervent
católicos, pero unen a los dogmas del catolicismo la adoración de Nuestro

Padre el Sol y Nuestra Madre la Luna y muchas otras creencias. Por ejemplo, viven en constante temor del *mal de ojo*. Creen que la única protección contra él es algo rojo, porque el color rojo *nubla* la vista del *hechicero*. Por eso llevan siempre en el pelo una pluma roja o una cinta de ese color atada al *tobillo* o a la *muñeca*.

evil eye
blurs; sorcerer

ankle; wrist

El pueblo mexicano es *tal vez* el pueblo más devoto de la América Latina. Siente gran fervor por la Virgen de Guadalupe, que es su patrona y *cuya* fiesta se celebra el día 12 de diciembre. Se cree que en 1531 la Virgen se apareció a un indio llamado Juan Diego, *dejándole* como *prueba* su imagen pintada en la *tilma*. Es el *retrato* de una jovencita india y algunos dicen que la devoción que siempre ha *inspirado* en el pueblo *humilde*, se debe a que

(Mexican cloak)
humble

Fiesta de los muertos en un cementerio en el Cuzco, Perú.

Creencias y costumbres   **333**

desde el principio la fantasía popular la identificó con la diosa azteca Teotenantzin, cuyo nombre significa "madre de los dioses". Para mayor coincidencia, el santuario de Guadalupe se construyó en el *cerro* de Tepeyac, en el mismo lugar donde antes había un altar dedicado a la diosa pagana.
    Es interesante el caso del *Señor de los Temblores*, que se encuentra en la catedral del Cuzco, en el Perú. En 1650 el Cuzco sufrió varios *terremotos* y los indios que rezaron a esta imagen de Cristo y se salvaron, establecieron la fama de sus poderes mágicos. Todos los años el lunes de la Semana Santa el pueblo saca en procesión al Señor de los Temblores. Muchos piensan que, durante la procesión, Dios decide quién morirá el próximo año y rezan pidiéndole a la imagen que, si *les toca* morir, les dé una muerte tranquila.

hill

Lord of Earthquakes
earthquakes

it is their turn

Aun *dentro* de la iglesia de Chichicastenango la religión es una mezcla de ritos.

En Guatemala los indios quiché muestran una devoción enorme pero, los domingos, después de la *Misa Mayor*, suceden cosas curiosas en las afueras de Chichicastenango. Allí, a cinco kilómetros de la ciudad, hay una piedra de sacrificios, último residuo de un templo que se salvó de la Inquisición, y sobre ella el pueblo sacrifica gallos a sus dioses paganos.

En muchos países, las ceremonias que rodean la muerte tienen todavía entre las clases bajas un carácter más pagano que cristiano. En el Perú, indios y *mestizos* van a los cementerios el dos de noviembre, día en que la Iglesia Católica honra a los *difuntos*. Ponen *coronas* de flores en las tumbas pero, además, comida y regalos para los muertos. Entonces comen y beben allí mismo alegremente en honor de sus parientes difuntos.

Los indios mexicanos honran a sus muertos tanto como los indios peruanos. En México, en la región del lago de Pátzcuaro, los tarascos pasan la noche reunidos en el cementerio, rezando el rosario y cantando *incesantemente*: "*Salga*, salga" al alma del difunto. Cubren las tumbas con pétalos de flores y añaden frutas y pasteles para *alimentar* a los espíritus en caso de que tengan hambre.

Creencias y costumbres

Preguntas
1. ¿Cuál es la religión de la mayoría de los hispanoamericanos?
2. ¿Cuál fue un gran problema de los españoles colonizadores?
3. ¿Cómo eran las creencias religiosas de los aborígenes?
4. ¿Qué hicieron los misioneros en México?
5. ¿Qué mezclan hoy los tarascos con los dogmas del catolicismo?
6. ¿Qué llevan ellos para protegerse del mal de ojo?
7. ¿Por qué el color rojo protege contra el mal de ojo?
8. ¿Es devoto el pueblo mexicano?
9. ¿Quién es la patrona de México?
10. ¿Cuándo se celebra la fiesta de Nuestra Sra. de Guadalupe?
11. ¿Qué dejó la Virgen a Juan Diego como prueba?
12. ¿Con quién identificó a la Virgen la fantasía popular?
13. ¿Dónde se construyó el santuario de Guadalupe?
14. ¿Dónde está el Señor de los Temblores?
15. Explique las creencias populares sobre el Señor de los Temblores.
16. Cuente qué sucede los domingos cerca de Chichicastenango, Guatemala.
17. ¿Cómo son las ceremonias mortuorias en muchos países?
18. ¿Qué hacen en el Perú los indios y mestizos el Día de los Difuntos?
19. ¿Cómo pasan la noche los indios del lago de Pátzcuaro?
20. ¿Qué cantan al alma del difunto?
21. ¿Qué ponen en las tumbas?
22. ¿Qué dejan para los espíritus, y por qué?

Más preguntas
1. ¿Cuál es la religión más extendida hoy donde Ud. vive?
2. ¿Cuál era hace doscientos años?
3. ¿Qué monumentos religiosos antiguos quedan en su región?
4. ¿Conoce Ud. algún misionero o misionera?
5. ¿En qué país estuvo esa persona?
6. ¿Le gustaría a Ud. trabajar con los indios en el Cuerpo de Paz (Peace Corps)? Explique.
7. ¿Cree Ud. en el mal de ojo?
8. ¿Puede contarnos un caso de mal de ojo?
9. ¿Tiene Ud. alguna superstición? Explique.
10. ¿Ha visto Ud. un terremoto? ¿Dónde?
11. ¿Puede nombrar algunos lugares donde ha habido terremotos?
12. ¿Conoce Ud. otras costumbres curiosas en relación con los muertos?

Capítulo catorce

Práctica de modismos*   **Costar(le) trabajo**   to be hard (for one)
                 Tocar(le) (el turno)   to be (one's) turn

Conteste:

1 ¿Le costó a Ud. trabajo comprender esta lección?
2 ¿Les cuesta trabajo a sus amigos creer en el mal de ojo?
3 ¿Te costaría trabajo hacer un viaje al lago de Pátzcuaro?
4 ¿Os cuesta trabajo explicar estas costumbres?
5 ¿Les toca a los parientes del difunto ir al cementerio?
6 ¿Me tocará a mí contestar todas las preguntas?
7 ¿Le toca a Pepita llevar una cinta roja hoy?
8 ¿Os toca a vosotros explicar las costumbres de los tarascos?

I   Adverbs   Los adverbios

A   An adverb modifies a verb, an adjective, or another adverb, and explains how, when, or where the action is done. It also indicates an amount or quantity.

Adverbs of manner, which explain *how* something is done, are formed in Spanish by adding the suffix **–mente** to the feminine singular form of adjectives, if there is one.

Siempre rezan fervorosamente.
They always pray fervently.

Pasan la noche cantando incesantemente.
They spend the night singing incessantly.

B   When there are two or more adverbs connected by a conjunction, only the last one takes the suffix **–mente**. The others keep the feminine form of the adjective.

Se estableció sólida y permanentemente entre las masas.
It was established solidly and permanently among the masses.

C   Spanish also forms adverbs with the word **con** and a noun.

Las adaptaron   con habilidad   al cristianismo.
                     hábilmente
They adapted them   skillfully   to Christianity.

La nueva religión sería aceptada con facilidad.
                                  fácilmente
The new religion would be accepted easily.

---

*Note that these **modismos** use the **gustar** construction (**Capítulo 12**).

D   The position of Spanish adverbs is, in general, similar to that of English adverbs, although Spanish is more flexible.
When an adverb is combined with the word **no**, the **no** follows the adverb.

> **Todavía no**   Not yet
> **Ahora no**   Not now

E   In addition to the adverbs **aquí** (here), **ahí** (there, near the person addressed), and **allí** (there, far away), Spanish has other forms that often follow verbs of motion: **acá** (here) and **allá** (there, far away).

> **Ven (para) acá, Pilar.**
> Come here, Pilar.
> **Se fueron (para) allá.**
> They went there.

Ejercicio   A   Forme adverbios con los siguientes adjetivos:

1 devoto   4 temeroso   7 original
2 trabajoso   5 peligroso   8 alegre
3 fácil   6 tranquilo

B   Forme adverbios con los siguientes nombres y tradúzcalos al inglés:

1 devoción   4 temor   7 originalidad
2 trabajo   5 peligro   8 alegría
3 facilidad   6 tranquilidad

C   Haga diez oraciones usando los adverbios que ha formado.

La estrella matutina

Morning Star

En nuestros días, varios siglos después que los misioneros españoles aceptaron que los indios trajeran sus creencias y costumbres al catolicismo, el Concilio Vaticano *les dio la razón*, al decidir que las ceremonias religiosas deben variar según las diferentes culturas del mundo.

decided they were right

Siguiendo esta línea en Montana, en los Estados Unidos, los Padres Capuchinos que trabajan con los indios en la misión de San Labre, han construido la *capilla* de la Estrella Matutina inspirada en la cultura Cheyenne. Es la iglesia más original que he visto. El edificio tiene la forma de *tienda* india o "teepee" y sus *vitrales* están colocados formando una *flecha*.

chapel

tent

stained glass windows; arrow

Para los indios de esa tribu, el círculo es un signo sagrado que representa a Dios y por eso su *escudo* medicinal tiene forma circular. Los que *diseñaron* la iglesia *tuvieron esto en cuenta*. Hay allí muchos más círculos

shield

designed; took this into consideration

La capilla tiene forma de tienda india o "teepee". La cruz está inclinada, como la llevaba Cristo en su camino al Calvario.

de los que se ven en cualquier otra iglesia. El altar es *redondo* y son redondas también la sacristía y las sillas para los *fieles*.

En una tienda Cheyenne el lugar de honor, donde se sienta el *Gran Jefe*, está siempre al fondo. Por eso aquí el tabernáculo para la *Hostia* no está en el altar como en las iglesias comunes, sino al fondo de la capilla.

round
faithful
Great Chief
Host (wafer for Mass)

Preguntas
1 ¿Qué decidió el Concilio Vaticano sobre la liturgia?
2 ¿Cómo se llama la misión donde están los Padres Capuchinos?
3 ¿Cómo se llama la capilla que ellos construyeron?
4 ¿Qué forma tiene la capilla?
5 ¿Qué forma tienen los vitrales?
6 ¿Qué simboliza el círculo para los indios de la América del Norte?
7 ¿Qué forma tiene el escudo medicinal de los indios?
8 ¿Qué elementos redondos hay en la iglesia?
9 ¿Dónde está el lugar de honor en una tienda Cheyenne?
10 ¿Dónde está el tabernáculo para la Hostia en esta capilla?

Arriba, el interior de la capilla, y abajo, los vitrales en forma de flecha. ¿Cuántos objetos circulares puede Ud. ver en la capilla?

Capítulo catorce

Práctica de vocabulario   Haga oraciones con estas palabras: **la capilla, la flecha, los vitrales, los fieles, el jefe, al fondo, diseñar, redondo**

Práctica de modismos   **Dar(le) la razón (a alguien)**   to decide that (someone) is right
Tener (algo) en cuenta   to take (something) into consideration

A   **El concilio les dio la razón a los misioneros.**
Cambie la palabra "misioneros" y adapte la oración a las siguientes personas:

1 yo   3 el profesor   5 las tribus
2 mi hermana   4 tú   6 nosotros

B   **Ellos tuvieron esto en cuenta.**
Cambie la palabra "ellos", adaptando la oración a las siguientes personas:

1 Los Padres Capuchinos   3 Yo   5 La tribu
2 El Gran Jefe   4 Vosotros   6 Tú

El tabernáculo, o lugar de honor, está al fondo de la capilla.

II Comparisons

Las comparaciones

A Comparisons of superiority and inferiority

To form comparisons of superiority or inferiority in Spanish, **más** or **menos** precede the noun, adjective, or adverb and **que** follows it.

> **El pueblo mexicano es más devoto que otros pueblos hispánicos.**
> The Mexican people are more devout than other Hispanic people.
>
> **En Sur América hay menos influencia negra que en el Caribe.**
> In South America there is less black influence than in the Caribbean.
>
> **Los pobres honran más paganamente a sus muertos que los ricos.**
> The poor honor their dead in a more pagan way than the rich.

"Than" is translated by **de** before numerals in affirmative sentences.

> **La Virgen María fue identificada con más de una diosa pagana.**
> The Virgin Mary was identified with more than one pagan goddess.

"Than what" is **de lo que**.

> **Hacen la cuestión más complicada de lo que parece.**
> They make the matter more complicated than (what) it seems.
>
> **Los Padres Capuchinos son más innovadores de lo que tú crees.**
> The Capuchin Fathers are more innovative than (what) you think.

In a sentence with two verbs, the expressions: "than that (those, the ones) which" are expressed by **del que, de la que, de los que, de las que**. The gender of the relative pronoun is governed by the antecedent.

> **Hay allí muchos más círculos de los que se ven en ninguna iglesia.**
> There are more circles there than (those which) are seen in any church.
>
> **Tenemos más sillas de las que necesitamos.**
> We have more chairs than (those which) we need.

B Comparisons of equality

There are three main types of comparisons of equality:

1 With the verb:

If the verb has no direct object, **tanto como** follows the verb.

> **Creo tanto como tú.**
> I believe as much as you do.

If the verb has a direct object, **tanto como** frequently follows the direct object.

> **Los indios mexicanos honran a sus muertos tanto como los peruanos.**
> Mexican Indians honor their dead as much as the Peruvians (do).

> 👁 Notice that **tanto como** and not "tan mucho como" translates the English "as much as." Spanish never uses **tan** before the adverb **mucho**. "So much" is **tanto**.

2 With an adjective or adverb:

The word **tan** is placed before the adjective or adverb and the word **como** follows it.

> **Las costumbres mexicanas son tan interesantes como las peruanas.**
> Mexican customs are as interesting as Peruvian (customs).
>
> **Se puede conseguir una pluma roja tan fácilmente como una blanca.**
> One can get a red feather as easily as (one can get) a white one.

3 With a noun:

Tanto, –a, –os, –as is placed before the noun and **como** follows it.

> **Tenemos tanto miedo del hechicero como tú.**
> We are as afraid of the sorcerer as you are.
>
> **Las clases altas no tienen tanta fe como el pueblo.**
> The upper classes don't have as much faith as the people.
>
> **Llevo tantas cintas rojas como Ud.**
> I am wearing as many red ribbons as you.
>
> **Hay tantos altares como vitrales en la capilla.**
> There are as many altars as stained glass windows in the chapel.

Irregular comparatives
Comparativos irregulares

	Adjectives			Adverbs	
bueno	**mejor**	(better, best)	mucho	**más**	(more, most)
malo	**peor**	(worse, worst)	poco	**menos**	(less, least)
grande*	**mayor**	(older, oldest, greater, greatest)	bien	**mejor**	(better, best)
			mal	**peor**	(worse, worst)
pequeño*	**menor**	(younger, youngest, less, least)			

* **Grande** y **pequeño** have regular forms when they refer to size, but not when they refer to age or importance.

Ejercicios A Cambie para formar comparaciones de superioridad como en el modelo:

Modelo En esa capilla hay tantos círculos como en la otra.
En esa capilla hay más círculos que en la otra.

1 Los mexicanos son tan religiosos como los peruanos.
2 Había tantos españoles como indios en la ceremonia.
3 El jefe tiene tantos escudos medicinales como flechas.
4 Hay tantos santos como dioses en sus creencias.
5 Vi allí tantos objetos redondos como triángulos.
6 Adoran al Padre Sol tanto como a la Madre Luna.
7 El cerro del Tepeyac es tan grande como aquel otro.
8 En Guatemala celebran las fiestas tan paganamente como en el Cuzco.
9 La capilla es tan pequeña como la iglesia.
10 Llevan tantas plumas rojas como cintas de ese color.
11 Tienen tantas creencias paganas como dogmas católicos.
12 El baile es tan importante como la música en las ceremonias.
13 Los quiché rezan tan devotamente como los tarascos.
14 Hay tantas sillas como fieles en la iglesia.
15 Ponen en las tumbas tanta comida como flores.
16 Los vitrales son tan hermosos como el altar.

B Cambie ahora las mismas oraciones para formar comparaciones de inferioridad como en el modelo:

Modelo En esa capilla hay tantos círculos como en la otra.
En esa capilla hay menos círculos que en la otra.

C Conteste usando las claves que se dan en inglés:

1 ¿Es difícil el problema? (more than it seems)
2 ¿Cuántas diosas tiene su religión? (more than one)
3 ¿Conoces algunas supersticiones? (not as many as)
4 ¿Vio Ud. muchas personas en la iglesia? (fewer than)
5 ¿Cree su amigo en el mal de ojo? (not as much as)
6 ¿Cuántas plumas rojas tiene Ud.? (as many as)
7 ¿Os gustan los peruanos? (as much as)
8 ¿Cree Ud. que yo tengo muchas flechas? (more than)
9 ¿Es Ud. una persona religiosa? (as religious as)
10 ¿Hablamos aquí de cinco países o de menos? (fewer than)
11 ¿Es complicada la cuestión? (less than you think)
12 ¿Tienes muchos amigos en Guatemala? (as many as)

13 ¿Es moderna la capilla? (as modern as)
14 ¿Llevan más de una pluma roja esos hombres? (more than)
15 ¿Hay más de cinco padres en la misión? (fewer than)

D Sustituya las expresiones subrayadas usando formas irregulares del comparativo:
 1 Juan Pablo es <u>más joven</u> que yo.
 2 Yo soy <u>más viejo</u> que Juan Pablo.
 3 Ese hechicero es <u>más malo</u> que su amigo.
 4 Bailo esas danzas <u>más bien</u> que tú.
 5 La ceremonia de hoy fue <u>más buena</u> que la de ayer.
 6 Mis problemas son <u>más grandes</u> que los del jefe.
 7 Estás contestando este ejercicio <u>más mal</u> que el ejercicio B.
 8 Mi flecha es <u>más buena</u> que la tuya.
 9 Esos terremotos fueron <u>más malos</u> que los del Cuzco.
10 El lugar donde se sienta el jefe es <u>más bueno</u> que el lugar de sus hombres.

E Traduzca:
1 We are less devout than our friends.
2 The soldiers helped the Indians less than the missionaries.
3 This week there are fewer people in church than last week.
4 In my neighborhood there are fewer churches than in yours.

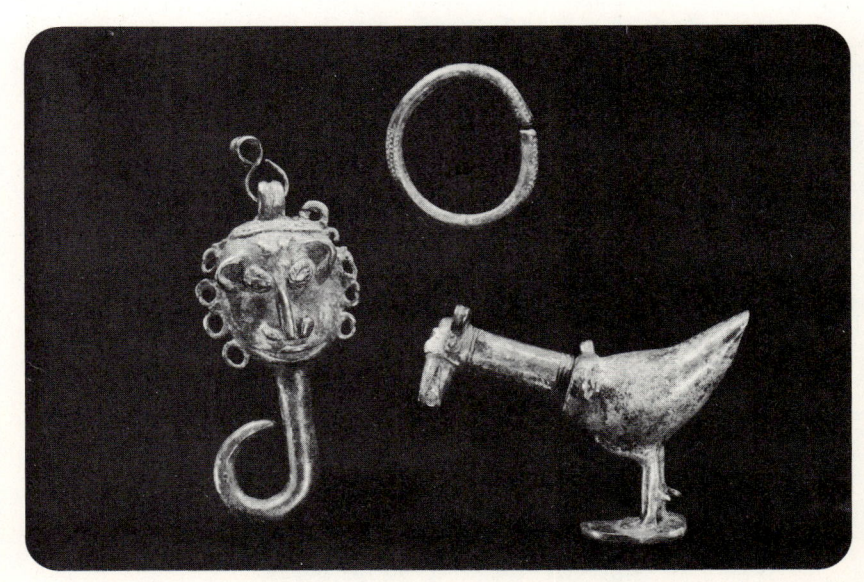

Artefactos Yoruba. La pulsera (bracelet) está relacionada con el culto de Ochún.

Las religiones africanas

Los negros que vinieron como esclavos al Nuevo Mundo trajeron su religión, su música, sus costumbres. Su influencia, que todavía no se ha estudiado bastante, fue muy variada pues, aunque todos habían nacido en Africa, *procedían de* más de ochenta regiones diferentes. Los cuatro grupos más numerosos fueron: lucumíes, yorubas, carabalíes y congos.

Al contrario de lo sucedido en los Estados Unidos, donde los negros se asimilaron más o menos a las costumbres de sus amos blancos, los negros de los países hispánicos—y también los del Brasil—mantuvieron más su individualidad. Tal vez sea que la *esclavitud* en los países hispánicos fue menos inhumana que en los Estados Unidos; lo cierto es que los negros de las colonias de España se agruparon en "*cabildos*" o asociaciones de función social o religiosa, siguieron hablando su idioma entre sí por muchos años y conservaron su música y sus tradiciones.

Los españoles obligaban a sus esclavos a hacerse católicos y los bautizaban, pero no pudieron quitarles sus creencias, que eran profundísimas. Las religiones africanas tienen muchos dioses y su mundo está lleno de espíritus. Por ejemplo, la secta yoruba, la más extendida en América, cuyo centro está hoy en la república africana de Nigeria, adora a un dios principal, Olofi, y tiene además los "orichas" o *divinidades* que sirven de intermediarios entre el dios principal y los seres humanos. El catolicismo, con sus muchos santos y ceremonias, estaba más cerca de los ritos africanos que el protestantismo inglés. Los esclavos pronto encontraron equivalencias entre los santos católicos y sus propios "orichas" o deidades, y *fundieron* ambas religiones, creando un culto especial, algo así como un "fetichismo" católico. Este fetichismo, llamado "santería", se estableció firme y permanentemente entre las masas. Hoy, no sólo negros y mulatos, sino también muchos blancos, son "*santeros*" en los países hispánicos.

Las zonas donde la santería tiene más creyentes son las islas del Caribe, las costas de México, Venezuela, Colombia, la América Central y el Brasil, país donde esta práctica se llama "macumba".

Muchas veces el santo equivalente a una deidad yoruba o lucumí se escogió porque los dos tenían atributos comunes. Santa Bárbara, patrona de los *artilleros* y protectora en las tempestades es Changó, dios del *trueno*. Y San Lázaro, el *mendigo* con *llagas* de la parábola de Jesús, es Babalú Ayé, el temido dios de la *viruela*. Otras veces, sin embargo, el *parecido* es arbitrario y hasta hay variaciones, como la del dios Elegguá, que se representa como una piedra y es guardián de las puertas y dueño de los caminos. Elegguá tiene su equivalente en tres santos diferentes.

Esta botánica está en pleno barrio hispano de Nueva York. Verá en el texto de la página 350 que Ochún es la diosa del amor.

Creencias y costumbres

La santería no es igual a la *brujería*, aunque tienen mucho en común.   witchcraft
La brujería africana, practicada principalmente por el pueblo congo, es más
agresiva, porque actúa contra los enemigos de una persona; la santería es
más bien defensiva y frecuentemente el individuo se limita a pedir protección   rather
a los dioses contra los ataques del enemigo.

Si vive Ud. en una ciudad de los Estados Unidos con numerosa población
hispánica, seguramente habrá pasado por alguna "botánica". En estas
tiendas se venden *hierbas* y artículos de todas clases relacionados con el   herbs
culto de los santos. Plumas de pavo real, talismanes, tierra de cementerio,
peces *desecados*, *velas*, perfumes para conquistar al ser amado, aerosoles   dried up; candles
para atraer el dinero al hogar . . . Cuando Ud. vea una de estas tiendas, le
recomiendo que entre, porque encontrará en ella cosas interesantísimas.

Preguntas
1 ¿Qué trajeron al Nuevo Mundo los negros esclavos?
2 ¿Cómo se llamaban los cuatro grupos más numerosos de africanos?
3 Explique la actitud de los españoles hacia sus esclavos.
4 ¿Dónde está hoy el centro del grupo yoruba?
5 ¿Cómo se llama el dios principal de los yorubas?
6 ¿Quiénes son los orichas?
7 ¿Por qué estaba el catolicismo más cerca de los ritos africanos que el protestantismo?
8 Explique qué es la santería.
9 ¿Son de la misma raza (race) todos los santeros?
10 ¿En qué países tiene más creyentes la santería?
11 ¿Cómo se llama la santería en el Brasil?
12 ¿Qué dios africano es el equivalente de Santa Bárbara?
13 ¿Qué relación hay entre los dos?
14 ¿Existe alguna relación entre San Lázaro y Babalú Ayé?
15 ¿Cómo se representa el dios Elegguá?
16 ¿Cuál es la diferencia entre la santería y la brujería?
17 ¿En qué ciudades norteamericanas hay más botánicas?
18 ¿Qué cosas se venden en una botánica?

Más preguntas
1 ¿Qué música de origen africano ha oído Ud.?
2 ¿Puede decirnos algo de la música de origen africano?
3 ¿Qué sabe Ud. del fetichismo?
4 ¿Puede hablarnos de una religión no muy conocida en los Estados Unidos?
5 ¿Sabe una anécdota de algún brujo?
6 ¿Ha visto Ud. algún fetiche?
7 ¿Ha visto Ud. alguna botánica?
8 Nombre otras cosas que posiblemente se venden en una botánica.

III Superlatives
Los superlativos

A   Spanish indicates an absolute degree of the superlative by:

1 placing the adverb **muy** before the adjective or adverb.

> **Sus creencias religiosas eran muy firmes.**
> Their religious beliefs were very firm.
>
> **Se convirtieron muy fácilmente.**
> They converted very easily.

2 adding the endings **–ísimo**, **–a**, **–os**, **–as** to an adjective or adverb ending in a consonant. If the adjective or adverb ends in a vowel, the vowel is dropped before adding the suffix.

> **La "santería" es popularísima en el Caribe.**
> "Santeria" is extremely popular in the Caribbean.
>
> **En esas tiendas hay cosas interesantísimas.**
> In those stores there are extremely interesting things.
>
> **Tengo muchísimo interés en ver una botánica.**
> I am most interested in seeing a "botanica."

In some cases there are slight changes in spelling: **blanco, blanquísimo**; **antiguo, antiquísimo**; **amable, amabilísimo**; **largo, larguísimo**

Some adverbs of manner ending in **mente** form their superlative with the suffix **ísimamente**: **facilísimamente, lentísimamente, rapidísimamente.**

B   The comparative-superlative

Unlike English, Spanish does not make a distinction between comparing only two things and more than two. When a noun possesses a quality in the highest or lowest degree in relation to other things of the same kind, Spanish uses the comparative form preceded by the definite article. A common pattern for this type of comparative-superlative is:

$$\text{Subject} + \text{ser} + \text{definite article} + \text{(noun)} + \begin{matrix}\textbf{más}\\\textbf{menos}\end{matrix} + \text{adjective}$$

> **La Estrella Matutina es la capilla más original que conozco.**
> The Morning Star is the most original chapel that I know.
>
> **Aquel vitral es el menos hermoso de todos.**
> That stained glass window is the least beautiful of them all.

If the adjective has an irregular comparative form, **más** and **menos** are omitted. The position of the irregular form is usually that of the regular adjective in the chart, but **mejor** and **peor** sometimes precede the noun.

Su padre tiene la botánica mejor que he visto.
Su padre tiene la mejor botánica que he visto.
His father has the best "botanica" that I have seen.

If the English superlative uses the preposition **in**, Spanish uses **de**.

Su padre tiene la mejor botánica de Nueva York.
His father owns the best "botanica" in New York.
Éste es el mejor talismán del mundo.
This is the best talisman in the world.

Ejercicios A Forme superlativos siguiendo el modelo:

Modelo Una iglesia original **muy original, originalísima**

1 un pueblo religioso
2 una costumbre antigua
3 influencias variadas
4 orichas poderosos
5 esclavitud inhumana
6 una hostia blanca
7 un concilio moderno
8 creencias firmes
9 un jefe amable
10 una misa solemne
11 una ceremonia larga
12 cabildos numerosos
13 fetichismo popular
14 aerosoles perfumados
15 una capilla pequeña
16 una música hermosa

B Conteste las preguntas para practicar el uso del comparativo-superlativo:

1 ¿Crees que los yorubas son el grupo de menos importancia?
2 ¿Es cierto que la música del Caribe es la más hermosa?
3 ¿Es Olofi el mayor de los dioses africanos?
4 ¿Es la santería la menos complicada de las religiones?
5 ¿Dices que esa botánica es la tienda más interesante que conoces?
6 ¿Es verdad que Changó es el dios más popular?
7 ¿Es el catolicismo la religión que tiene más santos?
8 ¿Tienen los africanos la religión más antigua del mundo?
9 ¿Será santero el hermano menor de Juana?
10 ¿Es verdad que la tierra de cementerio es el mejor talismán?
11 ¿Era el grupo lucumí el más religioso de todos?
12 ¿Estaban en la Habana los cabildos más alegres?
13 ¿Simboliza a Elegguá la piedra más grande de todas?
14 ¿Es ésta la secta más conocida de los Estados Unidos?
15 ¿Es Cuba el país más santero del Caribe?

Recetas para dos baños

Aquí tiene Ud. recetas para dos *baños*. Uno sirve para atraer a la persona   baths
amada y el otro para atraer la buena suerte.

Fórmula para atraer a la persona amada

Lo primero es ponerse bajo la protección de Ochún, que es la diosa del
amor y cuyo equivalente católico es Nuestra Señora de la *Caridad*. Hay que   Charity
bañarse en un día que sea domingo, porque éste es el día dedicado a Ochún.
Eche en una *tina* de agua *tibia*: *perejil*, *clavel* blanco, *miel de abejas* y extracto   tub; lukewarm;
de *canela*. Dicen que la canela tiene un gran poder de atracción y es exce-   parsley; carnation
lente para enamorar.   honey
   cinnamon

Mientras Ud. se baña debe pensar en la persona amada, pero solamente
pensamientos agradables.

Fórmula para tener buena suerte

Esta fórmula da, además de buena suerte, *paz* y tranquilidad a la persona   peace
que la usa. La *abogada* de la buena suerte es Obatalá. Su día es el jueves, por   advocate
eso estos baños debe dárselos Ud. varios jueves consecutivos.

Ponga en el agua: nardos, *campanas* blancas, las flores del *saúco* blanco,   bell flowers;
agua de rosas y agua de *azahar*. Si quiere, puede añadir también jazmines y   saúco (medicinal
otras flores, pero utilice solamente flores blancas, porque las flores blancas   plant)
son símbolo de la paz y son las que atraen las buenas influencias.   orange blossom

Ejercicios   A   ¿Puede Ud. inventar una fórmula parecida a estas dos, para sacar una
buena nota en su curso de español este semestre?

B   Complete las siguientes oraciones basándose en el texto:

1. La protectora del amor es la diosa _Ochún_
2. Su día es el _domingo_
3. Su equivalente católico es _Nuestra Señora de la Caridad._
4. El agua de la tina debe estar _tibia_
5. La canela es excelente para _enamorar_
6. Mientras se baña, Ud. debe _pensar en la persona amada._
7. La fórmula de la buena suerte da además _paz y tranquilidad_
8. El día del baño de la suerte es el _jueves_
9. La diosa de la buena suerte es _Obatalá_
10. Las flores que se ponen en el agua deben ser _____.
11. Las flores blancas _____.
12. La única flor que se utiliza en la primera fórmula es el _____.

Creencias y costumbres 351

Temas para trabajo oral o escrito

1 El fetichismo en los Estados Unidos
2 Su reacción si Ud. supiera que un brujo tenía una figura suya y la estaba llenando de alfileres
3 Si Ud. amara a una persona que no lo amaba a Ud. y alguien le diera un talismán, perfume o fórmula para atraer a esa persona, ¿lo usaría? Explique su decisión.

The Spanish **t** is a dental sound. It is formed by touching the back of the upper front teeth with the tip of the tongue. Note that the English **t**, on the contrary, is pronounced by touching the gum ridge. Also, the Spanish **t** is never followed by the aspiration frequently heard after the English **t**. Try to use the **t** as in *stand*, and not as in *ten*.

costumbre, también, tener, fiesta, rito, mulato, santo, terremoto

At the beginning of an utterance or after a pause, the Spanish **d** is formed in the back of the upper teeth like the **t**. But, unlike the **t**, the **d** is voiced.

dogma, después, días, devoto, divino, devoción, dar

The above rule also applies to any **d** preceded by **n** or **l**.

con devoción, un dios, en diciembre, redondo, tienda
el día, cabildo, mal de ojo, el devoto

Between vowels and in most other positions, the Spanish **d** is pronounced like the English **th** in *mother, rather, this*.

escudo, adorar, media, complicada, idea, los dioses, este dogma

At the end of a word, the **d** also has the above sound, but so weak that it almost disappears.

Caridad, Usted, virtud, verdad, ciudad

Lea:

Esta santa protege a los artilleros de las tempestades.
Tenían una cinta atada al tobillo.
Estos indios tienen un constante temor de todo.
La identificó con dos diosas.
Durante el desfile Dios decide el destino de cada individuo.
Adquirí pescado desecado en una ciudad de los Estados Unidos.
El domingo es el día dedicado a la Caridad.

Suplemento

Revoltillo de palabras

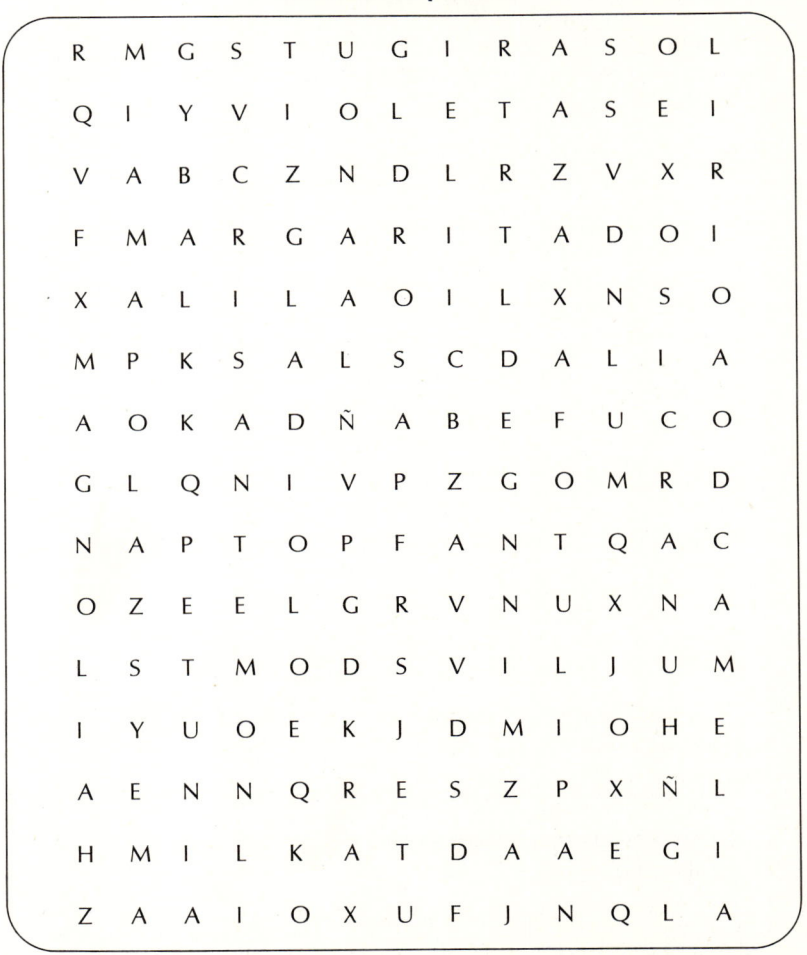

```
R  M  G  S  T  U  G  I  R  A  S  O  L
Q  I  Y  V  I  O  L  E  T  A  S  E  I
V  A  B  C  Z  N  D  L  R  Z  V  X  R
F  M  A  R  G  A  R  I  T  A  D  O  I
X  A  L  I  L  A  O  I  L  X  N  S  O
M  P  K  S  A  L  S  C  D  A  L  I  A
A  O  K  A  D  Ñ  A  B  E  F  U  C  O
G  L  Q  N  I  V  P  Z  G  O  M  R  D
N  A  P  T  O  P  F  A  N  T  Q  A  C
O  Z  E  E  L  G  R  V  N  U  X  N  A
L  S  T  M  O  D  S  V  I  L  J  U  M
I  Y  U  O  E  K  J  D  M  I  O  H  E
A  E  N  N  Q  R  E  S  Z  P  X  Ñ  L
H  M  I  L  K  A  T  D  A  A  E  G  I
Z  A  A  I  O  X  U  F  J  N  Q  L  A
```

En este revoltillo están escondidos los nombres de veinte flores en español. ¿Puede Ud. encontrarlos? Son:

Amapola	poppy	**Girasol**	sunflower	**Narciso**	narcissus
Camelia	camelia	**Gladiolo**	gladiolus	**Orquídea**	orchid
Clavel	carnation	**Jazmín**	jasmine	**Petunia**	petunia
Crisantemo	chrysanthemum	**Lila**	lilac	**Rosa**	rose
Dalia	dahlia	**Lirio**	lily	**Tulipán**	tulip
Gardenia	gardenia	**Magnolia**	magnolia	**Violeta**	violet
Geranio	geranium	**Margarita**	daisy		

Leyendo la prensa

Un periodista hispano residente en los Estados Unidos visitó Colombia recientemente con un grupo de turistas. Éstas son algunas de las impresiones de su viaje.

La Ruana

Estábamos en el otoño y como ya empezaba a hacer frío se veía mucha gente con ruanas por las calles de Bogotá. La ruana es un *capote* o poncho que sin tener *mangas* cubre el torso y los brazos y protege a quien la lleva de los rigores del invierno. Las hay de diferentes colores tejidas en *lana* de llama, alpaca o vicuña. Es algo típico en el vestir de los colombianos.

<small>cloak
sleeves
wool</small>

El Billetero

<small>ticket vendor</small>

Caminábamos Luz y yo por una de las avenidas cuando pasó por nuestro lado un hombre que *tropezó levemente conmigo* al tiempo que se le caía un billete de lotería de los que iba vendiendo. Lo llamé y le señalé la *mercancía* caída en el *piso*.

<small>brushed by me lightly

merchandise; ground</small>

—¡Ah, doctor!— me dijo —¡Qué bueno es usted! Gracias, doctor, gracias.

—De nada, amigo. Es algo suyo que no debe perder.

—Ah, pero esto quiere decir que debe comprarlo. Estoy seguro que *saldrá premiado*.

—Pero yo no puedo *jugar* aquí.

—¿Por qué no? Mire, sólo vale seis pesos el pedazo.

—¿Seis?

—Sí.

—Ahí dice cuatro.

—Ah, doctor. Cuatro vale en la oficina. Acá son seis. Llévese el billete completo. Esta *casualidad* quiere decir algo.

<small>it will be the winning number
gamble

accident</small>

Para *zafarme de* aquel hombre tuve que decirle que como extranjero no podía sacar el dinero si ganaba y que para doctor me faltaba muchísimo.

<small>get rid of</small>

Al día siguiente, en otra parte de la ciudad, siento otro leve *choque* y veo caer otro billete al frente mío. Luz y yo detuvimos la marcha y esperamos. El individuo, al no *sentir que le avisaban*, dejó de caminar y se volvió, nos miró y nos reconoció. Entonces, vino a toda prisa, recogió el billete y sin decir una sola palabra se perdió entre el *nutrido* grupo de *transeúntes*.

<small>bump

hearing; called his attention

teeming; pedestrians</small>

Capítulo catorce

El Cachaco

Fuimos a "El Cachaco", un restaurante en la ciudad, donde sirven comidas típicas de Colombia. Nos prepararon dos mesas largas y el grupo fue dividido. En el lado nuestro, Luz y yo *servíamos de* intérpretes y en el otro lo hacía Alberto Salinas. — acted as

El camarero que nos *atendía* buscaba la forma de dejarnos *complacidos* en especial a Luz y a mí que le habíamos felicitado por su *tarea*. *Luego de* comer muy bien cuando llegamos a los *postres* el hombre se acercó y me dijo: — waited on; pleased job; after desserts

—¿Le traigo al señor *papayuela* con breva?* — papaya
—¿Papayuela con qué?
—Con breva.
—Pero amigo, si yo dejé de fumar porque el tabaco me hace daño. ¿Cómo quiere que ahora me lo coma?
—Es que el señor no sabe que las brevas acá también se llaman *higos*. — figs
—Ah, bueno, eso es otra cosa. Tráeme las papayuelas esas, con todas las brevas que encuentres.

Vista, Miami

---

* In some countries a **breva** is a type of cigar.

15

Los zurdos

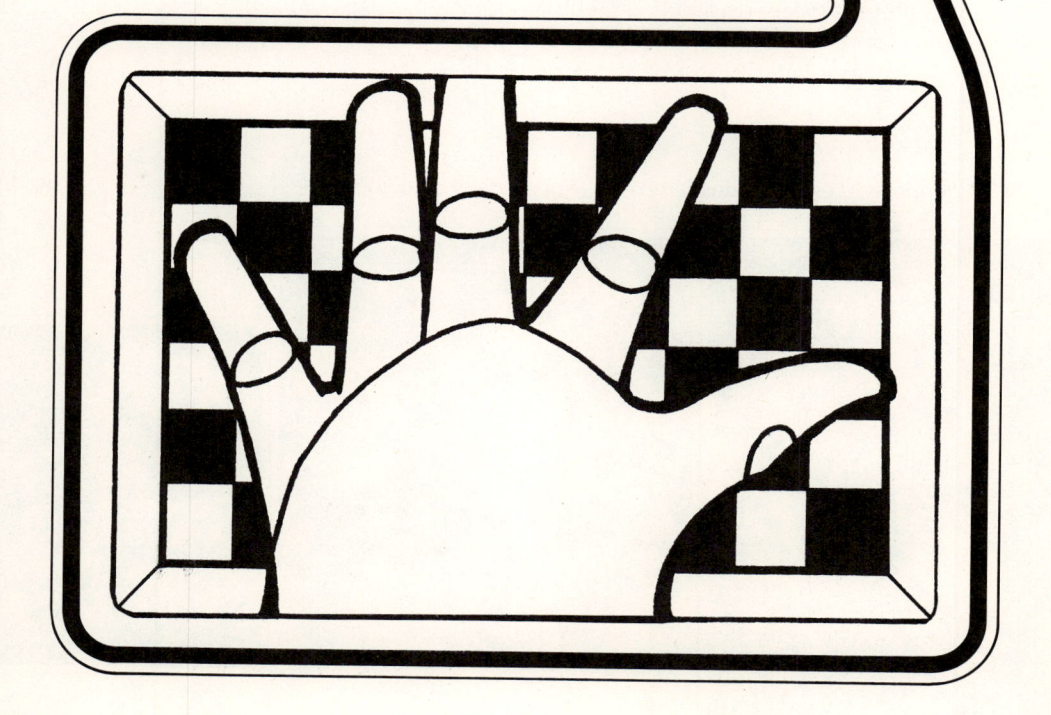

Un poco de preparación

Spanish verbs that mean "to become" The Spanish verbs **ponerse, hacerse, convertirse(ie, i) (en), llegar a ser, volverse(ue),** and **quedarse** all mean "to become." Their uses will be explained in **Capítulo 15.** Practice them in the following exercise.

Verbos que significan "to become"

Ejercicio   Cambie las palabras subrayadas según se indica:

1. A causa del ruido, el viejo se puso furioso.
   (future, imp. indic., present, conditional, pres. perfect, fut. perfect)
2. Esos indios se hicieron católicos recientemente.
   (yo, tú, vosotros, el jefe, Ud., ellas)
3. Dicen que el dios Elegguá se convierte en piedra.
   (pret., imperfect, pluperfect, fut. perfect, conditional)
4. Si se baña muchas veces con esta fórmula, llegará a ser irresistible.
   (yo, mis amigos, vosotros, nosotras, ellas, tú)
5. Temo que mi profesor se vuelva loco.
   (nosotros, Uds., vosotras, esos brujos, tú, ellas)
6. Siempre lleva un talismán para no quedarse calvo.
   (yo, esos indios, vosotros, nosotros, tú, Uds.)

¿Puede Ud. identificar a estos zurdos famosos? ¿Puede decir algo sobre ellos?

Los zurdos

left-handed people

¿Qué es lo que tienen en común más de veinte millones de norteamericanos? Que son más hábiles en el uso de la mano izquierda que en el de la derecha, es decir, que son zurdos.

En los siglos pasados, quienes nacían con esta característica eran *tratados* con *sospecha* supersticiosa, pero hoy sabemos, gracias a la ciencia, que una persona es zurda, no por influencia diabólica, sino simplemente porque el hemisferio derecho de su *cerebro*—que es el que controla el lado izquierdo del cuerpo—predomina sobre el hemisferio izquierdo. Es común que las personas que usan la mano derecha usen más el ojo derecho, mientras que en los que son zurdos predomina frecuentemente el ojo izquierdo. Existen además "zurdos de los pies" y esto es evidente en el fútbol, deporte en el que se ve a muchos patear la pelota con el pie izquierdo.

treated; suspicion

brain

Se cree que más de sesenta millones de los norteamericanos que viven hoy nacieron con tendencia a ser zurdos, pero *las dos terceras partes* fueron obligados *de niños* a usar la mano derecha y ahora son ambidextros. Tal es el caso de Gerald Ford y Nelson Rockefeller.

two thirds
as children

Dicen los sicólogos que los que son hábiles con la mano izquierda son muy a menudo creadores. De esto tenemos ejemplos en Leonardo da Vinci, Miguel Angel y Charlie Chaplin. Pero también hay muchos hombres públicos: Benjamin Franklin, Harry Truman, Napoleón. En los deportes encontramos a Babe Ruth y *actualmente* al jugador de tenis Jimmy Connors y al "pitcher" de los Yanquis Sparky Lyle.

at the present time

El problema de los zurdos es que *se enfrentan a* un mundo preparado para las personas que no lo son. Las *tijeras,* las puertas, los *abridores de latas,* las cámaras fotográficas, los cuadernos de la escuela, en fin, todos los objetos de uso diario, se han hecho *para ser manejados* con la mano derecha.

<small>they face</small>
<small>scissors; can openers</small>
<small>to be handled</small>

Los colegios han tratado de resolver una de las dificultades y es común encontrar *pupitres* con el brazo en el lado izquierdo. También es posible desde hace años escoger la posición del *asa* en la puerta de los refrigeradores y se venden, para los que juegan béisbol, guantes de la mano derecha. Pero estas pequeñas ayudas no son suficientes.

<small>school desks</small>
<small>handle</small>

Recientemente la situación mejoró mucho. Primero en Inglaterra, en la cual un hombre de negocios—quien por supuesto es zurdo—tuvo la idea de abrir una tienda cuyo nombre, traducido al español, es: "Todo para zurdos". Más tarde en Nueva York se abrió "La tienda de la mano izquierda" cuyas paredes están cubiertas de fotografías de personajes famosos que han sido zurdos. Se está creando además una organización en los Estados Unidos: "*El poder zurdo*" para defender los derechos de este grupo.

<small>Leftie Power</small>

Preguntas
1. Explique en español qué es un zurdo.
2. ¿Cuántos norteamericanos lo son hoy?
3. ¿Cuál es la verdadera razón para que uno sea hábil con la mano izquierda?
4. ¿Por qué cuarenta millones de norteamericanos son ambidextros?
5. ¿Qué grandes artistas han sido zurdos?
6. ¿Qué famosos norteamericanos del pasado fueron zurdos?
7. ¿Qué conocidos norteamericanos de hoy lo son?
8. ¿En qué deporte es fácil conocer a los "zurdos de los pies"?
9. ¿Cuál es el problema de los que usan la mano izquierda?
10. ¿Qué han hecho las escuelas a favor de estas personas?
11. ¿Qué han hecho los fabricantes de refrigeradores?
12. ¿Cómo ha mejorado recientemente la situación de los zurdos?

Más preguntas
1. ¿Conoce Ud. a una persona que sea zurda?
2. ¿Puede hablarnos de sus problemas?
3. ¿Cuántos ambidextros conoce?
4. ¿Puede mencionar alguna ventaja de ser ambidextro?
5. ¿Es Ud. "zurdo de los pies"?
6. ¿Cuál es su ojo predominante?
7. ¿Con qué mano toma Ud. el auricular del teléfono?
8. Cuando hojea (leaf through) una revista, ¿comienza Ud. por el final o por el frente?
9. Cuando cruza las piernas, ¿qué pierna pone Ud. arriba?
10. ¿De qué lado está el asa del refrigerador de su casa?

11 ¿Sabe Ud. por qué está allí?
12 ¿Cuántos pupitres hay en su clase con el brazo a la izquierda?
13 ¿Cuántos estudiantes zurdos?
14 ¿Sabe Ud. con qué pie patea el famoso Pelé la pelota?

Tema para trabajo oral o escrito Imagine que va a una tienda para zurdos. Describa el lugar y las fotografías de personajes famosos que hay en las paredes. Haga también una lista de los objetos que posiblemente se venden en esa tienda.

I The relative pronouns

Los pronombres relativos

A **Que** is the most used relative pronoun in Spanish. It can mean: 1 "that," 2 "which," 3 "who," or 4 "whom." It is used for both people and things and has neither a feminine nor a plural form.

1 **Los problemas que los zurdos enfrentan son grandes.**
 The problems that left-handed people face are great.
2 **Son objetos que se han hecho para la mano derecha.**
 They are objects which have been made for the right hand.
3 **Es un mundo preparado para las personas que no son zurdas.**
 It is a world prepared for people who are not left-handed.
4 **El hombre que vi ayer juega fútbol.**
 The man whom I saw yesterday plays soccer.

B **Quien** refers only to persons. It is used to translate "whom" when the person is the object of a preposition. It has a plural form, **quienes,** but no feminine form.

Quien, quienes may also be used as alternates for **que** to translate "who" when "who" is separated from the main clause by a comma.

Miguel Angel es un pintor por quien siento mucha admiración.
Michelangelo is a painter for whom I feel much admiration.
Un inglés, quien por supuesto es zurdo, abrió esa tienda.
An Englishman, who of course is left-handed, opened that store.

Quien, quienes may also be "he who," "those who," "the one(s) who."

Quien utiliza las dos manos se llama ambidextro.
He who utilizes both hands is called ambidextrous.
Quienes nacían con esa característica eran tratados con sospecha.
Those who were born with that characteristic were treated with suspicion.

Ejercicio Traduzca los relativos en inglés al español:
1 El niño (who) se sienta junto a mí, es zurdo.
2 Miguel Angel, (who) era zurdo, fue un excelente pintor.
3 Hay más de veinte millones de norteamericanos (who) son zurdos.

4 (He who) es hábil con la mano derecha, lo es frecuentemente con el ojo derecho.
5 Son muchos los norteamericanos a (whom) sus padres obligaron de niños a usar la mano derecha.
6 Conozco a dos políticos, Ford y Rockefeller, (who) son ambidextros.
7 Las personas (who) son zurdas son a menudo creadoras.
8 Pero también hay personas creadoras (who) no son zurdas.
9 El hombre con (whom) vine es jugador de fútbol.
10 Es el hermano de Marta, (who) juega con los "Cosmos".
11 La tijera (that) compré en esa tienda no corta bien.
12 Necesitamos jugadores (who) puedan patear con los dos pies.
13 Un refrigerador (which) tenga dos puertas es más práctico.
14 La mujer de (whom) te hablé siempre compra en esa tienda.
15 Ayer compró tenedores, cuadernos y otras cosas (which) no recuerdo.

El juego de los teléfonos

En la otra página hay dieciséis personas que están hablando por teléfono. ¿Puede Ud. decir con cuál de ellas habla cada una de las siguientes personas?

1 Un hombre en cuya casa hay un fuego
2 Una mujer a quien le acaban de robar la cartera
3 Un piloto que trabaja en la línea aérea "Iberia"
4 Una chica que está enamorada y que suspira
5 Un hombre de *bata* blanca junto a quien hay tubos de laboratorio y máquinas extrañas — smock, lab coat
6 Una *pareja* de jóvenes que quieren casarse — couple
7 Una mujer a quien le gusta el arroz frito, pero a quien no le gusta cocinar
8 Un hombrecito verde que se ha perdido cuando exploraba el centro de los Ángeles
9 Un automovilista cuyo automóvil se ha roto en la carretera
10 Un hombre que trabaja en una tienda de licores
11 Un italiano que es productor de películas
12 Una mujer a quien le molestan mucho las cucarachas
13 Una mujer que tiene una lista de *comestibles* en la mano — food
14 Un ama de casa cuyos *grifos gotean* — faucets drip
15 Una madre que tiene a su niño enfermo
16 Un marido con quien su esposa está peleando porque regresó a casa *de madrugada* — at dawn

Los zurdos 361

Capítulo quince

Ejercicios A Escriba tres diálogos entre algunas de estas personas y las personas de los dibujos.

B Si las personas de los dibujos estuvieran hablando unas con otras, ¿qué combinaciones haría Ud.? Y, ¿cuál sería el tema de cada conversación? Por ejemplo, ¿cuál sería el tema de la conversación entre el marciano y la azafata? ¿Y el de la conversación entre Don Juan y el cura? ¿De qué podrían hablar el monstruo y la médica?

C Estudie Ud. las palabras de la siguiente lista y después mire los dibujos y conteste las preguntas.

la antena	antenna	**el impermeable**	raincoat
el bigote	moustache	**la manguera**	hose
la cicatriz	scar	**las palabrotas**	dirty words
la compañía	company	**los puntos**	stitches
la gorra	cap (general term)	**el platillo volador**	flying saucer
el gorro	cook's hat; sleeping cap	**puntiagudo, –a**	pointed
		el tubo	pipe

1 ¿Qué personas llevan gorro?
2 ¿Quiénes llevan gorra?
3 ¿Quiénes llevan el nombre de su compañía en la gorra?
4 ¿Cree que los nombres de esas compañías son apropiados? ¿Por qué?
5 ¿De qué país será la azafata?
6 ¿Quién usa una manguera en su trabajo?
7 ¿Quién sabe mucho sobre tubos?
8 ¿Quién está diciendo palabrotas?
9 ¿Puede Ud. describir al monstruo?
10 ¿Qué personas tienen bigote?
11 ¿Cómo vino el marciano a la tierra?
12 Describa Ud. al marciano.
13 ¿Qué persona puede decir más palabras románticas?
14 ¿Quién lleva una bata blanca?
15 ¿Quiénes llevan uniforme?
16 ¿Quién trabaja siempre con un impermeable? ¿Por qué?
17 ¿Quiénes cogen el teléfono con la mano izquierda y quiénes lo cogen con la derecha?
18 ¿Qué personas son posiblemente zurdas?

C **El que, la que, los que, las que** refer to both persons and things and are used:

1 as equivalent to the English "the one(s) which."

La parte derecha del cerebro es la que controla el lado izquierdo del cuerpo.
The right part of the brain is the one which controls the left side of the body.

Las gorras del fumigador y la azafata son las que me gustan más.
The exterminator's and the stewardess' caps are the ones which I like the best.

2 as alternates for **quien, quienes,** to translate the English relatives "he who," "the one(s) who," "those who."

El que utiliza las dos manos se llama ambidextro.
He who utilizes both hands is called ambidextrous.

Los que nacían con esa característica eran tratados con sospecha.
Those who were born with that characteristic were treated with suspicion.

3 as alternates for **que, quien, quienes,** to indicate the more distant of two possible antecedents of different gender, thus avoiding ambiguity.

El esposo de la actriz de cine, el que se quedó en casa con los niños, habla por teléfono.
The movie actress' husband, who stayed at home with the children, talks over the telephone.

(The use of **que** or **quien** in this sentence could cause some ambiguity, since in Spanish, **actriz de cine** is closer to the relative pronoun than **esposo** is.)

4 to translate "which" and "whom" after a preposition.

Hay una tienda en la que venden artículos para zurdos.
There is a store in which (where) they sell articles for left-handed people.

Éste es el marciano con el que hablé ayer.
This is the Martian with whom I talked yesterday.

D **El cual, la cual, los cuales, las cuales** may replace **el que, la que, los que, las que** in cases 3) and 4) above, but *they can never be the subjects of a sentence*. Their use is rather infrequent, especially in the spoken language.

It is correct to say: **Éste es el marciano con el cual hablé ayer,** but to translate the sentence "He who utilizes both hands is called ambidextrous" you have to use either **quien** (**Quien utiliza ambas manos se llama . . .**) or **el que** (**El que utiliza ambas manos . . .**). **El cual** *cannot* be used here.

Capítulo quince

Ejercicios A   Conteste de manera original las siguientes preguntas usando **quien, quienes** después de las preposiciones:

1. ¿Cómo se llama el médico con quien conversa esa paciente?
2. ¿Quiénes son los dependientes por quienes supiste la noticia?
3. ¿A quién llama la mujer a quien le molestan las cucarachas?
4. ¿Son valientes los policías contra quienes dispararon los bandidos?
5. ¿Es buen plomero el hombre de quien te hablé?
6. ¿Conoces al cura frente a quien están los novios?
7. ¿Tenían miedo los científicos hacia quienes caminaba el monstruo?
8. ¿Es casada la artista de cine a quien llama el productor?
9. ¿Dieron una medalla a los bomberos gracias a quienes estoy vivo?
10. ¿Viven lejos las amas de casa de quienes recibe el bodeguero la lista?
11. ¿Es éste el borracho de quien me hablaste antes?
12. ¿De qué color es el marciano detrás de quien se ve un platillo?
13. ¿Cómo se llama ese hombre de quien se enamoran todas?
14. ¿Qué le pasaba al niño por quien vino la médica?
15. ¿Es amiga tuya la señora para quien preparé el arroz frito?
16. ¿Dónde estaba la pareja a quien el viejo dijo tantas palabrotas?
17. ¿Eran amables las azafatas con quienes viajaste?
18. ¿Son esos los fumigadores gracias a quienes no tienes insectos?
19. ¿Es su esposa la mujer para quien el marciano compró las flores?
20. ¿Es éste el monstruo con quien irás a la fiesta?

B   Cambie **quien, quienes** en sus respuestas por **el que, la que, los que, las que**.

C   Cambie ahora por **el cual, la cual, los cuales, las cuales**.

E   **Lo que** is a neuter form. It is equivalent to the English "what," "that which." It is also equivalent to "which" when it refers to a whole idea, as in: "which fact."

Lo que tienen en común es que son zurdos.
What they have in common is that they are left-handed.
La fiesta era muy ruidosa, lo que le impedía dormir.
The party was very noisy, which (fact) prevented him from sleeping.

F   **Lo cual** is also a neuter form. It may replace **lo que** to translate "which" when referring to a preceding idea in its entirety. *It is never used as a subject.*

Tengo miedo de volar, lo cual (lo que) me impide ser azafata.
I am afraid of flying, which (fact) prevents me from being a stewardess.

Ejercicio Complete, traduciendo al español los relativos:

1 Tengo aquí diez objetos, todos (which) son para la mano izquierda.
2 El marciano es verde, (which fact) lo hace más interesante.
3 (What) quiero decir es que me gustan las cosas de color verde.
4 Hay una escuela en (which) todos los pupitres tienen el brazo a la izquierda.
5 Mi grifo goteaba, (which) me hizo llamar al plomero.
6 El viejo decía palabrotas, (which fact) indicaba que estaba furioso.
7 ¿Quieres repetir ahora (what) él dijo?
8 No. Prefiero contarte (what) Don Juan me dijo ayer.

II The possessive relative "cuyo"

El relativo posesivo "cuyo"

Cuyo, –a, –os, –as are possessive adjectives which mean "whose," but they are never used as interrogatives. As the other possessive adjectives, **cuyo** agrees in gender and number with the thing possessed, not with the possessor.

La mujer
The woman

- **cuyo automóvil está roto, llama al mecánico.**
  whose car is broken calls the mechanic.
- **en cuya casa hay un fuego, llama a los bomberos.**
  in whose house there is a fire, calls the firemen.
- **cuyos grifos gotean, llama al plomero.**
  whose faucets drip calls the plumber.
- **cuyas visitas tienen hambre, llama al restaurante.**
  whose visitors are hungry, calls the restaurant.

But: **¿De quién es ese platillo volador?**
Whose flying saucer is that?

Ejercicios A Complete usando la forma correcta de **cuyo**:

1 Un monstruo _____ cabeza es cuadrada
2 Un marciano _____ orejas son puntiagudas
3 Un cura _____ traje es verde
4 Un exterminador _____ compañía mata ratones
5 Un viejo _____ vocabulario es horrible
6 Un plomero _____ gorra es muy vieja
7 Un dependiente _____ tienda vende comestibles

Capítulo quince

8 Un automovilista _____ esposa está loca
9 Un Don Juan _____ novias están enamoradas de él
10 Un médico _____ pacientes están enfermos
11 Un policía _____ gorra es azul marino
12 Una actriz _____ admiradores le escriben mucho
13 Un borracho _____ camisa está sucia
14 Un viejo _____ gorro es puntiagudo
15 Un bombero _____ manguera apagó el fuego
16 Una azafata _____ amigos son pilotos
17 Un plomero _____ tubos son de metal
18 Un cocinero _____ platos son deliciosos

B Diga en español:
1 Whose cook's hat is this?
2 Whose telephone number is that?
3 Whose wife is she?
4 Whose doctor is he?
5 Whose monster is this?

III "To become" "To become"

Spanish expresses the English word "to become" (sometimes "to get") in several different ways that are best learned by observation. The following are some common cases:

1 **ponerse** + adjective
indicates a change in physical appearance or an emotional change which in most cases is sudden.

> **La azafata se puso pálida al ver al marciano.**
> The stewardess became pale on seeing the Martian.
> **El fumigador se puso nervioso cuando vio al ratón.**
> The exterminator became nervous when he saw the mouse.

2. **hacerse** + noun
in most cases indicates a voluntary change in status, as to become a member of a profession, religion, or group.

> **Don Juan piensa hacerse cura.**
> Don Juan plans to become a priest.
> **Jorgito se hizo mecánico y su hermana se hizo policía.**
> Georgie became a mechanic and his sister became a policewoman.

3 **convertirse en** + noun

is used when the English sentence conveys the idea of "to turn into." It indicates a somewhat unexpected and always radical change.

Muchos zurdos se han convertido en ambidextros.
Many left-handed people have become ambidextrous.

El guapo bombero se convirtió en un monstruo.
The handsome fireman became a monster.

4 **llegar a ser** + noun + adjective

indicates a change that is never sudden but is the result of a series of events.

Mi amiga, la azafata, llegó a ser millonaria.
My friend, the stewardess, became a millionaire.

Muchos zurdos han llegado a ser famosos.
Many left-handed people have become famous.

Other expressions:

volverse loco	to become (go) insane
volverse rico	to become rich
quedarse calvo	to become bald
ponerse colorado	to blush
quedarse ciego	to become (go) blind
hacerse tarde	to get late
hacerse el muerto, el enfermo, el sordo	to pretend to be dead, sick, deaf

Spanish also has several verbs, most of them reflexive, that convey the idea of change or result:

cansarse	to get tired	**engordar**	to get fat
enfriarse	to get cold	**enojarse**	to get angry
enfermarse	to get sick		

Ejercicio Conteste:

1 ¿Os pusisteis furiosos alguna vez porque no podíais dormir?
2 ¿Te enojas cuando se hace tarde?
3 ¿Tienes un amigo que se haya quedado calvo? ¿Y una amiga?
4 ¿Quiere Ud. hacerse médico, o entrar en otra profesión?
5 ¿Cree Ud. que una persona puede convertirse en un vampiro?
6 ¿Por qué no quieren engordar las chicas hoy día?
7 ¿Sabes a qué temperatura el agua se convierte en hielo?

8 ¿Quieres llegar a ser presidente de los Estados Unidos?
9 ¿Crees que una mujer llegará a ser presidenta algún día?
10 ¿Se han hecho Uds. los enfermos a veces para no venir a clase?
11 ¿Se pone Ud. colorado a veces? ¿Cuándo?
12 ¿Piensas que te volverás loco si estudias mucho español?
13 ¿Te hiciste miembro del Club de Español de tu escuela?
14 ¿Se hace Ud. el sordo frecuentemente? ¿Cuándo?
15 ¿Os pondréis tristes si terminamos ahora este ejercicio?

La minoría siniestra

Tanto la palabra española "siniestro" como la inglesa "sinister", que significan hoy "malo, perverso, desastroso", tuvieron su origen en la palabra latina "sinister" cuyo significado era simplemente "izquierdo".

Aunque hoy nadie cree que los zurdos sean más obstinados y malos que el resto de la gente, mucha gente en el pasado tuvo esa creencia. Por ejemplo, Cesare Lombroso, el famoso sicólogo y *criminólogo* italiano del siglo XIX afirmaba que había una alta proporción de zurdos en la *cárcel* porque ser zurdo era una de las características del criminal *nato*. — criminologist / jail / born

En la Edad Media—y esto se ve en el *Poema del Cid*—si las aves volaban a la derecha de una persona, se creía que era un buen signo, mientras que el vuelo a la izquierda indicaba *desgracias*. — misfortunes

En muchas ilustraciones de la Edad Media aparece el diablo usando la mano izquierda y había la creencia firme de que las brujas también la usaban. A Juana de Arco, que fue *quemada* como bruja, la pintan con la espada en la mano izquierda. — burned

Una superstición antigua muy extendida consiste en que siempre se debe entrar en una habitación con el pie derecho porque el pie izquierdo, si entra primero, atrae hacia la persona los espíritus malos que hay en el cuarto. Esta superstición originó el *dicho* español, todavía muy popular: "Entrar con pie derecho" o "Entrar con buen pie" cuando uno comienza bien un *asunto* o negocio. — saying / matter

Francisco de Quevedo, un autor español del Siglo de Oro, pone en su obra satírica *Los sueños* a un grupo de zurdos en el infierno y dice, entre otras cosas *burlonas* y *despectivas* de ellos: "Y en el día del *juicio* todos los *condenados, en señal* de serlo, estarán a la mano izquierda. Al fin es gente hecha *al revés* y que se duda si son gente". — mocking; scornful; judgment; damned; as a sign; backwards

La discriminación contra la izquierda no es exclusiva de la cultura occidental. En los países árabes, por ejemplo, existe la costumbre de comer con las manos, pero no se tocan nunca los alimentos con la mano izquierda. Si hay ave en el menú, dos personas la *descuartizan* usando exclusivamente — quarter la mano derecha. Los árabes reservan la mano izquierda para hacer cosas poco limpias. En el norte de Africa, cuando se come con *cubiertos*, se considera un insulto serio al dueño de la casa el usar la mano izquierda. — cutlery

Todo lo anterior viene a probar una vez más que en las *complejas* relaciones humanas, es la mayoría la que impone las reglas y la minoría la que *sale perdiendo* siempre. Un refrán español lo explica un poco cínicamente: — complex / ends up losing

> Vinieron los sarracenos
> y nos *molieron a palos*
> que Dios ayuda a los malos
> cuando son más que los buenos.

— beat up (with a stick)

Ejercicio Haga comentarios originales completando las siguientes frases:

1. La palabra "siniestro" . . .
2. Cesare Lombroso . . .
3. Si las aves volaban . . .
4. El diablo . . .
5. Juana de Arco . . .
6. Las brujas . . .
7. Entrar en una habitación . . .
8. "Entrar con pie derecho" . . .
9. Francisco de Quevedo . . .
10. Los árabes comen . . .
11. En el norte de Africa . . .
12. Un refrán español . . .

Preguntas

1. ¿Cree Ud. que existen los criminales natos? Explique.
2. ¿Ha visitado Ud. una cárcel? Explique.
3. ¿Puede decirnos algunas creencias de la Edad Media?
4. Describa el diablo que ha visto en ilustraciones.
5. ¿Qué sabe Ud. de Juana de Arco?
6. ¿Hay alguna superstición en los EE.UU. con respecto a la izquierda?
7. ¿Come Ud. a veces con las manos? ¿Cuándo?
8. ¿Come Ud. ave frecuentemente? ¿Qué clase de ave?
9. ¿Puede nombrar algo que se considere un insulto al dueño de la casa en nuestro país?
10. ¿Con qué pie entró Ud. hoy en esta clase?

Práctica de modismos

Salir perdiendo   to end up losing
Moler a palos   to beat with a stick
En señal   as a sign

Haga una oración con cada una de estas expresiones.

¿Sabe Ud. por qué...

1 Existe la costumbre de hacerse la *raya* del pelo a la izquierda?   part (hair)
2 Existe la costumbre de dar la mano derecha en señal de amistad?
3 Los trajes masculinos tienen el *ojal* de la *solapa* al lado izquierdo?   buttonhole; lapel
4 La ropa de mujer tiene los *botones* a la izquierda y los ojales a la derecha y   buttons
la de hombre al contrario?
5 La mayoría de la gente monta su bicicleta por la izquierda?
6 Los autos ingleses tienen el volante a la derecha y el tránsito va allí por la izquierda?

Conteste estas seis preguntas. Si no sabe las respuestas, prepare su propia teoría para cada una.

Práctica de vocabulario

1 Los criminales son enviados a la _____ .
2 En la Edad Media las brujas eran frecuentemente _____ .
3 Una obra satírica es casi siempre _____ y despectiva.
4 Los que están en el infierno se llaman _____ .
5 Según la Biblia, el último día será el día del _____ .
6 El siglo XVII se llama en España _____ .
7 Una expresión para indicar que algo es opuesto o contrario es _____ .
8 Los utensilios que usamos para comer son los _____ .
9 Dividir un ave en pedazos es _____ .
10 Lo opuesto a "sencillo" es _____ .
11 La división que tenemos en el pelo se llama _____ .
12 La ropa se cierra poniendo los _____ en los _____ .

Temas para trabajo oral o escrito

1 Un personaje famoso que es (o fue) zurdo
2 Busque más información en la biblioteca sobre creencias relacionadas con los zurdos
3 Otras creencias relacionadas con el cuerpo humano (por ejemplo, las diferencias de temperamento entre las personas gordas y las delgadas y entre las rubias y las morenas)

Suplemento

La salud   Health

Nombres

adhesive tape	el esparadrapo	nurse	la enfermera
alcohol	el alcohol	ointment	el ungüento
ambulance	la ambulancia	oxygen mask	la máscara de oxígeno
appointment	el turno		
artificial respiration	la respiración artificial	patient	el, la paciente
		pill	la píldora
aspirin	la aspirina	pillow	la almohada
bandage	la venda	plaster cast	el yeso
bandaid	la curita	prescription	la receta
blood pressure	la presión	sick person	enfermo,–a
blood test	el análisis de sangre	sheet	la sábana
		sore	la llaga
burn	la quemadura	stitch	el punto
cavity (dental)	la carie	stretcher	la camilla
cotton	el algodón	syrup	el jarabe
crutches	las muletas	tablet (medical)	la pastilla
doctor (medical)	el médico	temperature	la temperatura
drops	las gotas		
eyedropper	el gotero	thermometer	el termómetro
first aid kit	el equipo de primeros auxilios	tourniquet	el torniquete
fracture	la fractura	vaccine	la vacuna
gauze	la gasa	waiting room	la sala de espera
glucose	el suero		
heart attack	el ataque al corazón	wheel chair	la silla de ruedas
hemorrhage	la hemorragia	wound	la herida
hypodermic	la jeringuilla	wounded person	herido, –a
illness	la enfermedad	x-ray negative	la radiografía, la placa

Verbos

ache (to have a head, stomach)	doler(le) (a uno) la cabeza, el estómago
apply a tourniquet	aplicar un torniquete
ask for (give) an appointment	pedir (dar) un turno
bandage a wound	vendar una herida
break one's arm (leg)	romper(se) un brazo, (una pierna)
breathe	respirar
check one's throat	examinar(le) la garganta (a uno)
examine (one's eyes, ears)	examinar(le) (la vista, los oídos) (a uno)
faint	desmayarse
fill a tooth	empastar un diente (una muela, un colmillo)
give glucose to the patient	ponerle suero al paciente
give an injection	poner una inyección
have a fever	tener fiebre
listen with a stethoscope	auscultar
massage	dar masaje
measure	medir
operate on the patient	operar al paciente
put an arm (a leg) in a cast	enyesar un brazo (una pierna)
remove the stitches	quitar los puntos
rub	frotar
sprain an ankle	torcerse un tobillo
stop the hemorrhage	contener la hemorragia
take one's blood pressure	tomar(le) la presión (a uno)
to take stitches in a wound	poner(le) puntos en la herida
take the temperature	tomar la temperatura
take x-rays	hacer una radiografía
tap with a hammer to check the reflexes	golpear con un martillito para ver los reflejos
vaccinate	vacunar
weigh	pesar

Estudie el vocabulario anterior y después conteste las siguientes preguntas:

1 ¿Cómo se transportan los heridos en un accidente?
2 ¿Qué cosas contiene un equipo de primeros auxilios?
3 ¿Cuándo le enyesan una pierna a una persona?
4 ¿Cómo se evita (is prevented) la poliomelitis en los niños?
5 ¿Qué se usa para tomar la temperatura?
6 ¿Qué hace el dentista si Ud. tiene una carie en una muela?
7 ¿Cómo podemos contar exactamente las gotas de una medicina?
8 ¿Para qué se necesita un torniquete?

9 ¿Cómo cierra el médico una herida?
10 ¿Cómo alimentan (feed) en los hospitales a los enfermos que no pueden comer?
11 ¿Qué se le da a una persona que no puede respirar?
12 ¿Puede Ud. describir algunas cosas que le hacen a un enfermo en un hospital?

Pepito va al médico

Explique los dibujos de "Pepito va al médico".

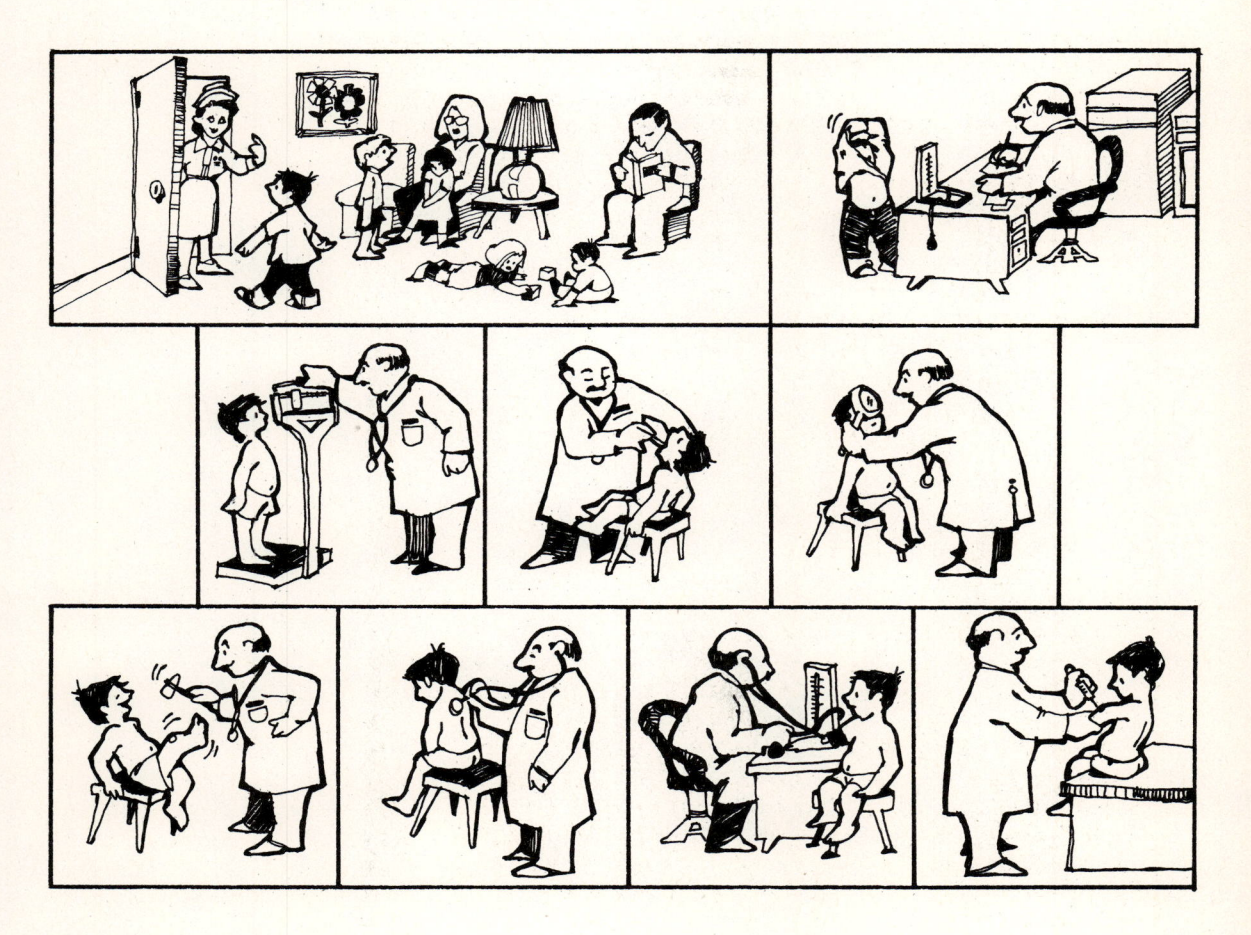

Verb Appendices

Tenses of Regular Verbs

Infinitive

hablar to speak   **comer** to eat   **vivir** to live

Present Participle

hablando speaking   **comiendo** eating   **viviendo** living

Past Participle

hablado spoken   **comido** eaten   **vivido** lived

The Simple Tenses

Indicative Mood

Present

I speak, do speak, am speaking, etc.	I eat, do eat, am eating, etc.	I live, do live, am living, etc.
hablo	como	vivo
hablas	comes	vives
habla	come	vive
hablamos	comemos	vivimos
habláis	coméis	vivís
hablan	comen	viven

Imperfect

I was speaking, used to speak, spoke, etc.	I was eating, used to eat, ate, etc.	I was living, used to live, lived, etc.
hablaba	comía	vivía
hablabas	comías	vivías
hablaba	comía	vivía
hablábamos	comíamos	vivíamos
hablabais	comíais	vivíais
hablaban	comían	vivían

Preterite

I spoke, did speak, etc.	I ate, did eat, etc.	I lived, did live, etc.
hablé	comí	viví
hablaste	comiste	viviste
habló	comió	vivió
hablamos	comimos	vivimos
hablasteis	comisteis	vivisteis
hablaron	comieron	vivieron

Future

I shall (will) speak, etc.
- hablaré
- hablarás
- hablará
- hablaremos
- hablaréis
- hablarán

I shall (will) eat, etc.
- comeré
- comerás
- comerá
- comeremos
- comeréis
- comerán

I shall (will) live, etc.
- viviré
- vivirás
- vivirá
- viviremos
- viviréis
- vivirán

Conditional

I should (would) speak, etc.
- hablaría
- hablarías
- hablaría
- hablaríamos
- hablaríais
- hablarían

I should (would) eat, etc.
- comería
- comerías
- comería
- comeríamos
- comeríais
- comerían

I should (would) live, etc.
- viviría
- vivirías
- viviría
- viviríamos
- viviríais
- vivirían

Subjunctive Mood

Present

(that) I may speak, etc.
- hable
- hables
- hable
- hablemos
- habléis
- hablen

(that) I may eat, etc.
- coma
- comas
- coma
- comamos
- comáis
- coman

(that) I may live, etc.
- viva
- vivas
- viva
- vivamos
- viváis
- vivan

—ra Imperfect

(that) I might speak, etc.
- hablara
- hablaras
- hablara
- habláramos
- hablarais
- hablaran

(that) I might eat, etc.
- comiera
- comieras
- comiera
- comiéramos
- comierais
- comieran

(that) I might live, etc.
- viviera
- vivieras
- viviera
- viviéramos
- vivierais
- vivieran

—se Imperfect

(that) I might speak, etc.
- hablase
- hablases
- hablase
- hablásemos
- hablaseis
- hablasen

(that) I might eat, etc.
- comiese
- comieses
- comiese
- comiésemos
- comieseis
- comiesen

(that) I might live, etc.
- viviese
- vivieses
- viviese
- viviésemos
- vivieseis
- viviesen

Imperative

speak	eat	live
habla (tú)	**come** (tú)	**vive** (tú)
hablad (vosotros)	**comed** (vosotros)	**vivid** (vosotros)

The Compound Tenses

Perfect Infinitive

to have spoken (eaten, lived)
haber hablado (comido, vivido)

Perfect Participle

having spoken (eaten, lived)
habiendo hablado (comido, vivido)

Indicative Mood

Present Perfect

I have spoken, eaten, lived, etc.

he
has
ha   } hablado
hemos   comido
habéis vivido
han

Pluperfect

I had spoken, eaten, lived, etc.

había
habías
había   } hablado
habíamos comido
habíais   vivido
habían

Preterite Perfect

I had spoken, eaten, lived, etc.

hube
hubiste
hubo   } hablado
hubimos   comido
hubisteis vivido
hubieron

Future Perfect

I shall (will) have spoken, etc.

habré
habrás
habrá   } hablado
habremos   comido
habréis   vivido
habrán

Conditional Perfect

I should (would) have spoken, etc.

habría
habrías
habría   } hablado
habríamos   comido
habríais   vivido
habrían

Subjunctive Mood

Present Perfect

(that) I may have spoken, etc.

haya
hayas
haya   } hablado
hayamos comido
hayáis   vivido
hayan

–ra and **–se** Pluperfect

(that) I might have spoken, etc.

hubiera or hubiese
hubieras or hubieses
hubiera or hubiese   } hablado
hubiéramos or hubiésemos comido
hubierais or hubieseis   vivido
hubieran or hubiesen

Radical-changing Verbs

Class I   Verbs ending in **–ar** and **–er**

Pres. ind.	1, 2, 3, 6*	
Pres. subj.	1, 2, 3, 6	**e** to **ie**
Imperative		**o** to **ue**
Singular		

Cerrar (to close)
  Pres. ind.   **cierro, cierras, cierra,** cerramos, cerráis, **cierran**
  Pres. subj.   **cierre, cierres, cierre,** cerremos, cerréis, **cierren**
  Imper. sing.   **cierra (tú)**

Other verbs of this class: **despertar** (to awaken), **empezar** (to begin), **negar** (to deny), **pensar** (to think), **sentarse** (to sit down), **encender** (to light), **entender** (to understand), **perder** (to lose)

Volver (to return)
  Pres. ind.   **vuelvo, vuelves, vuelve,** volvemos, volvéis, **vuelven**
  Pres. subj.   **vuelva, vuelvas, vuelva,** volvamos, volváis, **vuelvan**
  Imper. sing.   **vuelve (tú)**

Other verbs of this class: **acostarse** (to go to bed), **almorzar** (to eat lunch), **contar** (to count, tell), **costar** (to cost), **encontrar** (to find), **jugar** (to play), **rogar** (to beg), **soñar** (to dream), **doler** (to hurt), **mover** (to move)

Class II   Verbs ending in **–ir**

Pres. ind.	1,2,3,6	
Pres. subj.	1,2,3,6	**e** to **ie**
Imperative sing.		**o** to **ue**
Pres. participle		
Preterite	3,6	**e** to **i**
Pres. subj.	4,5	**o** to **u**
Imp. subj.	1,2,3,4,5,6	

Sentir (to feel, regret)
  Pres. ind.   **siento, sientes, siente**, sentimos, sentís, **sienten**
  Preterite   sentí, sentiste, **sintió**, sentimos, sentisteis, **sintieron**
  Pres. subj.   **sienta, sientas, sienta, sintamos, sintáis, sientan**
  Imp. subj.   **sintiera, sintieras, sintiera, sintiéramos, sintierais, sintieran**
                   sintiese, sintieses, sintiese, sintiésemos, sintieseis, sintiesen
  Imper. sing.   **siente (tú)**
  Pres. part.   **sintiendo**

Other verbs of this class: **divertirse** (to enjoy oneself), **mentir** (to lie), **preferir** (to prefer)

* Numbers indicate persons.

Dormir (to sleep)
    Pres. ind.   **duermo, duermes, duerme,** dormimos, dormís, **duermen**
    Preterite   dormí, dormiste, **durmió,** dormimos, dormisteis, **durmieron**
    Pres. subj.   **duerma, duermas, duerma, durmamos, durmáis, duerman**
    Imp. subj.   **durmiera, durmieras, durmiera, durmiéramos, durmierais, durmieran**
                        durmiese, durmieses, durmiese, durmiésemos, durmieseis, durmiesen
    Imper. sing.   **duerme (tú)**
    Pres. part.   **durmiendo**

Other verb of this class: **morir** (to die)

Class III   Verbs ending in –ir

Pres. ind.	1,2,3,6	
Imperative sing.		
Pres. participle		**e to i**
Preterite	3,6	
Pres. subj.	1,2,3,4,5,6	
Imp. subj.	1,2,3,4,5,6	

Servir (to serve)
    Pres. ind.   **sirvo, sirves, sirve,** servimos, servís, **sirven**
    Preterite   serví, serviste, **sirvió,** servimos, servisteis, **sirvieron**
    Pres. subj.   **sirva, sirvas, sirva, sirvamos, sirváis, sirvan**
    Imp. subj.   **sirviera, sirvieras, sirviera, sirviéramos, sirvierais, sirvieran**
                        sirviese, sirvieses, sirviese, sirviésemos, sirvieseis, sirviesen
    Imper. sing.   **sirve (tú)**
    Pres. part.   **sirviendo**

Other verbs of this class: **conseguir** (to get, accomplish), **despedirse** (to say goodbye), **impedir** (to prevent), **pedir** (to ask for), **reír** (to laugh), **repetir** (to repeat), **seguir** (to follow, continue), **sonreír** (to smile), **vestir** (to dress)

Verbs with Changes in Spelling

Verbs ending in	Change	Before	Forms	Verbs
–car	c to qu	e	First person preterite and all present subjunctive	acercarse, buscar, colocar, explicar, indicar, pescar, sacar, tocar
–gar	g to gu			apagar, entregar, jugar, llegar, pagar, rogar(ue)
–guar	gu to gü			averiguar
–zar	z to c			alcanzar
–ger and –gir	g to j			coger, elegir, escoger
–guir	gu to g			conseguir(i,i), distinguir, seguir(i,i)
–cer preceded by consonant	c to z	o and a	First person present indicative and all present subjunctive	vencer
–cer preceded by vowel	c to zc			crecer, florecer, merecer, nacer, ofrecer, parecer, pertenecer, reconocer

Other Irregular Verbs*

Andar (to walk, go, stroll)
    Preterite: anduve, anduviste, anduvo, anduvimos, anduvisteis, anduvieron
    Imp. subj.   anduviera, anduvieras, anduviera, anduviéramos, anduvierais, anduvieran
                    anduviese, anduvieses, anduviese, anduviésemos, anduvieseis, anduviesen

Caber (to fit into, to be contained in)
    Pres. ind.   quepo, cabes, cabe, cabemos, cabéis, caben
    Pres. subj.   quepa, quepas, quepa, quepamos, quepáis, quepan
    Future   cabré, cabrás, cabrá, cabremos, cabréis, cabrán
    Conditional   cabría, cabrías, cabría, cabríamos, cabríais, cabrían
    Preterite   cupe, cupiste, cupo, cupimos, cupisteis, cupieron
    Imp. subj.   cupiera, cupieras, cupiera, cupiéramos, cupierais, cupieran
                    cupiese, cupieses, cupiese, cupiésemos, cupieseis, cupiesen

Caer (to fall)
    Pres. ind.   caigo, caes, cae, caemos, caéis, caen
    Pres. subj.   caiga, caigas, caiga, caigamos, caigáis, caigan
    Preterite   caí, caíste, cayó, caímos, caísteis, cayeron
    Imp. subj.   cayera, cayeras, cayera, cayéramos, cayerais, cayeran
                    cayese, cayeses, cayese, cayésemos, cayeseis, cayesen
    Pres. part   cayendo
    Past part.   caído

Dar (to give)
    Pres. ind.   doy, das, da, damos, dais, dan
    Pres. subj.   dé, des, dé, demos, deis, den
    Preterite   di, diste, dio, dimos, disteis, dieron
    Imp. subj.   diera, dieras, diera, diéramos, dierais, dieran
                    diese, dieses, diese, diésemos, dieseis, diesen

* Only tenses which have irregular elements are given here.

Decir (to say, tell)
Pres. ind.	digo, dices, dice, decimos, decís, dicen
Pres. subj.	diga, digas, diga, digamos, digáis, digan
Future	diré, dirás, dirá, diremos, diréis, dirán
Conditional	diría, dirías, diría, diríamos, diríais, dirían
Preterite	dije, dijiste, dijo, dijimos, dijisteis, dijeron
Imp. subj.	dijera, dijeras, dijera, dijéramos, dijerais, dijeran
	dijese, dijeses, dijese, dijésemos, dijeseis, dijesen
Imperative	di
Pres. part.	diciendo
Past. part.	dicho

Estar (to be)
Pres. ind.	estoy, estás, está, estamos, estáis, están
Pres. subj.	esté, estés, esté, estemos, estéis, estén
Preterite	estuve, estuviste, estuvo, estuvimos, estuvisteis, estuvieron
Imp. subj.	estuviera, estuvieras, estuviera, estuviéramos, estuvierais, estuvieran
	estuviese, estuvieses, estuviese, estuviésemos, estuvieseis, estuviesen

Haber (to have)
Pres. ind.	he, has, ha, hemos, habéis, han
Pres. subj.	haya, hayas, haya, hayamos, hayáis, hayan
Future	habré, habrás, habrá, habremos, habréis, habrán
Conditional	habría, habrías, habría, habríamos, habríais, habrían
Preterite	hube, hubiste, hubo, hubimos, hubisteis, hubieron
Imp. subj.	hubiera, hubieras, hubiera, hubiéramos, hubierais, hubieran
	hubiese, hubieses, hubiese, hubiésemos, hubieseis, hubiesen

Hacer (to make, do)
Pres. ind.	hago, haces, hace, hacemos, hacéis, hacen
Pres. subj.	haga, hagas, haga, hagamos, hagáis, hagan
Future	haré, harás, hará, haremos, haréis, harán
Conditional	haría, harías, haría, haríamos, haríais, harían
Preterite	hice, hiciste, hizo, hicimos, hicisteis, hicieron
Imp. subj.	hiciera, hicieras, hiciera, hiciéramos, hicierais, hicieran
	hiciese, hicieses, hiciese, hiciésemos, hicieseis, hiciesen
Imperative	haz
Past part.	hecho

Verb Appendices   **383**

Ir (to go)
- Pres. ind.   voy, vas, va, vamos, vais, van
- Pres. subj.   vaya, vayas, vaya, vayamos, vayáis, vayan
- Preterite   fui, fuiste, fue, fuimos, fuisteis, fueron
- Imp. subj.   fuera, fueras, fuera, fuéramos, fuerais, fueran
                fuese, fueses, fuese, fuésemos, fueseis, fuesen
- Imp. indic.   iba, ibas, iba, íbamos, ibais, iban
- Imperative   ve
- Pres. part.   yendo

Oír (to hear)
- Pres. ind.   oigo, oyes, oye, oímos, oís, oyen
- Pres. subj.   oiga, oigas, oiga, oigamos, oigáis, oigan
- Preterite   oí, oíste, oyó, oímos, oísteis, oyeron
- Imp. subj.   oyera, oyeras, oyera, oyéramos, oyerais, oyeran
                oyese, oyeses, oyese, oyésemos, oyeseis, oyesen
- Imperative   oye, oíd
- Pres. part.   oyendo
- Past part.   oído

Poder (to be able, can)
- Pres. ind.   puedo, puedes, puede, podemos, podéis, pueden
- Pres. subj.   pueda, puedas, pueda, podamos, podáis, puedan
- Future   podré, podrás, podrá, podremos, podréis, podrán
- Conditional   podría, podrías, podría, podríamos, podríais, podrían
- Preterite   pude, pudiste, pudo, pudimos, pudisteis, pudieron
- Imp. subj.   pudiera, pudieras, pudiera, pudiéramos, pudierais, pudieran
                pudiese, pudieses, pudiese, pudiésemos, pudieseis, pudiesen
- Pres. part.   pudiendo

Poner (to put)
- Pres. ind.   pongo, pones, pone, ponemos, ponéis, ponen
- Pres. subj.   ponga, pongas, ponga, pongamos, pongáis, pongan
- Future   pondré, pondrás, pondrá, pondremos, pondréis, pondrán
- Conditional   pondría, pondrías, pondría, pondríamos, pondríais, pondrían
- Preterite   puse, pusiste, puso, pusimos, pusisteis, pusieron
- Imp. subj.   pusiera, pusieras, pusiera, pusiéramos, pusierais, pusieran
                pusiese, pusieses, pusiese, pusiésemos, pusieseis, pusiesen
- Imperative   pon
- Past part.   puesto

Querer (to want, love)
Pres. ind.	quiero, quieres, quiere, queremos, queréis, quieren
Pres. subj.	quiera, quieras, quiera, queramos, queráis, quieran
Future	querré, querrás, querrá, querremos, querréis, querrán
Conditional	querría, querrías, querría, querríamos, querríais, querrían
Preterite	quise, quisiste, quiso, quisimos, quisisteis, quisieron
Imp. subj.	quisiera, quisieras, quisiera, quisiéramos, quisierais, quisieran
	quisiese, quisieses, quisiese, quisiésemos, quisieseis, quisiesen
Imperative	quiere

Saber (to know)
Pres. ind.	sé, sabes, sabe, sabemos, sabéis, saben
Pres. subj.	sepa, sepas, sepa, sepamos, sepáis, sepan
Future	sabré, sabrás, sabrá, sabremos, sabréis, sabrán
Conditional	sabría, sabrías, sabría, sabríamos, sabríais, sabrían
Preterite	supe, supiste, supo, supimos, supisteis, supieron
Imp. subj.	supiera, supieras, supiera, supiéramos, supierais, supieran
	supiese, supieses, supiese, supiésemos, supieseis, supiesen

Salir (to leave, go out)
Pres. ind.	salgo, sales, sale, salimos, salís, salen
Pres. subj.	salga, salgas, salga, salgamos, salgáis, salgan
Future	saldré, saldrás, saldrá, saldremos, saldréis, saldrán
Conditional	saldría, saldrías, saldría, saldríamos, saldríais, saldrían
Imperative	sal

Ser (to be)
Pres. ind.	soy, eres, es, somos, sois, son
Pres. subj.	sea, seas, sea, seamos, seáis, sean
Preterite	fui, fuiste, fue, fuimos, fuisteis, fueron
Imp. subj.	fuera, fueras, fuera, fuéramos, fuerais, fueran
	fuese, fueses, fuese, fuésemos, fueseis, fuesen
Imperative	sé

Tener (to have, possess)
Pres. ind.	tengo, tienes, tiene, tenemos, tenéis, tienen
Pres. subj.	tenga, tengas, tenga, tengamos, tengáis, tengan
Future	tendré, tendrás, tendrá, tendremos, tendréis, tendrán
Conditional	tendría, tendrías, tendría, tendríamos, tendríais, tendrían
Preterite	tuve, tuviste, tuvo, tuvimos, tuvisteis, tuvieron
Imp. subj.	tuviera, tuvieras, tuviera, tuviéramos, tuvierais, tuvieran
	tuviese, tuvieses, tuviese, tuviésemos, tuvieseis, tuviesen
Imperative	ten

Traer (to bring)
Pres. ind.	traigo, traes, trae, traemos, traéis, traen
Pres. subj.	traiga, traigas, traiga, traigamos, traigáis, traigan
Preterite	traje, trajiste, trajo, trajimos, trajisteis, trajeron
Imp. subj.	trajera, trajeras, trajera, trajéramos, trajerais, trajeran
	trajese, trajeses, trajese, trajésemos, trajeseis, trajesen
Pres. part.	trayendo
Past part.	traído

Valer (to be worth)
Pres. ind.	valgo, vales, vale, valemos, valéis, valen
Pres. subj.	valga, valgas, valga, valgamos, valgáis, valgan
Future	valdré, valdrás, valdrá, valdremos, valdréis, valdrán
Conditional	valdría, valdrías, valdría, valdríamos, valdríais, valdrían
Imperative	val

Venir (to come)
Pres. ind.	vengo, vienes, viene, venimos, venís, vienen
Pres. subj.	venga, vengas, venga, vengamos, vengáis, vengan
Future	vendré, vendrás, vendrá, vendremos, vendréis, vendrán
Conditional	vendría, vendrías, vendría, vendríamos, vendríais, vendrían
Preterite	vine, viniste, vino, vinimos, vinisteis, vinieron
Imp. subj.	viniera, vinieras, viniera, viniéramos, vinierais, vinieran
	viniese, vinieses, viniese, viniésemos, vinieseis, viniesen
Imperative	ven
Pres. part.	viniendo

Ver (to see)
Pres. ind.	veo, ves, ve, vemos, veis, ven
Pres. subj.	vea, veas, vea, veamos, veáis, vean
Preterite	vi, viste, vio, vimos, visteis, vieron
Imp. ind.	veía, veías, veía, veíamos, veíais, veían
Past part.	visto

Vocabulario

Adjectives in this Vocabulary appear in their masculine form. For some nouns gender is given; it is not given for masculine nouns ending in –**o**, or for feminine nouns ending in –**a**, –**dad**, –**ión**, –**tad**, or –**tud**. Stem-changing verbs have their changes indicated in parentheses: **pensar(ie)**, **dormir(ue, u)**.

A

a to, at, in, into, on
abajo down, below, downstairs
abandonar to desert, leave; to give up (a project, etc.)
abandono desertion, neglect
abeja bee
abierto open
abogado lawyer
aborto abortion
aborrecer to hate, loathe
abrazar to embrace
abrazo embrace
abrebotellas (m) bottle opener
abrelatas (m) can opener
abreviatura abbreviation
abrigar to shelter, protect
abrigo overcoat; shelter
abril (m) April
abrir to open
abrumador overwhelming
absoluto absolute
absolver(ue) to absolve
absorto engrossed, absorbed
absurdo absurd
abuelo grandfather; (pl.), grandparents; (f), grandmother
abundar to abound, be plentiful
aburrido boring
aburrir to bore; –**se** to be bored
acá here, over here
acabar to end, finish
acabar de (with inf.) to have just...
acaramelar to caramelize
acaso by chance, perhaps
accidente (m) accident
acción action
aceite (m) oil
aceituna olive

acento accent
aceptar to accept
acera sidewalk
acerca de about, concerning
acercar to draw up, bring near; –**se** to approach
acero steel
acertar(ie) to hit the mark, do the right thing
acomodar to place
acompañar to go with, come with, stay with, accompany
aconsejar to advise
acontecer to happen
acontecimiento event
acordar(ue) to bring to agreement; –**se de** to remember
acostar(ue) to lay down, to put to bed; –**se** to go to bed
acostumbrado accustomed
acreditar to credit; to bring fame; to authorize
actitud attitude
actividad activity
acto act
actual present (time)
actualidad present time
actuar to act
acudir to come (in answer to a call)
acuerdo agreement; **de –** in agreement
acumulador (m) battery
acusado accused
adelantar to advance; –**se** to come forward
adelante forward, ahead; **¡–!** Come in; **en –** from now on
ademán (m) gesture

además besides, moreover, in addition; **– de** besides
adentro inside, within
adiós good-by
adivinar to guess
admirable wonderful
admirador admirer
admirar to admire; to wonder at
admitir to admit
adonde (to) where
adorar to worship
adornar to decorate
adorno adornment, decoration
adquirir(ie) to acquire
advenimiento advent, coming
advertir(ie, i) to advise, warn, tell; to notice
afán (m) eagerness
afecto affection, love
afición interest, fondness
aficionado devoté, "fan"
aficionarse (a) to become interested (in)
afilado sharp
afirmar to state, declare
afligir to grieve, trouble
afuera outside, on the outside
afueras (fpl) outskirts, suburbs
agitar to wave, stir up, upset
agobiado burdened
agonizante in agony, agonizing
agosto August
agradable pleasant
agradar to please, be pleasing
agradecer to thank; to be thankful for
agradecimiento gratitude
agrado pleasure
agregar to add; to join, attach

agresivo aggressive
agrícola (*m & f*) agricultural
agrimensor (*m*) surveyor
agua water; **– bendita** holy water
aguantar to endure, stand, tolerate
aguardar to wait; to wait for
agudo sharp
águila eagle
aguja needle; hand (of clock)
ahí there (near the person addressed); **por –** around there
ahogar to choke, stifle; to drown out; **–se** to choke, drown
ahora now; **– mismo** right now; **– que** now that; **hasta –** thus far; **por –** for the present
ahorrar to save
aire (*m*) air; tune
aislado isolated
ajedrez (*m*) chess
ajeno another's, someone else's
ají (*m*) chili pepper
ajo garlic
ajustar to adjust
al (*with inf.*) on . . .
ala wing; brim (of a hat)
alabar to praise
alarma alarm
alarmar to alarm
albañil (*m*) brick mason
alcalde (*m*) mayor
alcance (*m*) reach, scope; **al –** within reach
alcanzar to overtake; to attain, reach
alcoba bedroom
aldea village
alegrar to gladden; **–se de** to be glad of
alegre merry, gay, cheerful
alegría merriment, joy
alejar to send away, put away; **–se** to move away
alemán German
Alemania Germany
aleta fin

alfarero potter
alfiler (*m*) pin
alfombra carpet
algo something; somewhat
algodón (*m*) cotton
alguien someone, somebody
alguno some, any; a sort of; *pl.*, a few, some
alhaja jewel
alicates (*mpl*) pliers, small pincers
aliento breath; courage
alimentar to feed; to foster
alimento food
aliviar to lighten, relieve; **–se** to get better
alivio relief, improvement
alma soul
almacén (*m*) warehouse; store
almirante (*m*) admiral
almohada pillow
almorzar(ue) to eat lunch
almuerzo lunch
alojarse(en) to lodge (in)
alpinismo mountain climbing
alpinista (*m & f*) mountain climber
alquilar to rent
alquiler (*m*) rent, rental
alrededor (*adv*), around, about; **– de** (*prep*), around
alrededores (*mpl*) surroundings
alterar to alter; to disturb
altiplano high plateau
alto high, tall; **tener . . . de –** to be . . . tall
altura height; altitude
alumbrar to light up, light
alumno student, pupil
alzar to raise, lift; to pick up
allá there; **por –** over there around there; **más – de** beyond
allí there; **por –** over there
ama de casa housekeeper
amable lovable, kind
amado beloved
amanecer to dawn, to get light
amanecer (*m*) dawn
amante (*m & f*) lover, mistress
amapola poppy

amar to love
amargo bitter
amargura bitterness
amarillo yellow
amarrar to tie; to tie up
ambicioso ambitious
ambiente (*m*) atmosphere
ambos both
ambulancia ambulance
amenaza threat
amenazar to threaten
americanizarse to become Americanized
americano American
amigo friend
amistad friendship
amistoso friendly
amo master; (*f*), mistress
amor (*m*) love
amoroso loving, amorous
ampliar(se) to broaden, widen
analfabeto illiterate
análisis (*m*) **de sangre** blood test
analizar to analyze
anciano old (of persons)
ancho wide, broad; loose; **tener . . . de –** to be . . . wide
anchura width, breadth
andaluz, –a, Andalusian
andar to go; to walk
ángel (*m & f*) angel
ángulo angle
angustia distress, anguish
animal (*m & f*) animal; brute
animar to encourage, animate; **–se** to cheer up
ánimo courage, spirit
anoche last night
anochecer to get dark
anónimo anonymous
ansioso anxious, eager
antagónico antagonistic
ante before (in position or order); in the presence of
anterior preceding, former
antes before (in time); first, sooner; rather; **– de** (*prep*), before; **– que** (*conj*), before

anticongelante (*m*) anti-freeze
antigüedad antiquity
antiguo old, ancient; former
anunciar to announce; to advertise
anuncio announcement; advertisement
añadir to add
año year; **tener . . . años de edad** to be . . . years old
apagar to put out (light or fire)
aparato apparatus
aparecer to appear
apariencia appearance
apartamento apartment
apartar to push aside, put out of the way; **–se** to withdraw
aparte aside, to one side
apasionado passionate
apearse to get out (of a car, etc.)
apellidarse to have the surname of
apellido family name, surname; **– de soltera** maiden name
apenas hardly, scarcely
apetito appetite, hunger
aplastar to crush, flatten
aplaudir to applaud
aplicar to apply, use
apoderado attorney; agent
apodo nickname
apostar(ue) to bet
apoyar to support; to lean
apoyo support
apreciar to appreciate
aprecio appreciation, esteem
aprender to learn
aprendizaje (*m*) learning; apprenticeship
apresurar(se) to hasten, hurry
apretar(ie) to push, press, squeeze; to tighten
aprobado class grade of D
aprobar(ue) to approve; to pass (a course)
aprovechado class grade of C
aprovechar to profit by, take advantage of; **–se de** to take advantage of

apuesta bet
apuntar to aim (at a mark); to note down
aquel that
aquél that one; he; the former; that
aquí here; **por –** this way
árabe Arab, Arabic
araña spider
árbol (*m*) tree
arco arch; arc; bow (for arrows or violin)
arder to burn, blaze
ardiente burning; ardent
ardilla squirrel
arena sand
argumento subject matter, plot
arma arm, weapon
arqueólogo archeologist
arquitecto architect
arrancar to tear away, wrench away, pull out; to start out
arrastrar to drag, carry off; to crawl, creep
arrebatar to snatch away
arreglar to arrange, settle, put in order, fix; **–selas** to manage
arreglo arrangement, settlement; repair
arrepentimiento repentance
arrepentirse(ie, i) to be sorry, regret; to repent
arremeter (contra) to attack
arriba above; upstairs; **para –**, up, upwards
arriesgado risky
arrodillado kneeling
arrojar to throw, cast
arroz (*m*) rice
arte (*m*) art; skill; (*fpl*) the fine arts
artefacto artifact, piece of workmanship
artículo article
artillero artilleryman
artista (*m & f*) artist
asa handle
asado roasted

asaltante (*m & f*) assailant
asar to roast
ascensor (*m*) elevator
ascensorista (*m & f*) elevator operator
asegurar to assure, assert; to insure; **–se la vida** to get life insurance
asesinato (premeditated) murder
asesino murderer, killer
así so, thus, in this way; like this; as follows: **– como** as well as, just as; **– que** as soon as, so that
asiento seat; chair
asignatura school subject
asistir (a) to be present; to attend
asno donkey
asociar to associate
asomar to become visible; to appear; to put out; **–se a** to peer out
asombrar to astonish
asombro astonishment
asombroso astonishing
aspecto aspect, looks
áspero rough
aspiradora vacuum cleaner
aspirar to breathe
aspirina aspirin
asturiano Asturian (of Asturias, Spain)
astuto sly, cunning
asunto matter, affair; subject
asustar to frighten, scare; **–se** to get frightened
atacar to attack
ataque (*m*) attack; **– al corazón** heart attack
atar to tie
atardecer to get dark; **al –** at sunset
atención attention
atender(ie) to heed, pay attention; to take care of
atento attentive
aterrizaje (*m*) landing; **campo de –** landing strip

aterrizar to land (airplane)
atractivo attractive; (m), attraction
atraer to attract
atrapar to trap, ensnare; to grasp
atrás back, backward, behind
atravesar(ie) to cross, walk across, pass over
atreverse (a) to dare
atrevido daring
atribuir to attribute
atropellar to trample
audacia audacity, daring
audaz audacious
aula classroom
aumentar to increase
aun even
aún yet, still
aunque although, though, even though
auricular (m) receiver (of a telephone)
auscultar to listen with a stethoscope
ausencia absence
ausente absent
auto– self–
autocine (m) drive-in movie
automóvil (m) automobile, car
autopista superhighway
autor (m) author
autoridad authority
auxilio help, aid
avanzar to advance, go forward
ave (f) bird
avenida avenue
aventura adventure
aventurero adventurer, adventuresome
avergonzado ashamed
averiguar to verify, ascertain, make sure
avión (m) airplane
avisar to inform, send word
aviso notice, announcement, warning
ayer yesterday
ayuda help

ayudar to help
azafata stewardess
azafrán (m) saffron
azahar (m) orange blossom
azúcar (m) sugar
azucena tuberose
azul blue

B

bahía bay (of the sea)
bailador dancer
bailar to dance
baile (m) dance
bajar to come down, go down
bajo low; soft; short; (prep), under
balancear to balance
balcón (m) window (with a balcony), balcony
balompié (m) soccer
balsa raft
baloncesto basketball
ballena whale
banco bench; bank
bandera flag; banner
bandurria type of guitar
banquero banker
banquete (m) banquet
bañar(se) to bathe
bañera bathtub
baño bath; **–de María** double boiler
baraja deck of cards
barato cheap
barba beard; chin
barbacoa barbecue
barbero barber
barbudo bearded
barco boat
barrio quarter, neighborhood
basar to base
base (f) base; basis
básico basic
bastante enough
bastar to be enough
bastos (mpl) wands, batons (cards)
bata lab coat, smock; **–de casa** robe; **– de playa** beach coat

batallar to battle, fight
bateador (m) batter (baseball)
batir to beat
baúl m) trunk
bautizar to baptize
bebé (m) baby
beber to drink
bebida drink
bebito baby
beca scholarship
béisbol (m) baseball
bello beautiful
bendecir to bless
bendito blessed, holy
beneficio benefit
beneficioso beneficial
besar to kiss
beso kiss
bestia beast, animal
biblioteca library
bicicleta bicycle
bien well; clearly; very
bien (m) benefit, good, welfare; (pl), property; **bienes gananciales** (mpl), property acquired during marriage
bienestar (m) comfort, welfare
bienvenido welcome
bilingüe bilingual
billete (m) ticket
billetera billfold
billetero ticket vendor (lottery)
bisiesto; año – leap year
bistec (m) beefsteak
bizantino Byzantine
bizco cross-eyed
blanco white
blando soft (to the touch)
blusa blouse
boca mouth; **– abajo** upside down
boda wedding
bodeguero grocer, clerk in a grocery store
boleto ticket
bolsa purse; bag; stock exchange
bolsillo pocket
bombero firefighter

bombilla lightbulb
bondad goodness, kindness;
  Tenga la – de please be kind enough to
bonito pretty
bordar to embroider
borde (*m*) border, edge
borracho drunk
borrar to strike out, rub out, erase
bosque (*m*) woods, forest
bota boot; wineskin
botánica shop selling herbs and religious objects
bote (*m*) small boat
botella bottle
botón (*m*) button
boxeador boxer
boxear to box
boxeo boxing
bravo wild, brave
brazo arm (of the body)
breve short, brief
brillante brilliant
brillar to shine; to be brilliant
brindis (*m*) toast
brocha paint brush
broma joke, jest
bromista joking; jokester
brotar to bud, germinate; to gush out
brujería witchcraft
brujo wizard, sorcerer; (*f*), witch
bueno good
buey (*m*) ox
bufanda muffler (clothing)
buho owl
buitre (*m*) vulture
bullir to boil
burla joke
burlador joker, jester
burlar to mock; **–se de** to make fun of
burlón mocking; (*m*) jester
buró bureau; **–de meteorología** weather bureau
burro donkey
buscar to seek, look for

butaca armchair
buzón (*m*) mailbox

C

caballero knight; gentleman
caballo horse; **a –** on horseback; **montar a –** to ride horseback
cabecera headboard (bed)
cabello hair (*us. pl.*)
caber to be contained, be room for, fit
cabeza head
cabezazo blow with the head
cabildo chapter, association
cabo end; cape (geography); corporal; **al –** at last; **llevar a –** to accomplish
cacique (*m*) chief
cada (*m & f*) each
cadena chain; **– perpetua** life imprisonment
cadete cadet
caer(se) to fall
café (*m*) coffee; café
caída fall
caja box, case; **– fuerte** vault
cajón (*m*) big box; drawer
cajero teller (bank)
calcetín (*m*) sock
calcular to calculate
calendario calendar
calentar(ie) to heat; **–se** to warm oneself
calidad quality
cálido warm
caliente hot
califa (*m*) caliph
califato caliphate
calor (*m*) heat, warmth; **hacer –** to be hot; **tener –** to be (feel) hot
calvo bald
callar(se) to be quiet
calle (*f*) street
cama (*f*) bed
cámara camera

camarero waiter; (*f*) waitress, chambermaid
cambiar to change
cambio change; **en –** on the other hand
camello camel
camilla stretcher
camillero stretcher bearer
caminar to travel; to walk
camino road
camión (*m*) truck; **– blindado** armored car
camionero truck driver
camisa shirt; **– deportiva** sports shirt
camiseta undershirt
camisón nightgown
campana bell
campanario belfry, bell tower
campanero bell ringer
campaña campaign
campeón (*m*) champion
campeonato championship
campestre (*adj*) country
campo field; the country
camposanto cemetery
canal (*m*) canal; channel (television)
cantinero bartender
canalizar to channel
canalla rabble, mob; (*m*), mean fellow
canario canary
canasta basket
canción song
cándido naive
canela cinnamon
canguro kangaroo
cansar to tire; **–se** to get tired
cantante (*m & f*) singer
cantar to sing; to crow
cantidad quantity, sum
canto song
caña sugar cane; reed
capa layer; cape, cloak; covering
capataz (*m*) foreman
capaz capable

capilla chapel
capital (f) capital (city)
capitán (m) captain
capítulo chapter
captar to win; to attract, captivate
captura capture
capuchón (m) hood
cara face
característica characteristic
cárcel (f) jail
carcelero jailer
carecer (de) to lack, be lacking
carga burden
cargar to load
caricatura caricature
caridad charity
carie (f) (dental) cavity
cariño affection
cariñoso affectionate
carnada bait
carne (f) flesh; meat
carnicero butcher
caro dear; expensive
carpintero carpenter
carrera race; course (of study); profession, career
carretel (m) spool
carreta wagon
carretera highway
carro cart, wagon; chariot; railroad car
carroza fúnebre hearse
carta letter
cartel (m) poster, handbill;
  coger – to be famous
cartera pocketbook
carterista (m & f) pickpocket
cartero letter carrier
casa house; **en –** at home
casado married
casar to marry; **–se con** to get married
cascabel (m) jingle bell
cáscara peel, shell (fruit)
casco helmet
casero homemade, domestic
casi almost

caso case, affair; **hacer – de** to pay attention to
castellano Castilian, Spanish
castigar to punish; to whip
castigo punishment
catedral (f) cathedral
causa cause; case; **a – de** because of
causar to cause, produce
cautiverio capivity
caza hunt, hunting
cazador (m) hunter
cazar to hunt
cazo pot, pan
cazuela pot
celebrar to celebrate
célebre famous, celebrated
celoso jealous
cementerio cemetery
cena supper
cenar to eat supper
céntrico central, downtown
centro center; downtown
cepillo brush; **– de dientes** toothbrush
cerca near; **– de** near, **de –** at close range
cercano near, nearby
cerdo pig
cerebro brain
cero zero
cerrajero locksmith
cerrar(ie) to close
cerro hill
cesar (de) to cease, stop
cesta basket; a kind of racket for playing jai alai
cesto basket, goal (basketball)
cicatriz (f) scar
ciclón (m) cyclone
ciego blind
cielo sky, heaven
cien, ciento hundred
ciencia science, knowledge
científico scientific; (m), scientist
cierto certain, sure; a certain;
  por – certainly, surely
ciervo deer

cine (m) movies
cinta ribbon
cintura waist
cinturón (m) belt
círculo circle
cirujano surgeon
cisne (m) swan
citar to cite, quote; to make a date
ciudad (f) city
civilizado civilized
claro clear, light; **– que no** of course not; (m), clearing (in woods)
clase (f) class; kind, sort
clasificar to classify
clave (f) clue
clavo nail
clavel (m) carnation
claxon (m) horn (car)
clima (m) climate
cobrar to collect, gather
cobre (m) copper
cocer(ue) to cook
cociente (m) **de inteligencia** I.Q.
cocina kitchen; cooking
cocinar to cook
cocinero cook
coctel (m) cocktail
coco coconut
cocodrilo crocodile
cocotero coconut palm
coche (m) car; carriage, cab
codicioso greedy, covetous
código code
codo elbow
cofre (m) coffer
coger to catch, seize; to pick, gather, reap; **–le la mano** to take (someone's) hand
cohete (m) rocket
coincidir to agree, coincide
cojín (m) cushion
cola tail; glue
coleccionar to collect
colegial pertaining to a school
colegio school; boarding school
colgar(ue) to hang, hang up

Vocabulario

colina hill
colmillo fang, tusk
colocar to put, place
colonia colony
colonizador colonist, colonizer
color (*m*) color
colorado red
columna column
comandante (*m*) major (rank)
combinación combination
combinar to combine
comentario commentary
comedia comedy; play
comenzar(ie) to begin, commence
comedor (*m*) dining room
comentar to comment
comentarista (*m&f*) commentator
comer to eat; to dine
comercio trade, commerce
comestible edible; (*mpl*), groceries, food
cometer to commit
cómico comic; (*m*), actor
comida meal; dish; food
comienzo beginning
como as, like, such as; when; since; provided that
¿cómo? What did you say?
comodidad comfort
cómodo comfortable
compañero companion, comrade
compañía company
comparación comparison
comparar to compare
compartir to share
compatriota (*m&f*) compatriot
competencia competition
competir(i,i) to compete
complacer to please
complejo complex
complementar to complement, supplement
completar to complete
completo complete; **por –** completely
componer to compose, form; to mend, repair; to settle
compra purchase; shopping

comprar to buy
comprender to understand
comprimido pill, tablet
comprobar(se)(ue) to prove, check
compuesto composed
computadora computer
común common
concilio council
concretarse (a) to limit oneself (to)
concurso contest
concurrir (a) to attend; meet together
concha shell
conde count; **condesa** countess
condenar to condemn
conducir to lead, conduct; to drive
conejo rabbit
confesar(ie) to confess
confianza confidence, trust
conformarse con to yield to, to agree to; to be satisfied with
conforme compliant; agreed
confundir to confuse
congelado frozen
conjunto whole, entirety
conmover(ue) to move (emotionally)
conocer to know, be acquainted with; to recognize; to meet
conocimiento acquaintance; knowledge
conquista conquest
conquistar to conquer
conquistador (*m*) conqueror
consagrarse to consecrate oneself, dedicate oneself
conseguir(i,i) to obtain, get
consejo counsel, piece of advice; (*pl*), advice
consentir(ie, i) to consent, permit
conservador conservative
conservar to keep
considerar to consider
consiguiente consequent; **por –** consequently
consistir (en) consist (of)

constar to be clear, be evident; to consist of, be composed of
consternar to upset
constituir to constitute
construcción construction, building
construir to construct, build
consuelo comfort, consolation
consultorio office (of a doctor, dentist)
contador (*m*) accountant
con tal (de) que provided (that)
contar(ue) to count; to tell a story, relate; **– con** to rely on, count on
contemporáneo contemporary
contener to contain; to hold back
contenido contents
contento satisfied, contented
contestación answer
contestar to answer
continuar to continue
contra against
contratar to contract for; to hire (workers)
contribuir to contribute
convenio agreement, accord
convenir to be proper, be well; **– le a . . .** to be convenient, beneficial to; **– en** to agree to
conversar to converse, to talk
convertir (ie, i) convert; **– se en** to become
convidado guest
convidar to invite
cónyuge (*m&f*) spouse
copa wineglass; cup (sports)
copas cups (cards)
copo de nieve snowflake
coraje (*m*) courage
corazón (*m*) heart
corbata necktie; **– de lazo** bow tie
corcho cork
cordero lamb
cordillera mountain range
cordón (*m*) barrier; **– eléctrico** electric cord

corona wreath; crown
coronel (m) colonel
corredor racer, runner
corregir(i, i) to correct
correo mail, post office
correr to run; to hurry
corresponder to correspond
corrida race; **– de toros** bullfight
corriente current, present; ordinary; (f), current
corromper to corrupt; **– se** to become corrupted
cortar to cut, cut off, cut down
corte (m) cut; (f), court
cortés courteous, polite
cortina curtain
corto short
cosa thing, matter, affair
cosecha harvest, crop
coser to sew, stitch
costa cost; coast
costar(ue) to cost; **– trabajo** to be hard
coste, costo cost, expense
costumbre (f) habit
creador creator; creative
crear to create
crecer to grow, increase
creencia belief
creer to believe, think
cresta crest
creyente (m & f) believer
criado servant
criar to bring up, raise
criatura creature
crimen (m) murder
criminal (m & f) murderer
crisantemo chrysanthemum
cristal (m) glass, crystal
cristiano Christian
crítica criticism
criticar to criticize
crítico critic; critical
crudo raw, uncooked
cruz (f) cross
cruzar to cross; **–se con** to mate with

cuaderno notebook
cuadrado square
cuadrilátero boxing ring
cuadro picture; frame
cual (such) as; **el cual** who, which
¿cuál? which?, which one?
cualquiera any, anyone
cuando when
cuanto as much as, all that; **en –** as soon as; **en – a** as for; **unos cuantos** a few
¿cuánto? how much? how many?
cuarto room, quarter; fourth
cubierto covered; (pl.) silverware
cubo bucket
cubrir to cover
cucaracha cockroach
cuchara tablespoon
cucharadita teaspoonful
cuchillo knife
cuello neck; collar (shirt)
cuenta account, bill; **darse – de** to realize; **tener algo en –** to take something into consideration
cuerda string; rope, cord; chord; **instrumento de –** string instrument
cuerno horn
cuerpo body; corps
cuervo crow
cuestión (f) question, problem; matter
cueva cave, cavern
cuidado care; **tener –** to be careful; **¡cuidado!** look out!
cuidar to take care of
culpa blame
culpable (m & f) culprit
cultivar to cultivate
culto educated, cultured
cultura culture; education
cumbre (f) peak, top
cumplir to comply; to fulfill
cura (m) priest, curate
curar to cure
curita bandaid
cursi corny, of poor taste

curso course
curva curve
cuyo whose, of whom, of which

CH

chaleco vest
charla chat
chalina scarf
chaqueta jacket
chaquetón (m) car coat, pea jacket
chasqui (m) an Inca messenger
chico small; (m), boy; (f), girl
chicharra buzzer; harsh sounding musical instrument or bell
chicharritas thinly sliced, fried green bananas
chimpancé (m & f) chimpanzee
chino Chinese
chiquitín tiny, wee
chisme (m) gossip
chiste (m) joke
chofer (m) chauffeur
chuño (m) naturally freeze-dried potatoes in the Andes
choque (m) bump, collision, shock

D

dama lady
dañar to damage, hurt
daño damage; harm; **hacer – a** to hurt
dar to give; to hit, strike; **– a (la calle)** to overlook (the street)
dato fact, datum; (pl), data, information
de from; about; with; **– vez en cuando** from time to time
debajo (adv), under, underneath; **– de** (prep), under
deber to owe; (with inf.), ought, should; **– de** (with inf), must
debido owing, due
débil weak
debilidad weakness
debilitar to weaken
década decade

decidir to decide; **– se a** to make up one's mind to
décimo tenth
decir to say; to tell; **es –** that is to say
declarar to state, declare; to depose; **– se** to propose marriage
decoración decoration
decorado decorated; (m), scenery, set
dedicar to dedicate; to devote
dedo finger; **– meñique** little finger
defectuoso defective
defender(ie) to defend
defensa defense
defensor (m) defender
deficiencia deficiency
definido definite
dejar to leave, let; **– de** to stop; to fail to
delante (adv), in front, before; **– de** (prep), in front of
delfín (m) dolphin
delgado thin, slender
delicioso delicious
delincuente (m & f) criminal
delito crime
demás the rest
demasiado too much; too
demonio devil, demon
demostrar(ue) to show, demonstrate
dentro (adv), inside, within; **– de** (prep), inside of
deporte (m) sport
derecho right; straight; (m), right, privilege; law; **a la derecha** on the right
derivar to derive
derramar to scatter; pour; to shed (tears)
derretirse(i, i) to melt
desafiar to defy
desagradable disagreeable
desagradecido ungrateful
desaparecer to disappear

desaprobado failing grade, F
desarrollo development
desastroso disastrous, unfortunate
desayunar(se) to eat breakfast
desayuno breakfast
descabellado far-fetched
descalzo barefoot
descansar to rest
descanso rest
descarrilar to derail
descendiente (m & f) descendant
desconocer to be unfamiliar with
desconocido unknown, unfamiliar
describir to describe
descuartizar to quarter, cut in four pieces
descubrimiento discovery
descubrir to discover
descuidado neglected, uncared for
descuidar to neglect; to be careless about
descuido neglect
desde since (of time); from (of place); **– que** since (of time)
desear to wish; to desire
deseo desire, wish
desecado dried up
desembocar to empty, flow into
desesperado desperate
desfile (m) parade
desgracia misfortune; **por –** unfortunately
desgraciado wretched, unfortunate
deshacerse (de) to get rid of
deshonrar to dishonor
desierto deserted; (m), desert
desmayarse to faint
desnudo naked
desordenado disorderly
despacho office
despacio slow(ly)
despectivo depreciatory, denoting contempt
despedir(i,i) to dismiss, discharge; to emit; **–se de** to say good-by
despegar(se) to separate, to unstick

despertar(ie) to awaken; **–se** to wake up
desplazar to displace; **–se** to move about
despreciar to scorn
desprenderse to conclude, assume
después after, afterwards, later, then; **– de** (prep), after; **– que** (conj), after
desquitarse to get even
destacado outstanding
destacarse to excel, stand out
destilar to distill
destinatario addressee
destino fate, destiny
destornillador screwdriver
destrozar to destroy
destruir to destroy
desventaja disadvantage
desviar(se) to deviate, shift direction; to change course
detalle detail
detener to hold back, stop
detenidamente slowly and carefully
detrás (adv), behind, in back; **– de** (prep), behind, in back of
devolver (ue) to give back, return
devorar to devour
devoto devoted
día (m) day; daylight; **de –** by day
diablo devil
diamante (m) diamond
diario daily; (m), newspaper; **a –** daily
dibujar to draw, sketch
dibujo drawing, sketch
diciembre December
dicha happiness, luck
dichoso lucky
dicho said, spoken; (m), saying
diente (m) tooth
dieta diet
diferencia difference; **a – de** in contrast with
diferente different
difícil difficult

dificultad difficulty
difunto dead, deceased
digno worthy
dinero money
Dios (*m*) God
dirección direction; address
dirigir to direct
disco record (phonograph)
disculparse to apologize, excuse oneself
discurrir to think, reflect; to discourse
discutir to discuss; to argue
diseñar to design, draw
disfraz (*m*) disguise, mask
disfrutar (de) to enjoy
disgusto unpleasantness, annoyance
disminuir to diminish
disparar to shoot
dispensar to excuse; **¡dispense! Excuse me!**
disponer to dispose, arrange
disposición disposition; arrangement; order, command
distinguir to distinguish
distinto distinct, different
distraer to distract
distraído absentminded
distribuir to distribute
diversificar to diversify, vary
diversión amusement
diverso different, various
divertido amusing
divertir(ie, i) to amuse; **– se** to have a good time
dividir to divide
divorciado divorced
divorcio divorce
docena dozen
dolencia ailment, illness
doler(ue) to ache, hurt
dolor (*m*) pain, sorrow
domador trainer (of animals)
dominio dominion, control
domo dome
don, Don (*title used before the Christian names of men*)

doña, Doña (*title used before the Christian names of women*)
donde where
¿dónde? where?
dondequiera anywhere, wherever
dorado golden, golden brown; gilded
dormilón sleepyhead
dormir(ue, u) to sleep; **–se** to fall asleep
dotar to endow
dramaturgo playwright
ducha shower (bath)
duda doubt
dudar to doubt
dudoso doubtful
duelo duel
dueño owner, master
dulce sweet
duplicar to double, duplicate; to repeat
durante during
durar to last
duro hard; stern

E

e and (*before wds. beginning with* **i** *and* **hi**)
ebanista (*m & f*) cabinet maker
echar to throw, cast; to throw out; to pour (liquids); **–se** to lie down; **–se a** to begin to; **–sele encima** to cut in front of; to jump on . . .
edad (*f*) age
edificar to build
edificio building
educador educator
educar to educate; to bring up
efectivamente in fact
efecto effect; **en –** as a matter of fact
egipcio Egyptian
Egipto Egypt
ejemplar exemplary; (*m*), specimen, copy
ejemplo example; **por –** for example

ejercer to exercise
ejercicio exercise
ejército army
elefante (*m*) elephant
elemental elementary
elemento element
elogiar to praise
elogio praise, compliment
embarazada pregnant
embargo; sin – nevertheless
emocionarse to be moved, touched
empalizada palisade
empastar (un diente, una muela) to fill (a tooth, a molar)
emperador (*m*) emperor
emperatriz (*f*) empress
empeñar to pledge; to pawn, mortgage
empezar(ie) to begin
emplear to employ; to use
empleo employment, job
emprender to undertake
empujar to push
enamorado in love
enamorar to inspire love; **–se de** to fall in love with
enano dwarf
encaminado on the right road, track
encantador enchanting, charming
encanto charm
encargarse de to take charge of
encender(ie) to light
encerrar(ie) to shut up, lock up
encierro confinement
encima at the top, above; **– de** on top of
encontrar(ue) to find, come upon; **–se con** to meet, run into
encuentro encounter
encuesta poll
enchufe (*m*) electric outlet, socket; plug
enemigo enemy
energía energy
enero January

enfadar to irritate, anger; **-se** to get angry
enfermedad illness
enfermera nurse (medical)
enfermo sick
enfrentarse a to face
enfriar to cool, chill
engañar to deceive
engaño deceit, falsehood
enmarcar to frame; to surround, border
enmascarado masked
enojado angered, angry
enojo anger
enorme huge, enormous
ensalada salad
ensanchar to widen
enseñanza teaching
enseñar (a) to teach
entender(ie) to understand
entendimiento understanding
enterar to inform; **-se de** to find out about
entero whole, entire
entonces then, at that time; **desde –** from then on; **por –** at the time; **en aquel –** at that time
entrada entrance
entrar (en) to enter, go in; to come in
entre between, among
entregar to deliver, hand over
entrenador coach
entrenamiento training
entrenar to train
entretener to entertain
entretenimiento entertainment
entrevista interview
entrevistar to interview
entusiasmo enthusiasm
enviar to send, ship
envidiar to envy
envidioso envious
envolver(ue) to wrap (up)
enyesar to put in a plaster cast
epidemia epidemic
equilibrar to balance

equipo team; **-de primeros auxilios** first aid kit
equivocar(se) to be wrong, mistaken
épico epic
época period, epoch
equipaje (m) baggage, luggage
ermitaño hermit
escala scale; stop (travel); **dibujar a –** to draw to scale
escalera stairs; stepladder
escama scale (of fish)
escaso scarce, small
escena stage, scene
escéptico skeptical
esclavitud slavery
esclavo slave
escoger to choose, select
esconder to hide
escribir to write
escritor writer
escualo shark
escuchar to listen to
escudo coat of arms; shield
escuela school
ese, esa; esos, esas that; those
ése, ésa, eso that one, that
esfuerzo effort
espacial of space
espacio space
espada sword
espalda shoulder, back; (pl), back
espantar to frighten; to astonish
español Spanish
esparadrapo adhesive tape
esparcir to scatter
especial special
especializarse to specialize in, major in
especie (f) species; kind, sort
específico specific
espejo mirror
esperanza hope
esperar to hope; to wait, wait for
espeso thick, dense
espíritu (m) spirit; mind
espléndido splendid
espontáneo spontaneous

esposo husband; (f), wife; (mpl), husband and wife
espuela spur
esquina (outside) corner
estabilidad stability
establecer to establish
estación season; station
estacionar to station; **-se** to park
estadio (m) stadium
estado state, condition
estafador swindler
estallar to erupt
estaño tin
estar to be
estatal of a state
estatua statue
estatura height
este (m) east
este, esta this, these
éste, ésta, esto this one, this; the latter, he, she
estibador stevedore
estimulante stimulating
estrecho narrow, tight
estrella star
estropear to spoil
estudiantina group of university musicians in Latin America
estudiar to study
estupendo stupendous, wonderful
etapa stage, lap (of journey)
etiqueta etiquette, formality; tag, label
étnico ethnic
evitar to avoid
exaltado excited
examen (m) examination
examinar to examine; **-se** to take an examination
exceder to exceed
excelente excellent
excesivo excessive
exigir to require, demand
existencia existence
existir to exist, be
éxito success; **tener –** to be successful

experimento experiment
explicar to explain
explorar to explore
exponer to expose, explain
expresión expression
expuesto exposed
extender(ie) to extend, spread out
exterior exterior, outer;
  comercio – foreign trade
exterminador (*m*) exterminator, fumigator
exterminio extermination
extranjero foreign; **en el –** abroad
extrañar to wonder at, find it strange; to miss, long for
extraño strange; (*m*), stranger
extremo extreme

F

fábrica factory
fabricante (*m*) manufacturer
fabricar to make, manufacture; to build
fácil easy
facilidad ease, facility
facultad school (of law, medicine, pharmacy, etc.)
faena task, job, duty
falda skirt
falso false
falta fault; lack, want; failure; **sin –** without fail
faltar to lack, be lacking; to fail
fama fame, reputation
familia family
familiar of the family; domestic; friendly; familiar
fanático fan, fanatic
fantasía fantasy, imagination, fancy, whim
fantasma (*m*) ghost, phantom
faraón (*m*) pharaoh
farmacéutico pharmacist
fase (*f*) phase
favor (*m*) favor; **haga el –** please
favorecer to favor

favorito favorite
faz (*f*) face
fe (*f*) faith
febrero February
fecha date
feliz happy, fortunate, lucky
femenino feminine
feo ugly, homely
feria fair
feroz ferocious
ferretería hardware; hardware store
ferrocarril (*m*) railroad
fervoroso fervent
fibra fiber
ficción fiction
ficticio fictitious
fiebre (*f*) fever
fiel faithful; **Día de los Fieles Difuntos** All Souls' Day
fiero fierce, wild
fiesta holiday; festival
figura figure; shape
figurarse to imagine
fijar to put up (poster); **–se en** to notice, pay attention to
fijo fixed, set
fila row (of seats)
filmación filming
fin (*m*) end; purpose, aim; **a – de** in order to; **al –** at last; **en –** in short; **por –** finally
final final; (*m*), end
fingir to pretend
fino fine, delicate; subtle; of good quality
firma signature
firmar to sign
fiscal (*m*) district attorney
físico physical
flaco thin
flan (*m*) type of custard
flauta flute
flecha arrow
flor (*f*) flower
florecer to flower, bloom
fogata campfire
fondo back, rear; bottom;

background; **al – de** in the back, bottom of
forma form, shape
formar to form
fortaleza fortress; strength
fósforo match
foto (*f*) photograph
fracasar to fail
fractura fracture
fraile (*m*) friar
francés French
franja stripe; fringe; border
frase (*f*) sentence; phrase
frecuencia frequency
frecuente frequent
freír(i, i) to fry
freno brake, limit
frente (*m*) front; (*f*), forehead, face; **en – de** in front of; **– a** facing
fresco cool; fresh
fricasé (*m*) fricassee, stew
frío cold; **hacer –** to be cold; **tener frío** to be (feel) cold
frito fried
frívolo frivolous
fronterizo of the frontier
frontón (*m*) jai alai court with three walls
frotar to rub
fruto fruit, product; (*f*), fruit (for eating)
fuego fire
fuente (*f*) platter, serving dish; fountain, spring; source
fuera outside, out; **– de** outside of
fuerte strong; loud
fuerza force, strength
fuga flight, escape
fulano Mr. So-and-So
fumar to smoke
fumigador (*m*) fumigator
fundar to found, base
fundir to fuse
furioso furious
fútbol (*m*) soccer
futuro future

G

gafas eye glasses
gaita bagpipe
gallego Galician (of Galicia, Spain)
galletica cooky
gallina hen
gallo rooster
gana appetite, craving, desire; **de buena –** gladly; **tener ganas de** to feel like . . .
ganado cattle
ganar to gain, win; to earn
garganta throat
gasa gauze
gastar to waste; to spend
gasto expenditure
gato cat
gemelo twin; cuff link; (*pl.*) binoculars
género type, class; manner
generoso generous; noble
genio genius; disposition; temper
gente (*f*) people, folks
geométrico geometric
gerente (*m*) manager
gigantesco gigantic
gira tour; **de –** on tour
girasol (*m*) sunflower
gitano gypsy
gobernar to govern
gobierno government
golpe (*m*) blow
golpear to beat, pound, hit
golpecito tap
goma tire (of car); rubber
gordo fat; big
gorila (*m & f*) gorilla
gorro (*m*) cap
gota drop (liquid)
gotear to drip
gotero eyedropper
gótico Gothic
gozar (de) to enjoy
gracia grace; wit; joke; (*pl*) thanks
gracioso funny, comical
graderías bleachers
grado degree, grade, class
graduado graduate
graduar(se) to graduate
grande large, big; great
grandeza grandeur, greatness
granja farm, country house
gravedad gravity
griego Greek
grifo faucet
gris gray
grito shout, cry
grosero coarse, rude
grupo group
guante (*m*) glove
guapo good-looking, handsome
guardar to guard; to keep, put away
guardia (*f*) guard (a group); (*m*), guard (one person)
guau-guau bow-wow (dog)
guerra war
guerrero warrior
guía (*m & f*) guide
guiar to guide; drive (a vehicle)
guisado stewed
guisante (*m*) English pea; sweet pea
guitarra guitar
gusano worm
gustar to be pleasing; **le gusta . . .** he likes . . .
gusto pleasure; taste; **¡tanto gusto!** so glad to meet you!

H

haber to have . . . (used to form the perfect tenses)
hábil skillful
habilidad skill, ability
habitación room
habitante (*m & f*) inhabitant
habitar to live in, inhabit
hablador talkative
hablar to speak, talk
hacer to make; to do; **– calor, frío, etc.** it (the weather) is hot, cold, etc.
hacia toward
hacienda estate, property; farm; treasury
hada fairy
hallar to find
hambre (*f*) hunger; **tener –** to be hungry
hamburguesa hamburger
harapo rag
harén (*m*) harem
harina flour
harto satiated, full; enough
hasta up to, as far as, to; until; (*adv*), even
hay there is, there are; **hay que** it is necessary to
hebilla buckle
hectárea hectare (about 2.5 acres)
hechicero sorcerer
hecho act, deed; fact
helado ice cream
hembra female
hemorragia hemorrhage
herido wounded person; (*f*), wound
herir(ie, i) to wound
hermano brother; (*f*), sister
hermoso beautiful, pretty
héroe (*m*) hero
hervir(ie, i) to boil
hidalgo Spanish nobleman
hielo ice
hierba herb, grass
hierro iron
hígado liver
higo fig
hijo son; (*f*) daughter
hilo thread
hipótesis (*f*) hypothesis, theory
historia history, story
histórico historical
hogar (*m*) hearth; home
hogareño of the household
hoja leaf; sheet (of paper)
hojear to leaf through
hola hello
holgazán lazy
hombre (*m*) man

hombro shoulder
homenaje (*m*) homage
hondo deep, low
hondureño of Honduras
honradez (*f*) honesty
honrar to honor
honrado honest, honorable
hora hour; time (of day)
horario schedule, timetable
hormiga ant
horno oven
horóscopo horoscope
hospedaje (*m*) hospitality; lodging
hostia host (wafer for mass)
hoy today; **– día** these days
huella trace; footprint; **huellas digitales** fingerprints
huerta (vegetable) garden
hueso bone
huésped guest; host; **casa de huéspedes** boarding house
huevo egg
huir to flee, run away
humilde humble
humo smoke
hundir(se) to sink
huracán (*m*) hurricane

I

ibérico Iberian
idealizar to idealize
idear to form an idea; to think out, plan
identificar to identify
idioma (*m*) language
idiomático idiomatic; pertaining to languages
idolatría idolatry
ídolo idol
iglesia church
ignorar to be ignorant of, not to know
igual equal; even
igualdad equality
igualitario egalitarian
ileso unhurt
iletrado uneducated
imagen (*f*) image, picture

imaginar to imagine
impedir(i, i) to prevent, impede, hinder
imperdible (*m*) safety pin
imperio empire
impermeable (*m*) raincoat
implicar to imply; to implicate
imponer to impose; to inflict
importancia importance
importante important
importar to be important, matter
impresión impression
impresionante impressive
imprevisto unexpected, unforeseen
imprimir to print, stamp, imprint
impulso impulse, growth
impuesto tax, toll
inaplazable not able to be put off
inapropiado inappropriate
incapaz incapable
incesante incessant
inclinar(se) to incline; to bend, bow, tilt
incluir to include
inconcebible inconceivable
incremento increase
indefenso defenseless
indicar to indicate, show
índice (*m*) index
individuo individual
indudablemente undoubtedly
indulto (legal) pardon
infeliz unhappy
influir to influence
informe (*m*) information; term paper
ingeniero engineer
ingenio talent, skill
ingenioso clever
ingenuo unaffected, simple; frank
ingerir(ie, i) to ingest, eat
inglés English
ingresar to enter; **– en** to join (club or society)
inicial initial
injusto unfair
inmaduro immature

inmediato adjoining; immediate
inmenso immense
innovador innovative
inocente innocent; naive
insaciable insatiable
insistir (en) to insist (on)
instalar to install
insultar to insult
inteligente intelligent
intemperie (*f*) elements, weather
intenso intense
intentar to try
intercambiar to exchange
intercambio exchange
interés (*m*) interest
intermediario intermediary
intérprete (*m & f*) interpreter
interrumpir to interrupt
introvertido introvert(ed)
inútil useless
invadir to invade
inventar to invent
inventario inventory
invento invention
invertir(ie, i) to invest
investigador (*m*) investigator
investigar to investigate
invicto undefeated
invierno winter
ir to go; **–se** to go away
ira anger, wrath
isla island
izquierdo left; **a la izquierda** on the left, to the left

J

jabalí (*m*) wild boar
jabón (*m*) soap
jalea jelly, jam
jamás never
jamón (*m*) ham
jarabe (*m*) syrup
jardín (*m*) garden
jaula cage
jefe (*m*) chief; boss
jeringuilla hypodermic
jirafa giraffe
jonrón (*m*) homerun
jornada journey; day's work

joven young
joya jewel
joyero jeweler
jubón (*m*) doublet
juego game; gambling; **– de palabras** pun
juez (*m*) judge
jugada play, move; stroke; trick
jugador player
jugar(ue) (a) to play
juguete (*m*) toy
juicio judgment, trial
julio July
junio June
juntar to join together
junto joined; **– a** close to, beside
jurado jury; juror
jurar to swear
jurídico judicial, lawful
justicia justice
justo just, fair
jutía a Cuban rodent
juventud youth
juzgado court (legal)
juzgar to judge

K

kilogramo kilogram (2.2 lbs)
kilómetro kilometer (0.62 mile)
kokoá a small, poisonous frog, Colombia

L

labio lip
labor (*f*) work, labor; chore
labrador (*m*), farmer
lado side; **al – de** beside, with
ladrar to bark
ladrido bark
ladrillo brick
ladrón thief
lagarto lizard
lago lake
lágrima tear
lana wool
lanza lance
lanzar to launch; to throw, let loose
lápida gravestone
largo long; **a lo – de** along; **tener ... de –** to be ... long
lápiz (*m*) pencil
lástima pity; **es –** it's too bad; **dar lástima** to inspire pity
laúd (*m*) lute
lavandera washerwoman
lavar(se) to wash
leal loyal
lealtad loyalty
lección lesson
lector reader
leche (*f*) milk
lecho bed
lechuga lettuce
leer to read
legalizar to legalize
legumbre (*f*) vegetable
lejano distant
lejos far, far off; **a lo –** in the distance
lema (*m*) slogan; motto, theme
lengua tongue; language
lentitud slowness
lento slow
leñador woodcutter
león, leona lion, lioness
letra letter (alphabet); handwriting; lyrics; **la – mensual** monthly payments
levantar to raise, lift; **–se** to get up, rise
ley (*f*) law
leyenda legend
libertino libertine
libra pound
librar to free, set free; **– guerra** to wage war
libre free
libro book
licor (*m*) liquor, cordial; liquid
lidia fight; **toro de –** bull raised for fighting
liga league
ligero light, swift
lila lilac

lima file; lime (fruit)
límite (*m*) limit; boundary
limón (*m*) lemon
limpiaparabrisas (*m*) windshield wipers
limpiar to clean
limpieza cleanliness
limpio clean
línea line
linterna flashlight
lío mess
lirio lily
liso smooth; even, flat
literario literary
liturgia liturgy
lobo wolf
local local; (*m*), place, quarters, site
loción lotion
loco mad, crazy
lógico logical
lograr to attain, to succeed in
loro parrot
lucir to shine; **–se** to show off
lucha struggle, fight; **– libre** wrestling
luchar to fight, struggle
luego presently, in a minute, soon; then, next
lugar (*m*) place, spot; **en – de** instead of; **tener –** to take place
lujo luxury
luna moon; **– de miel** honeymoon; **hay –** the moon is shining
lunar lunar; (*m*), polka dot; beauty spot
luto mourning
luz (*f*) light

LL

llaga sore, wound
llama flame; animal in the Andes
llamar to call; **–se** to be called, be named
llano even, flat; (*m*), plain
llanura plain

llave (f)   key
llegar   to arrive, get to; **– a ser** to become
lleno   full
llevar   to take, carry; to wear (clothes)
llorar   to cry
llover (ue)   to rain
lluvia   rain

M

macabro   macabre, gruesome
macho   masculine; (m), male
madera   wood
madre (f)   mother
madrugada   dawn; early morning
maduro   mature; middle-aged; ripe
maestro   teacher
mahometano   Mohammedan
maíz (m)   maize, corn
maldecir   to curse
maleta   suitcase; **hacer la –**   to pack a suitacase
malgastar   to waste
malo   bad; **estar –**   to be sick; **ser –**   to be bad, wicked
mamífero   mammal
manchar   to stain
mandar   to order, command, send
mandato   command
mandíbula   jaw
mandón   bossy, domineering
mandril (m & f)   baboon
manejar   to manage, handle; to drive (car)
manera   way, manner; **de esta –** in this way; **de – que**   so that
manga   sleeve
manguera   hose
maní (m)   peanut
maniobrar   to maneuver
mano (f)   hand
manso   tame
mantel (m)   tablecloth
mantener   to maintain, keep
manto   cloak
manzana   apple; block of houses

mañana   morning; **por la –**   in the morning; **pasado –**   day after tomorrow; (m), tomorrow, future
mapache (m)   racoon
máquina   machine; **– de coser** sewing machine
maquinista (m & f)   train engineer
mar (m & f)   sea
maravilla   marvel, wonder
maravillado   amazed
maravillar(se) de   to admire
maravilloso   marvelous
marca   mark, brand
marcar   to mark
marciano   Martian
marchar   to march, walk, go; **–se**   to go away, leave
mareo   seasickness
margarita   daisy
marido   husband
marinero   sailor
mariposa   butterfly
mariquitas   thinly sliced, fried green bananas
mariscos   seafood, shellfish
mármol (m)   marble
Marruecos   Morocco
martillo   hammer
marzo   March
mas   but
más   more, most; **a – de**   in addition to; **– bien**   rather
masaje (m)   massage; **dar –**   to massage
máscara de oxígeno   oxygen mask
matador (m)   killer
matar   to kill
materia   matter, material; school subject
materno   maternal
matutino   of the morning
maullar   to mew (cats)
maullido   mewing
mayo   May
mayor   greater, greatest; older, oldest

mayoría   majority
mecánico   mechanic
mecanógrafo   typist
medalla   medal
media   stocking
medianoche   midnight
medicina   medicine
médico   doctor
medida   measure; **a – que**   as, while
medio   half, partial; **a medias** halfway
medio   middle; means; environment
mediodía   noon, midday; south
medir (i, i)   to measure
mejor   better, best
mejorar   to improve, better
melancolía   melancholy
melena   mane
melocotón (m)   peach
membrillo   quince (fruit)
mencionar   to mention
mendigo   beggar
menor   lesser, least; younger, youngest
menos   less, least; **a lo –**   at least; **al –**   at least; **echar de –**   to miss
mensaje (m)   message
mensajero   messenger
mente (f)   mind
mentir (ie, i)   to lie
mentira   lie, falsehood
mentiroso   untruthful
menudo   minute, small; **a –**   often, frequently
meñique   tiny; **dedo –**   little finger
mercado   market
mercancía   merchandise, goods
merced (f)   mercy; favor
merecer   to deserve, be worthy of
mes (m)   month
mesa   table
mestizo   of mixed origin
meta   aim
meter   to put, put inside

método method
metro meter (39 inches); subway
mezcla mix, mixture
mezclar to mix, mingle
miau-miau meow-meow (of cats)
miedo fear; **tener –** to be afraid; **dar –** to frighten
miel (f) honey
miembro member
mientras while
mil thousand
milagro miracle
milagroso miraculous
milla mile
mimbre (m) wicker
mímica mime, mimicry
minarete (m) minaret
minero miner
minifalda miniskirt
minuto minute; **a los ... minutos** ... minutes later
mío mine, of mine
mirar to look at
misa mass (religious); **la – mayor** high mass
misionero missionary
mismo self, very; same; **aquí –** right here; **hoy –** this very day
misterio mystery
mitad (f) half; middle
moda fashion, mode, custom, style; **pasado de –** outdated
modelo model
moderado moderate
moderno modern
modificar to change
modista dressmaker; couturier
modo way, manner; means; **de – que** so that; **de todos modos** at any rate
mojado wet
moler(ue) to grind; **– a palos** to beat with a stick
molestar to disturb, annoy; **–se por** to be annoyed by
monaguillo altar boy, acolyte
monarca (m & f) monarch

monárquico monarchic
moneda coin
monetario monetary
monja nun
monje (m) monk
mono monkey; cute
montaña mountain
montar to mount, ride; to set up
monte (m) woods, wooded upland
montón (m) a lot, large amount
monumento monument
morado purple
mordaza gag
morder(ue) to bite
mordida bite
moreno brown; dark (of complexion), brunette
morir(ue, u) to die
moro Moorish; (m), Moor
mortífero deadly, fatal
mortuorio burial, funeral
mosaico mosaic
mosca fly
mosquitero mosquito net
mostrar(ue) to show, display
motivo cause, reason
mover(se)(ue) to move
móvil mobile
movilizar to mobilize
movimiento movement
moza girl, young woman
mozo boy, young fellow; servant, waiter
muchacho boy; (f), girl; (pl), children
mudar to change
mudo dumb, silent
mueble (m), piece of furniture; (pl), furniture
muelle (m) wharf
mujer (f) woman; wife
muletas crutches
multa fine (for infraction of the law)
mundo world; **todo el –** everybody
muñeca wrist; doll
murciélago bat (mammal)

musulmán Moslem
música music
muy very

N

nacer to be born
nacimiento birth; Christmas manger
nada nothing; (adv), not at all
nadador swimmer
nadar to swim
nadie nobody, no one
naranja orange
naranjo orange tree
narciso narcissus
nardo tuberose, a white lily
nariz (f) nose
natación swimming
nato born
naturaleza nature
naufragar to be shipwrecked
naufragio shipwreck
náufrago shipwrecked person
navaja pocketknife, penknife
nave (f) ship
neblina fog
necesario necessary
necesitar to need, be in need (of)
necio silly, stupid
negar(ie) to deny; **–se a** to refuse (to)
negocio business affair, deal
negro black
neoyorquino of New York
ni nor, not ... or; and not; not even
niebla fog, mist
nieto grandson; (f) granddaughter
nieve (f) snow
ninguno no, not ... any, no one, none
niño little boy, child; (f), girl
noche (f) night; **de –** by night, at night; **por la –** at night, in the evening
nómada nomad
nombrar to name; to appoint

nombre (*m*)   name; noun; **– de pila**   Christian name
nota   grade; note
notable   remarkable, notable; grade of B
notar   to note, observe; to mark; to write down
noticia   notice; piece of news; (*pl*), news
novatada   hazing
novecientos   nine hundred
novedad   novelty; trouble
noviembre (*m*)   November
novio   boy friend; (*f*), girl friend
nube (*f*)   cloud
nublar   blur, cloud
nuestro   our, ours, of ours
nuevo   new; recent; **de –**   again
nuez (*f*)   nut; walnut
número   number; size
nunca   never, not . . . ever
nutrido   full, abundant substantial; teeming

O

o   or
obedecer   to obey
obispo   bishop
objeto   object; purpose
obligar   to oblige, force
obra   work, deed
obrero   worker, laborer
obstáculo   obstacle
obstante; no –   notwithstanding; nevertheless
obstinado   stubborn, obstinate
obstruir   to obstruct
obvio   obvious
ocasión   opportunity; occasion
octavo   eighth
octubre (*m*)   October
ocultar   to hide
ocurrir   to occur, happen
odiar   to hate
odio   hate

oeste (*m*)   west
ofender   to offend
oferta   offer
oficio   trade; function
ofrecer   to offer
ogro   ogre
oído   hearing; (inner) ear
oír   to hear
ojal (*m*)   buttonhole
ojalá   (*with subjunctive*), would that; I hope that
ojo   eye
ola   wave
oler   to smell; **oler a**   to smell of
olor (*m*)   smell, fragrance
olvidar   to forget; **–se de**   to forget
olvido   forgetfulness; oblivion
omitir   to omit
onza   ounce
opacar   to outshine
opaco   dull, dim
operar   to operate on
opinar   to be of an opinion, judge, think
oponer   to oppose
oración   prayer; sentence
orden (*m*)   order, system; (*f*), order, command
ordenar   to order, command
oreja   ear
orgullo   pride
orgulloso   proud
origen (*m*)   origin
originar   to originate, give rise to
orilla   bank (of a stream); shore; edge
oro   gold
orquídea   orchid
oscurecer   to darken, obscure
oscuro   obscure; dark
oso   bear
otoño   autumn
otro   other, another; another one
ovalado   oval
oveja   sheep
oxidarse   to get rusty, to rust

P

paciencia   patience; **tener –**   to be patient
paciente (*m & f*)   patient
pacífico   peaceful
pactar   to make a pact
padecer   to suffer
padre (*m*)   father
padrino   godfather
pagar   to pay, pay for
página   page
pálido   pale
país (*m*)   country
paisaje (*m*)   landscape
paisano   countryman
pájaro   bird
paje (*m*)   page (young boy)
pala   shovel
palabra   word
palabrota   dirty word
palacio   palace
palma   palm (hand or tree)
palo   stick; suit (cards)
paloma   dove
pan (*m*)   bread; loaf of bread
panadero   baker
panadería   bakery
pandereta   tambourine
pantalón (*m*)   pants, trousers
pantano   swamp
pantera   panther
pantimedias   panty hose
paño   cloth
pañuelo   handkerchief; **– de cabeza**   head scarf
papa   potato
papel (*m*)   paper; **hacer el – de**   to play the role of
paquete (*m*)   package, packet
par (*m*)   pair; a couple
para   for; to; in order to; **– que**   in order that
parábola   parable
parachoques (*m*)   bumper (car)
parada de autobús   bus stop
paraguas (*m*)   umbrella
parabrisas (*m*)   windshield

parado standing
parar(se) to stop
parásito parasite
parecer to seem, appear; **– se a** to resemble; (m), opinion
pared (f) wall
pareja pair; couple
pariente (m) relative
parque (m) park; **– zoológico** zoo
parquímetro parking meter
parte (f) part; **en todas partes** everywhere
particular particular; private
partida departure
partido (political) party
partir to divide, split; to depart
párrafo paragraph
pasado past; (m), past
pasajero passenger
pasaporte (m) passport
pasar to pass; pass by; come in; spend (time); to happen, take place **¿Qué le pasa?** What is the matter with you?; **pasarlo bien** to have a good time
pasatiempo pastime
pasear to take for a walk or ride; **–se** to take a walk
paseo walk, ride, drive
pasillo aisle, hall
paso step, pace; passage
pasta de dientes toothpaste
pastel (m) cake
pastilla tablet (medical)
pastor (m) shepherd; pastor; **– alemán** German shepherd dog
pata paw, leg (of a table or animal)
patear to kick
pato duck
patria country, fatherland
patrón patron saint
patrulla patrol
pavo turkey; **– real** peacock
payaso clown
paz (f) peace
pecado sin

pecador (m) sinner
pecar to sin
pecho chest; breast
pedazo piece
pedir(i, i) to ask, ask for; to order **– prestado** to borrow
pegar to stick, paste, fasten; to beat, strike
peinado hairdo
peinar to comb
peine (m) comb
pelea fight, bout
película film
peligro danger
peligroso dangerous
pelo hair
pelota ball; baseball; jai alai
pelotero ball player
peluca wig
peludo hairy
peluquero barber, hairdresser
pena pain, trouble; penalty
penoso fatiguing
pensar(ie) to think
pensión allowance; boarding house
peor worse, worst
pequeño little, small
pera pear
perder(ie) to lose, ruin; to waste (time)
pérdida loss
perdonar to pardon
perejil (m) parsley
perezoso lazy
periódico periodic; (m), newspaper
periodista (m & f) journalist
período period
perjurio perjury
permanecer to remain
permiso permission
permitir to permit
pero but
perro dog
personaje (m) character
perseguir(i, i) to pursue

personalizar to personify, personalize
pertenecer to belong
pesado heavy; tiresome
pesar to weigh; (m) grief, trouble; **a – de (que)** in spite of (the fact that)
pescado fish (for food)
pescador (m) fisherman
pescar to fish
petróleo oil, petroleum
pez (m) fish (alive)
piar to peep, chirp (chickens)
picar to string, prick; to bite (insects and fish)
pícaro rogue, rascal
pico beak (bird); peak
pie (m) foot; **a –** on foot
piedad (f) piety
piedra stone
piedrecita pebble
piel (f) skin; fur
pierna leg
pieza piece; room; play (theater)
pila flashlight battery; **nombre de –** Christian name
píldora pill
piloto (m & f) pilot
pimienta black pepper
pimiento sweet pepper
pintar to paint
pintor (m) painter
pintoresco picturesque
pintura painting
piña pineapple
pionero pioneer
pirámide (f) pyramid
piraña piranha, small carnivorous fish
piropeador one who pays a compliment
piropear to pay a compliment
pisar to step, step on
piso floor, story; apartment
pista clue (legal)
pistola pistol
pito whistle

piyama pajamas
pizarra blackboard
placa X-ray negative
placer to please; (*m*) pleasure
planchita planchette, little board
planear to plan
planeta (*m*) planet
plano flat; (*m*), level
planta plant
plata silver
plátano plantain, banana
platillo volador flying saucer
plato plate, dish
playa beach
plaza square (in the city)
pleito lawsuit, litigation
pluma feather; pen
poblado populated; (*m*), settlement
poblador settler; inhabitant
pobre poor
pobreza poverty
poco little, few, short (of time); **– a –** little by little
poder(ue) to be able; (*m*), power
poderoso powerful
poeta (*m*) poet
poetisa poetess
policía (*f*) police (force); (*m & f*), police officer
político political; (*m*), politician
polizón (*m & f*) stowaway
polvo dust
pollo chicken
por by, through, on account of, because of; for, for the sake of, in behalf of, in return for; along, down; as; in, at; out of (*see Cap. 10*)
porcentaje (*m*) percentage
porque because; for
¿por qué? why?
portón (*m*) big door
porvenir (*m*) future
poseer to possess, own
posibilidad possibility
poste (*m*) post, pillar
postergar to postpone

postgrados postgraduate studies
postre (*m*) dessert
pozo well; **– de petróleo** oil well
práctica practice
precio price
precioso precious, fine, beautiful, exquisite
preciso precise, exact; necessary
precolombino Precolumbian
predecir to predict
predicador (*m*) preacher
predominar to predominate
pregunta question
preguntar to ask (a question); **–se** to wonder
pre-incaico pre-Incan
premiar to reward, give a prize to
premio reward, prize
prenda pledge; pawn; article of clothing; gift
prendedor (*m*) pin
prender to seize; to arrest; to pin
prensa press
preocupación worry
preocuarse (por) to worry (about)
preparar to prepare
presión pressure; blood pressure
preso prisoner
prestar to lend; **– atención** to pay attention
presupuesto budget, estimate
prevalecer to prevail
prevención prevention; foresight
princesa princess
príncipe (*m*) prince
principio beginning; **a principios de** at the beginning of
prisa haste; **tener –** to be in a hurry
prisionero prisoner
privar to deprive
privado private
probar(ue) to prove; to test, try out; to taste, sample
proceder(de) to come from, be from
proceso process
proclamar to proclaim

procurar to try; to secure
producir to produce
profesar to profess, avow; to teach
profundo deep, profound
programa (*m*) program
progreso progress
prohibir to prohibit, forbid
promedio average
promesa promise
prometer to promise
promulgación proclamation
pronto soon; **de –** all of a sudden
pronunciar to pronounce
propio own; proper, same
proponer to propose; to suggest
proporción balance, proportion
propósito purpose, intention; **a –** by the way; on purpose
próspero prosperous
protagonista (*m & f*) main character (in a play or novel)
proteger to protect
proteína protein
protestar to protest
provecho profit; benefit
provincia province
próximo next, nearest
proyectar to project
proyectil (*m*) projectile
proyecto plan, project
prueba proof; trial
público public
pueblo people; small town
puerta door
puerto port, harbor; mountain pass
puertorriqueño (of Puerto Rico)
pues then; well; since (of cause); for
puesto position, post; place
puesto que since, inasmuch as
púgil (*m*) boxer
pulga flea
pulgada inch
pulgar (*m*) thumb
pulido polished
pulóver (*m*) pull-over

Vocabulario 407

pulque (m)   pulque (fermented juice of the maguey)
pulsera   bracelet; **reloj –** wristwatch
punta   (sharp) point
puntiagudo   pointed
punto   point; moment; stitch
puño   fist; cuff
pupitre (m)   (school) desk
puré (m)   purée
puro   pure; (m), cigar

Q

que   who, whom, which, that; than
 ¿qué?   what?; **¿a –?**   what for?
 ¡qué va!   of course not!
quedar(se)   to remain, be left
quehacer (m), chore
quejarse   to complain
quemadura   burn
quemar   to burn
querer(ie)   to want, wish; to love; to be willing; to try
querido   dear, beloved
queso   cheese
quetzal (m)   bird of Central America
quiché   an Indian tribe in Guatemala
quien   who, whom, he who, anyone who
¿quién?   who?
quienquiera   whoever, whomsoever
química   chemistry
quinientos   five hundred
quinto   fifth
quiromancia   palmistry
quisquilloso   finicky; ticklish
quitar   to take away, remove
quizás (quizá)   perhaps

R

radiografía   X-rays
raíz (f)   root
rallado   grated
rama   branch
rana   frog
rapidez   rapidity, speed
rápido   rapid, swift; express (train)
raqueta   racket (tennis)
raro   rare; queer, unusual
rata   rat
rato   while, (short) time;
 pasar un buen –   to have a good time
ratón (m)   mouse
raya   stripe; part (hair)
rayar   to scratch, mar
rayo   ray; flash; thunderbolt
raza   race
razón (f)   reason; **tener –**   to be right; **darle la – a alguien**   to decide someone is right
reacción   reaction
real   real; royal; (m), Spanish coin
realidad   reality
realizar   to perform, carry out; **– se**   to fulfill
rebajar   to lower, reduce
rebelde   rebellious; (m & f), rebel
recado   message
receta   prescription; recipe
recibir   to receive; to take
recién   shortened form of
reciente   recent
recíproco   reciprocal
reclamación   claim
reclutar   to recruit
recobrar   to recover
recogedor (m)   dustpan; gatherer
recoger   to pick up, pick; to gather, collect
recomendar(ie)   to recommend
recompensa   reward
reconocer   to recognize; to examine closely
reconquistar   to reconquer
recordar(ue)   to recall; to remember; to remind
recorrer   to run over; to look over, survey
recrear   to recreate
recto   straight
recuerdo   souvenir; recollection
recurso   recourse, means; (pl), resources
rechazar   to reject
red (f)   net; network
redondo   round
reemplazar   to replace
referir(ie, i)   to refer; to relate, tell; **–se a**   to refer to
refinamiento   refinement
reflejar   to reflect
reforzar(ue)   to reinforce
refrán (m)   proverb
refresco   soft drink
refugiar(se) (en)   to seek refuge (in)
regalar   to give (a present)
regalo   gift, present
registrar   to search, examine
registro   record; search, inspection
regla   rule; ruler (for drawing)
reglamentario   as required by law
regocijo   joy, rejoicing
regresar   to return (home)
regreso   return
regular   regular; average, fair
reina   queen
reinado   reign
reinar   to reign, rule
reino   kingdom
reír   to laugh; **–se de**   to laugh at
relación   relation; account, story
religioso   religious
reloj (m)   clock; watch;
 – despertador   alarm clock
relojero   watchmaker
remedio   remedy; **no hay –**   it cannot be helped; **no tener más – que**   to have no choice but
remitente (m & f)   sender
remolque (m)   trailer
remoto   remote
Renacimiento   Renaissance
rencor (m)   rancor, bitterness
rendir (i, i)   to subdue; to render, yield; **–se**   to surrender
reno   reindeer
renombre (m)   renown

renta income
reñir(i, i) to scold; to quarrel
reparar to repair, make up for; **–se en** to notice
repartir to divide, distribute
repelente repellent
repente; de – all of a sudden
repertorio repertory
repetir(i, i) to repeat, recur
replicar to retort, reply
reposar to rest
representar to represent; to perform (a play)
reprimir to repress
requerir (ie, i) to require
rescatar to rescue
residuo residue, trace
resolver(ue) to resolve
respetable respectable
respetar to respect
respeto respect
respetuoso respectful
respiración breathing
respirar to breathe
responder to reply; to correspond
respuesta answer, response
resto rest, remainder
restringir to restrict
resultado result
resultar to result; to turn out, prove to be
retirado retired; distant, remote; isolated
retoño bud; sprout, shoot
retratar to portray; to photograph
retrato portrait
retroceder to go back
reunir to gather; to bring together
revelar to reveal
revés; al – backwards; inside out
revisar to check, inspect; to revise, review
revista review; magazine
revolver (ue) to stir
revólver (*m*) revolver
revuelo commotion, stir
rey (*m*) king

reyezuelo puppet king
rezar to pray
rico rich; fertile; delicious
ridículo ridiculous
riel (*m*) rail
rienda rein; **dar – suelta** to give free rein
riesgo risk
rima rhyme
rimar to rhyme
rincón (*m*) (inside) corner
rinoceronte rhinoceros
río river
riqueza riches
risa laughter
robar to steal, rob
robo robbery
rodante rolling
rodar(ue) to roll; to revolve
rodear to surround
rodilla knee
rodillera knee-pad
roedor (*m*) rodent
rogar(ue) to ask, request; to beg
rojizo reddish
rojo red
romano Roman
romántico romantic
romería country fair
romper to break; to tear
ropa clothes; **– blanca** household linen; **– interior** underwear
ropón (*m*) nightgown
rosado pink
rosario rosary
rostro countenance, face
roto broken; torn
rubí (*m*) ruby
rubio blond
rudo crude; rude, coarse; rough; stupid
rueda wheel
rugir to roar, bellow
ruido noise, sound
ruidoso noisy
ruiseñor (*m*) nightingale
rumbo a on the way to
ruso Russian

ruta route, way
rutinario routine

S

sábado Saturday
sábana sheet
saber to know; to know how; to find out; **– a** taste of
sabio learned, wise
sabor (*m*) flavor, taste
sabroso delicious
sacar to take out, draw out, extract; to get
sacerdote (*m*) priest
sacerdotisa priestess; woman priest
saco sack, bag; jacket
sacrificar to sacrifice
sacrificio sacrifice
sacro sacred
sacudir to shake, shake off
saeta song of sorrow; arrow, dart
sagrado sacred
sal (*f*) salt; wit
sala parlor; living room; hall; **– de espera** waiting room
salir to go out, come out
salsa sauce
saltar to jump, jump over
salud (*f*) health
saludar to greet, bow to
salvaje wild, savage
salvar to save; **–se** to escape
salvo except
san (used as a title before the names of most saints)
sangre (*f*) blood; **tener – fría** to be calm, "cool"
sano healthy, sound
santería (form of fetichism with African and Catholic aspects)
santero a practitioner of **santería**
santo holy, sainted; (*m*), saint
sartén (*m & f*) frying pan
santuario sanctuary
sastre (*m*) tailor
Satanás (*m*) Satan
satisfacción satisfaction

Vocabulario

satisfacer to satisfy
satisfactorio satisfactory
satisfecho satisfied
saúco saucco (medicinal plant)
savia sap
sazonar(se) to season
secar to dry
sección section
seco dry; thin; **a secas** simply
secreto secret
secuestrar to kidnap
secundario secondary
sed (f) thirst; **tener –** to be thirsty
sedante soothing
seductor charming; (m), seducer
seguida ; **en –** at once
seguir(i, i) to follow; to go on, keep on
según according to
segundo second
seguro sure, certain; safe, secure; **compañía de seguros** insurance company
sello postage stamp
selva jungle
semáforo traffic light
semana week
semejante similar, like
semejar to resemble, to be like
sencillo simple
seno bosom; lap
sensible sensitive
sentarse(ie) to sit down
sentencia sentence (legal)
sentido sense; meaning
sentir(ie, i) to feel; to hear; to be sorry, regret; **–se** to feel
seña sign; (pl), address
señal (f) signal; sign, mark
señalar to mark; to signal, point out
señoría; su – your honor
separar to divide, separate
sepulcro grave, tomb
se(p)tiembre (m) September
séptimo seventh
sepultar to bury

ser to be; (m), being; person
serenata serenade; **dar –** to serenade
sereno calm, serene; (m), night watchman
serio serious, in earnest; reliable
serpiente (f) snake, serpent
serrucho hand saw
servir(i, i) to serve, be of service **– se de** to use; **– de** to serve as; **sírvase** please
servilleta napkin
setecientos seven hundred
seudónimo pseudonym
sexo sex
si if; whether; why!; **sí** yes; himself, herself, etc.; each other, one another
sicología psychology
sicólogo psychologist
siempre always, ever; **– que** whenever; **para siempre** forever
siglo century; age
significado meaning
significar to mean, signify
signo sign
siguiente following, next
silbar to whistle
silbido whistle
silla chair (usually straight); saddle; **– de ruedas** wheelchair
sillón (m) large chair, easy chair
símbolo symbol
simio monkey; ape
simpático appealing, likeable
sin without
síncope (m) syncope, faint
siniestro sinister; left
sino (only after negatives) but
sinónimo synonymous; synonym
sintetizar to synthesize
sinvergüenza (m & f) shameless person, cad
siquiera even, at least
sistema (m) system
sitio place, spot; siege
situar to situate

smoking (m) tuxedo
soberbio haughty, proud
sobrar to be more than enough, left over
sobre on, upon; over, above; about; (m), envelope
sobrecama bedspread
sobrecogido apprehensive
sobrenatural supernatural
sobrepasar to surpass, exceed
sobresaliente excellent; (m), class grade of A
sobresalir to excel
sobretodo topcoat, overcoat
sobrevivir to survive
sobrino nephew; (f), niece
sociedad society
sofá (m) sofa
soga rope
sol (m) sun; **hacer –** to be sunny
solapa lapel
soldado soldier; **– raso** private
soldador welder
soledad solitude
soler(ue) to be accustomed to
solista (m & f) soloist
solo alone, lonely; **sólo** only, solely
solsticio solstice
soltar(ue) to let go, let go of, let loose; to set at liberty
soltero bachelor; (f), spinster
sombra shade, shadow
sombrero hat
someter to subject, submit; to expose
sonar(ue) to sound; to ring
sonido sound
sonreír to smile
sonrisa smile
soñador dreamer
soñar(ue) to dream; **– con** to dream of
sopa soup
soportar to endure
sor (f) sister (nun)
sordo deaf, dull
sordomudo deafmute

sorprendente surprising
sorprender to surprise
sorpresa surprise
sorrullito (corn stick made with cheese)
sospecha suspicion
sospechar to suspect
sostener to support, hold up, keep up, maintain, carry on
sota (f) jack (figure on Spanish cards)
sotana cassock (of priest)
su his, her, its, your, their
suave soft, gentle
subdesarrollado underdeveloped
subestimar to underestimate
subir to go up, come up; to rise; to climb; to get in (car, bus, etc.)
suceder to happen; to turn out
suceso incident, event
Suecia Sweden
sueldo salary
suelo ground; floor
suelto loose; swift
sueño dream; sleep; **tener –** to be sleepy
suero serum; glucose
suerte (f) lot; fate, fortune; luck; kind; **tener –** to be lucky; **de – que** so that; **de tal –** and so
suéter (m) sweater
sufrimiento suffering
sufrir to suffer; to endure, bear;
sugerencia suggestion
sugerir(ie, i) to suggest
sujeto subject; individual, person
sumo high, great; (f), sum, amount
superficie (f) surface
supermercado supermarket
superpoblado overpopulated
suponer to suppose
supuesto; por – of course
sur (m) south
suspender to fail (students); to hang, suspend
suspenso suspense; (m), failing grade, F
suspirar to sigh

sustituir to substitute
suyo his, of his, her, of hers, its, your, of yours, their, of theirs

T

tabaco tobacco; cigar
tabla board
tablero board (of a game)
tacaño stingy
tacón (m) heel (of shoe)
tajada slice
tal such, such a; that; **con – que** provided that; **¿que tal?** how are you?; **– vez** perhaps
tamaño size
tambalearse to totter, stagger, reel
también also, too
tambor (m) drum
tampoco not . . . either, nor
tan so, as; such a
tanto so much, so many, as much, as many
tapar to cover
tapia wall, fence
tapicería upholstery
tapicero upholsterer
taquígrafo stenographer
taquilla box office
tarasco name of a Mexican tribe of Indians
tardar to delay, be late; **tardar . . . en** to take (period of time) to
tarde (f) afternoon; (adv), late
tarea task, job
tarjeta card
tarotas tarot cards
taxista (m & f) taxi driver
taza cup
te you, to you
té (m) tea
teatro theater
tebeos comic strips (Spain)
techo roof; ceiling
tejano Texan
tejedor weaver
tejer to weave
tejido textile, woven fabric

tela cloth, material
teléfono telephone
telefonear to telephone
tema (m) subject, theme
temblar(ie) to tremble
temblor (m) tremble, shiver; earthquake
temer to fear
temible fearful, terrible, dreadful
temor (m) fear
témpano de hielo iceberg
tempestad storm
templado temperate
templanza temperance
temporal temporary; temporal; secular, worldly
temprano early, premature
tenazas tongs
tender(ie) to extend, stretch
tenedor (m) fork
tener to have; **– calor, frío, hambre, etc.** to be (feel) hot, cold, hungry, etc.; **¿qué tiene?** what is the matter?; **– que** to have to
teniente lieutenant
tentación temptation
teñir(i, i) to dye
teocrático theocratic, ruled by religion
teológico theological
teoría theory
terciopelo velvet
termómetro thermometer
termostato thermostat
terreno land, ground; field
terremoto earthquake
tertulia social gathering; club
tesoro treasure
testigo (m & f) witness
tibio lukewarm
tiburón (m) shark
tiempo time; weather
tienda shop, store; tent
tierno tender
tierra earth, land; region
tigre, tigresa tiger, tigress
tijera (usually pl) scissors

tilma   Mexican cloak
tímido   timid
timón (*m*)   rudder, steering wheel
tina   tub
tintorero   dry cleaner
tío   uncle; (*f*), aunt
típico   typical
tipo   type; standard
tirar   to throw; to throw away; **– de**   to pull
tiro   shot; **de –**   draft
título   title, diploma
toalla   towel
tobillo   ankle
tocar   to touch; to play (an instrument); **le toca . . .**   it's his turn to . . .
tocino   bacon; **– del cielo**   custard with caramel topping
todavía   still, yet
todo   all, every
tomar   to take; to drink; **– en cuenta**   to take into consideration
tomate (*m*)   tomato
tono   tone; airs
tonto   foolish; stupid
toque (*m*)   touch
torcer(ue)   to twist; turn
torear   to fight bulls
toreo   bullfighting
torero   bullfighter
tornar   to return
tornillo   screw
torniquete (*m*)   tourniquet
torno   turn; **en – a**   around
toro   bull; **corrida de toros**   bullfight
tortuga   turtle
torre (*f*)   tower
tostada   toast
tostadora   toaster
trabajar   to work
trabajo   work
trabajoso   laborious, difficult
traducir   to translate
traer   to bring
tragar   to swallow

traje (*m*)   suit; costume, clothes
trampa   trap, snare; fraud; trick; **hacer –**   to cheat
tramposo   cheater
tranquilo   quiet, tranquil
transcurrir   to pass (of time)
transeúnte (*m & f*)   pedestrian
transmitir   to transmit
transportar   to carry
transporte (*m*)   transportation
tranvía (*m*)   streetcar
tráquea   trachea, windpipe
tras   behind; after
trasero   rear
trasladar   to move
traspasar   to cross, trespass
trastorno   disorder
tratar   to treat; to call (by a name); **– de**   to try to; **–se de**   to be a question of
trato   treatment; behavior
través (*m*)   crosspiece; **a – de**   across
travieso   mischievous
trazar   to trace; to draw up
trébol (*m*)   club (cards); clover
tren (*m*)   train; **– subterráneo**   subway, underground train
trepar (por)   to climb (up)
tribu (*f*)   tribe
Tribunal supremo   Supreme Court
trigueño   brunet, dark, swarthy
triste   sad; sorry
tristeza   sadness, sorrow
triunfo   triumph
trompa   trunk (elephant)
tronco   trunk (tree)
tropezar(ie) con   to stumble (into); bump against
truco   trick
trueno   thunder
tu   your; you
tubo   pipe (plumbing); tube
tulipán (*m*)   tulip
tumba   tomb
tumbar   to knock down
tuna   prickly pear; group of Spanish university musicians

tuno   member of a "tuna"
turbar   to disturb, trouble
tuyo   your, of yours

U

u   or (before words beginning with with **o** and **ho**)
último   last; latest; latter
ultramar (*m*)   overseas
un, una   a, an; (*pl*), some, about
ungüento   ointment
único   only, sole
unidad   unity
unir   to unite, join
usar   to use; to wear (out)
uso   use
útil   useful
utilizar   to use, utilize

V

vaca   cow
vacaciones   vacation; **ir de –**   to go on vacation
vaciar   to empty
vacío   empty
vacuna   vaccine
vacunar   to vaccinate
valer   to be worth
valiente   brave, valiant
valor (*m*)   value; courage
valla   fence, barrier
valle (*m*)   valley
vampiro   vampire
vanidoso   vain
vano   useless; **en –**   in vain
vapor (*m*)   steam; steamship
vaquero   cowboy; (*f*), cowgirl
variar   to vary
varios   various, several
varón (*m*)   man
vasco   Basque
vaso   glass; vase
vasto   vast, huge
vecino   neighboring; (*m*), neighbor
vegetal (*m*)   vegetable, plant
vegetariano   vegetarian
vehículo   vehicle

vejez (f)   old age
vela   candle; sail
velar   to veil; to stay up late; to watch
veleta   weathervane
velo   veil
velocidad   speed, velocity
veloz   rapid
vencer   to conquer, overcome, defeat
vendar   to bandage
vender   to sell
veneno   poison
vengar   to avenge; **–se**   to take revenge
vengativo   revengeful
venir   to come
venta   sale; inn
ventaja   advantage
ventana   window
ventura   happiness
ver   to see
verano   summer
veras; de –   really, truly
verdad (f)   truth; **¿verdad?**   isn't it true?
verde   green
vereda   path
vergüenza   shame; **tener –**   to be ashamed
verso   verse; line of poetry
verter(ie, i)   to pour
vestido   dress; **– de**   dressed as

vestir(se)(i, i)   to get dressed
veterinaria   veterinary medicine; (m), veterinarian
vez (f)   time (in a series); turn;
 a la –   at the same time;
 a veces   at times; **alguna –**   sometimes; **a su –**   in turn
vía   track; way, road
viajar   to travel
viaje (m)   trip, journey
vialidad   system of public roads
víctima   victim
vida   life
viejo   old
viento   wind; **hacer –**   to be windy
vigilar   to watch
vino   wine
violeta   violet
virtud   virtue
viruela   smallpox
visigodo   Visigothic
visir (m)   vizier (a high official in Moslem countries)
visitante (m & f)   visitor
vista   sight; view
vitral (m)   stained glass window
viudo   widower; (f), widow
viudez (f)   widowhood
vivir   to live, dwell
vivo   alive; lively, vivacious
vocero   spokesman
volante (m)   steering wheel

volar(ue)   to fly
volcar(ue)   to turn over
volumen (m)   volume, tome
voluntad   will
volver(ue)   to turn; to return, come back; to bring back, restore;
 – a   to do something again
voz (f)   voice, word; (pl), shouts, cries
vuelo   flight
vuelta   turn; return; **dar una –**   to take a short walk; **estar de –**   to be back
vulgar   common

Y

y   and
ya   already; now; presently;
 ¡ya lo creo!   I should say so!
 ya no   no longer; **ya que**   as long as, since, now that
yegua   mare
yeso   plaster cast
yo   I

Z

zafarse (de)   to get rid (of)
zapatero   shoemaker
zapato   shoe
zoológico   zoological; (m), zoo
zorro   fox
zurdo   left-handed

Vocabulary

A

abandon abandonar
ability habilidad
able; to be – poder(ue)
abortion aborto
about (*prep*), de; acerca de; cerca de; alrededor de; por; en torno de; (*adv*) casi; a eso de
above (*adv*), encima; (*prep*), encima de
absence ausencia
absent ausente; **to be –** ausentarse
absent-minded distraído
absolve absolver(ue)
absorbed absorto
absurd absurdo
accent acento
accompany acompañar
according (to) según
accountant contador
accused acusado
accustomed acostumbrado; **to be – to** soler(ue)
ache dolor (*m*); **to –** doler(ue)
acquire adquirir(ie)
act actuar
action acción
actual verdadero, real, existente
acute agudo
add añadir; sumar
address dirección; señas; **to –** dirigir
addressee destinatario
adhesive tape esparadrapo
adjoining inmediato
adjust ajustar
admire admirar
admirer admirador
admit admitir
advance avance (*m*); **to –** avanzar, adelantar
advantage ventaja; **to take – of** aprovecharse de
adventure aventura
adventurer, adventurous aventurero
advice consejo
advise aconsejar
affair asunto
affection afecto; cariño
afraid; to be – tener miedo
after (*adv*), después; (*prep*), después de; (*conj*), después que
afternoon tarde (*f*); **in the –** por la tarde
afterward(s) después
again otra vez; **to do . . . again** volver a (*with inf*)
against contra
age edad (*f*); **Golden –** Siglo de Oro; **Middle Ages** la Edad Media
agent agente (*m & f*)
aggressive agresivo
agree estar de acuerdo
agreeable agradable
agreement acuerdo
agricultural agrícola (*m & f*)
ailment dolencia
aim meta; **to – (at a mark)** apuntar
air aire (*m*); **– mail** correo aéreo, por avión
airplane avión (*m*)
airport aeropuerto
aisle pasillo
alarm alarma; **to –** alarmar; **– clock** despertador (*m*)
alcohol alcohol (*m*)
alive vivo
all todo; **– that** todo lo que, cuanto
alleviate aliviar
allow dejar, permitir
allowance pensión
All Souls' Day el día de los Fieles Difuntos (Nov. 2)
almost casi
alone solo
along por; a lo largo de
already ya
also también
although aunque
altar boy monaguillo
always siempre
a.m. de la mañana
amazed maravillado
ambulance ambulancia
America América; **South –** la América del Sur; **North –** la América del Norte
American americano (*for U.S.A., frequently* norteamericano)
amuse divertir(ie, i); **to have a good time** divertirse
amusement diversión
analyze analizar
ancient antiguo
and y; e (*before* **i** *and* **hi**)
Andalusian andaluz, –a
anger enojo, ira
angry; to get – enojarse, enfadarse; **to make –** enfadar, enojar
ankle tobillo
annoy molestar; **to get annoyed** molestarse (por)
another otro
another's ajeno
answer respuesta, contestación; **to –** contestar a, responder a
ant hormiga
antagonistic antagónico
anti-freeze anticongelante (*m*)
anxious ansioso
any alguno; (*after negative*), ninguno
anybody, anyone alguien; (*after negative*), nadie
anyone (at all) cualquiera
anything algo (*after negative*), nada, cualquier cosa
anywhere dondequiera

Vocabulary

apartment piso, apartamento
apologize disculparse
appear aparecer
appearance apariencia, aspecto
appetite apetito
apple manzana
apply aplicar
appointment turno, cita
appreciate apreciar
apprehensive aprensivo; sobrecogido
apprenticeship aprendizaje (*m*)
approach acercar(se) (a)
approve aprobar(ue)
apricot albaricoque (*m*)
April abril (*m*)
Arab árabe (*m&f*)
arch arco
architect arquitecto
arm brazo
armchair butaca, sillón (*m*)
armored car camión blindado (*m*)
army ejército
around por; en torno (de) *or* (a); alrededor de
arrange arreglar
arrest detener
arrive llegar
arrow flecha
art el arte; las artes
article artículo
artificial artificial
as como; tan; **as . . . as** tan . . . como; **as if** como si; **as much (many) . . . as** tanto . . . como
ashamed avergonzado
aside (*adv*), aparte
ask (a question) preguntar, hacer una pregunta; **– for** pedir(i, i)
aspirin aspirina
associate socio; **to –** asociar
assailant asaltante (*m&f*)
assure asegurar
astonish asombrar
at a, en, de
atmosphere ambiente (*m*); atmósfera
attack arremeter (contra), atacar

attain alcanzar
attend concurrir (a), asistir (a)
attentive atento
attitude actitud
attorney abogado; **district –** fiscal (*m&f*); **defense –** abogado defensor
attract atraer
attraction atractivo; atracción
attribute atribuir
audacious audaz (*m&f*)
audacity audacia
August agosto
aunt tía
autumn otoño
avenue avenida
average promedio
avoid evitar
await aguardar, esperar
away; go – irse; **right –** ahora mismo
ax hacha

B

baboon mandril (*m*)
baby bebé
bachelor (*unmarried*), soltero; (*holder of degree*), bachiller (*m*)
back atrás
backwards al revés
bacon tocino, tocineta
bad malo
bag bolsa
baggage equipaje (*m*)
bagpipe gaita
baker panadero
balance proporción; **to –** balancear, equilibrar
bald calvo
ball pelota; **– player** pelotero
bandage venda
bandaid curita
bank (*financial*), banco; (*of a river*), orilla
banquet banquete (*m*)
baptize bautizar
barbecue barbacoa

barber barbero, peluquero; **– shop** peluquería, barbería
barefoot descalzo
bargain ganga
bark (*dog*) ladrido; **to –** ladrar
bartender cantinero
base base (*f*); **to – oneself (on)** basarse (en)
baseball béisbol (*m*); **– player** pelotero
basis base (*f*)
basket canasta, cesta
basketball baloncesto, básquetbol (*m*)
Basque vasco
bat (*mammal*), murciélago
bathe bañar; **to take a bath** bañarse
bathtub bañera
batter (*baseball*), bateador (*m*)
battery (*car*), acumulador (*m*); (*flashlight*), pila
battle batalla; **to –** batallar
bay (*of the sea*), bahía
be ser; estar
beach playa
beak pico
bear oso (*m*)
beard barba
bearded barbudo
beat batir; derrotar
beautiful bello, hermoso
beauty belleza
beauty parlor peluquería
because porque; **– of** a causa de
become (*see Cap. 15*) convertirse (ie, i) en; hacerse; llegar a ser; ponerse; quedarse; volverse(ue)
bed cama, lecho; **to go to –** acostarse(ue)
bedroom alcoba
bedspread sobrecama
bee abeja
beef carne (*f*) de vaca
beefsteak bistec (*m*)
before (*adv*), antes; (*prep*), antes de; (*conj*), antes (de) que
beggar mendigo

begin comenzar(ie) (a); empezar (ie) (a)
beginning principio
behind detrás; tras
belfry campanario
belief creencia
believe creer
believer creyente (m&f)
bell campana
belong pertenecer
beloved amado, querido
below abajo
bench banco
bend torcer(ue)
beneath debajo de
beneficial beneficioso
beside al lado de, cerca de
besides además (de)
bet apuesta; **to –** apostar(ue)
better mejor
between entre
bicycle bicicleta
bill cuenta
billfold billetera
bird ave (f), pájaro
bishop obispo
bite mordida; **to –** (of animals), morder(ue); (of insects), picar
bitter amargo
bitterness amargura, rencor (m)
black negro
blackboard pizarra
blame culpa; **to –** echar la culpa a
bleachers graderías
bless bendecir
blessed bendito
blind ciego
block (of city), cuadra
blonde rubio
blood sangre (f); **– pressure** presión; **– test** análisis (m) de sangre
blouse blusa
blow golpe (m); **to –** (a car horn), tocar (la bocina)
blue azul
blur nublar

boar jabalí (m)
board (of a game), tablero; (lumber), tabla
boarding school colegio
boat barco, bote (m)
body cuerpo
boil hervir(ie, i)
bone hueso
book libro
boot bota
bore aburrir; **to be bored** aburrirse
bored, boring aburrido
born; to be – nacer
borrow tomar prestado
bossy mandón, –a
both ambos
bottle botella
bottle opener abrebotellas (m)
bottom fondo
boundary límite (m)
bout pelea
bow tie corbata de lazo
box (crate), caja; (post office), apartado; **to –** boxear
boxer boxeador
boxing boxeo
boxing ring cuadrilátero
box office taquilla
boy niño, muchacho
bracelet pulsera
brain cerebro
brake freno
branch rama
brand marca
brave valiente
bread pan (m)
break romper
breakfast desayuno; **to eat –** desayunar(se)
breath aliento
breathe aspirar, respirar
brick ladrillo
brief breve
bright (colors), vivo
brilliant brillante
bring traer
broad ancho, amplio

brother hermano
brown moreno, color café
brush cepillo
bucket cubo
buckle hebilla
bud retoño
budget presupuesto
building edificio, construcción
bull toro
bullfight corrida de toros
bullfighter torero
bullfighting toreo
bump (into) chocar (con)
bumper (of car), parachoques (m)
burdened agobiado
burn quemadura; **to –** quemar
bus autobús (m)
business negocio; **to do –** hacer negocios
bus stop parada de autobuses
but pero, mas; sino (after a negative)
butcher carnicero
butterfly mariposa
button botón (m)
buttonhole ojal (m)
buy comprar
buzzer chicharra
by por; de; para

C

cabinet maker ebanista (m)
cadet cadete
cage jaula
calendar calendario
caliph califa (m)
caliphate califato
call llamar; **to be called** llamarse
camel camello
camera cámara
campfire fogata
can (n), lata; (v), poder(ue)
canary canario
candidate candidato
candle vela
can opener abridor (m) de latas; abrelatas (m)

cap gorro, gorra
capable capaz
capital (*government*), capital (*f*); (*money*), capital (*m*)
captivity cautiverio
capture captura; **to –** capturar, prender
car automóvil (*m*), máquina, coche (*m*), auto
card (*postal*), tarjeta; (*playing*), carta, naipe (*m*); **deck of cards** baraja; **to play cards** jugar a la baraja, los naipes
care cuidado; **to take – of** cuidar (de), ocuparse de
career carrera
careful cuidadoso
carnation clavel (*m*)
carpet alfombra
carry llevar; **– out** llevar a cabo
cart carro
cassock sotana
case caso
cast (*of characters*), reparto
Castilian castellano
cat gato
catch coger
cathedral catedral (*f*)
cattle ganado
cave cueva
cavity (*dental*), carie (*f*)
cease cesar (de)
celebrate celebrar
cemetery cementerio
center centro
century siglo
certain; (a) – cierto
chain cadena
chair silla; **easy –** sillón
champion campeón (*m*)
championship campeonato
change cambio; **to –** cambiar
channel canal (*m*); **to –** canalizar
chapel capilla
chapter capítulo
characteristic (*n*), característica; (*adj*), característico

charge cargar; encargar; **in – of** encargado de
charm encanto
charming encantador
chase perseguir(i, i)
chat charla; **to –** charlar
cheap barato
cheat hacer trampa
check revisar
cheese queso
chess ajedrez (*m*)
chest pecho
chicken pollo
chief cacique (*m*), jefe (*m*)
child niño, niña
children niños
chill enfriar(se)
chimpanzee chimpancé (*m & f*)
choose escoger
chore quehacer (*m*)
Christian cristiano
Christmas Navidad; **– Eve** Nochebuena (*f*)
church iglesia
cigar tabaco, puro
cinnamon canela
circle círculo
city ciudad
civilized civilizado
claim (*complaint*), reclamación; **to –** reclamar
class clase (*f*)
classify clasificar
classroom aula, sala de clase
clean limpio
clear claro; **to be – (*evident*)** constar
clearing (*in woods*), claro
clever ingenioso, diestro, listo, hábil
climate clima (*m*)
climb trepar (por)
cloak manto, capote (*m*)
clock reloj (*m*)
close cerrar(ie)
cloth tela, paño
clothes ropa
cloud nube (*f*)

clown payaso
club (*social*), tertulia; (*cards*), trébol (*m*)
clue clave (*f*); (*legal*), pista
coach entrenador
coarse grosero
coast costa
cockfight pelea de gallos
cockroach cucaracha
coconut coco; **– tree** cocotero
coffee café (*m*)
coin moneda
cold frío; **to be –** (*person*) tener frío; **to be –** (*objects*) estar frío; **to be –** (*weather*) hacer frío
collect coleccionar, cobrar
colony colonia
color color (*m*)
column columna
comb peine (*m*); **to –** peinar
combination combinación
combine combinar
come venir
comfort comodidad; (*consolation*), consuelo
comic cómico; **– strip** tebeos (Spain); tira cómica
command mando, mandato
comment comentario; **to –** comentar
commentary comentario
commentator comentarista (*m & f*)
commit cometer
common común; vulgar
commotion revuelo, lío
companion compañero
company compañía
compete competir(i, i)
competition competencia
complain quejarse (de)
complete completo; **to –** completar
complex complejo
compliment piropo; **to –** piropear
compose componer
composed compuesto

Vocabulary   **417**

composer compositor
computer computadora
conceal disimular; tapar; esconder
conceive concebir(i, i)
concerning respecto de, sobre
concert concierto
condemn condenar
confess confesar(ie)
confidence confianza
confine encerrar(ie)
confuse confundir
congratulate felicitar
conquer vencer, conquistar
conquest conquista
conscience conciencia
consent consentimiento; **to –** consentir(ie, i)
consequently por consiguiente
conservative conservador
consider considerar
consideration; **to take into –** tener en cuenta
consist consistir (en), constar(de)
consolation consuelo
constitute constituir
construct construir, edificar
contain contener
contemporary contemporáneo
contents contenido
contest concurso
continue continuar, seguir(i, i)
converse conversar
cook cocinero; **to –** cocinar, cocer(ue)
cooky galletica
cool fresco
copper cobre (m)
cord cordón (m); **electric –** cordón eléctrico
cork corcho
corn maíz (m)
corner esquina; rincón (m)
corny cursi
correct corregir(i, i)
corrupt corromper
cost costar(ue)
cotton algodón (m)

count (nobleman), conde (m); **to –** contar(ue); **to – on** contar con
country (adj), campestre; (n), campo; país (m); **native –** patria
courage valor (m); coraje (m); valentía
course (at school), asignatura, materia, curso; **of –** por supuesto, claro
court corte (f); (legal), juzgado; **Supreme –** Tribunal Supremo
courteous cortés (m & f)
cousin primo, prima
cover cubrir, tapar
cow vaca
cowboy vaquero
crazy loco
create crear
creative, creator creador
creature criatura
crime delito
criminal delincuente (m & f)
criticize criticar
crocodile cocodrilo
cross cruz (f); **to –** atravesar(ie) cruzar
crow cuervo; **to –** cantar
crude rudo, tosco, inculto
crush aplastar
crutch muleta
cry llorar
cuff puño; **– link** gemelo
culprit culpable (m & f)
cultivate cultivar
culture cultura
cup taza
cure curar
current (adj), corriente; (n), corriente (f)
curse maldecir
curtain cortina
curve curva
custard flan (m)
custom costumbre (f)
cut cortar
cute mono

D

daily (adj), diario; (adv), a diario, diariamente
daisy margarita
damage daño
dance baile (m); **to –** bailar
dancer bailador (m); bailarina
danger peligro
dare atrever(se) (a)
dark oscuro
data datos
date (with a person), cita; (of the month), fecha; **what is the date?** ¿a cuántos (cómo) estamos?
daughter hija
dawn (n & v), amanecer
day día (m); **by –** de día; **– after tomorrow** pasado mañana; **every –** todos los días
deadly mortífero
deaf sordo
deaf-mute sordomudo
deal; a great – mucho
dear querido
decade década
deceit engaño
deceive engañar
December diciembre (m)
decide decidir
deck (of cards), baraja
decoration adorno; decoración
deep profundo, hondo
deep freeze congelación; **to –** congelar
deer ciervo
defective defectuoso
defend defender(ie)
defenseless indefenso
definite definido
defy desafiar
degree (temperature), grado
delay (in) tardar (en)
delicious sabroso, rico
dentist dentista (m & f)
deny negar(ie)
depart partir (de)
depose (law), declarar
deprive privar

derive derivar(se)
descendant descendiente (m & f)
desert desierto; **to –** abandonar
deserve merecer
desire deseo; **to –** desear
desk pupitre (m)
desperate desesperado
despise despreciar
dessert postre (m)
destroy destruir, destrozar
detective detective (m)
development desarrollo
devil diablo
devour devorar
diamond diamante (m)
die morir(ue,u)
different diferente, diverso, distinto
difficult difícil
dining room comedor (m)
dinner cena; **to eat –** cenar, comer
diploma título
direct dirigir
direction dirección
dirty sucio; **– old man** viejo verde; **– word** palabrota
disadvantage desventaja
disagreeable desagradable
disappear desaparecer
disastrous desastroso
discover descubrir
discovery descubrimiento
discriminate discriminar
discuss discutir
disdain desdén (m)
disguise disfraz (m)
dish plato
dishonor deshonrar
disorder trastorno
dispose disponer
distant lejano
distinguish distinguir
distribute distribuir
district attorney fiscal (m)
disturb molestar
divide dividir, partir

divorce divorcio
divorcé, –ée divorciado, –a
do hacer
doctor (medical), médico
dog perro
dollar dólar (m)
dolphin delfín (m)
dome domo
donkey asno, burro
door puerta
dot punto
double doble; doblar(se), duplicar(se)
doubt duda (f); **to –** dudar
doubtful dudoso
dove paloma
down; to go – bajar; **to sit –** sentarse(ie)
downtown (n), centro; (adj), céntrico
dozen docena
drag arrastrar
draw dibujar; **to – to scale** dibujar a escala
drawing dibujo
dream sueño; **to – of** soñar(ue) con
dreamer soñador
dress vestido; **to –** vestir(i); **to get dressed** vestirse(i)
dressmaker modista
drink bebida; **soft –** refresco; **to –** beber
drip gotear
drive manejar
drive-in movie autocine (m)
drop gota; **to –** dejar caer
drown ahogar(se)
drum tambor
drunk borracho
dry seco; **to –** secar
dry cleaner tintorero
duck pato
due (to) debido (a)
duel duelo
dull opaco
during durante

dustpan recogedor (m)
dye teñir(i,i)

E

each cada
eager ansioso, deseoso; **to be – to** tener ganas de
eagle águila
ear oreja; (inner), oído
early temprano
earn ganar
earth tierra
earthquake terremoto, temblor
ease facilidad
easily fácilmente
east este (m)
easy fácil
eat comer
edge borde (m)
educate educar
educated culto
effect efecto
effort esfuerzo
egg huevo
Egypt Egipto
Egyptian egipcio
eighth octavo
elephant elefante (m)
elevator ascensor (m)
embrace abrazo; **to –** abrazar
embroider bordar
emperor emperador
employ emplear
employee empleado
empress emperatriz
empty vacío
enclosed adjunto, anexo
encourage animar
end fin (m), cabo; **at the – of** a finales de; **to –** terminar
endow dotar
endure soportar, aguantar
enemy enemigo
energy energía
engineer ingeniero; **train –** maquinista (m & f)
English inglés

Vocabulary **419**

enjoy disfrutar de, gozar de
enough bastante; **to be –** bastar
enormous enorme
enter entrar(en)
entertain entretener
entertainment entretenimiento
enthusiasm entusiasmo
entrust encargar
envelope sobre (*m*)
envy envidia; **to –** envidiar
epic épico
equal igual
equality igualdad
erase borrar
erupt estallar
especially sobre todo, especialmente
establish establecer
estate hacienda
even (*adv*), aun, hasta; (*adj*), liso, llano; **to get –** desquitarse
evening tarde (*f*), noche (*f*)
ever nunca, alguna vez
every todo, cada
everybody todo el mundo
exact preciso
examination examen (*m*)
examine examinar
example ejemplo; **for –** por ejemplo
exceed sobrepasar, exceder
excel sobresalir
excellent excelente
except excepto, salvo
excessive excesivo
exchange intercambio; **to –** intercambiar
excited exaltado, emocionado; **to get –** emocionarse
excuse dispensar
exercise ejercicio; **to –** ejercer; hacer ejercicios
expense gasto
expensive caro
experiment experimento
explain explicar
expose exponer

extra-terrestrial extra-terrestre
exterminator exterminador
eye ojo
eyedropper gotero
eyeglasses gafas, lentes, anteojos

F

face cara; **to –** enfrentarse a
fact hecho, dato; **in –** efectivamente
factory fábrica
fail fracasar; no tener éxito; **to – someone** suspender a alguien; **to – an exam** salir mal en un examen
faint desmayo, síncope (*m*); **to –** desmayarse
fair (*adj*), justo; (*n*), feria
fairy hada
faith fe (*f*)
faithful fiel
fall caída; (*season*), otoño; **to –** caer(se)
fame fama
family familia
famous famoso, célebre
fan aficionado; ventilador
fang colmillo
far lejos
far-fetched descabellado
farm granja
farmer labrador
fashion moda
fast rápido
fasten prender, asegurar
fat gordo
father padre
fatiguing penoso, cansador
faucet grifo
favor favor (*m*); **to –** favorecer
favorite favorito
fear temor, miedo; **to –** temer, tener miedo de
February febrero
feed alimentar; dar de comer
feel sentir(se)
feminine femenino

female hembra
ferocious feroz (*m & f*)
fertilizer fertilizante (*m*)
fervent fervoroso
few pocos
fiber fibra
fiction ficción
field campo
fifth quinto
fig higo
fight luchar; **to – bulls** torear
film película
fin aleta
finally por fin
find hallar, encontrar; **– out** enterarse de, saber
fine (*adj*), fino, magnífico, bueno; (*n*), multa
finger dedo
fingerprints huellas digitales
finicky quisquilloso
finish concluir, terminar, acabar
fire fuego
fireman bombero
fireplace chimenea
firm casa comercial
first primero; **– aid kit** equipo de primeros auxilios
fist puño
fit caber
five hundred quinientos
fix fijar; arreglar
fixed fijado
flag bandera
flame llama
flashlight linterna
flat plano, llano; (*tire*), goma desinflada
flavor sabor (*m*)
flea pulga
flee huir
flight vuelo
floor suelo, piso
flour harina
flower flor (*f*); **to –** florecer
flute flauta
fly mosca; **to –** volar(ue)

flying saucer platillo volador
fog neblina
follow seguir(i, i)
following siguiente
fond (of) aficionado (a)
food alimento; comida
foolish tonto
foot (*of a human*), pie; (*of an animal*), pata; **on –** a pie
football player futbolista
footprint huella, pisada
for para; por
forbid prohibir
forehead frente (*f*)
foreign extranjero
foreman capataz (*m*)
forest bosque (*m*)
forget olvidar(se) (de)
fork tenedor (*m*)
form forma; **to –** formar
former anterior
fortress fortaleza
found fundar
fountain fuente (*f*)
fox zorro
fracture fractura
free libre; gratis; **to –** librar
French francés
frequency frecuencia
frequent frecuente
friar fraile (*m*)
friend amigo
friendship amistad
frighten asustar, espantar
frivolous frívolo
frog rana
from de, desde
front frente (*m*); **from the –** de frente; **in – of** delante de
frontier frontera
frozen congelado
fruit fruta; (*result*), fruto
fry freír
frying pan sartén (*m & f*)
fulfill cumplir
full lleno
funny gracioso, cómico, divertido

furious furioso
furniture muebles (*mpl*); **piece of –** mueble (*m*)
fuse fundir
future futuro, porvenir (*m*)

G

gag (*skit*), morcilla; (*for mouth*), mordaza
gambling juego
game juego
garden jardín (*m*); (*for food*), huerta
garlic ajo
gather reunir; recoger
gauze gasa
generally por lo general, por lo común, generalmente
generous generoso
gentleman caballero
geometric geométrico
German alemán
get conseguir(i,i)
get up levantarse
gesture ademán (*m*), gesto
ghost fantasma (*m*)
gift regalo
gigantic gigantesco
girl muchacha; **little –** niña
give dar; **– a gift** regalar
give up entregar(se)
glad; to be – of alegrarse de
gladly con mucho gusto
glass (*for drinking*), vaso; (*for windows, etc.*), vidrio
glance over recorrer
glove guante (*m*)
glue cola
go ir; **– away** irse; **– up** subir; **– down** bajar; **– out** salir
goal gol (*m*); (*basketball*), cesto
God Dios
godfather padrino
gold oro
good bueno
good-by adiós; **to say –** despedirse(i, i) de

gossip chisme (*m*)
Gothic gótico
govern gobernar(ie)
government gobierno
grade (*in school*), nota
grandeur grandeza
grandfather abuelo
grandmother abuela
grated rallado
grateful; to be – for agradecer
gravestone lápida
gravity gravedad
gray gris
great gran, grande
greater mayor
greedy codicioso
Greek griego
green verde
greet saludar
grief pena
grimace gesto, mueca
grocer bodeguero
grocery store tienda de comestibles
group grupo
grow crecer; cultivar; producir
guard guardia (*m*); **to –** vigilar
guess adivinar
guest invitado
guide guía (*m & f*); **to –** guiar
guitar guitarra
guitarist guitarrista
Gypsy gitano

H

hair cabello, pelo
hairy peludo
half (*adj*), medio; (*n*), mitad (*f*)
hall sala
ham jamón
hamburger hamburguesa
hammer martillo
hand mano (*f*); (*of watch*), aguja;
hands up! ¡manos arriba!
handcuffs esposas
handkerchief pañuelo
handle mango; asa

hand over entregar
handsome bello, guapo
hang colgar(ue)
happen pasar, ocurrir, acontecer, suceder
happiness dicha, ventura, felicidad
hard rudo, duro; **it is – for them** les cuesta trabajo
hardly apenas
hardware store ferretería
harshly duramente
harvest cosecha
hat sombrero
hate odio; **to –** odiar, aborrecer
haughty soberbio
have (*possession*), tener; (*aux*), haber; **to – something done** mandar hacer algo; **to – just done something** acabar de hacer algo
hazing novatada
head cabeza
headache dolor (*m*) de cabeza
health salud (*f*)
healthy sano
hear oír; **– that** oír decir que
hearse carroza fúnebre
heart corazón (*m*); **– attack** ataque al corazón
heavy pesado
heel tacón (*m*)
height estatura; altura
hello hola
helmet casco
help auxilio, ayuda (*f*); **to –** ayudar; **help!** ¡Socorro! ¡Auxilio!
hemorrhage hemorragia
hen gallina
here aquí, acá
hermit ermitaño
hero héroe
heroine heroína
hide esconder, ocultar
high alto
highway carretera
hill cerro, colina, loma

historical histórico
history historia
holiday fiesta
home hogar (*m*); **at –** en casa
homerun jonrón (*m*)
honey miel (*f*)
honeymoon luna de miel
honor honor (*m*), honra; **to –** honrar **your –** su señoría
hood capuchón (*m*)
hope esperanza; **to –** esperar; **I hope that . . .** ¡Ojalá que . . . !
horn (*of a car*), claxon (*m*); (*of an animal*), cuerno; **to blow the –** tocar el claxon
horse caballo; **on horseback** a caballo
hose manguera
host huésped (*m & f*)
hot caliente
hour hora
house casa
household (*adj*), hogareño
housewife ama de casa
how? ¿cómo?; **how long?** ¿cuánto tiempo?; **how much?** ¿cuánto?
how! (+ *adj or adv*), ¡qué!; **how!** (+ *verb*), ¡cuánto!
however sin embargo
humble humilde
hunger hambre (*f*)
hungry; to be – tener hambre
hunt caza; **to –** cazar
hurricane huracán (*m*)
hurry apresurarse, darse prisa; **to be in a –** tener prisa
husband esposo
hypodermic jeringuilla

I

Iberian ibérico
ice hielo
iceberg témpano de hielo
ice cream helado
idea idea
idol ídolo
if si; **as –** como si

ill enfermo
illiterate analfabeto
illness enfermedad
image imagen (*f*)
imagine imaginarse
immature inmaduro
immense inmenso
imply implicar
importance importancia
important importante; **to be –** importar
impose imponer
impossible imposible
impression impresión
impressive impresionante
imprisonment prisión; **life –** cadena perpetua
improve mejorar
in en; de; por; a
incapable incapaz (*m & f*)
inch pulgada
incident suceso
include incluir
income renta
inconceivable inconcebible
increase aumentar
incredible increíble; **to seem –** parecer mentira
inform avisar, enterar
information informe (*m*)
influence influir
inhabit habitar
inhabitant habitante (*m & f*)
initial inicial
innocent inocente, cándido
inquire averiguar
inside (*adv*), dentro, adentro; (*prep*), dentro de
insist (on) insistir (en)
install instalar
insult insultar
insurance; – company compañía de seguros; **to get life –** asegurarse la vida
intend pensar(ie) (+ *inf*)
intelligent inteligente
interest interés (*m*); **to –** interesar

interesting interesante
interrupt interrumpir
interview entrevista; **to –** entrevistar
introduce presentar
introvert introvertido
invade invadir
invent inventar
invention invento
inverted invertido
invest invertir
invite convidar, invitar
iron hierro
island isla
isolated aislado

J

jack (*cards*), paje, sota
jacket chaqueta
jail cárcel (*f*)
January enero
jaw mandíbula
jealous celoso
jelly jalea
jester burlón
jewel alhaja, joya
jingle bell cascabel (*m*)
job tarea, puesto, empleo
join juntarse; asociarse a; ingresar en (*club, society*)
joke chiste (*m*), broma; **to –** bromear
joking bromista
journalist periodista (*m&f*)
journey jornada, viaje
joy regocijo, alegría
joyful alegre
judge juez (*m&f*); **to –** juzgar
July julio
jump saltar
June junio
jungle selva
jury jurado
just; to have – acabar de (+ *inf*)
justice justicia

K

kangaroo canguro
keep conservar, guardar
key llave (*f*)
kick patear
kidnap secuestrar
kidnapper secuestrador
kilometer kilómetro
kind amable; clase, especie; **what – of . . .?** ¿qué clase de . . .?
kindness bondad
king rey
kingdom reino
kiss beso; **to –** besar
kitchen cocina
knee rodilla
knee-pad rodillera
knife cuchillo
knight caballero
knock llamar; **– down** derribar, tumbar
know (*be aquainted with*), conocer; (*a fact*), saber; **not to –** ignorar
knowledge conocimiento

L

laboratory laboratorio; **lab coat** bata
laborious trabajoso
lack falta; **to be lacking** faltar (*with ind.o.*); carecer de
ladies' man Don Juan
lake lago
lamb cordero
land tierra, terreno; **to –** (*plane*) aterrizar
landing strip campo de aterrizaje
language lengua; idioma (*m*)
lapel solapa
large grande
last último; pasado; **to –** durar
late tarde; **to be –** tardar (en); llegar tarde
latter; the – éste, ésta, (–os, –as)

laugh reír; **to – at** reírse de
laughter risa
launch lanzar
launching lanzamiento
law ley (*f*)
lawsuit pleito
lawyer abogado
layer capa
lazy perezoso
lead conducir
leaf hoja; **to – through** hojear
league liga
leap salto; **to –** dar un salto; saltar
leap year año bisiesto
learn aprender (a)
least menor, menos; **at –** por lo menos
leather cuero
leave dejar; ir(se)
left izquierdo; **to the –** a la izquierda
left-handed zurdo
leg (*humans*), pierna; (*animals, furniture*), pata
legalize legalizar
legend leyenda
lemon limón (*m*)
lend prestar
less menos; menor
let dejar, permitir
letter carta; (*of alphabet*), letra
lettuce lechuga
level nivel (*m*)
lesson lección
liar mentiroso
library biblioteca
lie mentira; **to –** mentir (ie, i)
life vida
light (*n*), luz (*f*); (*adj*): (*weight*), ligero; (*color*), claro
lightbulb bombilla(o)
light up encender(ie)
like (*adj*), parecido, similar; (*conj*), como; **to –** querer, gustar(le) a uno; (*n*), gusto
likeable simpático
lilac lila

Vocabulary 423

lily lirio
limit límite (m); **to – oneself (to)** concretarse a
line línea
lion, lioness león, leona
lip labio
listen to escuchar
literary literario
little (adj), pequeño; (adv), poco
live vivir
liver hígado
living room sala
lizard lagarto
load carga; **to –** cargar
lock up encerrar(ie)
logical lógico
long largo
look at mirar
look for buscar
look (out of the window) asomarse (a la ventana)
loose suelto
loosen soltar(ue), aflojar
lose perder(ie)
lovable amable
love amor (m); **to –** amar, querer; **to fall in – with** enamorarse de; **in – with** enamorado de
lover amante (m&f)
loyal leal
loyalty lealtad
luck suerte (f)
lucky; to be – tener suerte
lukewarm tibio
lunch almuerzo; **to eat –** almorzar(ue)
lute laúd (m)
luxury lujo

M

machine máquina
magazine revista
maid criada
maiden name apellido de soltera
mail correo; **–box** buzón (m); **– carrier** cartero; **to –** echar al correo; **by air –** por correo aéreo, vía aérea, avión
maintain mantener
major especializarse en
majority mayoría
make hacer; fabricar
male macho; varón
man hombre, varón
manage arreglárselas
manager (business), gerente (m&f); (sports), apoderado
mane (lion), melena; (horse), crin (m)
maneuver maniobrar
manner modo, manera; **manners** modales (m)
manufacturer fabricante (m)
marble mármol (m)
march marchar
mark marca; **trade–** marca registrada; **to –** marcar, señalar
market mercado
marry casar; **to get married** casarse con
Martian marciano
marvel maravilla
masked enmascarado
mass (church service), misa
master amo, dueño
match fósforo, cerilla
mate (of animals), cruzarse con
material materia; material (m)
maternal materno
matter asunto; **what's the –?** ¿qué pasa?
May mayo
mayor alcalde (m)
meal comida
mean querer(ie) decir, significar
mean fellow canalla (m&f)
meaning sentido; significado
measure medida; **to –** medir(i,i)
meat carne (f)
mechanic mecánico
medal medalla
medicine medicina
meet conocer, encontrar(ue); **to – by chance** encontrarse con
melancholy melancolía
melt derretirse(i, i)
member miembro
mention mención; **to –** mencionar
merchandise mercancía
mercy merced (f)
merry alegre
message mensaje, recado
messenger mensajero
metermaid chica pone-multas
method método
middle-aged de edad madura
midnight medianoche (f)
mile milla
milk leche
million; one – un millón
minaret minarete (m)
mind mente (f)
mine mío
miner minero
minute minuto
miracle milagro
mirror espejo
mischievous travieso
misfortune desgracia
miss; to – (bus, train), perder(ie); (a person), echar de menos (a)
missionary misionero
mistake equivocación; **to be mistaken** equivocarse
mix mezcla; **to –** mezclar
moderate moderado
monarch monarca
money dinero
monk monje (m)
monkey mono
month mes (m)
monument monumento
moon luna
Moor moro
more más
morning mañana; **in the –** por la mañana; **tomorrow –** mañana por la mañana
Morocco Marruecos (m)

Moslem musulmán, –a
mosquito net mosquitero
most más; **– of** la mayor parte de
mother madre, mamá
mount monte (m); **to –** montar
mountain montaña
mountain climbing alpinismo
mourning luto
mouse ratón (m)
moustache bigote (m)
mouth boca
move mover(ue), trasladar
movement movimiento
movies cine (m)
murder crimen (m); (*premeditated*) asesinato
murderer criminal (m & f), asesino
music música
musician músico
must tener que; haber de; deber
mute mudo
my mi; mío
myself yo mismo; me; mí; mi mismo; **by –** solo
mystery misterio

N

nail clavo; **finger–** uña
naive cándido
naked desnudo
name nombre (m); **Christian –** nombre de pila; **family –** apellido; **to be named** llamarse
nap siesta; **take a –** dormir(ue), echar la siesta
napkin servilleta
narrow estrecho
nature naturaleza
near (*adv*), cerca; (*prep*), cerca de
nearby cercano
necessary necesario, preciso; **it is –** hay que
neck cuello
necktie corbata
need necesitar
needle aguja

neglect descuidar
neglected descuidado
neighbor vecino
neighborhood barrio
neither ni; tampoco; **neither . . . nor** ni . . . ni
nephew sobrino
nervous nervioso
never nunca, jamás
nevertheless sin embargo
new nuevo
news noticias
newspaper periódico, diario
next próximo; **– year** el año que viene
nickname apodo; **to –** apodar
niece sobrina
night noche (f); **good –** buenas noches; **at –** por la noche; **last –** anoche
nightgown ropón, camisón
nightingale ruiseñor (m)
nobody nadie (m & f)
noise ruido
none ninguno
noon mediodía (m)
nor ni
northern del norte, norteño, septentrional
notebook cuaderno
not even ni siquiera
nothing nada
nose nariz (f)
notice aviso; **to –** fijarse en
novel novela
November noviembre
now ahora; **right –** ahora mismo; **– that** ahora que
nowadays hoy día
number número
nun monja
nurse enfermera

O

obey obederce
object objeto
obscure oscuro, oculto

obstacle obstáculo
obstruct obstruir
obvious obvio
occur ocurrir
o'clock; it is . . . – es la . . ., son las . . .
October octubre
odor olor (m)
of de, en; (*of time*), menos; **of course not!** ¡qué va!
off; to take – quitarse
offend ofender
offer oferta; **to –** ofrecer
office (*of doctor, dentist*), consultorio; (*business*), despacho, oficina; **post –** correo
often a menudo
ogre ogro
oil aceite (m)
ointment ungüento
old viejo; **to be . . . years old** tener . . . años
old age vejez (f)
olive aceituna
omit omitir
on en; a; sobre; encima de; **on foot** a pie; **on Monday** el lunes
once una vez; **at –** en seguida
only (*adj*), único; (*adv*), sólo, solamente
open abierto; **to –** abrir
opinion parecer (m); **in my –** a mi parecer
opportunity ocasión, oportunidad
oppose oponer
or o; u (*before* **o** *or* **ho**)
orange naranja
orchestra orquesta
orchid orquídea
order (*system*), orden (m); (*command*), orden (f); **in – to** para; **in – that** para que; **to –** ordenar, mandar; pedir
origin origen (m)
originate originar
other otro
ounce onza
our nuestro

out, outside (*adv.*), fuera, afuera; de fuera; (*prep.*) fuera de
outlet (*electric*), enchufe (*m*)
outshine opacar
outstanding destacado
oval ovalado
oven horno
overcoat abrigo; sobretodo
overnight de la noche a la mañana
overpopulated superpoblado
overseas ultramar (*m*)
overwhelming abrumador
owe deber
owl buho
own propio; **to –** poseer
owner dueño
ox buey (*m*)
oxygen mask máscara de oxígeno

P

package paquete (*m*)
pact pacto; **to make a –** pactar
page página
pain dolor (*m*)
paint pintar; **–brush** brocha, pincel
painter pintor
painting pintura, cuadro
pair par (*m*); pareja
pajamas piyama (*m*)
palace palacio, alcázar (*m*)
pale pálido
palisade empalizada
palm palma
palmistry quiromancia
palm reader quiromántico
panther pantera
pants pantalón (*m*)
panty hose pantimedias
paper papel (*m*)
paragraph párrafo
parasite parásito
pardon perdón (*m*); **to –** perdonar; (*legal*), indulto
parents padres
park parque (*m*)
parking meter parquímetro

parrot loro
parsley perejil (*m*)
part parte (*f*); (*in a play*), papel; (*of the hair*), raya
pass pasar
passenger pasajero
passer-by transeúnte (*m&f*)
passionate apasionado
passport pasaporte (*m*)
past (*adj*), pasado; (*n*), pasado; **half – five** las cinco y media
pastime pasatiempo
pastry pastel (*m*)
path vereda, senda
patient paciente (*m&f*); **to be –** tener paciencia
patrol car coche patrullero
pay pagar
peace paz (*f*)
peaceful pacífico
peach melocotón (*m*), durazno
peacock pavo real (*m*)
peak cumbre (*f*)
pea jacket chaquetón (*m*)
peanut cacahuete (*m*), maní (*m*)
pear pera
pea (*English, sweet*), guisante
piece pedazo
pedestrian transeúnte (*m&f*), peatón
pen pluma
penalty pena, multa; **death –** pena de muerte
pencil lápiz (*m*)
people gente (*f*)
pepper (*sweet*), pimiento; (*black*), pimienta
pepper shaker pimentero
perform hacer; llevar a cabo; cumplir; realizar; **– a role** hacer un papel; **– a play** representar una pieza
perhaps acaso, quizá(s)
period época, período
perjury perjurio
permission permiso
pharmacist farmacéutico
photograph foto(grafía)

physical físico
pick coger; **to – up** recoger
pickpocket carterista (*m&f*)
picture cuadro
picturesque pintoresco
pig cerdo
pilgrimage peregrinación, romería
pill píldora, comprimido
pillow almohada, cojín (*m*)
pin prendedor (*m*); alfiler (*m*)
pineapple piña
pink rosado
pioneer pionero
pipe (*plumbing*), tubo, caño; (*smoking*), pipa
pistol pistola
pity lástima, piedad
place lugar (*m*), sitio, local (*m*); **to –** poner
plain (*adj*), llano, plano; (*n*), llanura
plan plan (*m*); **to –** planear
plane avión (*m*)
planet planeta (*m*)
plant planta
plantain (*kind of banana*), plátano
plaster cast yeso
plate plato
platter fuente (*f*)
play (*theatre*), pieza; **to –** (*a game*), jugar(ue) (a); **to –** (*an instrument*), tocar
player jugador
playwright dramaturgo
please por favor, haga el favor de . . ., sírvase . . .; **to –** agradar, gustar, complacer
pleasure gusto, placer (*m*)
pliers alicates (*mpl*)
plot (*of a play*), argumento
p.m. de la tarde, de la noche
pocket bolsillo
pocketknife navaja
poem poema (*m*)
poet poeta (*m*)
poetess poetisa
pointed puntiagudo
point out señalar; indicar

poison veneno
point punta
police policía
police officer policía (*m&f*)
politician político
polka dot lunar (*m*)
poll encuesta
poor pobre
poppy amapola
port puerto
Puerto Rican puertorriqueño
portrait retrato
portray retratar
possess poseer
possibility posibilidad
possible posible
post office casa de correos, correo
pot cazo, cazuela
potato papa
pound libra
pour echar, verter(ie,i)
powder polvo
practice práctica; **to –** practicar
praise alabar, elogiar
pray rezar
prayer oración
preach predicar
preacher predicador
predict predecir
predominate predominar
prefer preferir(ie,i)
pregnant embarazada
prepare preparar
prescription receta
present presente
press prensa
pressure presión; **blood –** presión
pretend fingir
pretty lindo, bonito, guapo
prevail prevalecer
prevent impedir(i,i)
prevention prevención
previous anterior
price precio; **what is the – of . . . ?** ¿A cómo se vende . . . ?, ¿A cómo es (son) . . . ?, ¿cuánto vale?

pride orgullo
priest cura
poll encuesta
priest cura, sacerdote
priestess sacerdotisa
prince príncipe
princess princesa
print imprimir
prisoner prisionero, presidiario
private particular, privado; (*rank*), soldado raso
prize premio; **to award a –** premiar
probably probablemente
process proceso
proclaim proclamar
produce producir
professor profesor
program programa (*m*)
progress progreso
prohibit prohibir
project proyecto; **to –** proyectar
promise prometer
pronounce pronunciar
proof prueba
propose proponer; declararse
prosperous próspero
protect proteger
proud orgulloso
prove probar(ue)
proverb refrán (*m*), proverbio
provide disponer
province provincia
psychologist sicólogo
pull tirar (de)
pun juego de palabras
punish castigar
pupil alumno
purple morado
purpose propósito
purse bolsa, cartera
pursue perseguir(i,i)
push empujar
put poner, colocar; **– in** meter; **– out** (*extinguish*), apagar; **– up with** soportar, aguantar
pyramid pirámide (*f*)

Q
quality calidad
quantity cantidad
quarter cuarto; **a – past 2** las dos y cuarto; **to –** descuartizar
queen reina
question pregunta; cuestión; **to ask a –** preguntar, hacer una pregunta
quickly de prisa, pronto,
quince membrillo
quite bastante
quote citar

R
race raza
rabbit conejo
racer (*of automobiles*), corredor de automóviles
racket (*tennis*), raqueta
racoon mapache (*m*)
raft balsa
rag harapo, trapo
railroad ferrocarril (*m*)
rain lluvia; **to –** llover(ue)
raise (*lift*), levantar; (*educate*), criar
range; at close – de cerca
rapid rápido
rascal pícaro
rat rata
rate; at any – de todos modos
raw crudo
ray rayo
razor navaja de afeitar
reach alcance (*m*); **to –** alcanzar
reaction reacción
read leer
reader lector
real real, verdadero
reality realidad
realize dar(se) cuenta de
really de veras
rear trasero
reason motivo, razón (*f*)
rebellious rebelde
recall recordar(ue)

receive recibir
recent (*adj*), reciente; (*adv*), recién
reciprocal recíproco
recognize reconocer
recommend recomendar(ie)
reconquer reconquistar
record (*phonograph*), disco
recover recobrar
recruit reclutar
red rojo
reddish rojizo
refer referir(se)(ie,i)
refinement refinamiento
reflect reflejar
refuse negarse(ie) a, rehusar
registered certificado
reign reinado; **to –** reinar
reindeer reno
reject rechazar
relate relacionar
relation relación
relative pariente (*m & f*)
religious religioso
remain quedarse, permanecer
remember recordar(ue), acordar(se)(ue) de
remote remoto
Renaissance Renacimiento
renown renombre (*m*)
rent alquiler (*m*); **to –** alquilar
repeat repetir(i,i)
replace reemplazar
reply respuesta, contestación; **to –** responder, contestar
repress reprimir
reputation fama
request solicitar, pedir(i,i)
require requerir(ie,i), exigir
rescue rescatar, salvar
resemble semejar, parecerse a
reserve reservar
resolve resolver(ue)
respect respeto; **to –** respetar
respectable respetable
respectful respetuoso
rest descanso; **to –** descansar; **the –** lo demás, los (las) demás

restrict restringir
result resultado; **to –** resultar
retired retirado
return vuelta, regreso; **to –** volver(ue), regresar; **to –** (*an object*), devolver(ue)
reveal revelar
revenge venganza; **to take –** vengarse
revengeful vengativo
revolver revólver (*m*)
reward recompensa; **to –** premiar
rhyme rima; **to –** rimar
ribbon cinta
rice arroz (*m*)
rich rico
rid; to get – of deshacerse de, zafarse de
right derecho; **to the –** a la derecha; **to be –** tener razón
ring sonar(ue); (*bell*), tocar; **bull –** ruedo
risk riesgo
risky arriesgado
river río
road camino
roast asar
roasted asado
rob robar
robbery robo
robe bata de casa
rocket cohete (*m*)
rod barra; (*thin*), varilla
rodent roedor (*m*)
role papel (*m*); **play the – of** hacer el papel de
rolling rodante
Roman romano
romantic romántico
roof techo
room cuarto, habitación, pieza
rooster gallo
root raíz (*f*)
rope soga
rose rosa
round redondo

routine rutina
row fila
royal real
rub frotar
ruins ruinas
rule regla
ruler (*to measure*), regla
run (*baseball*), carrera; **to –** correr; **to – into** tropezar(ie) con
Russian ruso
rust oxidarse

S

sack saco
sacred sagrado, sacro
sacrifice sacrificio; **to –** sacrificar
sad triste
safety pin imperdible (*m*)
saffron azafrán (*m*)
sailor marinero
saint san, santo
salad ensalada
salary sueldo
sale venta
salt sal (*f*)
salt shaker salero
same mismo
sanctuary santuario
sand arena
sap savia
satisfied contento, satisfecho
satisfaction satisfacción
satisfactory satisfactorio
satisfy satisfacer
Saturday sábado
sauce salsa
saucer platillo
save salvar; **to – money** ahorrar
saw serrucho, sierra
say decir
saying (*expression*), dicho
scale (*fish*), escama
scar cicatriz (*f*)
scarce escaso
scarf bufanda, pañuelo
scatter derramar, esparcir
scenery (*of stage*), decorado

schedule   horario
scholarship   beca
school   escuela; **– of law, medicine, etc.**   facultad de derecho, de medicina, etc
science   ciencia
science-fiction   ciencia-ficción
scientific   científico
scissors   tijeras
scold   reñir(i,i)
scratch   rascar
screen   pantalla
screw   tornillo
screwdriver   destornillador
sea   mar (m&f)
seafood   mariscos
search   registrar
seasickness   mareo
season   estación; **to –**   sazonar
seat   asiento
seated   sentado
second   segundo
secretary   secretaria
section   sección
see   ver
seem   parecer
seize   prender
select   escoger
self-   auto-; **self-control**   auto-control (m)
self-confidence   confianza en sí mismo
sell   vender
send   enviar, mandar, remitir
sender   remitente (m&f)
sense   (meaning), sentido; **to make –**   tener sentido
sensitive   sensible
sentence   (gram), frase (f), oración; (legal), sentencia
separate   separar, apartar(se)
September   se(p)tiembre (m)
serious   serio
serum   suero
servant   criado
serve   servir(i,i)
service   servicio
serving plate   fuente (f)

set up   montar
seven hundred   setecientos
sew   coser
sewing machine   máquina de coser
shade   sombra
shadow   sombra
shake   sacudir
shame   vergüenza
shameless person   sinvergüenza (m&f)
shape   figura, forma
share   compartir
shark   tiburón (m)
sharp   agudo, afilado
sheep   oveja
sheet   sábana
shell   concha
shine   lucir, brillar; **the sun is shining**   hace (hay) sol
ship   barco; **to –**   enviar, mandar
shipment   envío
shipwreck   naufragio
shipwrecked person   náufrago
shipwrecked; to be –   naufragar
shirt   camisa
shiver   temblar(ie)
shoe   zapato
shoot   disparar, tirar
shopping; to go –   ir de compras
short   corto
shoulder   hombro, espalda
shout   grito; **to –**   gritar
shovel   pala
show   mostrar(ue), enseñar (a)
shower   ducha; **to take a –**   ducharse
sick   enfermo
side   lado
sidewalk   acera
sigh   suspiro; **to –**   suspirar
sight   vista
sign   aviso, signo, seña, señal (f); **to –**   (give a signature), firmar
silent; to be   callarse
silver   plata
similar   semejante, similar
simple   sencillo

simply   a secas, simplemente
sin   pecado
since   (prep), desde; (conj), ya que, puesto que
sing   cantar
singer   cantante (m&f), cantor, –a
sinister   siniestro
sink   hundir
sir   señor
sister   hermana
sit down   sentarse(ie)
size   tamaño
skeptical   escéptico
skillful   hábil
skirt   falda
skin   piel (f)
sky   cielo
slave   esclavo
slavery   esclavitud
sleep   sueño; **to –**   dormir(ue,u); **to fall asleep**   dormirse
sleepy; to be   tener sueño
sleepyhead   dormilón
sleeve   manga
slice   tajada
slogan   lema (m)
slow   lento
slowly   despacio
sly   astuto
small   chico, pequeño
smaller   menor
smallpox   viruela
smell   olor (m); **to –**   oler(ue), (pres., huelo)
smile   sonrisa; **to –**   sonreír
smoke   humo; **to –**   fumar
smooth   liso
snake   serpiente (f)
snatch away   arrebatar
snowflake   copo de nieve
so   tan; **– much**   tanto; **– that**   (conj), de modo (manera) que, para que
soap   jabón (m)
so-called   llamado
society   sociedad
sock   calcetín (m)
soft   suave, blando

soft drink   refresco
soldier   soldado
soloist   solista (*m & f*)
some   alguno
someone, somebody   alguien
something   algo
somewhat   algo
son   hijo
song   canto; canción
soon   pronto; **as – as** (*conj*), en cuanto; **as – as possible**   cuanto antes
soothing   sedante
sorcerer   hechicero, mago
sore   llaga
sorrow   dolor (*m*), tristeza
sorry; to be –   arrepentirse(ie,i); sentir(ie,i)
soul   alma
sound   sonido; **to –**   sonar(ue)
soup   sopa
south   sur (*m*)
souvenir   recuerdo
space   espacio; (*adj*), espacial
spade   (*cards*), espada
Spanish   español
speak   hablar
special   especial
species   especie (*f*)
speed   velocidad, rapidez (*f*)
spend   (*time*), pasar; (*money*), gastar
spider   araña
spikenard   nardo
spinach   espinaca
spinster   solterona
spirit   espíritu (*m*)
spite; in – of   a pesar de
splendid   espléndido
spoil   estropear
spokesman   vocero
spool   carretel (*m*)
spoon   cuchara
sport   deporte
spouse   cónyuge (*m & f*)
spring   primavera
spur   espuela
square   (*city*), plaza; (*adj*), cuadrado

squeeze   apretar(ie)
squirrel   ardilla
stability   estabilidad
stadium   estadio
stage   escena
stain   mancha; **to –**   manchar
stained glass window   vitral (*m*)
stairway   escalera
stamp   (*postage*), sello
stand   estar de pie; estar parado
star   estrella
state   estado; **United States**   Estados Unidos; **to –**   afirmar, declarar
statue   estatua
stay   estancia; **to –**   quedar(se)
steal   robar
steam   vapor (*m*)
steering wheel   volante (*m*)
stenographer   taquígrafo
step   paso
stepladder   escalera
stevedore   estibador (*m*)
stewardess   azafata
stewed   guisado
stick   palo; **to –**   pegar
still   todavía
stimulating   estimulante
sting   picar
stir   revolver(ue)
stitch   punto
stocking   media
stone   piedra
stop   detenerse, pararse
store   tienda
storm   tempestad
story   (*of building*), planta, piso; (*tale*), cuento
stowaway   polizón (*m & f*)
straight   recto
strange   extraño
street   calle (*f*)
streetcar   tranvía
streetlight   farol
strength   fuerza
stretch   tender(ie); estirar
stretcher   camilla
stretcher bearer   camillero

string   cuerda
stripe   raya, franja
strong   fuerte
struggle   lucha
stubborn   obstinado
student   estudiante (*m & f*), alumno
study   estudiar
subject   sujeto; (*school*), materia
substitute   sustituir
subway   metro, tren subterráneo
succeed   lograr; tener éxito
success   éxito
such   tal
suddenly   de repente
sue   poner pleito, procesar, demandar
suffer   sufrir
suffering   sufrimiento
sugar   azúcar (*m*)
suggest   sugerir(ie,i)
suggestion   sugerencia
suit   traje (*m*); **pants –**   traje de pantalones; **bathing –**   traje de baño; **to –**   convenir
suitable   conforme, apropiado
suitcase   maleta; **to pack a –**   hacer una maleta
summer   verano
sun   sol (*m*); **the sun is shining**   hace sol
sunbathe   tomar el sol
sunflower   girasol (*m*)
sun tan lotion   loción bronceadora
superhighway   autopista
supermarket   supermercado
supernatural   sobrenatural
supper   cena; **to eat –**   cenar
support   apoyar, soportar
suppose   suponer
sure   seguro
surprise   sorpresa; **to –**   sorprender
surface   superficie (*f*)
surgeon   cirujano
surname   apellido; **to have the – of**   apellidarse
surpass   sobrepasar
surprising   sorprendente

surrender rendirse(i,i)
surround rodear
surveyor agrimensor (*m*)
survive sobrevivir
suspect sospechar; (*legal*), sospechoso
suspicion sospecha
swamp pantano
swan cisne (*m*)
swear jurar
sweater suéter (*m*)
sweet dulce
sweetheart novio
swim nadar
swimming natación
swindler estafador
sword espada
syllable sílaba
symbol símbolo
syrup jarabe (*m*)
system sistema (*m*)

T

table mesa
tablecloth mantel (*m*)
tablespoon cuchara
tablet (*medical*), pastilla, tableta
tail cola
tailor sastre (*m*)
take tomar; **– away** quitar; **to – out** sacar
talent ingenio, talento
talk hablar
talkative hablador
tall alto
tambourine pandereta
tame manso
target blanco
tarot tarotas
taste gusto; **to –** probar(ue); **to – of** saber a
tavern taberna
tea té (*m*)
teach enseñar (a)
teacher maestro
team equipo
tear lágrima
tear out arrancar

teaspoon cucharita
teaspoonful cucharadita
technique técnica
telephone teléfono; **to –** telefonear, llamar
telephone operator telefonista
tell decir, contar(ue)
teller (*bank*), cajero
temperance templanza
temperature temperatura
temporary temporal
temptation tentación
tender tierno
tent tienda
tenth décimo
term paper informe (*m*)
test prueba, examen
Texan tejano
textiles telas; (*woven*), tejidos
thank dar las gracias, agradecer; **thanks** gracias
Thanksgiving Día de Acción de Gracias
that (*conj*), que; (*demon adj*), ese, esa; aquel, aquella; (*neut pron*), eso
theater teatro
their su(s)
theme tema (*m*)
then entonces, luego, pues
theory teoría
there allí, allá, ahí; **– is, are** hay
thermometer termómetro
thick grueso, (*a liquid*), espeso
thief ladrón
thin delgado
thing cosa
think pensar(ie); **to – about** pensar en
thirst sed (*f*); **to be thirsty** tener sed
this este, –a, –o
though; even – aunque
thousand mil
thread hilo
threaten amenazar
through a través de; por
throw arrojar, echar, tirar

thumb pulgar (*m*)
thunder trueno
ticket boleto, billete (*m*)
tie atar; **to – up** amarrar
tiger, tigress tigre, tigresa
tilt inclinar
time vez (*f*); tiempo; **to have a good –** divertirse(ie,i), pasarlo bien
timid tímido
tin estaño, lata
tire goma, neumático, llanta; **to –** cansar; **to get tired** cansarse
title título
toast (*bread*), tostada; (*drink*), brindis (*m*)
toaster tostadora
today hoy
together junto
tolerate tolerar, soportar
toll (*bell*), tañer
tomato tomate (*m*)
tomb tumba
tone tono
tongs tenazas
tongue lengua
tonight esta noche
too, too much demasiado
tooth diente (*m*); **– ache** dolor (*m*) de muelas
toothbrush cepillo de dientes
toothpaste pasta de dientes
torn roto
totter tambalearse
touch toque (*m*); **to –** tocar
tour gira; **on –** de gira
tourniquet torniquete (*m*)
toward hacia
towel toalla
tower torre (*f*)
town pueblo
toy juguete (*m*)
trace huella; **to –** trazar
trade oficio
traffic tránsito; **– light** semáforo
trailer remolque (*m*)
train tren (*m*); **to –** (*an animal or person*), entrenar

trample atropellar, pisar
transfer trasladar
translate traducir
transmit transmitir
transportation transporte (*m*)
trap atrapar
travel viajar; **– agency** agencia de viajes
traveler viajero
treasure tesoro
treat tratar
tree árbol (*m*)
tremble temblar(ie)
trial juicio
tribe tribu (*f*)
trick truco
trip viaje (*m*), excursión
triumph triunfo
truck camión (*m*); **– driver** camionero
trunk (*human or plant*), tronco; (*elephant*), trompa; (*luggage*), baúl (*m*)
truth verdad (*f*)
try tratar de, intentar
tub tina
tube tubo
tuberose tuberosa, nardo
tulip tulipán (*m*)
tune aire (*m*), melodía
turkey pavo
turn turno; **in –** a su vez; **to –** girar; volver(se)(ue), voltear(se), dar vueltas; rodar; virar; **to be one's –** tocar(le) a uno el turno
turtle tortuga
tusk colmillo
tuxedo smoking (*m*)
twice dos veces
type tipo, género; **to –** escribir a máquina
typewriter máquina de escribir
typical típico
typist mecanógrafo

U

ugly feo
umbrella paraguas (*m*)
unbelievable increíble
uncle tío
undefeated invicto
under bajo, debajo de
underdeveloped subdesarrollado
underestimate subestimar
underneath bajo, debajo de
undershirt camiseta
understand comprender, entender(ie)
undertake emprender
unexpected imprevisto
unfair injusto
unfortunate desgraciado
unhappy infeliz
unhurt ileso
uniform uniforme (*m*)
unite unir
united unido; **the United States** los Estados Unidos
unity unidad
university universidad
unpleasantness disgusto
until hasta
untruthful mentiroso
unusual raro
upon sobre
upset trastornar, perturbar
upstairs arriba
use uso; **to –** emplear
used to *use imperf tense;* soler(ue)
useless inútil
utilize utilizar

V

vacation vacaciones
vaccine vacuna
vacuum cleaner aspiradora
vain vanidoso; vano; **in –** en vano
valley valle (*m*)
value valor (*m*)
vary variar
vase vaso, florero
vault (*of bank*), caja fuerte; bóveda
vegetable legumbre (*f*)
vehicle vehículo
veil velo; **to –** velar
velvet terciopelo
verse verso
very muy
vest chaleco
veterinarian veterinario
victim víctima
village aldea
violet violeta
virtue virtud
Visigothic visigodo
visit visitar
visitor visitante (*m & f*)
voice voz (*f*)
volume (*book*), volumen (*m*), tomo
vulture buitre (*m*)

W

wagon carreta
wage sueldo; (*war*), librar (guerra)
waist cintura
wait (for) esperar
waiter camarero
waiting room sala de espera
wake up despertar(se)(ie)
walk paseo; **to –** andar, caminar, ir a pie; **to take a –** pasearse, dar un paseo
wall tapia, pared (*f*)
want desear, querer(ie)
war guerra
warehouse almacén (*m*)
warm cálido; **to –** calentar(ie); **to – oneself** calentarse; **to be –** tener calor; **it is –** hace calor
warn advertir(ie,i)
warrior guerrero
wash lavar(se)
waste malgastar
watch reloj (*m*); **to –** vigilar, velar
water agua
watering can regadera
wave ola; onda; **to –** hacer señales, agitar
way camino; (*manner*), modo, manera; **by the –** a propósito

weak débil
weapon arma
wear llevar; **– out** gastar
weather tiempo; **to be good –** hacer buen tiempo
weathervane veleta
weaver tejedor
wedding boda
week semana
weigh pesar
weight peso
welcome bienvenido
welder soldador
well bien
west oeste (m)
wet mojado
whale ballena
wharf muelle (m)
what lo que
what? ¿qué?, ¿cuál?, ¿cómo?
what! (+ adj or adv), ¡qué!
wheat trigo
wheel rueda
wheelchair silla de ruedas
when cuando
when? ¿cuándo?
where donde
where? ¿dónde?
which que; el (la, los, las) que; el (la) cual, los (las) cuales
which? ¿cuál?
while rato; (conj), mientras que
whistle (sound), silbido; (instrument), pito
who que; quien(es); el (la, los, las) que; el (la) cual, los (las) cuales
who? ¿quién?
whoever quienquiera
whole (adj), entero; (n), conjunto
whose cuyo
whose? ¿de quién?

why? ¿por qué?
wicker mimbre (m)
wide ancho
widen ampliar, ensanchar
widow viuda
widower viudo
wife esposa
wig peluca
wild salvaje, fiero
will voluntad
win captar, ganar
wind viento
window ventana; **show –** escaparate (m); **ticket –** ventanilla
windpipe tráquea
windshield parabrisas; **– wipers** limpiaparabrisas
wine vino
wing ala
winter invierno
wise sabio
wish deseo; **to –** desear, querer(ie); **I wish that . . .** ¡ojalá que . . . !
witch bruja
witchcraft brujería
with con
without sin
witness testigo (m & f)
witty ágil de mente, gracioso
wolf lobo
woman mujer
wonder maravilla; **to –** preguntarse
wood madera
woodcutter leñador
wooden de madera
woods bosque (m)
wool lana
word palabra

work trabajo, faena, obra; **to –** trabajar
world (adj), mundial; (n), mundo
worm gusano
worry (about) preocuparse (por)
worse peor
worship adorar
worth; to be – valer
worthy digno
wound herida; **to –** herir(ie,i)
wounded person herido
wrap envolver(ue)
wreath corona
wrestling lucha libre
wrist muñeca; **– watch** reloj (m) pulsera
write escribir
writer escritor

X

X-ray negative radiografía; placa

Y

yawn bostezo; **to –** bostezar
year año
yellow amarillo
yes sí
yesterday ayer; **day before –** anteayer
yet aún, todavía
yield conformarse con, ceder, rendir(i,i)
young joven
youth juventud

Z

zero cero
zoo jardín (m) zoológico, parque (m) zoológico

Index

a after certain verbs, 236, 240
   contracted with **el**, 17
   personal, 41
acabar de 170
addresses of letters 81
adjectives agreement of, 313
   comparison of, 341
   demonstrative, 268
   descriptive, 319
   with difference in meaning, 320
   of nationality, 313
   position of, 315, 319
   possessive, 308, 314, 315
   shortening of, 315
   used as nouns, 314
adverbs 336
ago (**hace**) 174
articles (see definite article, indefinite article)
augmentatives 300

b and **v** (pronunciation of) 253
become 356, 366

cardinal numbers 2
clothing (vocabulary) 105, 106
commands familiar, 137, 148
   formal, 136, 145
   position of object pronouns with, 145
compound tenses 158, 165, 166
conditional tense 158, 163
   of probability, 163
conditional perfect tense 158, 166
conjunctions 263
   with subjunctive, 214
conocer (vs. **saber**) 298
cualquier(a) 77
cuyo 365

d (pronunciation of) 351
de in comparisons, 341
   with passive voice, 115
   possession, 240
   with noun used as adjective, 314
   with verbs, 236
deber de 166
definite article 17
   contraction of, 17
   el before feminine noun, 17
   to replace demonstrative pronoun, 271
   neuter **lo**, 20
   for possessive adjective, 20
   omission of after **en** and **de**, 19
   with titles, 18
demonstrative adjectives, 268
   pronouns, 269
depreciatives 300
diminutives 300
doler 293

el que 363
en (with verbs) 236
estar forms, 32, 86, 87, 108, 382
   compared with **ser**, 122
   with passive voice, 117
exclamations 101

future tense 158, 163
future perfect tense 166

gender of nouns 8
gustar 292

haber impersonal use of, 126
   in compound tenses, 158
hacer with time expressions, 171
   with weather expressions, 126
health (vocabulary) 371
household objects (vocabulary) 180

imperative (see commands)

imperfect tense   87, 90
    distinguished from preterite, 90
    with **hacer** in time expressions, 171
imperfect subjunctive   184, 188
    in *if* clauses, 227
    sequence of tenses, 188, 213
    to express wishes, 188–191
impersonal expressions   with indicative, 202
    with subjunctive, 201
indefinite article   24
    una shortened to **un**, 24
    plural of, 24
    omission of, 25
indefinite pronouns   75–77
indirect object pronouns   40, 42
infinitive   150
    after prepositions, 244
interrogatives   98
intonation   105
irregular verbs   378–385

jota (pronunciation of)   154

law (vocabulary)   326
letters (addresses of)   81
let's   190
llevar (in time clauses)   173
lo   neuter article, 20
    with **ser** and **estar**, 50

measurements   3
mismo   71
months   118

negatives   75
nouns (gender and number)   8
numerals   cardinal   2
    ordinal, 3, 9

obligation   personal (**tener que**, **deber**), 128
    impersonal   128

ojalá   191
ordinal numbers   3, 9

para (vs. **por**)   248, 249
passive voice   113
    "false" passive, 117
    reflexive substitute, 68
past participle   108, 324
    as equivalent of English present participle, 325
past perfect tense   indicative, 158, 165
    subjunctive, 210
pedir (vs. **preguntar**)   51
perfect tenses   158, 165, 166
pero (vs. **sino**)   265
por   vs. **para**, 248, 249
    idioms with, 251
    with passive voice, 113
possessives   adjectives, 308, 314
    pronouns, 308, 314
preguntar (vs. **pedir**)   51
prepositions   239
    with verbs, 236
    with infinitive, 244
present tense   32, 39
    with **desde**   171
present participle   108, 150
preterite tense   86, 90
    distinguished from imperfect, 90
probability   conditional, 163
    deber de, 166
    future, 163
professions (vocabulary)   204
progressive tense   124
pronouns   chart, 40
    demonstrative, 269
    direct object, 40, 42
    indefinite, 75–77
    indirect object, 40, 42, 50
    interrogative, 98–99
    negative, 75–77
    as object of preposition, 40, 52
    personal, 40

position of, 42–43, 70, 76, 145
possessive, 308, 314
relative, 359
reflexive, 68
se as indirect object, 44
subject, 40
stressed, 52

r (pronunciation of)   204
radical-changing verbs   32, 86, 109, 136, 158, 184, 284, 330, 378
reciprocal constructions   69
reflexives   pronouns, 68
  verbs, 60, 68
relative pronouns   359

saber (vs. **conocer**)   298
seasons   118
ser   forms, 32, 86, 87, 108, 384
  vs. **estar**, 122
sino (vs. **pero**)   265
softened statements   229
soler   93
spelling-changing verbs   258, 330, 380
stressed pronouns   52
subjunctive mood   forms: present, 136; imperfect, 184, 210
  sequence of tenses, 188, 213

uses: direct commands, 136, 187
  emotion, 195
  if clauses, 227
  impersonal expressions, 201
  indirect or implied commands, 188
  in main clause, 229
  uncertainty, 197
superlatives   348

t (pronunciation of)   351
table (vocabulary)   155
tag questions   100
tener (with idioms)   126
time of day   278

v (pronunciation of)   253
verbs   irregular, 378–385
  regular, 375–379
  with prepositions, 236
  with special endings, 284
  spelling-changing, 258, 380
  requiring accent, 284

weather expressions   126
word stress   55

x (pronunciation of)   304